몸,

마음공부의 기반인가 장애인가

몸,

마음공부의 기반인가 장애인가

운주사

기획자 서문

몸, 몸과 마음의 상관성에 대한 바른 이해를 통하여
행복이 증진되기를 소망하며

최근 웰빙(well-being) 열풍 덕분에 과거 어느 때보다 많은 사람들이 음식, 운동, 수행, 마음공부, 명상 등에 관심을 기울이고 있으며, 각 분야 별로 다양한 방법과 프로그램들이 제시되고 있습니다. 심해지는 환경오염, 급변하는 경제, 사회 모든 분야에서 더욱 치열해지는 경쟁을 감안하면, 심신의 안녕과 행복에 대한 관심과 추구는 지극히 당연하고 자연스러운 경향이라고 여겨집니다.

또한 서양 사회에서 확산되고 있는 명상에 대한 관심, 의학계와 심리학계 등에서 거두고 있는 명상의 효과에 대한 과학적 연구 성과들, 상담 내지 심리치료에 마음챙김(sati, mindfulness)의 도입 추세 등은 이제 수행이나 마음공부, 명상을 특정 집단의 관심사를 넘어 일반인들 사이에서 회자되는 보편적 주제로 만들어 가고 있습니다.

이러한 사회적 상황을 감안할 때, 삶의 토대라고 할 수 있는 몸에 대하여, 인간에 대한 분석적 이해의 가장 큰 틀인 몸과 마음의 상관성에 대하여, 다양한 관점에서 검토하고 논의해 보는 작업은 매우 의미 있는 일이라고 생각됩니다. 초기불교, 선불교의 관점에서 보는 몸 내지 몸과 마음의 상관성을 살펴보고, 유가儒家와 도가道家, 서양철학,

동서양의 의학, 생물학의 견해와 연구 성과를 살펴봄으로써, 우리 자신에 대한 이해를 넓히고 행복한 삶을 영위하는 데 필요한 지혜를 배울 뿐만 아니라, 학제적學際的 소통을 통하여 학문적 상생을 도모하고자 이 책과 제8회 학술연찬회를 기획하였습니다.

이 책을 편집하고 학술연찬회에서 좌장 역할을 하시는 김종욱 교수님, 해당 분야의 연구 성과를 논문으로 정리하고 학술연찬회에서 주제발표와 토론을 하시는 정준영 교수님, 변희욱 교수님, 성태용 교수님, 조광제 대표님, 강신익 교수님, 우희종 교수님의 노고에 감사드립니다. 그리고 〈밝은사람들 총서〉 출판을 흔쾌히 맡아주신 도서출판 운주사 김시열 사장님께 깊은 사의를 표합니다.

일상에서 늘 행복하시길 기원하며,

2009년 11월

밝은사람들연구소장

담천湛泉 박찬욱朴贊郁

몸을 아는 것, 그것이 지혜이다

몸 없이 산다는 것은 불가능하기 때문에, 몸에 기반하지 않고 마음 공부를 수행하는 것은 당연히 불가능한 일이다. 그런데 대부분의 경우에서처럼 몸이란 사람이나 동물의 형상을 이루는 전체나 그 활동 기능이라고 정의할 경우, 몸은 인간을 구성하는 물질의 영역을 가리키고, 몸의 이런 물질성은 동물성과 욕망을 함축하는 것으로 간주되기 시작한다. 이쯤 되면 몸은 마음 공부의 기반이기는커녕, 마음 공부의 장애로서 정신의 순수함을 훼손하는 오염의 진원지로 취급된다. 계속 씻어내지 않고 그대로 놔두면 더러움에서 벗어나기 힘든 것이 몸이라고 여겨지기 때문에, 종교적 금욕은 언제나 몸의 학대로서 나타났다. 이러한 연유로 몸을 영혼의 감옥으로 간주한 플라톤이나 기독교 금욕주의와 더불어, 부정관不淨觀을 수행하는 불교조차도 몸을 부정시하는 사상이라고 이해되기에 이르렀다.

그런데 몸을 이렇게 부정시하는 바탕에는 몸과 마음을 별도의 실체로 분리하는 이원화가 전제되어 있다. 그렇지만 불교를 비롯한 동양철학의 대부분은 몸과 마음을 이원적으로 분리한 적이 거의 없고, 몸 공부와 마음 공부를 조화롭게 병행시키고자 노력해 왔다. 더욱이 현대의 생물학이나 의학에서는 몸이란 내적 균형인 항상성을 유지하기 위해 복잡하고도 조화로운 과정들을 되풀이하는 고도의 통합 시스템으로 보고 있다. 이럴 경우 몸이야말로 신비로운 지혜의 구현자라고 할 수 있다. 그렇다면 몸은 물질적이고 동물적인 욕망의 덩어리로서 마음 공부의 장애물인가, 통합적 지혜의 통로로서 마음 공부의 기반인가, 아니면 몸과 마음을 물질과 정신 식으로 분리하는 것 자체가 부질없는 짓일까? 본 저서는 이러한 질문에 답하기 위해 기획되었고, 그 답을 가능한 한 폭넓게 찾기 위해 초기불교, 선불교, 유가와 도가, 플라톤 니체 메를로-퐁티에 이르는 서양철학, 의학사, 면역생물학 등의 분야를 탐색하였다.

먼저 정준영은 「몸, 놓아야 하는가 잡아야 하는가 -빠알리 니카야의 수행관을 중심으로」에서 초기불교 전반을 탐색하면서 몸에 대한 불교의 기본적인 관점을 제시하고 있다. 그에 따르면 초기불교에서 몸은 감각적 욕망의 대상으로 나타나기도 하고, 지혜를 일으키게 하는 통로로 제시되기도 한다. 육체로서의 몸은 '뼈로 만들어지고 피와 살로 덧칠해진 무상無常한 것', 또는 '아홉 가지 구멍으로 상처가 난, 삼백여 개의 뼈로 세워진 것'으로서, 붓다는 수행자에게 이런 몸에 대한 욕망을 버려야 하며, 이것이 곧 열반에 이르는 길이라고 설한다.

특히 오온五蘊 중 색(色, rūpa, 물질)으로 구성된 몸은 물질 자체가 변괴성變壞性을 본질로 하기에 생로병사生老病死를 벗어날 수 없다. 그런데 이런 색色으로서의 몸은 수(受, 느낌)를 낳고, '수'는 애(愛, 갈망)를 불러오며, '애'는 취(取, 집착)를 야기한다. 즉 몸을 구성하는 감각 기관들과 감각의 대상들 사이에 접촉이 발생했을 때, 즐거운 느낌[樂受], 괴로운 느낌[苦受], 괴롭지도 않고 즐겁지도 않은 느낌[捨受] 등이 일어나고, 그 중 즐거움은 계속되고 괴로움에선 벗어나고자 하는 갈망이 생겨나며, 그리하여 나에게 이롭고 즐거운 것에 집착하려는 욕망이 발동한다. 따라서 몸을 전제로 한 느낌(vedanā)과 갈애(taṇhā)는 집착(upādāna)과 그로 인한 고통을 야기하는 데 매우 현저한 요소가 된다. 그렇다면 수행을 통해 몸의 느낌(vedanā)을 조절하고 바르게 이해한다면, 느낌은 갈애(taṇhā)의 원인으로 발전되지 않을 것이고, 나아가 이런 실천을 통해 몸의 본래의 성질인 무상함 역시도 바르게 이해될 것이다. 이렇게 몸에 대해 바르게 알고 몸에 대한 집착으로부터 벗어날 것을 강조하는 것이 몸을 수행의 대상이자 지혜의 통로로 여기는 관점이다.

초기불교에서 몸은 마음챙김(sati, 念, 주시)의 대상으로 불교 수행에 있어 중요한 위치를 차지한다. 특히 자신의 몸(kāya, 身), 느낌(vedanā, 受), 마음(citta, 心), 법(dhamma, 法), 이 네 가지를 지속적으로 관찰하는 사념처(四念處, cattāro satipaṭṭhanā) 중 신념처(身念處, kāyānupassanā)에서 '들숨과 날숨에 대한 관찰'(入出息念, Ānāpāna pabbam), '걷고 서고 앉고 눕기에 대한 관찰'(行住坐臥, Iriyāpatha pabbam), '동작에 대한 관찰'(正知, Sampajāna pabbam), '몸의 혐오스러운 부분 관찰'(厭逆作意, Paṭkūlamanasikāra pabbam), '네 가지 요소에 대한 관찰'(四大, Dhātumanasikāra pabbam), '시체의 더러움 관찰'(不淨觀, Navasivathika pabbam) 등을 시행한다. 이런 일련의 과정을 거침으로써 몸은 변화하는 현상의 하나로서 무상한 것이며, 그 안에 나라고 할 만한 실체는 찾을 수 없다는 사실을 알게 되고, 그리하여 몸에 대한 집착으로부터 자유로워져, 육체적 죽음이라는 공포로부터 벗어나게 된다. 이렇게 볼 때 초기불교에서 몸은 집착하지 않아야 하는, 그래서 놓아야 하는 것이지만, 이렇게 놓아야 한다는 사실을 알기 위해서는 몸을 수행의 대상으로 삼아 놓치지 않고 면밀하게 관찰해야 하는 것이다.

변희욱의 「선, 몸으로 하라─조사선과 간화선을 중심으로」는 몸이 수행과 공부 그 자체의 표현임을 매우 극적인 방식으로 설명하고 있다. 초기불교에서 몸이 수행의 대상이라면, 선불교에서는 공부의 깊이가 몸의 반응으로 나타난다고 본다. 그래서 조사들은 침묵으로 말하고, 몸으로 말한다. 그들이 보여 주는 몸짓 하나, 상황 하나〔一機一境〕는 언어와 사변의 세계가 아니라 언어와 사변 이전의 세계이고, 그래서 그들은 말 대신 몸짓을 택한다. 이런 언어 이전의 자리에 들어가는 방법이 선정禪定이다. 석존이 보리수 아래에서 선정에 들어 무상정등각無上正等覺을 성취한 후로, 선정은 정각正覺을 이루는 필수 과정으로 자리 잡았는 바, 그 선정의 대표적 형태가 좌선坐禪이다. 그런데 많은 사람들은 '좌선' 하면 앉은 자세라는 몸의 형식을 생각하지만, 몸의 형식을 우선시한다면 선이 아니다. 언제 어디서나, 몸을 움직이거나 움직이지 않거나, 생각이 고요하면서도〔寂寂〕 의식을 명료하게〔惺惺〕 지키는 것이 선인 것이다. 그렇기 때문에 혜능慧能에 따르면 좌선의 핵심은 다리 꼬고 앉는 것이 아니라, 양변兩邊을 떠나 본래면목本來面目을 보는 것이다. 따라서 앉음〔坐〕은 어느 것에도 걸리지 않아 밖으로 어떤 대상에도 생각이 일어나지 않는 것이며, 선정禪定은 밖으로 모양을 떠나고 안으로 어지럽지 않게 함이니, 선禪이란 한마디로 본래성품을 보아 어지럽지 않게 함이다. 이런 본래성품 혹은 본래면목을 온전하게 구현하는 것이 선의 궁극 목표이다.

그런데 어떤 이는 몸을 번뇌 망상의 원인으로 여겨 본래면목이 몸 밖에 있다고 생각하기도 하지만, 몸이 없는 존재가 있을 수 없기에, 이 몸이 없이 나의 본래면목이 따로 있다고 생각하는 것은 선이 아니다. 따라서 몸을 버리는 것은 선과 상관없는 일이다. 그런데, 몸이 망상의 원인이 아니라고 해서 화살을 객관의 대상으로 돌려서도 안 되니, 감각 대상[六境, 六塵]을 미워한다면 깨달음을 구할 수 없기 때문이다. 몸의 감각기관이나 객관 대상이 번뇌의 원천이 되느냐, 있는 그대로 진여대용眞如大用이 되느냐의 관건은 우리의 한 생각 차이이다. 생멸生滅의 견해로 보면 몸과 객관 세계는 번뇌의 원천으로 작용하고, 중도中道의 눈으로 보면 몸과 객관 세계는 본래면목이 그대로 작용하여[全機大用] 나타난 천진본연天眞本然인 것이다. 이런 견지에서 보자면, 가거나 움직이거나 움직이지 않거나 앉고 눕는 몸의 모든 동작[行住坐臥]과 상황에 대처하여 사물에 접촉하는 모든 행위[應機接物]가 모두 도道이고, 불이不二의 무심無心인 평상심平常心이 곧 도이다. 그 마음이 평상심이라면, 본래면목은 몸이 앉은 바로 그 자리에 있다. 그렇다면 선도 악도 생각하지 말듯, 몸도 생각하지 말고, 마음도 생각하지 말아야 한다. 공부가 깊어지면, 몸이 저절로 반응할 것이기 때문이다.

중국의 선불교가 몸의 반응으로 드러나는 공부를 지향한다는 데서도 함축되어 있듯이, 중국의 철학은 구상적이고 구체적인 현실주의 사상이며, 그래서 몸과 마음을 이원화하지 않고 몸에 대해 긍정적이다. 이 점을 원시 유가와 도가의 차원에서 확인시켜 주는 것이 성태용의 「수신修身과 양생養生: 몸 닦음과 마음 닦음의 조화」이다. 중국철학에서 몸을 단순히 신체를 가리키지 않고 한 인간의 개체성을 지시하는 말로 쓸 때, 몸은 육체로 한정되기보다는 '자기' 또는 '자신'이라는 의미로 나타난다. 『대학』에서 '수신제가치국평천하(修身齊家治國平天下: 자신을 닦고 집안을 화평하게 하며 나라를 다스리고 천하를 평안하게 한다)'라고 하는 경우와, 『논어』에서 '수기이안인(修己而安人: 자신을 닦아 남을 편안하게 한다)'이라고 말할 경우의 '신身'과 '기己'가 그러하다. 이렇게 몸을 한 개인의 개체성을 가리키는 것으로 보는 경우, 몸이 수양의 장애가 되느냐 바탕이 되느냐는 바로 공적인 관점에서 자신을 보느냐 사적인 개체성에 매몰되느냐에 달려 있다. 이렇게 자신의 몸으로부터 타인을 대하는 척도를 취하여 계속 타인의 몸과 자신의 몸을 동화시켜 나가는 사람이 바로 군자君子라면, 자신의 몸으로 대표되는 개체성에 매몰되어 끝없이 자신의 몸만을 위하는 행태를 보이는 것이 소인小人이다.

자신의 몸이야말로 군자와 소인의 분기점이며, 몸을 가진 것으로부터 비롯되는 욕망들, 또 몸을 가졌기 때문에 남과 구별되는 개체성 모두가 도덕성 실현의 준거가 된다. 따라서 유가에서의 수양修養은 수신修身으로 집약된다. 대학에서의 팔조목, 즉 '격물 치지 성의 정심 수신 제가 치국 평천하(格物 致知 誠意 正心 修身 齊家 治國 平天下)'의 중심은 바로 수신修身이다. 앞의 격물에서 정심까지가 바로 몸을 중심으로 볼 때 그 내면의 닦음이라면, 제가에서 평천하는 바로 그 몸을 중심으로 한 사회적 실현이다. 그래서 맹자는 몸을 통해 덕德을 실현하고자 하며, 순자는 몸을 통해 예禮를 실천하고자 한다.

이처럼 유가儒家에서는 몸 닦음이 마음 닦음의 기반이 되지만, 무위無爲 자연自然의 도道로 돌아가고자 하는 노자와 장자의 입장에서 보면 유가 식의 몸 닦음은 참으로 반자연적인 짓일 수밖에 없다. 유가적인 예의범절로 몸을 구속하는 것은 인간의 자연스런 몸에 억지로 인위人爲를 채워 넣는 것과 다름없기 때문이다. 억지로 틀에 맞추어 자연성을 깨뜨려 삶을 망쳐서는 안 되기에, 몸에게 그 자연성을 돌려주는 것이야말로 진정한 수양修養이고, 양생養生의 길이다. 도가道家의 입장에서 수양이란 자연성의 회복이고, 그 자연성 회복의 시작은 이 몸에서부터 이루어져야 한다. 인위가 더해지기 이전의 자연스러운 몸과 몸의 욕구를 회복하는 것이다. 그렇다면 유가처럼 몸을 덕과 예의 차원에서 보건, 도가처럼 몸을 무위와 자연의 시각에서 대하건, 중국철학은 몸을 통한 부지런한 연마 속에서 마음 닦음도 함께 이루어짐을 지향했다고 볼 수 있다.

불교를 비롯한 동양철학이 몸 닦음과 마음 닦음의 조화를 통해서 몸과 마음의 원초적 미분리를 주장하는 데 반해서, 플라톤에서 데카르트에 이르기까지 서양 주류 철학의 전통은 몸과 마음의 분리와 영혼에 의한 몸의 지배를 기획하여 왔다. 이런 주류 철학의 전통을 소개하고 이에 대한 현대철학의 비판을 소개하는 것이 조광제의 글 「몸과 살, 그 신비하고 불투명한 토대」이다. 플라톤은 영혼을 몸으로부터 벗어나 존재할 수 있는 독자적인 것으로 여기고서, 몸은 이런 영혼의 감옥이라고 생각했다. 영혼은 본래 몸과 분리되어 순수하게 밝은 상태로 존재했었는데, 이 세상에 태어남으로써 몸이라는 어두운 감옥 내지는 무덤에 갇혀 허우적거리게 되었으니, 몸이야말로 무지의 근원이라는 것이다. 따라서 필요한 것은 철학을 통해 지혜를 닦아 탁월한 인간의 영혼에 의해 몸을 완전히 지배하는 것이다. 그러나 그의 제자 아리스토텔레스는 몸을 떠나서는 영혼도 존재할 수 없다고 보았다. 그에게는 몸이 영혼의 질료(hyle) 내지 가능태(dynamis)라면, 영혼은 몸의 형상(eidos) 내지 현실태(energeia)이기에, 몸과 영혼은 결코 분리될 수 없는 것이었다. 이렇게 몸과 영혼이 하나로서 인간 존재를 형성한다고 여긴 것이 인간 존재의 형성 바탕을 몸으로 본 것으로 이해될 경우, 이는 몸을 중심으로 인간 존재를 파악하는 니체나 메를로-퐁티의 몸 철학의 선구가 된다고 할 수 있다.

그러나 서양철학은 근대의 데카르트식 합리주의를 거치면서 플라톤의 영혼 중심설이 더욱 강화되는 방향으로 나아갔다. 데카르트는 몸을 일종의 기계나 물체로 간주하여, 연장적 실체(res extensa)로서의 몸과 사유적 실체(res cogitans)로서의 정신을 확실하게 구분하였다. 그렇지만 이런 정신과 물질의 이원론으로는 몸과 마음이 실제로 하나가 되어 살아가는 인간을 제대로 설명하기는 어려운 일이었다. 그래서 니체는 "나는 사유다"라는 데카르트의 주장에 반대하여, "나는 몸이다"라고 주장했다. 이제 인간은 순전히 몸이 되며, 영혼이나 정신은 몸에 딸린 부수적인 기능이 된다. 그래서 영혼을 자신으로 잘못 오인하는 것이 '병약한 몸'이라면, 몸이 제 스스로를 긍정하면서 영혼조차 자신에게서 나온 것임을 깨달아 그것을 모든 힘의 원천인 대지의 몸과 연결시키는 것은 '건강한 몸'이 된다. 다시 말해 작은 이성인 정신은 큰 이성인 몸의 표현일 수밖에 없다는 것이다. 니체의 이런 몸 일원론을 현대철학적으로 전개한 이가 메를로-퐁티다. 그는 데카르트적 전통에서 연원하는 반성철학을 '투명성의 존재론'으로 간주하고, 존재하는 이 모든 것들의 느닷없음, 즉 낯섦 내지 불투명성에 주목하는 자신의 사상을 '불투명성의 존재론'으로 여겼다. 그런데 몸은 항상 현전하는 자신을 벗어나 다른 것이 된다는 점에서, 몸이야말로 불투명한 존재이고, 다른 것과 관계하고 있다는 점에서 몸은 세계 내 존재(세계에의-존재, l'être-au-monde)이다. 그래서 몸이 세계의 의미를 바꾸고, 세계는 몸을 계속 재구성하며, 몸과 세계 사이의 이런 상호교환적 규정의 역동적 과정이 두터운 존재론적인 두께(épaisseur ontologique)를 형성한다. 이런 두께 위에서 몸은 일체의 인간 활동과 인간의 온갖 바람들이 근거하지 않으면 안 되는 존재론적인 토대이자 그 모든 가치들이 발원하는 토대가 된다.

앞서의 글에서 지적되었듯 물질(몸)과 정신(마음)을 전혀 다른 범주로 분리하는 심신이원론이 플라톤, 데카르트 이래의 서양 주류 철학인데, 이에 대하여 몸이 마음까지도 포섭한다는 몸 일원론 또는 비물질적 유신론唯身論의 입장에서 의학을 탐색하는 글이 강신익의 「의학醫學, 의술醫術, 의덕醫德－삶을 치유하는 몸과 마음의 공부」이다. 이런 몸 일원론적 유신론唯身論에서 보자면, 나는 나의 마음을 추상해서 객관적으로 이해할 수 없고, 언제나 몸속의 마음과 함께 할 뿐이라는 점에서, 나는 몸이고 그 몸은 마음보다 크며, 마음은 몸속에 녹아 있다고 할 수 있다. 이렇게 몸과 마음이 둘이 아니라는 것을 잘 보여주는 현상이 플라시보이다. 플라시보placebo란 생물학적으로 아무 활성이 없는 것으로 밝혀진 약이라도 그 약이 처방되고 소비되는 사회문화적 맥락과 인간적·심리적 상태에 따라 큰 효과를 볼 수도 있다는 현상을 말한다. 이것은 몸과 마음을 전혀 다른 범주에 두는 생물의학에서는 무척 곤혹스런 현상으로서, 현대의학에게 플라시보는 현상적으로는 이롭지만 인식론적으로는 해로운 무척 성가신 존재였다. 이런 플라시보에 대해 서양의학이 가졌던 태도의 변화를 추적해 본다면, 19세기 중반에는 플라시보란 실재적으로 존재할 수 없는 것으로서, 환자와 의사가 서로에 대한 기대로 인해 거짓말을 하고 있는 것으로 간주됐고, 20세기에는 기본적 생리 현상에 더해진 일시적 심리 효과라는 생각이 우세했지만, 20세기 말에는 플라시보를 실재로 인정하고서 그 메커니즘을 밝히려는 경험적 연구로 방향이 전환되었다.

이런 방향에서 보자면 플라시보란, 내 몸이 자신에 가해지는 약물이나 처치에 부여한 가치와 의미가 그 몸의 작동방식에 영향을 주어 나타나는 '가치와 사실의 혼합반응'으로서, 한마디로 의미반응이다. 그렇다면 몸은 객관적이고 보편적인 자연법칙이 관철되는 자연공간이기도 하지만, 한편으론 삶의 의미가 생성되고 굴절되고 관철되는 도덕공간이기도 하다. 우리의 생애는 의미 있는 사건들로 구성되며, 몸은 그 사건들의 주인공인 것이다. 이렇게 사건의 주인공인 나의 몸을 통해 생성된 그 사건들의 '의미'가 생물학적 사건과 문화적 사건을 연결하여 생물-문화적 사건을 만들어 낸다. 플라시보란 그런 의미가 몸에 드러난 '의미반응'이라면, 생애는 생물-문화적 사건이 만들어

내는 '의미들의 역사'라고 할 수 있다. 이런 의미와 사건의 중첩을 통해 우리의 몸은 늘 새롭게 태어난다. 몸인 나는 끊임없이 세상을 이렇게 내 속에 써 넣으며 새로워진다. 나인 몸은 달라진 나 속의 여러 관계가 만들어 내는 패턴과 세상의 패턴을 차례로 조회하면서 순간순간 새로운 내가 된다. 이와 같이 볼 때 몸은 선천적으로 주어진 계획대로 자신을 펼쳐 나가는 자동기계가 아니라, 자기 안팎의 상황에 따라 주어진 정보를 달리 해석하는 방식으로 환경에 적응하면서 살아가는 '의미의 생성체'이다. 몸을 이렇게 역동적 생성자로 보는 지혜가 의학醫學이라면, 항상 새로워지는 몸의 규범인 의덕醫德을 실천적 행위의 체계로 구현하는 것이 의술醫術이다. 이렇듯 의醫는 몸에 대한 몸을 통한 몸의 공부인데, 몸은 마음을 포함하므로 몸 공부는 마음 공부이기도 하며, 이렇게 몸 공부를 통해 마음 공부를 하는 것 자체가 삶의 치유이다.

　몸과 마음이 실체적으로 분리된 것일 수 없다는 점은 앞서 의학 분야에서도 논의되었는데, 이렇게 몸이 고정된 실체가 아니라는 점을 진화발생생물학과 정신신경면역학의 입장에서 규명하고 있는 글이 우희종의 「창발현상으로서 깨어있음의 몸」이다. 진화론의 주요 개념인 적자생존과 자연선택은 생명체는 주위 환경과 끊임없이 상호작용하며, 이런 상호작용은 역사 속에서 누적되어 진화의 압력으로 작용한다는 것을 가리킨다. 따라서 시간에 따른 돌연변이와 선택과 존속이라는 일련의 과정으로 이루어진 생명체의 진화는 복잡한 관계이자 과거로부터의 긴 시간의 누적이며, 시간의 전개에 따른 창발적(emergence)

적응, 즉 상호작용에 의한 재구성을 함축한다. 그러므로 진화는 개체만으로 이루어지는 것이 아니라, 주위 환경과 같이 더불어 유지되고 나타나는 일종의 정보(information)인데, 시간의 축적에 따라 더 많은 정보가 축적되므로 진화는 더욱 더 복잡해지며, 이런 복잡한 정보 소통을 통해 환경과 몸은 함께 공진화한다.

이처럼 복잡계적인 공진화와 자기조직화를 거치기 때문에, 각 개체의 신체적 고유성은 신체를 구성하고 있는 생리활성 물질이나 세포로 구성된 상태에서 고정되어 결정되는 것이 아니라, 외부와의 상호작용을 통해 개체가 지니고 있는 면역체계와 주위 환경이 서로 영향을 주고 받음으로써 그 결과 기존의 면역체계 자체의 속성이 변화하게 되는 방식을 취한다. 따라서 비록 몸은 유전자라는 물질적 기반에 의하고 더 나아가 신경계와 면역계로 이루어지지만, 이런 몸의 구성이 창발적이듯이 살아 움직이고 욕망하는 생명현상도 이들 구성요소의 복잡계적 창발현상으로 말미암아 나타난다고 할 수 있다. 이처럼 면역계과 신경계는 고정된 체계가 아니기에, 이들 체계에 의해 유지되는 몸도 역사를 담고 있는 역동적인 모습을 지닌다. 진화라는 시간의 누적 속에 나타난 생물학적 개체는 기계적인 물체와는 달리 복잡한 창발적 관계성의 산물이고 그 관계성이 언제나 가변적이므로, 면역학적 몸이나 신경계에 의한 마음은 고정된 실체로서가 아니라 언제나 변화하면서 항상 그 모습을 달리 한다. 즉 면역신경계적인 우리의 몸은 개체의 생과 사가 기나긴 진화의 시간 속에서 반복되면서 유전자의 변이와 더불어 환경의 상호작용에 의한 후성적 변화를 수용하면서 미세한 차이를 누적해 온 일종의 복잡계적인 몸인 것이다. 이런 복잡계적 관점에서 보자면, 몸과 마음은 연기적 상호의존 관계에 있는 것이므로, 몸만 다스리는 고행이나 마음의 욕망 제거에만 중점을 두는 엄격한 금욕으로는 진정한 깨어있음〔覺〕을 얻지 못한다고 할 수 있다. 그러므로 깨달음이란 몸과 마음을 떠나는 것이 아니라, 몸과 마음이 하나되는 것이고, 그 하나됨을 통해 그 하나에서 나타날 수 있는 것이 돈오頓悟이다. 그리고 돈오의 바탕이 된 그 하나됨이 실체 없는 창발적 현상이듯이, 이때의 돈오라는 깨어있음〔覺〕 역시 완전한 질적 변화를 일으키는 창발적 현상이라고 할 수 있다.

이렇게 볼 때, 몸을 수행의 대상으로 잡되 집착하지 않고 놓아야 한다는 식으로 (초기불교적으로) 몸을 관찰하건, 몸이란 잡을 것도 놓을 것도 없는 것이라는 식으로 (선불교적으로) 온몸으로 의심하건, 몸이란 기계적 실체가 아니라 복잡계적 창발 과정이라고 이해하는 것, 즉 몸을 몸답게 아는 것이 바로 지혜의 시작이며, 마음 공부의 튼튼한 기반이 되는 것이다.

목멱산 연구실에서 이당 김종욱

몸, 생물학의 이해 | 창발현상으로서 깨어있음의 몸　　　　우희종 · 327

몸, 놓아야 하는가 잡아야 하는가

– 빠알리 니카야의 수행관을 중심으로 –

정준영(서울불교대학원대학교 교수)

1. 몸, 괴로움의 시작

초기불교 안에서 몸은 놓아버려야 할 대상인가 아니면 붙잡아야 할 대상인가. 인간은 몸과 마음으로 구성되어 있다. 오늘날 뇌에 대한 연구의 발전으로 몸과 마음에 대한 구분이 새로워지고 있으나, 여전히 마음은 인간의 정신적인 영역을, 몸은 인간의 물질적인 영역을 말하는 것이 일반적이다. 사전적 의미로써의 몸[身]은 사람이나 동물의 형상을 이루는 전체, 또는 그것의 활동기능이나 상태를 말하고 있다.[1] 즉, 몸은 인간을 구성하고 있는 물질의 영역에 해당한다. 이러한 기준에서의 몸은 초기불교를 통하여 감각적 욕망의 대상으로, 혹은 지혜를 일으키게 하는 대상으로 나타난다. 그렇다면 이렇게 상대적인 성격을 지닌 몸은 어떻게 이해해야 하는 것인가? 몸은 놓아버려야 할 것인가, 아니면 붙잡아야 할 것인가. 몸이 인간의 물질에 대한 영역을 의미한다는 사실만으로 이러한 구분을 하는 것은 쉽지 않다. 따라서 본고는 초기경전(Pāli-Nikāya)을 중심으로 몸[身]과 물질[色]의 다양한 의미를 살펴보고, 몸을 대상으로 하는 수행과 그 결과를 살피는 데 중점을 두고자 한다.

본고는 크게 두 가지로 구성되어 있다. 하나는 몸을 놓아야 할지 잡아야 할지에 대한 구분에 앞서 초기경전(Pāli-Nikāya)에서 나타나는 몸의 의미를 살피는 것이다. 붓다는 몸을 나타내기 위해 다양한 빠알리pāli어를 사용하였다. 경전을 통해 나타나는 몸이란 단어는 까야kāya[2], 데하deha[3], 와뿌vapu, 아뜨마바와ātmabhāva[4], 께레바라 kelebara[5], 갓따gatta[6], 따누tanu[7], 사리라sarīra[8] 등으로 여러 가지이다. 본고는 이들 중 경전에서 가장 자주 활용하는 '까야kāya'를 중심으로 몸의 의미를 찾으려고 한다. 그리고 이 과정에서 몸과 물질[色], 몸과 느낌[受], 그리고 몸과 마음[心]의 관계를 살펴 초기불교 안에서의 몸이 어떤 의미로 활용되는지 살피게 될 것이다. 다른 하나는 몸과 수행의 관계이다. 초기경전을 통해 수행의 대상으로써 사용되는 몸을 통해, 몸이 놓아버려야 하는 혐오의 대상인지, 지혜계발을 위한 관찰의 대상인지를 알아보게 될 것이다. 그리고 수행의 과정과 더불어 깨달음 [涅槃]을 향한 이상적인 몸의 조건과 깨달음을 얻은 이후의 몸은 어떻게 설명되고 있는지에 대해서도 살피게 될 것이다.

그동안 초기불교에서 나타나는 몸(kāya)에 대한 연구는 하시모토 테츠오(橋本哲夫, Hashimoto Tetsuo)에 의해 심도 있게 진행되어 왔다. 특히 「최초기 까야Kāya에서의 신체에 관하여」는 초기경전에서 활용되

는 까야kāya의 중의적 의미에 대해 통계적 자료를 제시하고 있다.[9]
또한 상좌부 전통에서 소개되고 있는 많은 수행지침서들은 신념처身念
處를 중심으로 하는 6가지 수행법을 구체적으로 설명하고 있다.[10]
하지만 이러한 연구들은 몸이 가지는 여러 가지 의미를 언어적으로
한정하고 있거나 주석서에서 설명하는 몸에 대한 수행법을 정리하는
범주에서 논의되고 있다. 따라서 본고는 초기경전에서 나타나는 몸에
집중하여, 몸의 다양한 언어적 의미와 활용을 살피고, 수행이라는
과정과 결과로써 나타나는 몸의 특징 역시 살피는 복합적인 연구가
될 것이다. 이러한 시도는 몸의 언어적 활용용례를 살펴 몸의 다양한
의미를 이해할 수 있을 뿐만 아니라, 실천적인 입장에서 몸이 불교수행
을 통해 놓아야 할 대상인지, 잡아야 할 대상인지를 살펴보는 계기가
될 것이다.

2. 몸(kāya, 身)이란 무엇인가

초기불교에서 사용하는 몸이란 용어는 다양하다. 본고에서는 다양한
용어로 활용되는 몸들의 의미를 구분하기에 앞서, 초기경전에서 가장
많이 사용하는 몸에 대한 용어인 '까야kāya'를 중심으로 몸을 이해하고
자 한다. 빠알리어 '까야'는 '쌓아올리다'라는 의미를 지닌 'cinoti'의
'ci'로부터 파생되었고 '집단', '덩어리', '모음', '모집', 그리고 '몸' 등의
의미를 지니고 있다. 따라서 '까야'는 주로 여러 것들이 모아진 '집단',
'그룹', '군중(mahājana-kāya)'의 의미로 사용된다. 이러한 의미를 지닌
'까야'의 사용용례를 살펴보면, 이들은 크게 1) 육체적, 2) 심리적,

3) 윤리적 의미로 구분될 수 있다. 먼저 1) 육체적 의미로서의 '까야'는 ① 마음챙김(sati, 주시)을 통해 관찰되는 몸(kāya, 身),[11] ② 다양한 특성과 기능으로 나타나는 육체적 몸,[12] ③ 변화하고 죽는 육체적 몸에 대한 평가,[13] 그리고 ④ 종기, 개미탑, 도시, 깨지기 쉬운 물병과 같이 비유되는 몸[14] 등의 의미로 설명된다. 그리고 2) 심리적 의미로서의 '까야'는 ① 감각적 느낌의 영역뿐만 아니라,[15] ② 선정禪定 상태에서 나타나는 고요함[16] 등 다양한 감각과 수행을 통해 나타나는 현상의 의미로써 설명되기도 한다. 마지막으로 '까야'는 3) 윤리적 의미로도 활용되는데, 이는 신구의身口意 삼행三行을 통해 나타나는 윤리적인 몸으로 설명된다.[17] 이 외에도 '까야'는 다른 단어와의 합성을 통해 여러 의미로 활용된다. 이처럼 '까야'는 초기불교 안에서 어느 한정된 의미로 활용되기보다 경전의 문맥에 따라 다양하게 나타난다.

이처럼 다양하게 활용되는 '까야'는 크게 두 가지로 의미로 함축될 수 있다. 이들은 '몸[身]' 그리고 '모임[集, 蘊]'이라는 의미이다. 하시모토 테츠오(橋本哲夫)는 그의 연구를 통해, 까야가 '인간', '현자', '물건', '생리적 신체', '생물', '흐름', '부정함', '감각기관', '동작', '사람', '육체' 등으로 사용되는 것을 밝히고,[18] 이들을 집약하여 크게 '모임(집합)'으로 사용되는 경우와 '몸'으로 사용되는 경우를 구분하여 설명하고 있다.[19] 그의 설명에 따르면 까야는 의주석(依主釋, tappurisa)의 복합어로 사용되는 경우, 위치에 따라 서로 다른 의미를 지니는데, 복합되는 단어의 앞에 놓이면 '몸'이나 '신체'의 의미를 지니고, 뒤에 놓여 피수식어가 되면 '모임'의 의미를 지닌다고 설명한다. 따라서 같은 까야라는 용어라고 할지라도 문맥과 합성의 관계에 따라서 그 의미가 달라질 수 있다.

따라서 본장에서는 이와 같이 다양하게 활용되는 까야가 몸〔身〕의 의미로 사용되는 경우를 중심으로, 초기불교에서 설명하는 몸의 구성과 특징, 그리고 몸과 물질, 느낌, 마음의 관계를 살펴볼 것이다.

1) 몸의 구성과 특징

붓다는 『숫타니파타Sutta-Nipāta』를 통해 몸(kāya)의 구성에 대해 설명하고 있다. 이를 통해 초기불교에서 바라보는 몸에 대한 견해를 살펴볼 수 있다.

> 몸(kāya)은 뼈와 힘줄로 엮어 있고, 내피와 살로 덧붙여지고 피부로 덮여져 있어 있는 그대로 보이지 않는다. 그것은 내장과 위, 간장의 덩어리. 방광, 심장, 폐장, 신장, 비장으로 가득 차 있다. 그리고 콧물, 점액, 땀, 지방, 피, 관절액, 담즙, 임파액으로 가득 차 있다. 또한 아홉 구멍에서는 항상 더러운 것이 나온다. 눈에는 눈꼽, 귀에서는 귀지가 나온다. 코에서는 콧물이 나오고, 입에서는 한꺼번에 담즙이나 가래를 토해내고, 몸에서는 땀과 때를 배설한다. 또 그 머리에는 빈 곳이 있고 뇌수로 차 있다. 그런데 어리석은 자는 무명에 이끌려서 그러한 몸을 아름다운 것으로 안다. 또 죽어서 몸이 쓰러졌을 때에는 검푸르게 되고, 무덤에 버려져 친척도 그것을 돌보지 않는다. 개들이나 여우들, 늑대들, 벌레들이 파먹고, 까마귀나 독수리나 다른 생물이 삼킨다. … 안으로나 밖으로나 몸에 대한 욕망에서 떠나야 한다. 이 세상에서 욕망과 탐욕을 떠난 그 지혜로운

수행승만이 불사와 적멸, 곧 사멸을 뛰어넘는 열반의 경지에 도달한
다. 인간의 이 몸뚱이는 부정하고 악취를 풍기며, 가꾸어지더라도
온갖 오물이 가득 차 여기저기서 흘러나오고 있다. 이런 몸뚱이를
가지고 있으면서, 생각하건대 거만하거나 남을 업신여긴다면, 통찰
이 없는 것이 아니고 무엇이겠는가.[20]

초기경전에서 설명하는 몸은 뼈, 힘줄, 내피, 살, 그리고 여러 장기로
구성되어 있으며, 이러한 몸은 온갖 오물로 가득한 혐오스러운 대상이
다. 따라서 붓다는 수행자에게 몸에 대한 욕망을 버려야 하며 이것이
열반에 이르는 길이라고 설한다. 또한 『담마빠다(Dhammapada, 法句
經)』 역시 '늙은이의 품(Jarāvagga, 老耄品)'을 통해 몸에 대해 고통스럽
고 영원하지 않은 소멸의 대상이라고 설명한다.

오, 어찌 웃고, 어찌 즐기는가? 언제나 세상은 불타고 있고, 그대들
은 어둠에 덮여 있는데, 등불을 구하지 않을 것인가?
보라. 아름답게 꾸며둠에 영상, 상처투성이로 세워둠에 몸, 고통스
럽고 망상으로 찬 것, 영원하지도 않고 견고하지도 않다.
이 영상은 마침내 노쇠하고 질병의 소굴로 쉽게 부서진다. 이 부패한
축적물은 파괴된다. 삶은 죽음으로 끝나기 때문이다.
참으로 가을에 버려진 이 호리병박들처럼 회백색의 해골들이 있다.
그것들을 보고 어찌 기뻐하겠는가?
뼈로 만들어지고 피와 살로 덧칠해진 도시, 거기에 늙음과 죽음과
자만과 위선이 감추어져 있다.

잘 꾸며진 왕의 수레도 낡아가듯, 마찬가지로 몸도 또한 늙어간
다.…[21]

붓다는 몸에 대하여 '뼈로 만들어지고 피와 살로 덧칠해진 무상無常
한 것'이라고 설하고 있다. 주석서(Dhammapadaṭṭhakathā, 法句義釋)의
설명에 따르면 상처투성이로 세워진 몸이란 '아홉 가지 구멍으로
상처가 난, 삼백여 개의 뼈로 세워진 몸'을 말한다.[22] 아홉 가지 구멍은
눈, 귀, 코, 입의 여섯 가지, 그리고 요도구와 항문 두 가지를 포함한
것으로, 태어날 때부터 황금 색조를 띠었다고 할지라도 부패하는
존재를 말한다. 특히, 몸 안에 있는 아홉 가지 구멍에는 항상 배설하는
물질이 있다고 전제하기에 결과적으로도 부패할 것이라고 설명한다.
그리고 몸은 마치 창고를 만들 때, 나무로 골조를 만들고, 덩굴로
묶고, 진흙을 바르듯이, 삼백 개의 뼈로 골조를 만들고, 힘줄로 묶고,
고기와 피로 회칠하여, 피부로 덮는다고 설명한다. 이처럼 초기경전은
몸에 대한 구체적인 구분을 언급하고 이어서 구분된 몸의 더러움과
무상함에 대해서 설명하고 있다. 『앙굿따라니까야』의 「우다이숫따
Udāyī sutta」는 몸을 구성하고 있는 요소에 대해 31가지로 세분화하여
보다 구체적으로 설명한다.

수행승이 발바닥으로부터 위로, 머리카락 끝으로부터 아래로, 피부
로 둘러싸여 있는 바로 이 몸에 대하여 '이 몸 안에는 ①머리카락
(kesā), ②털(lomā), ③손발톱(nakhā), ④치아(dantā), ⑤피부
(taco), ⑥살(maṃsa), ⑦근육(nahāru), ⑧뼈(aṭṭhī), ⑨골수

(aṭṭhi-miñjā), ⑩ 신장(vakka), ⑪ 심장(hadaya), ⑫ 간(yakana), ⑬ 늑막(kilomaka), ⑭ 비장(pihaka), ⑮ 허파(papphāsa), ⑯ 대장(anta), ⑰ 소장(anta-guṇa), ⑱ 위(udariya), ⑲ 대변(karīsa), ⑳ 쓸개즙(pitta), ㉑ 가래(semha), ㉒ 고름(pubbo), ㉓ 피(lohita), ㉔ 땀(sedo), ㉕ 비계(medo), ㉖ 눈물(assu), ㉗ 지방(vasā), ㉘ 침(kheḷo), ㉙ 콧물(siṅghāṇikā), ㉚ 관절활액(lasikā), ㉛ 소변(mutta)이 있다'라고 여러 가지 부정물로 가득한 것으로 관찰합니다.〔번호는 필자 첨가〕[23]

이들은 인간의 몸을 구성하고 있는 31가지 요소로, 몸의 단단한 부분과 외부로부터 내적인 기관 그리고 유기적 액체의 순으로 열거하고 있다. 이와 같은 구분은 『대념처경(大念處經, Mahāsatipaṭṭhāna sutta)』을 통해서도 나타나는데, 경전은 몸을 구성하는 요소들에 대해서 몸의 혐오스러움을 관찰하는 수행의 대상으로 설명하고 있다. 『대념처경』과 주석서에서 설명하는 수행방법은 뒤에서 구체적으로 다루겠지만, 경전에서 설명하는 신념처(身念處, kāyānupassanā) 수행의 네 번째인 '여러 가지 부정한 것으로 가득 차 있음을 관찰(paṭikūlamanasikāra)'[24] 수행을 살펴보면 몸의 구성 요소를 위와 같이 31가지로 제시하고 있다. 따라서 초기경전에서 설명하는 몸의 특성을 살펴보면, 몸은 뼈로 만들어지고 피와 살로 덮혀 있으며, 단단한 기관, 내적 기관, 그리고 유기체 등의 31가지 요소들로 구성되어 있다. 이를 통해 붓다의 시대에도 이미 몸에 대한 해부학적 지식이 있었음을 유추할 수 있다. 초기경전이나 후대 주석서를 통해 나타나는 몸에 대한 해부학적 지식은 인도의학에서 언급하고 있는 것처럼 세밀하지 못하다. 이는 초기불교에서 바라보는 몸에 대한 접근이 몸을 구성하고 있는 요소들에 대한 분석이나 질병을 치료하는 것에 중심을 두고 있는 것이 아니라, 몸을 혐오스러운 대상으로 설정하여 집착으로부터 벗어날 수 있도록 하는 수행에 중심을 두고 있기 때문이라고 볼 수 있다.『청정도론』에 와서는 몸에 대한 구성을 보다 구체적으로 제시하고 있다.

> 본래 이 몸은 300개가 넘는 뼈의 무더기인데, 180개의 관절로 연결되어 있고, 900개의 힘줄로 묶여 있고, 900개의 살집이 붙어 있고, 축축한 살갗으로 싸여 있고, 표피로 덮여 있고, 여러 가지 크고 작은 구멍이 있고, 마치 기름단지처럼 아래위에서 불순물이 배출되고, 벌레의 무더기가 거주하는 곳이고, 모든 병의 고향이고, 고통스런 현상들의 토대이고, 아물지 않는 고질적인 종기처럼 아홉 개의 구멍으로부터 끊임없이 흘러내린다. 두 눈으로는 눈꼽이 흘러내리고, 두 귀로는 귀지가, 두 콧구멍으로부터는 콧물이, 입으로부터는 음식물과 담즙과 침과 피가, 아래의 두 문으로부터는 대변과 소변이, 9만9천 모공으로부터는 더러운 땀과 분비물이 흘러나온다.[25]

몸의 해부학적 지식은『청정도론』을 통해 보다 세분화된다. 그리고 이러한 구분은 여전히 몸에 대한 의학적 접근이 아니라 몸에 대한 구도적 접근이라고 볼 수 있다. 인상적인 점은 몸의 토대인 뼈를 300개가 넘는다고 설명함으로써 현대의학에서 350개〔어린이〕에서 206〔성인〕개로 설명하는 뼈의 개수와 유사한 언급을 했다는 점이다.

2) 몸에 대한 견해

초기경전을 통해 붓다는 몸 자체에 대한 연구보다, 몸에 대한 집착으로 부터 벗어나는 것을 강조했다. 물론 붓다가 건강에 대한 중요성을 부정하는 것은 아니다. 율장〔Mahāvagga〕에 따르면 붓다는 의학적 몸의 영역에 대해 종교적인 것으로부터 분리하여 이성적인 자세로 접근하고 있다. 하지만 붓다는 다른 고대 인도철학과는 다르게 의학을 특별한 연구 분야로 분리하여 받아들인 것이 아니라, 단지 승단이 규율을 지키고 개인이 진리를 추구하는 데 있어 장애가 되는 질병들로 부터 벗어나는 용도로 활용하였다. 물론 몸은 승려가 공부해야 하는 대상의 하나가 되기도 하지만, 초기불교는 몸과 의학에 대하여 바라문 교(Brāhmanism)처럼 분리된 연구의 영역으로 두고 있지 않았다. 따라 서 본고는 몸에 대한 초기불교의 견해를 살펴보고자 한다. 몸과 물질, 몸과 느낌, 몸과 마음의 관계를 살펴봄으로써 초기불교의 몸에 대한 견해를 보다 구체화 시킬 수 있을 것이다.

(1) 몸과 물질

초기불교 안에서 인간은 몸(rūpa, 물질)과 마음(nāma, 정신)으로 구성 되어 있다.[26] 그리고 더욱 세부적으로 살펴보면 이들은 오온(五蘊, pañca khandas)으로 구분될 수 있다. 몸과 마음을 오온과 비교하면 몸은 색(色, rūpa)으로 구성되어 있으며, 마음은 수(受, vedanā), 상(想, saññā), 행(行, saṃkhārā), 식(識, viññāṇa)으로 구성되어 있다.[27] 이처럼 인간은 오온으로 구성되어 있으며 오온은 생성과 소멸의 과정을 쉽게 벗어나지 못한다. 그렇다면 오온이란 무엇인가? 『마하뿐나마숫따

Mahāpuṇṇama sutta』는 오온에 대해 구체적으로 설명하고 있다.[28]

> 비구들이여, 과거의 것이거나 현재의 것이거나 미래의 것이거나,
> 내적인 것이나 외적인 것이나, 거칠거나 미세하거나, 높이 있거나
> 낮게 있거나, 멀거나 가깝거나, 그 어떠한 물질적인 것[色]을 물질의
> 모음(色蘊, rūpakkhando)이라고 한다. 이와 마찬가지로, 과거의
> 것이거나…, 그 어떠한 느낌[受]을 느낌의 모음(受蘊, vedanāk-
> khando)이라고 한다. 이와 마찬가지로…, 그 어떠한 지각[想]을
> 지각의 모음(想蘊, saññākkhando)이라고 한다. 이와 마찬가지로…,
> 그 어떠한 행위[行]를 행위의 모음(行蘊, saṃkhārākkhando)이라고
> 한다. 이와 마찬가지로…, 그 어떠한 의식[識]을 의식의 모음(識蘊,
> viññāṇakkhando)이라고 한다.[29]

오온을 구성하는 첫 번째 모음인 물질(몸, 色, form)은 '지수화풍地水火風'의 '사대四大'뿐만 아니라 이에서 파생된 물질들의 모음을 말한다. 내부적이든 외부적이든 모든 물질의 영역은 색온에 해당한다. 물질적 감각기관인 '안이비설신眼耳鼻舌身', 그리고 그에 상응하는 외부대상인 '색성향미촉色聲香味觸'이 '색온'에 해당한다. 『칸다상윳따khandha Samyutta』의 설명에 따르면 물질은 무엇이든지 외부의 조건들로부터 영향(ruppati, 변형)을 받는 것을 말한다.[30] 예를 들어, 추위, 열, 배고픔, 목마름, 모기, 뱀 등에 영향을 받는 것으로 외부조건에 의해 주관적인 경험이 따르는 것이 물질[色]이 가지고 있는 특징이다.[31] 이와 같은 성질에 의해 『청정도론』은 물질(rūpa)을 '변형되는(ruppana)' 성질을

가진 것이라고도 설명한다.[32] 또한 『출라핫티빠도빠마 숫따
Cūḷahatthipadopama sutta』는 물질〔色蘊〕의 특징에 대해서 다음과 같이
설명한다.

비구들이여, 물질적 현상의 무더기란 무엇인가. 그것은 네 가지
근원적인 요소〔四大〕와 그것들로부터 파생된 물질적 현상들〔四大所
造色〕이다. 네 가지 근원적인 요소란 무엇인가. 딱딱함의 요소〔地
界〕, 물의 요소〔水界〕, 열기의 요소〔火界〕, 움직임의 요소〔風界〕를
말한다. … 그리고 '이것들은 나의 것이 아니다. 이것들은 내가
아니다. 이것들은 나의 자아가 아니다'라고 있는 그대로 알고 보아야
한다. 목재와 골풀과 갈대와 진흙을 재료로 해서 만들어진 한정된
공간을 오두막이라고 부르듯이, 뼈와 힘줄과 살과 피부를 재료로
해서 형성된 한정된 공간을 '몸'이라고 부른다.[33]

경전은 외부의 조건들로부터 영향을 받는 것으로 딱딱함〔地〕, 물
〔水〕, 열기〔火〕, 움직임〔風〕의 특징을 지닌 것을 물질이라고 말하며,
이렇게 형성된 한정된 공간을 '몸〔肉身〕'이라고 부른다. 즉, 몸이란
사대로 구성된 한정된 공간을 의미한다. 『마하라훌로와다 숫따
Mahārāhulovāda sutta』는 몸을 구성하고 있는 사대에 대해 보다 구체적
으로 설명한다. 사대는 넓은 의미로 내적인 것과 외적인 것으로 구분될
수 있다.

라훌라야, 안에 있고 개개인에 속하는 딱딱하고 견고하고 업에서

생긴 것은 무엇이건 이를 일러 내적인 땅의 요소[地代]라 한다. 예를 들면 ①머리카락, ②털, ③손발톱, ④치아, ⑤피부, ⑥살, ⑦근육, ⑧뼈, ⑨골수, ⑩신장, ⑪심장, ⑫간, ⑬늑막, ⑭비장, ⑮허파, ⑯대장, ⑰소장, ⑱위, ⑲대변이다. 라훌라여, 그 외에도 안에 있고 개개인에 속하는 딱딱하고 견고하고 업에서 생긴 것은 무엇이건 이를 일러 내적인 땅의 요소라고 한다. 내적인 땅의 요소든 외적인 땅의 요소든 그것은 단지 땅의 요소일 뿐이다. 이에 대해 '이것은 나의 것이 아니다. 이것은 내가 아니다. 이것은 나의 자아가 아니다'라고 있는 그대로 바르게 지혜로써 봐야 한다. 이와 같이 이것을 있는 그대로 바르게 지혜로써 보고 땅의 요소를 역겨워하고 마음이 땅의 요소에 대한 탐욕을 벗어나게 한다.[번호는 필자 첨가][34]

경전은 몸을 구성하고 있는 31가지 요소들 중에 19가지를 내적인 땅의 요소[地大]에 포함시키고 있다. 이들은 나의 몸 안에 있는 것으로 단단하거나 견고한 특징을 지닌다. 지(地, pathavi)는 확장을 하거나 공간을 차지한다. 이러한 지의 특성은 물질로써 뿐만 아니라 감각으로써도 파악된다. 예를 들어, 수행자가 길을 걸을 때 수행자는 그 수행자의 발을 통해서 땅바닥의 단단함이나 부드러움을 느낀다. 이 느낌은 지의 요소이다. 그리고 수행자가 길을 걸으며 그의 얼굴에 불어오는 바람의 세기를 강하여 단단하거나, 약하여 부드럽다고 느끼는 것 역시 지의 요소이다. 이처럼 지는 몸을 구성하고 있는 요소일 뿐만 아니라 우리에게 경험되는 특성이기도 하다. 이 외의 외부의 것들은 외적인 땅의 요소라고 부른다. 또한 같은 경전은 몸 안에 들어 있는

12가지의 요소를 언급하며 물의 요소를 설명한다.

라훌라야, 그러면 무엇이 물의 요소인가? 물의 요소는 내적인
것도 있고 외적인 것도 있다. 라훌라야, 그러면 무엇이 내적인
물의 요소인가? 안에 있고 개개인에 속하는 물과 축축한 것과
업에서 생긴 것은 무엇이건 이를 일러 내적인 물의 요소라 한다.
예를 들면 ⑳쓸개즙(pitta), ㉑가래(semha), ㉒고름(pubbo), ㉓
피(lohita), ㉔땀(sedo), ㉕비계(medo), ㉖눈물(assu), ㉗지방
(vasā), ㉘침(kheḷo), ㉙콧물(siṅghāṇikā), ㉚관절활액(lasikā), ㉛
소변(mutta)이다. 라훌라여, 그 외에도 안에 있고 개개인에 속하는
물과 축축한 것과 업에서 생긴 것은 무엇이건 이를 일러 내적인
물의 요소라고 한다. 내적인 물의 요소든 외적인 물의 요소든 그것은
단지 물의 요소일 뿐이다. 이에 대해 '이것은 나의 것이 아니다.
이것은 내가 아니다. 이것은 나의 자아가 아니다'라고 있는 그대로
바르게 지혜로써 봐야 한다. 이와 같이 이것을 있는 그대로 바르게
지혜로써 보고 물의 요소를 역겨워하고 마음이 물의 요소에 대한
탐욕을 벗어나게 한다.〔번호는 필자 첨가〕

경전은 몸을 구성하고 있는 31가지 요소들 중에 나머지 12가지를
물의 요소〔水大〕에 포함시키고 있다. 수(水, apo)의 특성 역시 물질로써
뿐만 아니라 감각으로써도 파악된다. 물은 몸 안에 있는 수분과 유동성
을 지닌 요소들을 말한다. 또한 수는 물의 특징처럼 결합력, 응집력,
또는 점착성이라는 특징을 가지고 있다. 결합력이라고 하는 것은

마치 시멘트에 물을 넣으면 단단해지는 것과 마찬가지로 어떤 물질들
을 함께 붙잡는 역할을 하여 단단하거나 강해지게 하는 것을 의미한다.
겨울에 건조하여 피부가 갈라지는 것도 피부에 수분이 부족하여 생기
는 것이다. 수분이 충분하다면 피부를 응집하여 잡아주기 때문에
갈라지지 않는다. 이처럼 수 역시 몸을 구성하고 있는 요소일 뿐만
아니라 우리에게 경험되는 몸(물질)의 특성이기도 하다. 몸을 구성하
고 있는 또 다른 성분의 하나는 불[火]이다. 경전은 불에 대해 온도,
늙음, 소비, 그리고 소화의 특성을 지니고 있다고 설명한다.

> 라훌라야, 그러면 무엇이 불의 요소인가? 불의 요소는 내적인
> 것도 있고 외적인 것도 있다. 라훌라야, 그러면 무엇이 내적인
> 불의 요소인가? 안에 있고 개개인에 속하는 불과 뜨거운 것과
> 업에서 생긴 것은 무엇이건 이를 일러 내적인 불의 요소라 한다.
> 예를 들면 그것 때문에 따뜻해지고, 늙고, 타버린다거나, 그것
> 때문에 먹고 마시고 소비하고 맛본 것이 완전히 소화되든지 하는
> 것이다.

화(火, tejo)는 몸의 온도와 관련된 뜨거움과 차가움, 그리고 늙어가
는 등의 모두를 의미한다. 이 역시 경험되기도 하는데, 수행자가
행선(경행)을 할 때에 발바닥에서 느껴지는 온도의 변화 역시 화의
요소에 해당하고, 누군가 병이 들어 아플 때 그의 체온이 오르고
내리는 것 역시 화이다. 『마하핫띠빠도빠마 숫따(Mahahatthipadopama
sutta)』는 화의 요소를 크게 네 가지로 구분하고 있다. 이들은 ① 따뜻함,

②늙음, ③소모(불에 데는 것, 열이 과한 것), 그리고 ④먹고 마시고 맛을 보는 등 소화를 돕는 열이다.[35] 마지막으로 몸을 구성하고 있는 요소는 바람〔風〕이다.

라훌라야, 그러면 무엇이 바람의 요소인가? 바람의 요소는 내적인 것도 있고 외적인 것도 있다. 라훌라야, 그러면 무엇이 내적인 바람의 요소인가? 안에 있고 개개인에 속하는 바람과 풍기와 업에서 생긴 것은 무엇이건 이를 일러 내적인 바람의 요소라 한다. 예를 들면 올라가는 바람, 내려가는 바람, 복부에 있는 바람, 창자에 있는 바람, 온몸에 움직이는 바람, 들숨과 날숨이다. 라훌라여, 그 외에도 안에 있고 개개인에 속하는 바람과 풍기와 업에서 생긴 것은 무엇이건 이를 일러 내적인 바람의 요소라고 한다. 내적인 바람의 요소든 외적인 바람의 요소든 그것은 단지 바람의 요소일 뿐이다.

바람(風, vayo)은 물질과 힘의 관계를 의미한다. 이는 마치 풍선에 바람을 넣어 풍선이 단단해져 힘을 만들어 낼 수 있는 것과 같다. 『마하하띠빠도빠마 숫따』는 〔내적〕 풍의 요소는 상승하는 바람과 하강하는 바람이 있는데 상승하는 바람은 몸의 움직임의 원인이 되는 공기, 공기와 같은 것, 이것에 달라붙는 것이고, 하강하는 바람은 배에서 부는 바람, 창자에서 부는 바람, 팔다리를 통해서 부는 바람, 들숨과 날숨(assaso passaso), 또는 무엇이든지 누군가에 내적으로 속하는 공기, 공기와 같은 것, 이것에 달라붙는 것을 말한다.[36] 이

경전의 설명에 따르면 상승하는 바람의 요소는 몸에서 재채기, 하품, 구토, 딸꾹질 등의 원인이 되기도 하고, 하강하는 바람의 요소는 대변, 소변, 배 안에 창자 밖의 바람, 창자 안의 바람, 모든 팔다리를 통해 움직이는 바람, 그리고 호흡관의 기본이 되는 들숨과 날숨이 있다고 설명하고 있다. 초기경전 상에서 들숨과 날숨의 호흡은 풍의 요소에 해당한다. 이처럼 초기불교에서 설명하는 인간의 몸은 물질(色, rūpa)과 같으며 이들은 땅, 물, 불, 바람이라는 요소의 특징을 지니고 있다. 그리고 사대로 구성된 몸은 또 다른 특성을 지닌다. 그것은 오래가지 못하고 늙고 병든다는 것이다.

아픈 몸

초기불교는 다양한 사례를 통해 병드는 몸에 대해서 설명하고 있다. 물질로 구성된 몸은 생로병사生老病死를 벗어날 수 없다. 붓다는 병든 제자들이 약과 의료기구를 사용하는 것을 허락했다. 초기경전에는 다양한 의사들도 나타나는데, '아까사곳따(Ākāsagotta)'도 그중 한 명이다. 그는 라자가하Rājagaha의 의사로 칼이나 화살촉을 이용하여 직접 시술施術을 행하였다.[37] 그리고 '지와까Jīvaka' 역시 빔비사라Bimbisāra왕의 의사로 붓다에게 귀의한 명의名醫로 잘 알려져 있다.[38] 『앙굿따라니까야Aṅguttara-Nikāya』의 「질병의 품(Gilānavagga)」을 살펴보면 붓다는 제자들에게 몸이 약해 병이 든 수행자라고 할지라도 다섯 가지의 원리를 버리지 않으면 심·혜해탈을 얻어 깨달음을 성취할 수 있다고 설한다.

44

수행승들이여, 어떤 병약한 자라도 이와 같은 다섯 가지 원리를
버리지 않으면, 그는 머지않아 번뇌를 부수고 번뇌 없이 마음에
의한 해탈과 지혜에 의한 해탈을 스스로 곧바로 알고 깨달아 성취할
것이다. 다섯 가지란 무엇인가? 수행승들이여, 세상에 수행승이
신체에 대한 부정을 관찰하고, 음식에 대한 혐오를 지각하고, 일체
의 세계에서 즐거움을 발견할 수 없음을 지각하고, 모든 조건 지어진
것에서 무상을 관찰하고, 안으로 죽음에 대한 지각을 잘 정립하는
것이다.[39]

붓다는 환자에게도 몸에 대한 부정과 혐오스러움을 관찰하라고
설하셨다. 이는 질병에 대한 구도적인 접근이라고 볼 수 있다. 또한
붓다는 질병에 대하여 치유적인 접근도 진행하고 있다. 붓다는 간호하
기 어려운 환자와 간호하기 쉬운 환자의 차이에 대해서 설하시며
질병에 걸린 자가 치유를 위해 가져야 할 태도를 제시하고 있다.
이 역시 다섯 가지이다.

수행승들이여, 건강에 해로운 일을 하고, 건강에 도움이 되는 일에
는 분수를 모르고, 처방약을 복용하지 않고, 자신의 이익을 위하여
간호원에게 고통이 증가하면 증가한다고, 감퇴하면 감퇴한다고
유지되면 유지된다고 있는 그대로 밝히지 않고, 아프고 쑤시고
아리고 불쾌하고 언짢고 목숨이 위태로운 신체의 고통이 생겨나면
참아내지 못하는 것이다. 수행승들이여, 이와 같은 다섯 가지 원리
를 지닌 환자는 간호하기 어렵다.[40]

몸이 아픈 환자는 꾸준히 처방약을 복용해야 할 뿐만 아니라 자신의 증세에 대해서 분명히 밝혀야 한다. 또한 붓다는 환자를 돌보는 간호원의 임무 역시 설하고 있는데, 간호원은 약을 조제할 능력이 있고, 건강에 도움이 되는 것과 해로운 것을 구별할 줄 알며, 건강에 도움이 되는 것을 제공하고, 자애의 마음으로 환자를 돌보고, 이득을 위해 환자를 돌보지 않으며, 환자로부터 대소변이나 구토, 가래 등이 나올 때 꺼리지 않고, 가르침을 통해 환자를 교화하고 북돋우고, 고무시키고, 기쁘게 할 줄 알아야 한다고 설한다. 이를 통해 붓다의 시대에 몸을 다루는 의사와 간호사가 있었다는 사실을 알 수 있으며, 환자는 질병의 치유를 위해 적극적인 자세로 임하고 간호원 역시 환자를 위해 성실히 임해야 한다는 사실도 알 수 있다. 인간의 몸은 물질로 구성되어 있으며 이 물질은 병들고 쇠퇴함으로부터 벗어날 수 없다. 따라서 수행자는 물질의 특성을 분명히 알고, 구도의 입장에서, 그리고 치유의 입장에서 모두 성실히 임해야 한다는 사실을 알 수 있다.

(2) 몸과 느낌

초기불교에서의 설명하는 몸은 대부분 괴로움의 원인이며, 혐오스러운 대상이고, 벗어나야할 대상으로 나타난다. 이러한 몸은 느낌(受, feeling, vedanā)을 통해 지각된다. 물론 느낌 자체는 정신적인 영역에 해당할 수 있지만, 몸은 느낌을 일으키는 중요한 원인 중의 하나이다. 느낌은 몸을 구성하는 감각(sensation) 기관들과 감각의 대상들 사이에 접촉이 일어났을 때 발생되는 것을 말한다.[41] 이러한 접촉은 여러 종류의 느낌들을 발생시키는데, 초기불교는 일반적으로 이러한 느낌들을(vedanā) 크게 세 가지 종류로 설명하고 있다. 『상윳따 니까야 Saṃyatta Nikaya』는 느낌의 종류에 대하여 "비구들이여, 세 가지 종류의 느낌들이 있다. 어떤 세 가지인가? 즐거운 느낌, 괴로운 느낌, 괴롭지도 않고 즐겁지도 않은 느낌, 이렇게 세 가지 느낌들이 있다."라고 설명한다.[42] 그리고 이러한 종류의 느낌들은 육체와 정신의 양쪽 면을 모두 가지고 있다.[43] 『웨다나상윳따Vedanāsaṃyutta』는 '느낌(vedanā)'이 육체와 정신의 양쪽 성질을 모두 가지고 있다고 선명하게 설명하고 있다.

"비구들이여, 무엇이 두 가지 종류의 느낌인가? 육체적인 것과 정신적인 것, 이것들을 두 가지 종류의 느낌들이라고 한다."[44]

더 나아가 경전은 느낌에 대해 3, 5, 6, 18, 36, 108가지 등으로 다양하게 나누어 설명하기도 한다.[45] 그리고 이들 중에 느낌의 종류로써 가장 널리 알려져 있는 구분은 이미 위에 언급한 3가지 종류의 느낌들과 육체적·정신적 구분을 포함하는 5가지 종류의 느낌들이다. 이들은 ① 육체적으로 즐거운 느낌(kāyikā sukhāvedanā, sukha), ② 육체적으로 괴로운 느낌(kāyikā dukkhāvedanā, dukkha), ③ 정신적으로 즐거운 느낌(cetasikā sukhāvedanā, somanassa), ④ 정신적으로 괴로운 느낌(cetasikā dukkhāvedanā, domanassa), 그리고 ⑤ 괴롭지도 즐겁지도 않은 느낌, 또는 중립의 느낌(adukkhamasukhāvedanā, upekkhā)이다.[46] 그러므로 불교 안에서 나타나는 느낌이란 즐거운 것, 괴로운 것, 괴롭지도 즐겁지도 않은 것, 그리고 이들은 다시 육체적인 것과

정신적인 것들로 나누어진다.[47] 이처럼 몸은 육체적 괴로움 또는 즐거
움의 원인이 될 뿐만 아니라, 정신적 괴로움과 즐거움의 원인이 된다.
다시 말해 몸은 괴로움이라는 벗어나고 싶은 욕망, 즐거움이라는
취착하고 싶은 욕망의 원인이 되는 것이다.

초기불교는 몸〔과 마음〕으로부터 발생되는 모든 것들은 느낌으로
인지된다고 보고 있다. 그러므로 느낌은 여러 경전들을 통해 중요한
관찰의 대상으로 설명되고 있는 것이다. 또한 초기불교적인 분석에
따르면 몸〔과 마음〕을 통한 느낌(vedanā)은 갈애(taṇhā)의 가장 직접적
인 원인이 되기도 한다. 『마하니다나 경(Mahanidāna sutta)』[48]과 『니다
나 상윳따Nidānasaṃyutta』[49]에 따르면 몸을 통해 접촉하여 나타나는
느낌(vedanā)은 갈애(taṇhā)를 발생하게 하는 조건으로써 설명되어
진다. 그러므로 여섯 가지 감각기관들을 통하여 느낌이 완전하게
통제된다면 갈애(taṇhā)는 나타나지 않는 것이다.

느낌(vedanā)을 조건으로 갈애(taṇha)가 생긴다고 불려진다. 아난
다여, 어떤 방법을 통하여 느낌을 조건으로 갈애가 일어나는지가
이해될 수 있는가. 가령 눈의 접촉으로 생겨나는 느낌, 귀, 코,
혀, 몸의 접촉… 마음의 접촉으로 생겨나는 어디에서든 느낌이
없다면, 느낌의 제거됨으로써 갈애가 나타나느냐? 그렇지 않습니
다, 스승님. 그러므로 아난다여, 이것은 갈애(taṇhā)의 원인, 근원,
기원, 그리고 조건이다. 그것이 느낌(vedanā)이다.[50]

불교 안에서 몸을 전제로 한 느낌과 갈애(taṇhā)는 다시 집착

(upādāna)의 원인이 되고, 이는 고통이 발생하는 데 매우 현저한 요소로 나타나고 있다. 그러므로 불교에서는 통제가 가능한 몸의 느낌을 이해하고 조절하는 것이 고통의 원인이 되는 갈애를 줄이고 더 이상 발생되지 않도록 도움을 준다고 지도하고 있는 것이다. 이러한 느낌과 집착의 관계에 대해『브라흐마잘라 경(Brahmajāla sutta)』은 느낌의 발생과 소멸에 대한 바른 이해가 집착을 여의고 해탈을 얻게 한다고 설명한다.

> 여래는 그것을 완전히 안다. 거기로부터 더 나은 것을 안다. 그것을 완전히 알면서 그는 집착하지 않는다. 집착하지 않는 그에게 멸이 스스로 이해된다. 비구들이여, 여래는 느낌들의 일어남을 있는 그대로 알면서 집착하지 않고 해탈된 자이다.[51]

그러므로 몸의 느낌(vedanā)을 조절하고 바르게 이해한다면 느낌은 갈애(taṇhā)의 원인으로 발전되지 않을 것이다. 뿐만 아니라 이러한 실천을 통하여 몸과 마음의 본래의 성질인 무상함 역시도 이해하게 될 것이다. 이처럼 초기불교는 무상하고, 늙고 병듦(老病)으로 인해 괴로우며, 태어나고 죽음(生死)이란 반복적인 윤회의 원인이 되는 몸에 대한 집착으로부터 벗어나는 것을 강조한다. 따라서 초기불교에서의 몸은 의학적 연구의 대상이 아니라 경험을 통해 나타나는 괴로움의 원인이며, 실천을 통해 벗어나야 할 대상인 것이다.

(3) 몸과 마음

초기불교의 마음에 대해서는 이미 세밀한 연구가 진행되었다.[52] 따라서 본고에서는 몸과 마음〔名色〕의 관계에 대해서 간략하게 살펴보려고 한다. 초기불교는 무상無常, 고苦, 무아無我를 설하는 종교로 몸에 대한 견해에 대해서도 이 틀을 벗어나지 않는다. 몸과 마음의 관계에 있어서도 이들은 서로 같지 않지만 이원론적으로 분리되어 이해되는 것도 아니다. 초기불교는 무아의 가르침을 통하여, 마음을 영혼이나 영성이라고 부른다거나 실체라고 보지 않는다. 붓다의 시대에 바라문교가 개인적 자아(ātman)와 우주적 자아(Brahman)의 합일을 주장한 반면에 초기불교는 영원한 실체라는 개인적 자아를 부정하였다. 동시에 마음이 개인적 자아(ātman)를 대표한다는 사상도 부정한다. 마음역시 몸과 마찬가지로 늙고 병드는 변화의 과정 안에 있다. 따라서 초기불교에서의 마음은 몸과 함께 인간을 구성하는 요소들 중에 하나이다. 초기불교에서의 마음은 눈이나 귀와 같은 다른 인식 기관과 같은 수준의 정신적 기관에 불과하다. 오온五蘊의 경우를 살펴보면 이들의 평등성에 대해 알 수 있다. 웨제세께라Wijesekera는 오온을 통하여 물질과 함께 의식에 대해 다음과 같이 설명한다.

감각을 이루는 다른 네 가지 쌓임, 즉 감각과 느낌〔受〕, 인식과 지각〔想〕, 심리적 과정과 방사작용〔行〕, 마지막으로 개의 의식자체〔識〕에도 똑같은 정밀한 논리가 차례로 적용된다. 특히 무아의 보편적 특성을 마지막으로 의식에 적용한 것은, 몇 가지 점에서 이 설명의 가장 중대한 대목을 이룬다. '윈냐냐〔viññāṇa, 識〕'라는 빠알리어가 유정물의 가장 내면적인 심적 경험까지 포함한 것을 상기한다면, 부처님께서 생각하셨던 '무아'의 특성이 어떻게 예외를 용납하지 않고 엄정한 구속력을 지닌 개념인지 분명히 알 수 있다.[53]

웨제세께라는 마음 혹은 의식이라고 하는 정신적인 영역의 것들도 초기불교 안에서는 예외 없이 삼법인의 영역 안에 포함된다고 설명한 다. 다른 인도철학에서 강조하는 마음의 영속성은 초기불교에서 찾아 보기 어렵다. 따라서 초기불교 안에서 몸과 마음의 관계를 보면, 몸이 없이 마음이 있거나 마음이 없이 몸이 있다는 것은 불가능하다. 이들은 서로 상반되거나 구분되어 존재하는 것이 아니라 생멸의 관계 안에서 함께 하는 형태라고 볼 수 있다. 따라서 몸과 마음은 서로 의지하고 있는 연속적인 관계라는 특성을 가지고 있다. 불교에서는 후대에 가면서 몸과 마음에 대한 구체적인 연구가 진행되었다. 특히 상좌부불교에서 진행된 아비담마의 연구는 몸과 마음에 대해 보다 상세하게 구분하고 있다.

(4) 아비담마에서의 몸

오늘날 상좌부불교의 기준이 되고 있는 문헌인 『아비담맛타상가하 Abhidhammattha saṇgaha』는 궁극적 진리에 대하여 4가지(catudhā paramattha)로 구분하여 설명하고 있다.[54] 이들은 ① 마음(citta, 의식), ② 마음부수(cetasika, 마음작용), ③ 물질(rūpa), ④ 열반(nibbāna)이다.

여기서 설하는 아비담마의 주제들은 궁극적인 진리(실제)로 네

가지이니, 마음(citta)과 마음부수(cetasika)와 물질(rūpa)과 열반
(nibbāna)이다.[55]

이와 같은 네 가지 구분 안에서 몸은 마음과 마음부수와 관련하여
나타나지만 몸과 가장 가까운 것은 세 번째 진리인 물질이라고 볼
수 있다. 네 가지 궁극적 진리 중에 첫 번째로 설명되는 마음은 121가지
(혹은 89가지)로 설명되고 이들은 ① 욕계마음 54가지, ② 색계마음
15가지, ③ 무색계마음 12가지, ④ 출세간마음 40가지로 구성되어 있
다.[56] 121가지의 마음들 중에 몸과 관련된 마음에는 ② 색계마음 15가지
라고 볼 수 있다. 색계마음(Rūpāvacaracitta)은 거친 욕계의 물질들이
사라지고 미세한 물질들이 남아 있는 색계(色界, rūpā-bhūmi)에 속하
는 마음들을 말하는 것으로 『아비담맛타상가하』의 설명에 따르면
색계마음은 '5가지 유익한 마음', '5가지 결과마음', 그리고 '5가지
작용만하는 마음'으로 모두 15가지로 세분화된다.[57]

네 가지 궁극적 진리 중에 두 번째로 설명되는 마음부수는 ① 다른
것과 같아지는 마음부수(aññasamāna, Ethically Variables) 13가지, ② 해
로운(akusala) 마음부수(unwholesome factors) 14가지, ③ 유익한, 아름
다운(kusala, sobhana) 마음부수(beautiful factors) 25가지로 모두 52가
지이다.[58] 52가지의 마음부수들 중에 몸과 관련된 마음부수에는 유익
한 마음부수에 해당하는 것들로 ㉠몸의 경안(kāya-passaddhi; 마음부
수 모임의 고요함〔35번째〕), ㉡몸의 가벼움(kāya-lahutā; 정신적 상태
모임의 가벼움〔37〕), ㉢몸의 부드러움(kāya-mudutā; 마음부수 모임의
부드러움〔39〕), ㉣몸의 적합함(kāya-kammaññatā; 마음부수 모임의 적

응성〔41〕), ⑰몸의 능숙함(kāya-pāguññatā; 마음부수 모임의 능숙함
〔43〕), ㉾몸의 올곧음(kāyujjukatā; 마음부수 모임의 정직성〔45〕)이다.
하지만 여기서 설명되는 몸(kāya)은 육체적인 몸이라기보다 정신적인
몸, 즉 마음(citta)이 확장된 상태로 마음부수(cetasika)와 연합된 모음
을 말한다고 보는 것이 적절하다.

　네 가지 궁극적 진리 중에 세 번째로 설명되는 물질은 ① 구체적인
물질(nipphannarūpa) 18가지와 ② 추상적인 물질(anipphannarūpa) 10
가지로 모두 28가지이다. 구체적인 물질은 지수화풍地水火風의 사대를
말하는 ㉠근본물질(bhūtarūpa) 4가지, 안이비설신眼耳鼻舌身의 감성
을 말하는 ㉡감성의 물질(pasādarūpa) 5가지, ㉢색성향미色聲香味를
말하는 대상의 물질(gocararūpa) 4가지, ㉣남성과 여성을 말하는 성
(性, bhāvarūpa) 2가지, ㉤심장의 물질(hadayarūpa), ㉥생명의 물질
(jīvitarūpa), 그리고 ㉦음식의 물질(āhārarūpa)로 구성되어 있으며,
추상적인 물질은 공계空界를 의미하는 ◎제한의 물질(pariccheda-
rūpa), 몸과 말의 ㉧암시의 물질(viññattirūpa) 2가지, 물질의 가벼움·
부드러움·적합함을 의미하는 ㉩변화의 물질(vikārarūpa) 3가지, 그리
고 생성·상속·쇠퇴·무상함을 의미하는 ㉠특징의 물질(lakkha-
ṇarūpa) 4가지로 구성되어 있다.[59]

　네 가지 궁극적 진리 중에 네 번째로 설명되는 열반은 몸과 관련하여
후에 설명할 것이기에 본장에서는 생략한다. 이처럼 『아비담맛타상가
하』의 설명에 따르면 마음(citta)은 오온五蘊 중에 식온識蘊에 해당하고
12처處 중에 의처意處를 가지고 있다. 마음부수(cetasika)는 오온 중에
수受·상想·행온行蘊에 해당하고 12처 중에 법처法處를 가지고 있으며,

18계界 중에 법계法界를 지닌다. 그리고 물질(rūpa)은 오온 중에 색온色蘊에 해당하고, 12처 중에 안眼·이耳·비鼻·설舌·신身·색色·성聲·향香·미味·촉처觸處를 가지고 있으며, 18계 중에 안眼·이耳·비鼻·설舌·신身·색色·성聲·향香·미味·촉계觸界를 지닌다.[60] 따라서 몸과 가장 가까운 궁극적 진리는 물질(rūpa)에 해당하고 이들은 10처處와 10계界를 통해 세분화된다.

지금까지 몸의 구성과 특징, 그리고 몸에 대한 초기불교의 세부적인 견해를 파악하기 위해 몸과 물질, 몸과 느낌, 몸과 마음의 관계를 살펴보았다. 초기불교는 몸을 뼈, 근육, 살, 혈관, 장기 등으로 구체화하여 살펴보는데, 초기불교의 이러한 구분은 몸의 분석을 통해 지식을 쌓거나 질병을 치료하는 것에 중심을 두고 있는 것이 아니라, 몸을 혐오스러운 대상으로 설정하여 집착으로부터 벗어날 수 있도록 하는 수행에 무게를 두고 있다.

또한 초기경전에서 설명하는 몸은 땅·물·불·바람이라는 물질〔四大〕의 특징을 지니고 있다. 이러한 물질적인 몸은 오래가지 못하고 늙고 병든다는 속성을 벗어나지 못한다. 따라서 수행자는 몸을 구성하는 물질의 특성을 분명히 알고, 구도의 입장에서 정진할 뿐만 아니라 치유의 입장에서도 건강을 위해 성실히 임해야 한다는 사실을 알 수 있다. 더 나아가 수행자가 몸의 느낌〔受〕을 조절하고 바르게 이해한다면 느낌은 갈애(taṇhā)의 원인으로 발전되지 않아 몸이 가진 본래의 성질인 무상함 역시 이해할 수 있다. 또한 초기불교 안에서 몸은 마음과 함께 하는데, 이들은 서로 상반되거나 구분되어 존재하는 것이 아니라 생멸의 관계 안에서 함께 하는 형태라고 볼 수 있다. 따라서 몸과 마음은 서로 의지하고 있는 연속적인 관계라는 특성을 지닌다. 이처럼 초기불교는 무상하고, 늙고 병듦[老病]으로 인해 괴로우며, 태어나고 죽음[生死]이라는 반복적인 윤회의 원인이 되는 몸에 대해 바르게 알고 몸에 대한 집착으로부터 벗어날 것을 강조하고 있다. 그렇다면 이러한 특성을 지닌 몸은 혐오스럽기에 놓아버려야 하는 것인가, 아니면 수행의 대상으로 잡아야 하는 것인가. 다음 장에서는 수행의 대상으로 나타나는 몸에 대해 구체적으로 살펴보겠다.

3. 몸, 놓아야 하는가 잡아야 하는가

초기불교에서의 몸은 수행의 대상으로서 여러 경전을 통해 구체적으로 제시되고 있다. 본장에서는 다양한 경전들 중『대념처경(大念處經, Mahāsatipaṭṭhāna sutta)』의 신념처身念處를 중심으로 몸을 통한 수행방법을 살펴보고자 한다. 이 과정을 통하여 몸이 놓아야 할 대상인지, 잡아야 할 대상인지를 구분하는 실마리를 찾게 될 것이다. 그리고 더 나아가 이러한 수행 과정을 위한 이상적인 몸은 어떻게 설명되고 있는지, 그리고 붓다의 몸은 어떠한 특징을 지니고 있었는지도 알아볼 것이다. 끝으로 수행을 통해 열반이라는 최종의 목적지에 도달했을 때의 몸은 어떠한 성질을 가지고 있는지에 대해서도 살펴볼 것이다.

1) 수행의 대상인 몸

초기불교에서의 몸은 마음챙김(sati, 念, 주시)의 대상으로 불교수행에 있어 중요한 위치를 차지한다. 특히『대념처경』은 구체적인 방법을 통하여 수행자가 자신의 몸(kāya, 身), 느낌(vedanā, 受), 마음(citta, 心), 그리고 법(dhamma, 法), 네 가지를 지속적으로 관찰할 수 있도록 설명하고 있으며, 이러한 구분에 의해 사념처(四念處, cattāro satipaṭṭhanā)라고 부른다. 『대념처경』[61]은 『염처경』[62]과 함께 수행자가 청정을 이루고 슬픔과 비탄을 넘어서 육체적·정신적 괴로움을 벗어나 결국 열반을 얻을 수 있도록 이끌어 주는 수행방법을 설명하고 있다. 『대념처경』에서 설명하는 사념처에 대해서는 이미 많은 학자들에 의해 세밀한 연구가 진행되었으며, 실천적으로도 상좌부불교(上座部, Theravāda) 수행자들의 '위빠사나 수행(vipassanā-bhāvanā)'을 통하여 널리 행해지고 있다. 따라서 본고는 『대념처경』에서 설명하고 있는 네 가지 염처(satipaṭṭhanā)의 수행방법들 중, 몸과 관련된 신념처(身念處, 身隨觀, kāyānupassanā)에 주의를 기울이고자 한다. 『대념처경』에서 설명하는 신념처는 크게 6가지 방법으로 설명된다. 이들은 ①들숨과 날숨에 대한 관찰(入出息念, Ānāpāna pabbam), ②걷고 서고 앉고 눕기에 대한 관찰(行住坐臥, Iriyāpatha pabbam), ③동작에 대한 알아차림(正知, Sampajāna pabbam), ④몸의 혐오스러운 부분 관찰(厭逆作意, Paṭikūlamanasikāra pabbam), ⑤네 가지 요소에 대한 관찰(四大, Dhātumanasikāra pabbam), 그리고 ⑥시체의 더러움 관찰(不淨觀, Navasivathika pabbam) 등이다.

(1) 들숨과 날숨에 대한 관찰〔入出息念〕

경전은 첫 번째로 제시되는 신념처의 들숨날숨 관찰에 대해 다음과 같이 설한다.

비구들이여, 그러면 어떻게 비구가 몸에서 봄을 관찰하는 수행을 하면서 지내는가? 비구들이여, 여기에 어떤 비구가 숲 속에 가거나 나무 아래에 가거나 빈집에 가서, 다리를 접고, 몸을 곧바로 세우고 전면에 마음챙김을 확립하고서 앉는다. 그리고 그는 마음을 챙겨서 숨을 들이쉬고 마음을 챙겨서 숨을 내쉰다. 길게 들이쉬면서는 '길게 들이쉰다'고 〔분명히〕 알아차리고(pajānāti), 길게 내쉬면서는 '길게 내쉰다'고 알아차린다. 〔숨을〕 짧게 들이쉬면서는 '〔숨을〕 짧게 들이쉰다'고 알아차리고, 〔숨을〕 짧게 내쉬면서는 '〔숨을〕 짧게 내쉰다'고 알아차린다. '모든 〔호흡〕 전체를 경험하면서 〔숨을〕 들이쉬리라'고 수행하며(sikkhati), '모든 〔호흡〕 전체를 경험하면서 〔숨을〕 내쉬리라'며 수행한다. '〔호흡이라는〕 육체의 작용〔身行〕을 안정시키면서 들이쉬리라'고 수행하며, '육체의 작용을 안정시키면서 내쉬리라'고 수행을 한다. 마치 도자기공이나 그의 제자가 원반을 돌릴 때, 길게 돌리면서는 '길게 돌린다'라고 알고, 짧게 돌리면서는 '짧게 돌린다'라고 아는 것과 같이, ……[63]

경전은 호흡에 대한 관찰을 몸에 대한 관찰의 첫 번째로 제시하고 있다. 수행자는 먼저 호흡의 길고 짧은 길이를 면밀하게 주시하고, 두 번째로 호흡의 전체(sabbakaya)인 시작과 중간과 끝을 면밀하게 주시한 후에 호흡의 덧없음을 통해서 몸의 무상함을 관찰하게 된다. 『출라웨달라 숫따Cūlavedalla sutta』의 설명에 따르면 호흡은 신구의身口意 삼행三行 중에 신행身行에 속한다. 비구니 담마딘나Dhammadinnā 는 위사카Visākha의 질문에 "위사카여, 들숨과 날숨은 몸에 속하며 이들 현상은 몸에 묶여 있습니다. 그래서 들숨과 날숨은 몸의 행위(身行)입니다"라고 설한다.[64] 따라서 초기경전에 따르면 호흡은 몸을 통하여 관찰되는 몸의 영역에 해당한다. 뿐만 아니라 호흡을 통하여 몸을 관찰하는 수행은 여러 경전을 통하여 나타난다. 붓다는 『아나빠나사띠 숫따Ānāpānasati sutta』를 통해 신념처를 설명하며 위와 같은 호흡의 관찰에 대해 언급하고 있다.

〔위와 같은 호흡관찰을 설명한 후에〕비구들이여, 이와 같이 공부지을 때 그 비구는 몸에서 몸을 관찰하면서 세상에 대한 욕심과 싫어하는 마음을 버리면서 근면하게 분명히 알아차리고 마음챙기는 자 되어 머문다. 비구들이여, 이 들숨날숨이란 것은 몸들 가운데서 한 가지 〔형태의〕 몸이라고 나는 말한다. 비구들이여, 그러므로 여기서 비구는 그때에 몸에서 몸을 관찰하면서 세상에 대한 욕심과 싫어하는 마음을 버리면서 근면하게 분명하게 알아차리고 마음챙기는 자 되어 머무는 것이다.[65]

본 경전을 통하여 붓다는 호흡의 관찰을 16가지로 설명하고 이들을 4가지로 구분해, 호흡에 대한 몸의 관찰이 신·수·심·법의 사념처에 모두 활용됨을 설명한다. 그리고 호흡수행의 중요성을 강조하기위해 비구들에게 기존 3개월의 안거보다 한 달 더 연장된 수행기간을 요구한다.[66] "비구들이여, 그러므로 여기서 얻지 못한 것을 실현하기 위해 더욱 더 정진하라. 나는 여기 사왓띠에서 네 번째 달의 보름인 꼬무디를 맞을 것이다." 이러한 내용을 통해 초기불교 안에서 몸을 통한 호흡수행이 중요하다는 사실을 알 수 있다. 또한 붓다는 『마하라훌로와다 숫따Mahārahulovāda sutta』를 통해 아들 라훌라에게 호흡수행의 중요성을 여러 차례 언급한다.[67] 더 나아가 몸을 통한 호흡의 관찰은 붓다의 깨달음과도 연관되어 있다. 『마하사짜까 숫따Mahāsaccaka sutta』와 주석서인 『빠빤짜수다니Papañcasūdanī』의 설명에 따르면 붓다가 극심한 고행을 버리고 음식과 쌀죽을 먹게 한 회상이 있다. 이것은 어린 시절의 집착 없는 첫 번째 선정禪定에 대한 회상인데, 붓다는 이를 통해 극단의 수행을 버렸다고 한다. 주석서는 이때 들숨, 날숨에 대한 마음챙김(入出息念, ānāpānasati)을 통해서 붓다가 초선을 성취하고 이 길이 깨달음을 얻는 길이라고 생각하였다고 한다.[68] 이처럼 호흡관찰의 수행은 몸을 대상으로 하는 수행 중에 가장 여러 경전에 언급되는 수행법이다.

오늘날 진행되는 호흡관찰의 수행법은 크게 호흡이 닿는 코 주변에 집중하는 수행법과[69] 호흡을 통한 배의 움직임을 관찰하는 수행법으로 나눌 수 있다.[70] 이 과정을 통하여 수행자는 호흡의 덧없음을 관찰할 수 있다. 또한 수행자는 들숨과 날숨이라는 것이 변화하는 현상의 하나로 무상한 것이며, 이 안에 역시 나라고 할 만한 것은 찾을 수 없다는 사실을 알게 된다.

(2) 걷고 서고 앉고 눕기에 대한 관찰[行住坐臥]

『대념처경』을 통해 두 번째로 설명되는 신념처 수행법은 행주좌와行住坐臥라는 네 가지 자세(동작)에 대한 관찰이다. 경전은 수행자가 가고, 서고, 앉고, 누울 때, 그리고 그 외의 어떤 몸의 동작이라도 분명하게 주시하여 알아야 한다고 설명한다.

> 비구들이여, 걸어갈 때는 '걸어간다'라고 〔분명히〕 알아차리고, 서
> 있을 때에는 '서 있다'라고 알아차리며, 앉아 있을 때에는 '앉아
> 있다'라고 알아차리며, 누워 있을 때에는 '누워 있다'라고 알아차린
> 다. 이와 같이 이외의 다른 몸의 동작이 있을 때, 그러한 동작을
> 그때그때 알아차린다.[71]

이와 같은 몸의 움직임에 대한 관찰은 불교수행이 정적인 좌선의
형태뿐만 아니라 여러 동작과 움직임을 통해서도 진행된다는 사실을
설명한다. 이러한 수행은 동작들과 더불어 산만하게 움직이는 마음을
조절하는 힘을 키우게 된다. 더 나아가 행위하는 과정에서도 몸과
마음의 관찰을 통하여 수행을 할 수 있기에 수행의 폭을 일상생활로
확장할 수 있다. 초기경전의 설명에 따르면 네 가지 자세에 대한
관찰(주시)은 공포를 극복하는 데 도움을 주고,[72] 욕망과 불만족을
멀리하는 데,[73] 불건전한 생각이 일어나지 않도록 하는 데,[74] 5가지
장애五蓋를 벗어나는 데[75] 도움이 되며, 특히 행선(경행, 걷기)은 수행자
가 졸음을 극복하는 데도 도움이 된다고 한다.[76] 네 가지 관찰 중에
행선의 수행법은 비교적 여러 경전에 나타난다.[77] 붓다는 낮이고[78]
밤이고[79] 행선을 활용하였고,[80] 여러 비구들 역시 그룹을 지어 행선하였
다.[81] 이를 통해 이미 깨달음을 성취한 자도 행선을 실천했다는 사실을
알 수 있다. 또한 경전은 행선의 이익 3가지를 설명하고 있는데,
그것은 '육체적 건강', '소화작용 향상', 그리고 '집중력 유지'이다.[82]

또한 주석서는 16년, 20년간의 행선을 통해 깨달음을 얻은 수행자의 경우도 설명하고 있다.[83] 이처럼 몸의 동작에 대한 관찰은 보완적인 수행일 뿐만 아니라 깨달음에 직접적인 영향을 주기도 한다. 그리고 와선은 숙면으로 이끌고 악몽과 몽정夢精을 막아준다고 한다.[84] 초기경전의 설명에 따르면 붓다는 항시 오른쪽으로 누웠다고 묘사되고 있다. 이를 사자가 누운 형태라고 하는데, 이렇게 누우면 자는 동안 몸의 무게에 의해서 심장이 방해 받지 않고 부드럽게 움직여 숙면을 취할 수 있다.

수행자는 동작을 관찰하며 오른쪽으로 눕는다. 그리고 일어날 예상 시간에 마음을 둔다. 그리고 나서 세존께서는 가사(상가띠)를 네 겹으로 접어놓은 후, 한 발 위에 다른 발을 〔약간 어긋나게〕 올려놓고, 마음챙김(주시)을 지니고, 분명한 앎을 지니고, 일어날 생각을 마음에 두고서, 오른편으로 사자와 같이 누우셨다.[85]

오늘날 많은 수행자들이 네 가지 자세를 통한 수행을 진행하고 있다. 『청정도론』의 설명에 따르면 서있음〔住〕을 통해 수행자는 땅〔地〕, 물〔水〕의 요소를 관찰하고, 행선 시 발을 듦으로 인해 불〔火〕, 바람〔風〕의 요소를 관찰할 수 있다고 한다. 그리고 더 나아가 행선과 주선은 탐욕이 많은 사람에게 적절하고, 좌선과 와선은 성냄이 많은 사람에게 적절하다.[86] 수행자는 이와 같은 네 가지 자세에 대한 관찰을 통해 몸의 구조와 동작에 대해 면밀히 관찰할 수 있게 된다.

(3) 동작에 대한 알아차림〔正知〕

『대념처경』을 통해 세 번째로 설명되는 신념처는 7가지 몸의 움직임들
을 통한 분명한 앎에 대한 수행이다.[87]

> 비구들이여, ①앞으로 나아갈 때도 뒤로 물러날 때도 분명한 앎을
> 〔지니며〕 행한다. ②앞을 볼 때도, 주위를 볼 때도 분명한 앎을
> 〔지니며〕 행한다. ③〔팔다리를〕 구부릴 때도 펼 때도 분명한 앎을
> 〔지니며〕 행한다. ④가사(승복), 발우, 의복을 지닐 때도 분명한
> 앎을 〔지니며〕 행한다. ⑤먹을 때도, 마실 때도, 씹을 때도, 맛볼
> 때도 분명한 앎을 〔지니며〕 행한다. ⑥대소변을 볼 때도 분명한
> 앎을 〔지니며〕 행한다. ⑦갈 때도, 실 때도, 앉을 때도, 잠에 들
> 때도, 잠에서 깨어날 때도, 말할 때도, 침묵을 하고 있을 때도
> 분명한 앎을 〔지니며〕 행한다.[88] 〔번호는 필자 첨가〕

경전은 잠에서 깨어나 잠들 때까지의 일상에서 일어날 수 있는
모든 일들에 대해 분명하게 알아차리라고 설명한다. 수행자는 가고
서고 앉고 눕는 동작뿐만 아니라, 고개를 돌려 주위를 살피는 동작,
팔다리를 구부리고 펴는 동작, 옷을 입고 벗는 동작 등 몸의 모든
움직임, 그리고 먹고 마시고 배설하는 과정까지도 분명하게 알아차려
야 한다고 설명한다. 경전의 내용을 살펴보면 7가지의 관찰수행은
언제 어디서나 생활과 더불어 활용할 수 있는 수행방법으로, 몸의
자세와 움직임에 대해서 관찰하는 수행을 말한다. 그리고 발우나
가사에 대한 언급을 통해 볼 때 출가자의 적절한 태도와 관련하여

만들어진 수행방법이라고도 유추할 수 있다.

본 수행법은 사념처 수행법에서뿐만 아니라 다른 경전을 통해 별도로 구분되어서도 소개되는 몸에 대한 수행방법이기도 하다.[89] 주석서의 설명에 따르면 이들은 네 가지 분명한 앎으로 설명될 수 있는데, 즉 ① 목적이 있는 분명한 앎(Sātthakasampajañña), ② 적절한 분명한 앎(Sappāysampajañña), ③ 영역의 분명한 앎(Gocarasampajañña), 그리고 ④ 어리석음 없는 분명한 앎(asammohasampajañña)이다.[90] 먼저 목적이 있는 분명한 앎이란 수행자가 분명한 앎을 가지고 '만족, 출가, 집중, 지혜 등'에 관련된 말만 하는 경우를 말한다. 왜냐하면 수행자가 수행을 발전시키기 위한 목적(의도)으로 노력하는 분명한 앎이기 때문이다. 두 번째로 적절한 분명한 앎은 봄(looking)의 행위와 함께 분명한 앎을 행하는 것으로 어느 곳을 보았을 때 일어나는 불만족과 욕망을 피하기 위해 노력하는 것을 말한다.[91] 즉, 수행자 스스로 분명한 앎을 통해 〔行住坐臥〕감각을 제어하는 것을 말한다. 세 번째로 영역의 분명한 앎은 비구나 비구니가 승단 안에 있는 다양한 규칙을 적절히 지키기 위해서, 혹은 품위 있는 예의를 적절히 갖추기 위해 분명한 앎을 가지고 생활하는 것을 말한다. 그리고 마지막으로 어리석음 없는 분명한 앎은 목적이 있고 위엄을 갖추는 적절한 행위로 감각을 제어하고 수행자를 발전시키는 것을 말한다. 이들에 대한 분명한 앎은 일어나는 현상에 대한 통찰이 가능하도록 만들어준다.

(4) 몸의 혐오스러운 부분 관찰〔厭逆作意〕

『대념처경』을 통해 네 번째로 설명되는 신념처는 31가지 몸의 역겨움에 주의를 기울이는 수행이다.

비구들이여, 이 육신은 아래로는 발바닥에서 위로는 머리카락에 이르기까지 피부로 덮여져 있으며 가지가지의 깨끗하지 못한 것들로 가득 차 있다. 즉, 이 육신은 다음과 같은 것으로 이루어져 있다. 머리카락, 〔몸의〕 털, 손발톱, 치아, 피부, 살, 근육, 뼈, 골수, 신장, 심장, 간, 늑막, 비장, 허파, 대장, 소장, 위, 대변, 쓸개즙, 가래, 고름, 피, 땀, 비계, 눈물, 지방, 침, 콧물, 관절활액, 소변 등이 그것이다. 비구들이여, 마치 위아래 양쪽에 구멍이 나 있는 자루에 여러 가지 곡식, 즉 벼, 보리, 녹두, 콩, 깨, 쌀 등이 들어 있는 경우, 이 자루를 눈이 있는 사람이 풀어보고서 이것은 벼, 이것은 보리, 이것은 녹두, 이것은 콩, 이것은 깨, 이것은 쌀이라고 직접 관찰하는 것과 같이, 비구들이여, 수행자는 바로 자신의 육신을 직접 관찰한다.[92]

경전은 나의 것이라고 집착하는 몸을 위아래가 묶인 자루에 비교하며, 자루 안에 여러 가지 곡식을 꺼내보듯 몸을 구성하고 있는 요소들을 나누어 살펴보면 혐오스러운 대상들로 가득 차 있음을 알게 된다고 설명한다. 일례로 머리카락이 머리에 붙어 있으면 아름다움의 상징이 될 수 있지만, 머리로부터 분리되어 음식 위에 있으면 혐오스러운 대상이 된다는 것이다. 이는 머리카락이 본래 가지고 있는 개체로서의 성질이 혐오스럽다는 것이다. 따라서 몸을 구성하는 각각의 요소들을 분리하여 보면 모두 혐오스럽다는 것을 알게 된다는 설명이다. 결국 수행자는 자신의 몸에 대하여 집착할 것이 아니라 밀리해야 할 것이라는 설명이다. 하지만『대념처경』은 혐오스러운 대상들에 대한 구체적인 수행방법은 제시하지 않고 있다.

구체적인 수행법은 주석서인『수망가라위라시니(Sumaṅgalavilā-sinī)』에 의해 제시되고 있다. 붓다고사는 주석서를 통해 '뇌(mattha-lunga, 腦)'를 첨가하여 32가지로 설명하고 있으며,[93] 이후 대부분의 후대 문헌들은 초기불교에서 설명하는 몸을 구성요소를 '32가지'로 이해하고 있다.[94] 주석서는 몸의 혐오스러운 32가지 대상에[95] 대한 관찰에 대하여 ①7가지 기술, ②10가지 기술, 그리고 ③32가지 대상관찰의 진보로 설명한다.

먼저 7가지 기술은 ㉠독송, ㉡암송, ㉢색깔, ㉣모양, ㉤방향, ㉥위치, ㉦경계로 구분된다. 수행자는 32가지 대상들에 대하여 6가지 범주로 나누고 독송을 시작한다.[96] 먼저 순서에 따라 '머리카락→털→손발톱→치아→피부→머리카락→털→손발톱→치아→피부'를 반복적으로 독송하고 역으로 '피부→치아→손발톱→털→머리카락→피부→치아→손발톱→털→머리카락'을 반복 독송한다. 그리고 이들 모두를 순방향과 역방향으로 독송한다. '머리카락→털→손발톱→치아→피부→피부→치아→손발톱→털→머리카락→머리카락→털→손발톱→치아→피부→피부→치아→손발톱→털→머리카락' 이와 같은 형식으로 나머지 범주의 대상들역시 독송한다. 독송에 익숙해지면 두 번째 단계로 이들에 대해 암송한다. 암송이 끝나면 32가지 대상에 대해 색깔, 모양, 방향, 위치, 경계를 기준으로 관찰한다. 이들이 7가지 기술이다.

그리고 10가지 기술은 7가지 기술을 진행함에 있어 ㉠규정된 순서에 따라 반복하고 관찰하는 것을 반복적으로 익히는 것을 말한다. 이 과정에서 한 가지도 빠뜨려서는 안 된다. ㉡너무 빠르게 외우거나 관찰해서도 안 된다. 왜냐하면 너무 빠르면 혼란에 빠지기 쉽기 때문이다. ㉢너무 느리게 외우거나 관찰해서도 안 된다. 왜냐하면 너무 느리면 갖가지 부분을 잃어버리기 쉽기 때문이다. ㉣산만함을 막아야 한다. 산만함이 생기면 외부 대상들 때문에 마음이 산만해져 수행을 중단하고 싶은 유혹에 빠진다. ㉤개념에 빠져서도 안 된다. 독송이나 암송 시에 부르는 이름을 벗어나, 이들의 혐오감을 일으키는 마음을 확립시킬 수 있어야 한다. ㉥분명히 나타나지 않는 곳은 놓아두고 분명히 나타나는 곳을 우선으로, 그곳이 선명히 보일 때까지 외운다. ㉦이 훈련을 통하여 본 삼매가 일어날 수 있다는 것을 알고, 본 삼매에 주의를 기울인다. ㉧[마음의] 집중, 노력, 평정이 적절한 균형을 이룰 수 있도록 노력한다. ㉨수행에는 침착함이 요구되며 이를 위해서는 마음의 억제, 정진, 격려, 평정심, 결심, 열반의 즐거움이 필요하다. 마지막으로 이 수행의 과정에서 ㉩깨달음의 7가지 요소(칠각지)를 계발할 수 있도록 노력한다. 이것이 주석서가 설하는 10가지 기술이다.

마지막으로 32가지 대상을 관찰하는 것은 수행의 진보를 이루게 한다. 이 수행은 수행자들이 자신과 다른 사람의 몸에 집착하지 않도록 하는 것이다. 이와 같은 수행은 사마타와 위빠사나 수행에 모두 가능하고, 사마타의 경우 선정禪定을 성취할 수 있다. 이 수행을 통하여 수행자는 외딴 곳에 홀로 떨어져 있어도 지루함을 극복할 수 있고, 감각적인 쾌락의 즐거움과 욕망을 극복할 수 있으며, 공포와 불안을 극복할 수 있다. 디 나아가 수행자는 몸에 대한 집착이 사라지기에 위험이 나타나도 두려워하지 않는다. 추위, 더위, 배고픔 등을 견딜 수 있으며 기후, 음식, 갖가지 안 좋은 상황에서도 인내심을 가지고 견딜 수 있게 된다.

몸의 32가지 혐오스러운 대상을 관찰함에 있어 수행자는 몸 내부의 관찰 대상을 어떻게 알 수 있는지 의문을 품을 수 있다. 하지만 본 수행에 있어 몸의 구성요소나 장기臟器의 임상적 정확성은 중요하지 않다. 목적은 혐오감을 키우는 것이다. 일례로 32가지 대상들 중 대변과 소변은 몸의 구성요소라고 보기 어렵다. 이들은 단지 혐오감을 키워주는 수행을 돕기 위해 몸의 구성 안에 포함된 것이다. 몸에는 32가지 외에 훨씬 더 많은 구성요소들도 있다. 하지만 이들 나머지 대상들에 대해서도 신경 쓰지 않아도 된다. 왜냐하면 몸의 구성요소와 형식에 얽매이는 것은 본래 이 수행이 가지고 있는 목적과 다르기 때문이다. 초기경전은 이 외에 많은 부분들 역시 관찰의 대상으로 설명하고 있다.[97] 따라서 초기불교의 몸에 대한 해부학적 지식이 이 32가지 대상에 한정된다고 보기는 어렵다.[98]

(5) 네 가지 요소에 대한 관찰〔四大〕

『대념처경』을 통해 다섯 번째로 설명되는 신념처는 사대四大에 대한 관찰이다. 지수화풍의 사대에 대해서는 이미 구체적으로 설명되었다. 초기경전은 인간의 몸을 사대로 나누어 설명하고 이들을 관찰하는 것에 대해 다음과 같이 설명한다.

다음으로 비구들이여, 이 몸을 현재 있는 그대로, 구성되어진 그대로 (네 가지) 요소의 측면에서 관찰한다. 즉, '이 몸에는 땅의 요소[地界], 물의 요소[水界], 불의 요소[火界], 바람의 요소[風界]가 있다'라고. 비구들이여, 마치 숙련된 백정이나 그의 제자가 소를 도살해서 사거리의 큰길에 부위별로 해체해 놓고 앉아 있는 것과 같이, 바로 이처럼 비구들이여, 수행자는 바로 자신의 육신을 [네 가지] 요소의 측면에서 관찰한다. 즉, '이 몸에는 땅의 요소[地界], 물의 요소[水界], 불의 요소[火界], 바람의 요소[風界]가 있다'라고.[99]

예를 들어, 백정이 소를 먹이고 기르고, 도살장에 끌고 가서 그것을 죽일 때 그는 소를 소라고 생각하고 있다. 만약에 지금 무엇을 하고 있느냐고 묻는다면 그는 '소를 죽이고 있다'라고 대답할 것이다. 하지만 도살된 소를 조각들로 자른 뒤에 그 조각을 가지고 가서 네거리에 있는 탁자 위에 놓았을 때 그 시점부터 그는 그것이 소라고 생각하지 않는다. 만약에 지금 무엇을 하고 있느냐고 묻는다면 그는 '소를 팔고 있다'라고 말하지 않을 것이다. 왜냐하면 소를 조각들로 나눈 다음에는 소라는 개념을 잃게 되기 때문이다. 같은 방식으로 수행자가 네 가지 요소를 구분하면, 그것들은 몸 안에 있는 4가지 요소일 뿐 그 존재나 그 사람이라는 개념을 잃게 된다. 붓다는 이처럼 몸이라는 '존재가 있다'라는 개념을 없애기 위하여 몸을 사대로 관찰하는 수행법을 지도했다. 따라서 경전의 설명이 '수행자는 지수화풍의 요소들을 각각 구분해서 개념화 해야 한다'라고 이해해서는 안 된다. 이는 오히려 몸의 분석을 통하여 몸이라는 실체가 있다는 개념으로부터 벗어나기 위한 수행법이다.

미얀마 파옥사야도Pa-Auk Sayadaw의 설명에 따르면 사대수행은 '사계차별(四界差別, 一差別, Catudhāuvavatthāna)' 또는 '네 가지 요소에 대한 관찰(Dhātumanasikāra)'이란 수행으로 사마타와 위빠사나에 모두 활용할 수 있다. 사야도의 설명에 따르면 수행자는 사대관찰을 위해 자신의 몸 안에서 몸을 구성하고 있는 '땅[地], 물[水], 불[火], 그리고 바람[風]'의 요소를 관찰해야 한다. 이들 요소를 관찰하기 위해서는 이들이 가지고 있는 12가지 세부적인 특징부터 알아야 한다. 땅의 요소는 6가지 특징을 가지고 있는데 이들은 ①단단함, ②거칢, ③무거움, ④부드러움, ⑤매끄러움 ⑥가벼움이다. 물의 요소는 두 가지로 ⑦유동성과 ⑧점착성, 불의 요소는 ⑨뜨거움과 ⑩차가움, 그리고 풍의 요소는 ⑪팽창감[받침]과 ⑫움직임[밂]을 가지고 있다. 수행자는 자신의 몸 안에서 느껴지는 12가지 사대의 특성들을 찾아 구분한다. 먼저 몸을 통하여 식별하기 쉬운 것부터 시작하여 식별하기 어려운 순으로 특성을 구분하기 시작한다. 대부분의 경우, 움직임[밂]→단단함→거칢→무거움→팽창감[받침]→부드러움→매끄러움→가벼움→뜨거움→차가움→유동성→점착성의 순서로 식별한다. 무엇보다 먼저 몸의 한 부분에서 두드러지는 사대의 특성을 구분한 후에, 몸 전체를 통해 그 특성을 식별할 수 있도록 노력한다. 예를 들어, 움직임[밂]을 식별한다면 들숨과 날숨을 통하여 움직임이 식별되는 머리부터 시작한다. 움직임이 식별되면 움직임이란 특성이 분명해질 때까지 집중한다. 그리고 그 특성이 분명해지면 머리 주변에서 나타나는 다른 움직임들을 알아차린다. 머리 이후에 목, 몸통, 팔,

다리, 발 등의 순서로 천천히 몸을 쓸어내리듯 각 부분의 움직임을
분명히 알아차린다. 몸 안에서 경험되는 다양한 움직임들을 가능한
여러 번 반복하여 알아차린다. 몸 어디에서든지 움직임을 바로 알아차
릴 수 있을 정도로 반복하는 것이 중요하다. 만약 머리에서 움직임을
알아차리기 어렵다면, 호흡을 통해 움직이는 가슴이나 배를 통해
알아차리는 것도 좋은 방법이다. 이렇게 시작하여 몸 전체 어디에서든
지 움직임에 대해서 알아차릴 수 있도록 노력한다. 이것이 사대관찰의
시작이다.[100]

(6) 시체의 더러움을 관찰〔不淨觀〕

『대념처경』을 통해 마지막으로 설명되는 신념처는 9가지 묘지에 대한
관찰〔不淨觀〕이다.

①비구들이여, 묘지에 버려져 하루나, 이틀이나, 사흘이 된 시체가
부풀어 오르고, 검푸러지고, 썩어 가는 것과 같이, 그는 바로 자신의
몸에 대해서 다음과 같이 생각한다. '나의 이 육신도 이러한 속성을
지니고 있으며, 이와 같이 될 것이며, 이렇게 되는 것을 피할 수가
없다'라고. ②다음으로 비구들이여, 묘지에 버려진 시체가 까마귀,
매, 독수리, 개, 표범, 호랑이, 재칼 등에 의해서 먹혀지고, 갖가지
의 벌레에 의해서 파 먹히는 것을 보았을 때와 같이… ③다음으로
비구들이여, 묘지에 버려진 시체가 힘줄이 남아 있고, 살점이 붙어
있는 채로 해골로 변해 있는 것을 보았을 때와 같이… ④다음으로
비구들이여, 묘지에 버려진 시체가 힘줄이 남아 있고, 살점은 없이

핏자국만 얼룩진 채로 해골로 변해 있는 것을 보았을 내와 같이⋯
⑤ 다음으로 비구들이여, 묘지에 버려진 시체가 힘줄만 남아 있고,
살점이나 핏기가 없는 채로 해골로 변해 있는 것을 보았을 때와
같이⋯ ⑥ 다음으로 비구들이여, 묘지에 버려진 시체의 뼈가 사방으
로 흩어져 있어, 여기에 손뼈, 저기에 발뼈, 정강이뼈, 넓적다리뼈,
골반, 등뼈, 두개골 등으로 흩어져 있는 것을 보았을 때와 같이⋯
⑦ 다음으로 비구들이여, 묘지에 버려진 시체의 뼈가 조개껍질의
색처럼 하얗게 변해 있는 것을 보았을 때와 같이⋯ ⑧ 다음으로
비구들이여, 묘지에 버려진 시체의 뼈가 일 년도 더 되어 한 무더기
로 쌓여 있는 것을 보았을 때와 같이⋯ ⑨ 다음으로 비구들이여,
묘지에 버려진 시체가 뼈마저 썩어 가루로 되어 있는 것을 보았을
때와 같이⋯.[101] 〔번호는 필자 첨가〕

경전은 묘지에 버려져 있는 죽은 몸에 대해 9가지로 구분하여 관찰한
다고 설명하고 있다. 이들은 ① 시체의 부패, ② 시체의 소멸, ③~⑤
시체와 해골, ⑥ 뼈의 흩어짐, ⑦ 뼈의 색깔, ⑧ 뼈의 쌓임, ⑨ 뼈의
소멸에 관한 관찰이다. 수행자는 이러한 과정의 관찰을 통하여 몸의
혐오스러움을 알고 몸에 대한 집착으로부터 벗어난다. 그리고 시체의
부패 과정을 통하여 감각적 욕망에 대해 저항할 수 있는 힘을 키우게
된다. 또한 모든 살아 있는 존재는 결코 죽음을 피해갈 수 없다는
사실을 알아 자만심에서 벗어나게 된다. 본 수행을 통해 수행자가
몸에 대한 집착으로부터 자유로워질 때 그는 육체적 죽음이라는 공포
로부터도 자유로워질 수 있게 된다.

시체에 대한 관찰은 초기경전뿐만 아니라『청정도론』을 통해서도 나타난다.『청정도론』은 초기경전의 9가지 시체와는 조금 다른, 10가지 시체를 대상으로 하는 '십부정(十不淨, dasa asubhā)'을 설명한다. 『대념처경』의 시체관찰 수행법이 시체와 해골의 관찰이었다면『청정도론』의 부정관은 부패의 과정에 더욱 집중하고 있다. 이들 열 가지는 ①〔시체의〕부풂(uddhumātaka asubha), ②검푸르게 변함(vinilaka asubha), ③곪아터짐(vipubbaka asubha), ④잘라짐(vicchiddaka asubha), ⑤뜯어 먹힘(vikkhayitaka asubha), ⑥흩어짐(vikkhittaka asubha), ⑦잘게 흩어짐(hatavikkhittaka asubha), ⑧피가 묻어 있음 (lohutaka asubha), ⑨벌레가 가득함(puluvaka asubha), 그리고 ⑩해골 (atthika asubha)에 대한 관찰이다.[102]

시체를 관찰하는 과정에는 5가지가 있는데, 이들은 ①묘지로 갈 때, ②묘지에서 시체를 보는 6가지 방법, ③묘지에서 부정함을 보는 5가지 방법, ④묘지에서 돌아올 때, ⑤묘지에서 돌아와서로 구성되어 있다. 먼저 ①묘지로 갈 때의 주의사항을 살펴보면, 수행자는 시체를 보러 가고 오는 길을 스승에게 묻고 지도 받아야 한다. 시체의 위치와 시체가 버려진 근처에 사나운 짐승이 있는지 등을 확인하는 것이 필요하다. 그리고 성욕이 일어나는 것을 막기 위해 남성은 여성의 시체를 여성은 남성의 시체를 보지 않는다. 동성의 시체라고 할지라도 육욕의 생각을 일으킬 수 있는, 성적 욕망을 일으키는 시체는 관찰하지 않는다.[103] 또한 시체가 있는 곳을 가기 위해 마을 해변가 등, 욕망을 키우는 지역을 지나가야 할지 모르니 주의해야 한다. 묘지에서 수행을 할 때에는 묘지에 간다고 주변 사람들이나 스승에게 알려야 한다.

왜냐하면 묘지는 인적이 드물어 강도나 도둑이 안전히 느끼는 곳이라 위험할 수 있을 뿐만 아니라 도둑으로 오해 받을 수도 있기 때문이다. 부정관을 하는 수행자는 묘지까지 동반자 없이 혼자 가야 한다. 특히 가는 과정에 있어 길의 특징을 정밀하게 살피면서 간다. 어느 방향의 문으로 갔는지, 오른쪽 왼쪽에 무엇이 있는지, 주위의 특징적 요소를 확인하고 기억하는 것이 중요하다.

묘지에 도착한 수행자가 시체를 볼 때 역시 몇 가지 주의사항이 있다. 수행자는 시체가 놓여 있는 곳으로 가까이 갈 때 바람을 등지고 가야 한다. 왜냐하면 만약 시체의 썩은 냄새를 맡으면 수행자가 시체를 오랫동안 관찰하기 어렵기 때문이다. 그리고 시체를 관찰할 때는 가능한 시체로부터 너무 멀지도 너무 가깝지도 않은 거리에 자리잡아야 한다. 가까우면 두려움이 일어나고, 멀면 더러움을 느끼기가 어렵다. 또한 수행자는 시체뿐만 아니라 시체가 있는 주위 역시 살펴보아야 한다. 시체 주위에 위치한 바위, 돌, 나무, 곤충의 집 등 주변의 특징을 살펴봐 두는 것이 중요하다. 인간은 시체를 향한 두려움이 있기에 때로는 시체가 움직이는 것처럼 보이거나 나에게 덤벼드는 것처럼 느낄 수도 있다. 이러한 경우 '시체 옆에는 바위가 있다. 이 바위는 움직이지 않는다. 바위가 움직이지 않는 것처럼 시체도 움직이지 않는다'라고 생각하면 혼란함을 벗어날 수 있다.

②묘지에서 시체를 보는 6가지 방법으로는 ㉠색깔, ㉡흔적, ㉢모양, ㉣방향, ㉤위치, ㉥경계가 있다. 수행자는 시체를 보며 '이것은 검은색' 또는 '노란색 색깔을 지닌 시체이다'라고 ㉠색깔을 구분한다. ㉡흔적은 시체의 나이를 뜻한다. 30년 단위로 구분하여 '이 시체는

생애의 처음, 중간, 마지막 국면에 있던 사람이다'라고 구분한다. ⓒ모양은 '이것은 머리 모양이다. 이것은 목의 모양이다. 이것은 손, 가슴, 엉덩이, 종아리이다'라고 몸 전체의 모양을 주시하는 것을 말한다. ②방향은 배꼽을 기준으로 시체의 위와 아래를 구분하는 것을 말한다. ⑩위치는 '손은 여기에 있다. 발은 저기에 있다. 시체의 가운데는 여기에 있다. 나는 여기에 시체는 저기에 있다'라는 형식으로 시체와 수행자의 위치를 확인하는 것이다. 마지막으로 ⑭경계는 '이 시체는 아래는 발바닥으로 위로는 머리카락 끝으로 경계 지어졌다.' '이것은 손, 발, 머리, 몸 가운데 경계이다'라는 형식으로 몸의 32가지 부분으로의 구성을 살피는 것이다. 이와 같은 6가지 방법을 통해 수행자는 눈을 감고도 시체가 보이는 표상(nimitta, 表象)을 얻을 수 있다.

③묘지에서 부정함을 보는 5가지 방법에는 ㉠관절, ㉡트인 구멍, ㉢오목한 곳, ㉣볼록한 곳, ㉤주위의 모든 것을 살피는 방법이 있다. 수행자는 시체를 보며 14개의 ㉠주요 관절의 주시를 통하여 부정함을 관찰한다. 이를 통해 몸이 몹시 싫어지게 된다. ㉡트인 구멍은 눈, 입, 귀, 팔과 옆구리 사이, 다리 사이, 배의 움푹한 곳 등 시체의 움푹하게 들어간 곳을 주시하는 것을 말한다. ㉢오목한 곳은 시체의 눈의 구멍, 입의 안, 목의 바닥과 같은 오목한 곳들을 주시하는 것을 말한다. ㉣볼록한 곳은 무릎, 가슴, 이마 등 시체의 튀어나온 부분을 말한다. 그리고 ㉤주위의 모든 것들은 시체와 주변의 땅 등 전체를 주시하는 것을 말한다. 이와 같은 5가지 방법을 통해 수행자는 눈을 감고도 혐오스러운 표상(nimitta)을 얻을 수 있다. 이러한 과정을 통해 표상을 얻은 비구는 수행처로 돌아간다.

④묘지에서 돌아올 때는 시체가 있는 곳으로 올 때 주의 깊게 관찰한 주변을 다시 한번 확인하며 돌아간다.

⑤묘지에서 돌아온 수행자는 표상을 만들기 위해 다시 시체를 보러 가지 않아도 된다. 오고 가는 길의 특징을 회상하거나 위의 방법들을 회상하면 시체의 부정함을 다시 떠올릴 수 있다. 이와 같은 과정을 통해 수행자는 시체에 대한 혐오감을 일으키고 자신의 몸도 그 속성을 벗어나지 못한다는 사실을 안다. 이처럼 『대념처경』은 사념처의 신념처를 통하여 몸을 6가지 범주로 나누어 관찰하는 수행을 소개하고 있다. 수행자는 이와 같이 몸을 따라 관찰하는 수행을 통하여 호흡의 무상함과 동작의 실제를 파악하고, 더 나아가 자신의 몸에 대한 혐오스러움을 알게 되어 몸에 대한 집착으로부터 벗어나게 된다. 이것이 몸을 대상으로 수행하는 방법이다.

『까야가따사띠 숫따(Kāyagatāsati Sutta, 身念經)』는 『대념처경』에서 설명하는 6가지 신념처를 소개하며, 이를 통해 얻게 되는 10가지 이익에 대해 설명한다. 수행자는 신념처를 통하여 사선정四禪定을 성취하고 다음과 같은 10가지 이익을 얻는다고 말한다.

비구들이여, 몸에 대한 마음챙김[身念, kāyagatāsati]을 거듭 닦고, 향상시키며, 계발하고, 수레(수행법)로 쓰며, 기반으로 하고, 확고하게 하며, 강화시켜, 잘 수행한다면, 다음의 열 가지 이익이 기대될 것이다. ①불쾌함과 즐거움을 제어하게 되어 불쾌함이 그를 정복하지 못하게 된다. 불쾌함이 생겨날 때 (즉각 알아차림으로써) 불쾌함을 극복하며 지낸다. ②공포와 두려움을 제어하게 되어 공포와 두려움이 그를 정복하지 못하게 된다. 공포와 두려움이 생겨날 때 (즉각 알아차림으로써) 공포와 두려움을 극복하며 지낸다. ③추위와 더위, 배고픔과 갈증, 등에, 모기, 바람, 햇빛, 기어다니는 벌레 등과 접촉할 때 견디어 내게 되며, 험담이나 불쾌한 말, 고통스럽고 통증이 심하며, 살을 애는 듯한 괴로움이나, 뼈를 깎아내는 듯한 괴로움, 의견의 불일치, 고뇌, 그리고 생명에의 위협을 견디어내게 된다. ④어려움이나 곤란함 없이 자신의 의지의 따라서 네 가지 마음집중〔四禪〕을 얻을 수 있다. 사선은 마음이 정화된 높은 경지이며, 사선을 얻으면 바로 여기에서 안락하게 지내게 된다. ⑤여러 가지의 신통력을 얻게 된다. 몸이 하나의 상태에서 여럿이 되기도 하며, 여럿인 상태에서 하나로 되기도 한다. 눈앞에 나타났다가 사라지기도 하며, 벽이나 사방이 가로막힌 곳을 가로질러 아무런 장애 없이 통과하기도 하고, 마치 빈 공간을 지나가듯이 산을 뚫고 지나가며, 마치 물 속으로 잠수하듯이 땅 속으로 들어가며, 마치 땅 위를 걷듯이 물 위를 빠지지 않고 걸어간다. 가부좌를 한 채로 새처럼 공중을 날아가며, 손으로 달과 태양을 만질 정도로 신통력이 생긴다. 범천의 세계와 같이 멀리 떨어진 곳에까지 그의 신통력이 미치게 된다.〔神足通〕⑥인간의 귀를 뛰어넘는 청정한 천상의 귀(청각기관)로 천상과 인간세계의 소리를 듣는다. 멀리서 니는 소리니 기끼이에서 나는 소리나.〔天耳通〕⑦다른 존재나 다른 사람의 마음을 마치 자신의 마음을 아는 것처럼 이해하게 된다. 그는 (다른 사람의) 탐심에 물든 마음을 탐심에 물들어 있다고 알며, … 집중이 안 된 마음을 집중이 안 된 마음이라고 안다. (번뇌에서 벗어나) 해탈한 마음을 해탈한 마음이라고 알며, 해탈하지 못한 마음을 해탈하지 못한 마음이라고 안다.〔他心通〕 ⑧ 자신의 수많은 과거 전생에 대해서 기억한다. 즉, 한 생이나 두 생 … 등등의 과거생의 자신의 이름, 태생, 모습, 생전의 경험 내용, 죽어서 다시 태어나는 것 등을 기억하게 된다.〔宿命通〕 ⑨ 인간의 눈을 뛰어넘는 청정한 천상의 눈(시각 기관)으로 뭇 중생들이 죽어서 다시 태어나는 것을 본다. 좋은 곳에 태어나는가 나쁜 곳에 태어나는가, 잘 생겼는가 추하게 생겼는가, 행복한가 불행한가를 보게 된다. 이처럼 그는 중생들이 자신의 행위〔業〕에 따라서 받게 되는 삶의 양태를 알게 된다.〔天眼通〕 ⑩ 모든 번뇌를 없애 버려서, 번뇌가 없는 마음의 해탈과 지혜의 해탈을 바로 이 생에서 스스로의 힘으로 증득해서 깨달아 완성을 이루어 지낸다.〔漏盡通〕[104] 비구들이여, 몸에 대한 마음챙김을 거듭 닦고, 향상시키며, 계발하고, 수레(수행법)로 쓰며, 기반으로 하고, 확고하게 하며, 강화시켜, 잘 수행한다면, 위와 같은 열 가지 이익을 얻게 될 것이다.

다시 말해 경전은 몸을 통한 마음챙김(身隨觀, 身念處)을 진행한 수행자는 불쾌함, 두려움, 괴로움 등을 극복하고, 선정禪定의 성취와 더불어 육신통(六神通, abhiññā)을 얻게 된다고 설명한다.[105] 지금까지 『대념처경』의 신념처를 중심으로 ① 들숨과 날숨, ② 걷고 서고 앉고 눕기, ③ 동작에 대한 알아차림, ④ 몸의 혐오스러운 부분, ⑤ 네 가지 요소, 그리고 ⑥ 시체의 더러움에 대한 수행법을 살펴보았다. 초기경전은 몸을 통해 관찰할 수 있는 수행방법을 매우 구체적으로 제시하고 있다. 수행자는 이와 같은 방법을 통해 자신의 몸에 대해 분명히 알아 무상함을 알고, 혐오스러움을 알아, 감각적 욕망으로부터 벗어나야 한다. 즉, 불교수행에 있어 몸은 놓아야 하는 것이다. 하지만 놓아야 한다는 사실을 알기 위해서는 몸을 수행의 대상으로 삼아 놓치지 않고 면밀하게 관찰해야 한다. 다시 말해 몸은 집착을 일으키는 대상으로 결국 벗어나야 하지만, 그 사실을 알기까지는 관찰을 통해 잡아야 할 대상인 것이다. 그렇다면 초기불교는 이러한 수행을 위한 적절한 대상으로써의 몸을 어떻게 제시하고 있을까? 초기불교는 율장을 통해 본격적인 수행자의 삶을 사는, 출가를 위한 몸의 조건을 설명하고 있다.

2) 깨달음을 위한 몸

(1) 이상적인 몸

초기불교 안에서는 모든 사람들이 지위고하를 막론하고 출가하여 승가(Saṅga, 僧家)에 귀속될 수 있다. 뿐만 아니라 모든 사람은 수행을 통하여 깨달음을 이룰 수 있다. 하지만 승가는 단체라는 특성을 지니고 있기에 문제를 일으킬 수 있는 경우 출가에 제한을 두고 있다. 초기불교는 모든 인간에 대한 평등을 이야기하고 있지만, 특별한 경우에 따라 장치를 두어 특정의 사람을 배제하고 있다. 이를 차법遮法이라고 부른다. 그렇다면 이러한 장치는 수행에 장애가 되는 몸이 따로 있다는 것인가, 아니면 단지 단체를 위한 제도에 불과한 것인가? 출가가 깨달음을 목표로 하는 최선의 선택이라고 전제한다면, 출가를 위한 몸의 조건을 소홀히 넘어가긴 쉽지 않다. 따라서 본 장에서는 출가를 위한 몸에 조건에 대해 살펴보도록 할 것이다.

출가를 위한 조건

율장(Vinaya piṭaka, 律藏)은 차법遮法을 통해 비구가 될 수 없는 사람을 16가지로 구분하고 있다. 이들은 출가를 통해 수계를 받는 것이 불가능하다. 이들은 ①전향자, ②외도, ③중병인, ④관사(관리), ⑤범죄자, ⑥부채자, ⑦노예, ⑧20세가 되지 않은 자, ⑨부모의 허가를 얻지 못한 자, ⑩황문, ⑪적주자(가짜비구), ⑫축생, ⑬오역을 범한 자, ⑭비구니를 더럽힌 자, ⑮양성구유자, ⑯신체장애자 및 병자 등이다.[106] 그리고 이러한 차법들 가운데 몸과 직접관련된 것은 6가지로 ③중병인, ⑧20세가 되지 않은 자, ⑩황문, ⑫축생, ⑮양성구유자, ⑯신체장애자 및 병자 등이 해당된다.

먼저 ③중병인은 다섯 종류의 병에 걸린 사람을 말하는데, 신체 일부가 없는 문둥병(kuṭṭha), 악성종기(gaṇḍa), 문둥병(kilāsa), 폐병(sosa), 그리고 간질병(apamāra)을 말한다.[107] 이와 같은 병자들을 출가자로 받지 않은 이유는 전염이 우려되는 질병으로부터 승가의 건강을 보호하기 위한 차원이라고 볼 수 있다. 또한 환자가 승가에 들어오는 것은 병치레나 요양을 위한 출가가 생성될 수 있을 뿐만 아니라, 보시에 의해 유지되는 승가가 사회로부터 좋지 못한 시선을 받을 수 있다. 물론 질병 자체가 수행에 커다란 장애가 된다고 보기는 어렵다. 왜냐하면 이미 출가한 자가 차법遮法에 해당하는 질병에 걸렸을 때, 승가는 환자를 최대한 보살피기 때문이다. 따라서 차법을 두는 이유는 중병인이 수행을 못한다는 의미가 아니라, 승가가 환자를 받아들여 보호하기 위한 조직이 아니라는 의미가 더 큰 것으로 판단된다.

두 번째로 ⑧20세가 되지 않은 자를 차법으로 넣은 것은, 미성년자가 오후불식이라든가 승가가 가지고 있는 엄격한 규율을 지킬 수 있는 몸의 조건을 갖추고 있지 못하다고 판단하였기 때문이다.[108] 세 번째로 ⑩ 황문(paṇḍaka, 黃門, 宦官, eunuch)은 거세자나 동성애자를 말한다. 이러한 황문은 비구계를 받지 못할 뿐만 아니라, 혹 비구계를 받았다고 할지라도 후에 황문인 사실이 알려지면 승가로부터 축출 당한다. 따라서 초기불교는 황문의 출가생활 자체를 용납하지 않았다. 초기불교는 출가자의 성적 행위를 극단적으로 부정하였으며 동성애에 대해서도 금지히였다. 왜냐히면 수행자들이 서로에게 감각적 욕망〔성욕〕의 대상이 되어서는 안 되기 때문이다.

네 번째로 ⑫축생畜生은 용이 사람의 형태로 변화하여 불법에 수계를 받으려고 한 경우를 말하는 것이다. 초기불교는 인간의 몸이 아닌 상태에서 승가의 구성원이 되는 것을 부정하기에 선천적으로 축생인 것은 인간의 형태를 지녔다 할지라도 출가를 불허한다. 이 내용은 현실적이지 못하나 구도의 길을 가는 승가의 구성원이 되기 위해서 인간의 몸을 지녀야 한다는 것을 강조하고 있다.[109]

다섯 번째로 ⑮ 양성구유자兩性具有者는 양성을 함께 지니고 있는 이근인(ubhatovyañjanaka)을 말한다. 두 가지 성기를 모두 지닌 사람은 출가할 수 없다. 그리고 혹시 출가를 하였다고 할지라도 그 사실이 밝혀지면 승단에서 축출 당한다. 이들은 비구와 비구니의 어느 쪽 승가에도 속할 수 없었다. 인간의 몸을 지니고도 선천적인 문제에 의해 승가에 속할 수 없었다는 것은 안타까운 일이지만 초기불교 승가는 이들까지 받아들일 수 있는 시설을 갖추지 못하고 있던 것으로 파악된다.

마지막으로 ⑯신체장애자 및 병자 역서 비구계를 받을 수 없었다. 손발이 없거나, 피부병이 있거나, 보고 듣고 말하는 것에 문제가 있는 사람들은 승가에 속할 수 없었다. 물론 출가 이후에 문제가 생겨 신체장애자가 되는 경우 승가로부터 추방되는 경우는 없다. 다만, 본 규정은 생계형 출가자가 생기는 것을 막고, 보시 받는 입장에서 사회의 시선을 고려한 사항이라고 판단된다. 율장(Vinaya)은 비구뿐만 아니라 비구니의 차법 역시 설명하고 있다. 비구니의 차법은 비구가 지니는 차법에 비해 신체적인 문제들을 더욱 상세하게 열거하고 있다.[110] 하지만 여기서 중요한 점은 수계를 받지 못하는 것이 깨달음을 얻지 못하는 것은아니라는 점이다. 인간이라면 누구나 정진을 통해 깨달음을 얻을 수 있다. 결국 몸에 문제가 있어 출가하지 못한다는 것은 초기불교의 시대적인 상황과 집단생활이 가지고 있는 취약점을 고려한 규정이라고 볼 수 있다. 신체적 결함이 깨달음의 부정을 의미하는 것은 아니다. 그럼에도 불구하고 초기불교의 승가가 가장 이상적인 몸을 지닌 사람들만을 출가자로 받아들인 것은 부정할 수 없는 사실이다.

(2) 붓다의 몸

초기경전은 '위대한 사람(Mahāpurisa, Great Man, 大人)'에 대해서도 설명하고 있다. 일반적으로 '위대한 사람'은 육체적인 면뿐만 아니라,

정신적으로 높게 진보된 사람으로 아라한arahant을 의미한다. 붓다는 위대한 사람에 대해 묻는 바라문 띠싸 멧떼야Tissa Metteyya의 질문에 대해 '근심과 걱정을 버리고 갈애로부터 벗어나 마음챙김(sati, 주시)을 지니고 고요한 자'라고 설하고 있다.[111] 또한 사리뿟따Sāriputta의 질문에는 '마음으로 해방된 자'를 의미한다고 설하고 있다.[112] 하지만 시간의 흐름에 따라 '위대한 사람'은 아라한의 의미에서 붓다Buddha나 전륜성왕(cakkavatti)이 될 운명을 지닌 특별한 사람을 나타내는 의미로 확장되었다. 이 사람에게는 몸에 특별한 개수의 표식이 있다. 붓다나 전륜성왕, 둘 중에 하나가 될 운명을 지닌 '위대한 사람'은 일반인과 구분되는 32가지 몸의 특징(mahāpurisalakkhaṇa)이 있다. 『마하빠다나 숫따Mahāpadāna sutta』는 위대한 사람의 32가지 특징에 대해 다음과 같이 설하고 있다.[113]

(1) 발바닥이 평평하다.
(2) 발바닥에 바퀴들이 나타나는데 천 개의 바퀴살과 테와 중심부가 있다.
(3) 속눈썹이 길다.
(4) 손가락이 길다.
(5) 손과 발이 부드럽고 섬세하다.
(6) 손가락과 발가락 사이마다 얇은 막이 있다.
(7) 발꿈치가 발의 가운데 있다.
(8) 장딴지가 마치 사슴의 장딴지와 같다.
(9) 꼿꼿이 서서 굽히지 않고도 두 손바닥으로 두 무릎을 만지고

문지를 수 있다.

(10) 음경이 감추어진 것이 마치 말의 그것과 같다.

(11) 몸이 황금색이어서 자마금(紫磨金)과 같다.

(12) 살과 피부가 부드러워서 더러운 것이 몸에 붙지 않는다.

(13) 각각의 털구멍마다 하나의 털만 나 있다.

(14) 몸의 털이 위로 향해 있고 푸르고 검은색이며 〔소라처럼〕 오른쪽으로 돌아 있다.

(15) 몸이 넓고 곧다.

(16) 〔몸의〕 일곱 군데가 풍만하다.

(17) 윗몸이 커서 마치 사자와 같다.

(18) 어깨가 잘 뭉쳐져 있다.

(19) 니그로다 나무처럼 몸 모양이 둥글게 균형이 잡혔는데, 신장과 두 팔을 벌린 길이가 같다.

(20) 등이 편편하고 곧다.

(21) 섬세한 미각을 가졌다.

(22) 턱이 사자와 같다.

(23) 이가 40개이다.

(24) 이가 고르다.

(25) 이가 성글지 않다.

(26) 이가 아주 희다.

(27) 혀가 아주 길다.

(28) 범천의 목소리를 가져서 가릉빈가 새소리와 같다.

(29) 눈동자가 검푸르다.

(30) 속눈썹이 소와 같다.

(31) 두 눈썹 사이에 털이 나서, 희고 섬세한 솜을 닮았다.

(32) 머리에 육계가 솟았다.

이와 같은 ① 32가지 위대한 사람의 특징(dvattiṃsa-mahāpurisa-lakkhaṇa) 외에도 상좌부 전통 안에서는 시간이 흐름에 따라 붓다에 대한 다양한 특징들이 새롭게 나타난다. 이들은 ②80가지 작은 표식들(asīti-anuvyañjana),[114] ③ 100가지 공덕의 표식(satapuññalakkhaṇa),[115] ④ 긴 길이의 후광(byāmappabhā),[116] 그리고 ⑤ 바퀴 모양이 있는 발(Buddhapāda)[117] 등으로 특별한 몸을 지닌 사람이 특정의 운명을 타고난 것으로 설명한다. 그리고 이러한 특징은 붓다를 점차 신격화하는데 커다란 영향을 미치기도 하였다. 상좌부불교에서 설명하는 붓다의 몸은 인간과 유사하며, 대승불교에서 나타나는 붓다의 모습과는 다른 양상을 보인다. 초기불교를 거쳐 상좌부불교 안에서 설명하는 붓다의 몸(kāya)은 육체적인 몸과 그의 가르침을 담고 있는 몸이 있다. 전자의 몸을 색신(rūpa-kaya, 色身)이라고 부르며 후자의 몸을 법신(dhamma-kāya, 法身)이라고 부른다. 이와 같은 붓다의 두 가지 몸에 대한 사상은 4세기 무렵까지 발달하게 된다.

상좌부불교는 붓다의 몸을 고귀한 인간으로 보고 있다. 보통 인간과는 다르지만 인간의 몸을 지녔기에 변화하고 소멸하게 되는 것은 벗어날 수 없는 사실이다. 이것이 색신이다. 위에서 설명한, 붓다의 몸에서 나타나는 다양한 특징들은 붓다의 색신에 해당한다.[118] 반면에 법신이라는 말은 초기경전에서 드물게 나타나는 용어이다. 물론 『악간냐 숫따Aggañña sutta』는 '법신은 붓다의 법, 즉 진리의 총계를 의미한다' 라는 설명으로 붓다와 법신을 동일시하고 있다.[119] 붓다는 스스로 법을 찾아내었고 그 안에서 살았다. 따라서 붓다는 법신이다. 또한 붓다는 『상윳따니까야』를 통해 '법을 보는 자는 나를 보는 것이요, 나를 보는 자는 법을 보는 것이다'라고 설한다. 이것은 초기불교에서 법신이 함축하는 의미를 보여주는 전형적인 예이다.[120] 이러한 법신에 대한 내용은 대승불교에서 보다 발전하게 된다.[121]

초기불교의 설명에 따르면 붓다의 몸은 크게 두 가지로 볼 수 있는데, 하나는 32가지 몸의 특징을 보이는 색신이고 다른 하나는 붓다의 가르침을 의미하는 법신을 말한다. 이들은 모두 몸이라고 표현되고 있다. 결국 깨달음을 얻은 붓다의 몸〔色身〕이라고 할지라도 변화하고 늙고 병들고 소멸하게 되는 것은 벗어날 수 없는 사실이다.

3) 깨달음 이후의 몸

깨달음을 얻은 붓다의 몸이라고 할지라도 늙고 병드는 것이 사실이라 면, 초기불교에서 깨달음 이후의 몸은 어떻게 설명되고 있는가? 초기 경전은 깨달음에 대해 두 가지 열반으로 설명한다. 하나는 유여열반이 고 다른 하나는 무여열반이다. 살아 있는 동안 지니는 것이 몸이라면, 인간의 몸은 열반과 어떤 관계가 있는 것인가? 본고는 초기경전에서 설명하는 열반의 구분을 통해 기존에 이해되던 것과는 사뭇 다른 시각으로 열반과 몸에 대해 접근해 보고자 한다.

유여열반과 무여열반

초기불교가 설명하는 열반은 크게 두 가지로 설명된다. 이들은 유여열
반(saupādisesā nibbāna)과 무여열반(anupādisesa nibbanā)이다. 유여
열반의 상태에 있는 아라한은 오온五蘊과 함께 몸의 느낌을 가지고
있으나 발생하는 몸의 느낌에 대하여 집착한다거나 욕망을 일으키지
않는다.[122] 물론 앞의 몸과 느낌에서 살펴보았듯이 느낌은 괴로움의
원인이 될 수 있고 아라한들 역시 괴로운 느낌을 가지고 있지만 이러한
느낌은 갈애(taṇhā)의 원인이 되지 않는다. 이에 관련하여 『앙굿따라
니까야(Aṅguttara Nikāya)』는 아라한이 살아가는 10가지 길에 대해
설명하고 있다. 이 중에 하나로 여섯 가지 감각기관에 대한 지킴이
있는데, 이 지킴은 살아가는 데 필수 불가결한 여섯 가지의 감각과
느낌을 거부하는 것이 아니라, 이들을 고스란히 가지되 평정
(upekkhā), 그리고 사띠sati와 알아차림(sampajañña)을 통하여 관찰함
으로써 육근六根의 접촉으로 발생한 느낌이 더 이상 괴로움으로 발전되
지 않는 것을 의미한다.

> 어떻게 비구들이여, 비구는 여섯 가지 요소들을 가지고 있는가?
> 여기서 비구는 눈으로 물질을 보면서 좋아하지 않고 싫어하지 않으
> 며 사띠sati, 알아차림, 평정함으로 머문다.[123]

그러므로 이러한 느낌은 몸의 '집착(욕망)'으로부터 벗어난 느낌'이
며 이러한 느낌을 몸의 '집착이 없는 느낌'이라고 부를 수 있다. 『테라가
타Theragāthā』는 깨달음을 얻은 아라한이라고 할지라도 그들에게 오온

五蘊은 남아 있으며 다만 오온에 대한 집착이 사라졌다는 것을 보여준다. 이는 아라한이 탐, 진, 치의 삼독과 번뇌가 제거되었음에도 불구하고 아직 인간의 구성 요소인 몸을 그대로 가지고 있다는 것을 보여준다.[124] 그렇다면 아라한은 육체적인 느낌만이 있고 정신적인 느낌은 없다는 것인가? 『웨다나 상윳따』는 '잘 배운 고귀한 제자(sutavā ariyasāvaka)'를 통하여 아라한의 육체적, 정신적 느낌에 대해서 설명하고 있다.

> 이와 같이 비구들이여, 잘 배운 고귀한 제자는 괴로운 느낌과 접촉해도 슬퍼하지 않고, 근심하지 않고, 통탄하지 않고, 통곡하지 않고, 혼미해지지 않는다. 그는 정신적이 아닌 육체적인 한 가지 느낌만을 느낀다.[125]

이 경전의 설명에 따르면 아라한은 육체적으로 괴로운 느낌만을 느끼며 정신적으로 괴로운 느낌을 느끼지 않는다고 한다. 이는 곧 아라한에게는 몸을 통한 육체적인 느낌들만이 있을 뿐 이에 의한 정신적인 괴로움을 가지고 있지 않다는 설명이다.[126] 결국 열반을 성취한 아라한은 몸이 있을지라도 몸에 의해 괴로움을 경험하지 않는다. 그렇다면 또 다른 열반인 무여열반은 어떻게 이해해야 하는가?

일반적으로 유여열반은 열반을 성취한 자가 몸을 가지고 있는 상태를 말하며, 무여열반은 열반을 성취한 자가 몸을 떠나 죽은 상태를 말한다.[127] 이처럼 두 가지로 이해되고 있는 열반은 『쿳다까니까야 Kuddaka-Nikāya』의 『이띠웃따까Itivuttaka』를 통해 재고의 여지를 남긴다. 사실 초기경전에서 유여열반과 무여열반을 비교하여 설명한 곳은 찾아보기 어렵다.[128] 그러므로 『이띠웃따까』에서 보이는 두 가지 열반의 설명은 열반과 몸의 관계를 이해하는 데 중요한 자료가 된다. 경전은 산문과 운문으로 구분되어있으며 산문의 내용은 다음과 같다.

'비구들이여, 무엇이 유여열반 요소(有餘涅槃, saupādisesā nibbāna-dhātu)인가?' '비구들이여, **여기에**(idha) 아라한인 비구는 번뇌를 제거하고, 완전함을 이루고, 해야 할 일을 했으며, 짐을 내려놓고, 최상의 목표를 성취하였고, 존재의 속박을 부수고, 완전한 지혜를 통하여 풀려남(해탈)을 얻었다. 그에게 다섯 가지 감각들은 여전히 남아 있으며, 이들이 사라지지 않은 것처럼 그는 즐거운 것과 즐겁지 않은 것들을 경험하고 즐거움과 괴로움을 느낀다. 그에게 탐욕, 성냄, 어리석음은 제거되었다. 비구들이여, 이것을 유여열반 요소라고 부른다.' '비구들이여, 무엇이 무여열반 요소(無餘涅槃, anupādisesā nibbānadhātu)인가?' '비구들이여, 여기에 아라한인 비구는 번뇌를 제거하고, 완전함을 이루고, 해야 할 일을 했으며, 짐을 내려놓고, 최상의 목표를 성취하였고, 존재의 속박을 부수고, 완전한 지혜를 통하여 풀려남(해탈)을 얻었다. 비구들이여, **바로 여기에서**(idheva) 그가 느꼈던 모든 것들은, 기쁘지 않은 것들은 식게 될 것이다. 비구들이여, 이것을 무여열반 요소라고 부른다.'[129] 〔강조는 필자〕

경전의 설명에 따르면 유여든 무여든 열반은 같은 아라한에 의해 성취된다. 즉, 유여열반有餘涅槃의 아라한이 무여열반無餘涅槃의 아라한과 다르지 않다는 것이다. 단지 유여열반의 아라한에게 있어서 구별되는 특징은, 다섯 가지 감각기능들이 파괴되지 않았고 이들에 의해 여러 가지를 경험하며 즐거움과 괴로움을 느낀다는 것이고, 무여열반의 아라한에게 있어서 특징은 모든 느꼈던 것들, 기쁘지 않았던 〔혐오스러운〕 것들이 '바로 여기에서(idheva)'〔차갑게〕 식어 가라앉는다는 것이다.

일반적으로 무여열반은 오온五蘊이 사라진, 죽은 아라한의 열반상태로 이해한다. 하지만 흥미롭게도 이 경전에서 설명되는 무여열반의 아라한을 모든 존재의 형태가 소멸된 자로 보기에는 다소 어려움이 있다. 왜냐하면 『이띠웃따까』에서 보이는 유여열반과 무여열반의 차이는 죽음이 아닌, 경험에 의해 나타나기 때문이다. 유여열반 상태의 아라한은 '여기에서(현재 여기에서)' 그의 감각을 통하여 즐거움과 괴로움을 느낀다. 그리고 무여열반 상태의 아라한 역시 '바로 여기에서(현재 여기에서)' 감각기능이 중지하고 이로 인해 〔그의 느낌들은〕 차가움(냉정함)을 유지한다. 즉, 유여열반도 '여기(idha)', 무여열반도 '바로 여기(idheva)'를 통하여 모두가 현재 살아 있는 몸을 지닌 아라한의 상태라는 것이다. 따라서 본경에서 무여열반을 '바로 여기에서(idheva)'라고 설명한 것은 매우 흥미로운 사실이다. 물론 경전의 '식게 될 것이다(sītibhavissanti)'라는 의미를 죽은 후 아라한의 상태라고 이해할 수도 있으나 '식게 될 것이다'라는 동사가 미래시제라고 해서 꼭 죽은 후로 이해해야 할 필요는 없다. 어느 형태로든 초기경전(Pāli-Nikāya)에서 죽은 후의 아라한을 반복적으로 지적하는 경우는 찾아보기 어렵다.[130] 결국 몸이 죽은 상태가 아니라 몸의 활동이 멈추어 있는 상태로 보는 것이 가능하다. 더 나아가 무여열반을 바르게 이해하기 위해서는 '우빠디세사upādisesa'의 의미 역시 중요하다.[131] 여기서 '유여(sa-upādi-sesa)'를 감각기관들을 통한 지각과 느낌이 남아 있는 상태로, '무여(anupādisesa)'를 지각과 느낌들이 모두 남아 있지 않은 상태로 이해한다면 유여열반은 모든 느낌들을 경험하고 무여열반은 '바로 여기서(idheva)' 이런 모든 느낌들이 식어 고요해져 있다고 이해할 수 있다. 이에 『청정도론(Visuddhi-magga)』은 상수멸정想受滅定을 열반과 같은 상태로 설명하며 주석서인 『빠라맛따만주사(Paramattha-mañjusa)』는 상수멸정을 무여열반과 동일하다고 보고 있다.

> 8가지[선정]를 성취한 성자들은 멸진정想受滅定에 들어 '우리는 지금 여기에서 7일간 의식(acitta)이 없는 소멸(중지)인 **열반을 얻고서** 즐거움에 머물리라'라고 집중을 수행한다.…[132] … [상수멸정은] 무엇으로부터 성취하는가? 행(sankhārā)들의 실행과 파괴에 실망하고서, '우리는 지금 여기에서 의식이 없는(acitta) 소멸인 **열반을 얻고서** 즐거움에 머물리라'라고 성취한다.[133] [여기서 말하는] '열반을 얻고서'라는 것은 '무여열반을 얻고서'와 같다.[134] [강조는 필자]

그러므로 비활동적인 감각기능들은 현재하는데 그 감각기능들에 대한 의식이나 느낌이 나타나지 않는 특별한 경험을 무여(anupādisesa) 열반이라고 부를 수 있다는 것이다. 살아 있는 아라한은 열반의 일반적인 경험으로부터 감각의 접촉들과 느낌들을 가진 채, 언제든지 그가 원하면 무여열반의 특별한 경험에 들어간다. 바로 이러한 이유로 『이띠웃따까』는 느낌들이 '식게 될 것이다(sītibhavissanti)'라는 미래시제로 나타냈다고 가정할 수 있다. 그리고 이렇게 이해되는 무여열반의 성질은 상수멸정想受滅定과 매우 유사하다. 따라서 유여열반은 몸이 살아 있는 열반, 무여열반은 몸이 죽은 열반이라고 보는 것은 재고의 여지가 있다. 결국 깨달음을 얻은 이후에도 몸은 있다. 다만, 몸을 느낄 수 있는 열반의 상태와 몸을 느낄 수 없는 열반의 상태로 구분될 뿐이다.

4. 몸, 괴로움의 소멸

본고는 '몸(Kāya, 身)이란 무엇인가'와 '몸, 놓아야 하는가 잡아야 하는가'라는 의문을 가지고 초기불교에서 나타나는 몸에 대해서 살펴보고 있다.

첫 번째로 초기경전에서 설명하는 몸을 이해하기 위해 몸의 구성과 특징, 그리고 몸과 물질, 느낌, 마음의 관계를 살펴보았다. 초기불교는 몸을 신체적 부분에 의해 여러 가지로 구분하고 있었다. 하지만 이러한 구분은 지식을 쌓거나 의료행위를 하기 위한 분석이 아니라, 몸에 대해 있는 그대로의 모습을 알고 그에 대한 집착으로부터 벗어나는 것을 목표로 두고 있다. 초기경전에서 설명하는 몸은 물질로써 오래가지 못하고 늙고 병드는 속성을 가지고 있었다. 하지만 몸을 통해 나타나는 느낌을 바르게 이해한다면 몸이 가진 본래의 성질을 이해하고 괴로움으로부터 벗어날 수 있다. 이처럼 초기불교는 몸에 대해 바르게 알고 몸에 대한 집착으로부터 벗어날 것을 강조하고 있다.

두 번째로 이러한 몸에 대한 집착으로부터 벗어날 수 있는 수행법, 이를 위한 몸의 조건, 그리고 열반과 몸의 관계에 대해 살펴보았다. 먼저 『대념처경』을 중심으로 설명되는 신념처는 ①들숨과 날숨, ②걷고 서고 앉고 눕기, ③동작에 대한 알아차림, ④몸의 혐오스러운 부분, ⑤네 가지 요소, 그리고 ⑥시체의 더러움에 대한 관찰의 수행방법으로, 몸이 가지고 있는 실제 모습의 관찰을 통해 무상함을 알고, 혐오스러움을 알아, 감각적 욕망으로부터 벗어날 수 있도록 하는 수행법이다.

초기경전은 이러한 수행을 위한 이상적인 몸에 대해서도 언급하고 있다. 먼저 차법遮法은 수행자의 삶을 사는 출가를 위한 몸의 조건을 제시하고 있다. 이러한 신체적 제한이 깨달음을 제한하는 것은 아니나 출가에 제한이 있는 것은 사실이었다. 그리고 이상적인 몸 중에 붓다의 몸 역시 설명되는데, 초기경전을 통해 나타나는 붓다의 몸은 두 가지로 구분될 수 있다. 하나는 32가지 몸의 특징을 보이는 색신이고 다른 하나는 붓다의 가르침을 의미하는 법신이다. 하지만 가장 이상적인 특징을 지닌 붓다의 몸〔色身〕이라고 할지라도 변화하고 늙고 병들어 소멸하게 되는 사실은 벗어날 수 없다. 물론 유여열반의 아라한은 몸을 통한 육체적인 느낌만이 있을 뿐 이에 의한 정신적인 괴로움을 가지고 있지 않는다. 그리고 일반적으로 죽은 후의 열반이라고 이해하던 무여열반에 대해서도 초기경전은 또 다른 의미를 제시하고 있다. 초기경전을 통해 나타나는 무여열반은 몸이 없는 사후의 열반을 의미한다기보다, 몸은 있으나 몸의 활동이 멈추어 있는 상태의 열반으로 보는 것이 가능하였다.

지금까지 초기불교에 나타나는 몸의 의미와 특성, 그리고 몸을 통한 수행과 깨달음 등, 몸에 대한 다양한 설명들을 살펴보았다. 결론적으로 말한다면 불교수행에 있어 몸은 놓아야 하는 것이다. 하지만 놓아야 한다는 사실을 알기 위해서는 몸을 수행의 대상으로 삼아 놓치지 않고 면밀하게 관찰해야 한다. 다시 말해 몸은 집착을 일으키는 대상으로 결국 놓아야 하지만, 그 사실을 알기까지는 관찰을 통해 잡아야 할 대상이라는 것이다. 잡되 놓아야 하는 것, 그것이 괴로움의 소멸에 이르는 길이다.

선, 몸으로 하라

– 조사선과 간화선을 중심으로 –

변희욱(서울대 철학과 강사)

1. 선, 몸으로 말했다

조사들은 진짜 세계를 말로 설명하지 않았다.

어떤 스님이 물었다. "무엇이 청정한 법의 몸〔淸淨法身〕입니까?" 대덕大德이 대답했다. "수없이 많은 큰 병의 원인이 청정한 법의 몸이니라."[1] 학인이 청정법신을 묻자 조사祖師는 만병의 원인이라고 대답했으니, 불법佛法의 대의大義를 묻자 운문문언(雲門文偃, 864~949)이 마른 똥막대기〔乾屎橛〕[2]라고 한 것보다도 지독하다. 불법의 대의가 정말이지 마른 똥막대기며, 청정법신은 진정으로 만병의 근원일까?

오래 전 이야기다. 하루는 동서 양편 승당僧堂의 학인들이 고양이를 가지고 다투었다. 남전보원(南泉普願, 748~834)이 이 광경을 보고서 고양이를 쥐어 잡고 소리쳤다. "말해라. 말할 수 있다면 베지 않겠다."

대중들은 아무런 말을 하지 못했다. 남전이 고양이를 두 동강으로 베어버렸다. 저녁 무렵 남전이 조주종심(趙州從諗, 778~897)에게 똑같이 물었다. 조주는 오전의 학인들과는 달랐다. 조주는 갑자기 짚신을 벗어 머리에 이고 밖으로 나가버렸다. 남전이 말했다. "그대가 그때 있었더라면 고양이를 살릴 수 있었을 텐데."[3]

잘 알고 있는 "남전이 고양이를 베었다[南泉斬貓]", "조주가 짚신을 머리에 이었다[趙州載鞋]" 공안公案이다. 한참 전에 고양이를 벤 조사 남전은 지금 우리에게 묻는다. 그때 학인이 말했더라면 고양이는 살았을까? 지금 우리가 신발을 머리에 이고 나간다면 고양이는 살 수 있을까? 남전은 말로 설명하지 않았다. 대신 몸을 움직여 고양이를 두 동강 내었다. 학인들이 말문이 막힌 것과는 달리, 조주는 말하지 않고 몸을 움직여 짚신을 이고 밖으로 나가 버렸다.

'나'라면 그때 말할 수 있었다고 생각할지도 모르겠다. 향엄지한(香嚴智閑, ?~898)이 물었다. "어떤 사람이 높은 나무에 올라가서 손으로 줄기를 잡지 않고 발로도 나무줄기를 밟지 않은 채, 입으로 나뭇가지를 물고 있다. 그때 나무 밑에서 다른 사람이, '조사가 서쪽에서 오신 뜻은 무엇인가?'라고 질문했다. 대답하지 않는다 하면 다른 사람이 질문한 의도를 저버리게 되고, 말한다면 몸과 목숨을 잃을 것이다. 이런 때 어떻게 대응하려는가?"[4] 말할 수 있다면 말해 보라.

조사들은 침묵으로 말하고, 몸으로 말한다. 그들은 주장자를 들어 말하고, 주먹을 들어 전달하기도 하고, 때론 한참을 침묵함으로써 말하고, 어떤 때는 법석法席을 뒤집음으로써 일깨우며, 간혹은 몸을 써 때리기도 한다. 그들이 보여 주는 몸짓 하나, 상황 하나[一機一境]는 언어와 사변의 세계가 아니라 언어와 사변 이전의 세계이다. 그래서 그들은 말 대신 몸짓을 택했다. 달의 경지를 조사가 몸으로 보여 주었으니, 우리도 몸으로 알아내야 하리라.

선은 논리와 사변 그리고 언어의 영역을 넘어선다. 만일 누군가 논리, 사변, 언어를 동원하여 선을 알아냈다고 자부한다면, 그는 한 발짝도 나아간 것이 아니다. 오히려 지금의 자기 모습을 강화시켰을 뿐이다. 『금강경金剛經』의 용어, "아상我相"이 그것이다.

왜 조사들은 가능하면 말하지 않고 몸으로 보여 주려 했을까? 지금부터의 여정은 말의 세계를 눈으로 관광하지 않는다. 언어 이전의 자리, 몸의 세계에 들어가 가능하면 직접 몸으로 체험해 볼 것이다. 물론 몸의 세계를 체험하면서 말로 풀어내는 것은 어쩔 수 없는 노릇이다. 어차피 손가락을 볼지, 달을 볼지는 독자의 몫이다. 이제 조사들의 몸짓을 알아보자.

2. 몸짓과 선

1) 공덕과 무공덕

문제 1. 공덕으로 깨달을 수 있나?

"조사서래의祖師西來意", 조사는 왜 서쪽에서 왔을까?

그는 남천축국南天竺國 향지왕香至王의 셋째 아들이었다. 그는 27조 반야다라와 보배 구슬을 소재로 문답한 후, 조사로 인가받았다. 반야다라는 말했다. "그대는 모든 법을 다 깨달았다. 달마라 함은 통달하고 크다는 뜻이니, '달마'라 이름 붙이겠다." 이로써 왕자는 28대 조사

보리달마菩提達磨가 되었다. 석존釋尊이 태자 신분을 벗어나 무상정등각을 얻고 법륜法輪을 굴렸듯이, 달마도 왕자의 신분을 넘어 조사가 된 것이다. 28대 조사가 된 그가 바다를 건너 동쪽으로 와서 동토東土 초조初祖가 되었다. 그는 이론 공부보다는 체험을 강조했다. 그의 명성이 날로 커지자, 양梁의 무제武帝가 그를 불렀다.

팽팽한 긴장과 더불어 왕과 조사의 대면이 시작되었다. 왕은 달마에게 물었다. "짐은 절을 짓고 경전經典을 옮기고 쓰기를 셀 수 없이 했소. 내게 어떤 공덕功德이 있겠소?" 문제는 여기부터다. 달마는 대답했다. "아무런 공덕도 없소〔無功德〕." 달마의 도발에 자극받은 왕은 반문했다. "어찌하여 공덕이 없소?" 어찌된 영문인지 달마는 자세히 설명했다. "그것은 그저 과보를 염두에 둔 행위일 뿐이오. 그림자처럼 실제로는 있는 것이 아니오."[5] 달마는 왕의 속을 들여다본 듯하다. 달마는 세속적인 명예욕이 조금이라고 있다면 청정한 지혜에서 멀어진다는 것을 일깨우려 했을 것이다.

지금 어디선가 실참에 정진하면서 보이지 않게 신행 생활을 하는 학인이 있을 것이다. 다른 어느 곳에서는 실참에는 관심없이 시주하고 신행 활동을 하면서 뿌듯해하는 사람들이 없다고 할 수 없다. 지금 달마가 왔다면, 그런 분들을 어떻게 평가할까? 시주하고 봉사하는 신행을 깨달음과 직접 관련있다고 할까? 예나 지금이나 그렇게 신행에 정성을 기울이면서 공덕을 쌓았노라고 자부심 가득한 얼굴들이 대웅전 앞을 활보하는 것을 보면, "달마가 동쪽으로 온 까닭"이 아직은 밝혀지지 않은 모양이다.

박산무이(博山無異, 1575~1630)는 그런 착한 학인들을 위해 자비심을 내었다. 그는 학인들이 흔히 경험하는 오류를 지적하고 후학을 경책하기 위해 법문했다. 그것을 모은 것이 『참선경어參禪"警語"』이다. "간화 학인이 의정疑情은 일으키지 않고 유위有爲 공덕을 지어 해탈하고 자 한다"면 깨달을 수 있을까? 그는 예를 들어 보여 주었다. 어떤 사람이 겨울에 불도 피우지 않고 여름에도 부채질을 하지 않으며, 누군가 옷을 구걸하면 몽땅 벗어주고 자기는 얼어 죽어도 달갑게 여기며, 밥을 구걸하면 다 주고 자기는 굶어 죽어도 기쁘게 여긴다고 하자. 상식적으로 보면 그는 보살행菩薩行을 했으며 공덕을 지었다. 그러나 박산은 달리 판단한다. "그런 것들은 모두 뽐내려는 속셈에서 나온 행위이니 무지한 이들을 속이는 짓이다. 저 무지한 사람들이 그를 생불生佛이니 보살이니 하면서 신명을 다해 받들고 공양하나, 본인은 부처님 계율戒律 중에 이런 것을 악률의법惡律儀法이라 한다는 사실을 전혀 모르고 있는 것이다. 이런 사람들은 비록 계율을 지키고 있다 하더라도 걸음마다 죄를 짓고 다니는 것이다."[6]

　무제는 자신의 행위를 공덕이라 자부했으며, 그런 행위로 해탈할 수 있다고 생각했을지 모른다. 그가 생각한 공덕은 겉으로 드러난 행위의 결과이었다. 그런 자부심이 조사 달마에게 통할 리 없다. 달마가 보기에 그런 행위 따위는 그림자일 뿐이다. 달마는 드러난 행위 이면에 다른 무엇이 있음을 암시했다.

2) 몸짓 선과 좌선

문제 2. 좌선으로 깨달을 수 있나?

좌선, 몸짓 선?

　석존이 보리수 아래에서 선정에 들고 무상정등각에 이르렀다는 것은 잘 알려진 일이다. 이후로 선정은 정각을 이루는 필수과정으로 자리 잡았으며, 선정 없는 정각은 불교에 있지 않다. 선정의 대표적 형태가 좌선坐禪이다. 이른바 동토 초조 달마가 9년 간 면벽面壁 좌선했다는 이야기는 잘 알려진 그대로다. 또 신라新羅의 자장(慈藏, 610?~654)이 가시 줄기를 둘러치고 머리카락을 대들보에 묶은 채 좌선했으며,[7] 경허(鏡虛, 1846~1912)가 턱밑에 송곳을 세워 놓고 좌선했다는 일화도 잘 알려져 있다.

　흔히 좌선은 일정한 형식, 즉 몸의 모양과 호흡법을 요구하는 것으로 알려져 있다. 그런데 좌선이라는 형식이 부정되는 기록이 불교문헌 도처에 등장한다. 특히 조사어록을 보면 조사들은 좌선을 전혀 다르게 이해했다.

　이쯤에서 생각해보자. 달마는 좌선으로 깨달았을까? "달마가 동쪽으로 온 까닭은〔祖師西來意〕"에 탐색의 단서가 있다. 그가 9년 면벽 좌선으로 깨달았다면, 그가 서쪽에서 출발할 때는 견성하지 않았다는 말이 된다. 그렇다면 "조사서래의"라는 공안은 아무런 가치가 없게 된다. 다르게 해석하면 사정을 이해할 수 있다. 그가 면벽 좌선한 것은 맞지만, 그의 좌선은 깨달음을 위한 몸짓이 아니었고, 때를 기다린 몸짓이었다.

　소걸음으로 걸었고 호랑이 눈빛을 가졌다는 마조도일(馬祖道一, 709~788)은 좌선과 관련하여 유명한 이야기를 남겼다. 그는 혀를 빼물면 코끝을 지났고 발바닥에는 법륜法輪 문신 두 개가 있었다. 그런 그가 조사가 되기 전에는 우스운 우화의 주인공이었다. 그가 숭산嵩山의 전법원傳法院에서 좌선을 하고 있었는데, 남악회양(南嶽懷讓, 677~744)이 그 광경을 보았다. 회양은 마조가 단단히 마음먹고 정진한다고 판단하여 그를 찔렀다. 회양이 찌르면서, 선종사에 회자되는 둘 사이의 대화가 드디어 시작되었다. 둘 간의 대화를 요즈음 말로 하면 이렇다.

"여보시오, 스님. 열심히 공부하는군요. 좌선하여 무엇을 하려는 게요?"
"아, 예. 부처가 되고자 합니다."

회양이 누구인가? 육조혜능(六祖慧能, 638~713)에게 "한 물건이라 해도 옳지 않다"고 당당히 맞섰던 그다. 그는 말 대신 몸짓으로 낚시를 던졌다. 조사의 메시지는 말보다는 몸짓일 경우가 많다. 말로 하면 비교하고 따지는 생각[思量計較]이 끼어들 여지가 남기 때문일 것이다. 며칠 후 암자 앞에서 회양은 벽돌 하나를 갈기 시작했다. 아직 익지 않은 마조는 의아해 했다.

낚시 바늘을 문 마조가 물었다. "아니 도대체 스님, 벽돌을 갈아서 무엇을 하시렵니까?"
회양이 옳다 커니 대답했다. "거울을 만들려 하네."
바짝 약이 오른 마조가 또 물었다. "왜 이러세요? 벽돌을 갈아서 어떻게 거울을 만들겠습니까?"
회양이 반문했다. "옳습니다. 옳고말고. 그대 말대로 벽돌을 갈아서

거울을 만들지 못하겠지. 그대는 이미 알고 있네. 좌선한다고 부처
가 되나?"

한 방 맞은 마조가 정색을 하며 물었다. "아. 그렇군요. 스님.
그러면 어찌해야 되겠습니까?"

역시나 회양은 바로 알려주지 않고 넌지시 일러주었다. "여기 소
수레가 있다고 해봅시다. 멍에를 채웠는데도 수레가 가지 않으면
수레를 쳐야 하겠나, 소를 때려야 하겠나?"

이미 한 방 맞은 마조는 아직 무슨 뜻인지 알아차리지 못한 모양이다.
만일 그때 알아차렸다면 마조는 그 자리에서 정법안장正法眼藏을 이어
받았을지도 모르며, 우리에게 전해지는 이야깃거리는 반으로 줄었을
것이다. 다행인지 불행인지 마조는 아무 반응도 보이지 못했다. 마조쯤
이나 되니 낚시 바늘을 물었을지도 모른다. 보통 학인이었다면 회양의
퍼포먼스도 없었을 것이고, 바늘을 물지도 않았을 것이다. 마조가
무슨 말인지 알지 못하자, 회양이 어쩔 수 없이 몸소 말했다. 그의
어투는 사뭇 진지하다.

"그대는 앉아서 선禪하는 것[坐禪]을 배우느냐, 앉은 부처[坐佛]를
배우느냐? 좌선을 배운다고 하면 선은 앉거나 눕는 데 있는지
않으며, 앉은 부처를 배운다고 하면 부처님은 어떤 모습도 아니다.
선은 앉거나 서거나 몸의 동작과 아무런 관계가 없다. 부처의 길도
아무런 형식이 따로 없다. 다리 꼬고 앉아서 부처가 되기를 바란다면
부처를 죽이는 것이다. 앉는 형식에 집착한다면 부처가 되기는커녕

근처도 못 갈 것이다."[8]

회양의 말은 자세하고 친절하다. 선에서는 자세하고 친절한 것이 자랑이 아니다. 그것은 아무것도 모르는 상대, 이미 몇 번이나 알려주었는데도 알아내지 못하는 사람에게나 하는 수법이다. 아마 회양이 보기에 그때의 마조는 뜻은 가상하나 익지 않은 풋 과일에 지나지 않았나 보다. 어찌 되었건 다행스럽게도 우리는 회양의 절근切近한 설명을 들을 수 있다. 이 모든 것이 영글지 않은 마조의 아둔함 덕택이다.

회양의 진지한 경책대로, 선은 "앉은 모습"과 상관없다. 많은 사람들이 '선' 하면 좌선을 떠올리고, '좌선' 하면 앉은 자세라는 몸의 형식을 생각하는데, 선문에서는 몸의 형식을 중요하게 여기지 않는다. 달리 말하자면 몸의 형식을 우선시한다면 선이 아니다. 언제 어디서나, 몸을 움직이거나 움직이지 않거나, 생각이 고요하면서도[寂寂] 의식을 명료하게[惺惺] 지키는 것이 선이다. 앉는다고 선을 할 수 있는 것도 아니고, 앉지 않는다고 선을 할 수 없는 것은 더욱 아니다. 몸의 자세가 어떠하든 선을 할 수 있다. 선은 언제 어디서든 몸의 자세, 몸의 움직임 여부와 상관없이 하는 것이다. 특히 간화선으로 말하자면, 비교하고 따지지 않으면서 움직이거나 움직이지 않거나 화두話頭에 몰두하는 것이 선이다.

회양의 자극에 각성하여 분발한 마조는 등불을 이어받은 후, 벽돌을 갈아 거울을 만들 수 없듯이 좌선이라는 몸짓으로 부처가 될 수 없다고 주장하면서, '진리의 길에 수행은 필요 없다[道不用修]'라 선언했다.[9] 그런 마조의 문하에서 139명의 대선지식이 배출되었고, 그중에서 뛰어난 이만 88명이라 전해지는데, 그 88명이 천하에 흩어져서 혜능이 세우고 회양이 전한 돈오선을 천하에 유포시켰다. 돈오선이 우뚝 솟은 것은 한때 풋풋한 과일이었던 마조의 공이라 하겠다.

좌선의 재발견

혜능은 어릴 때 땔나무를 팔며 병든 모친을 봉양했다. 청년으로 성장한 그가 장사를 마치고 돌아오다가 독송 소리를 들었다. "응무소주이생기심應無所住而生其心", 『금강경』의 한 구절이다. 청년은 그 소리가 무엇이냐 물었고, 독송한 이는 "기주蘄州 황매(黃梅, 湖北省 黃梅縣) 동산사東山寺의 오조홍인(五祖弘忍, 594~674) 대사는 『금강경』 한 권만 지니고 읽으면 자성을 보아 성불할 수 있다고 가르친다"고 했다. 그때까지 청년은 경전을 읽지도 좌선을 해보지도 않았다. 그런 청년이 병약한 노모께 하직 인사를 고했다. 청년이 반만 리 길을 걸어 홍인을 찾아갔다. 시절인연이 익었는지 청년은 홍인을 친견할 수 있었다. 홍인은 청년의 의지를 간파하고 은근히 시험했다. 그는 찾아온 연유를 물었다.

홍인이 물었다. "그대는 어디서 왔는가? 무엇을 구하고자 이렇게 찾아왔는가?"
혜능이 답했다. "저는 영남嶺南 신주新州 백성입니다. 대사를 찾아온 까닭은 다름이 아니오라 부처가 되고자 함일 뿐입니다."
홍인이 물었다. "너 같은 영남 오랑캐가 어찌 부처가 될 수 있겠는가?"
혜능이 답했다. "사람에 남북 구별이 있을 수 있지만, 불성에 어찌

남북 분별이 있겠습니까?"

불교 경전을 읽지도, 법문을 들어보지도 못한 약관의 일자무식 청년의 대답이다. 물론 그는 좌선을 해 본 적도 없었다. 거기서 그치지 않는다. 그는 게를 올리라는 홍인의 명에 남 몰래 이런 시를 적었다.

보리는 본래 나무가 없고 밝은 거울 또한 받침대 없네.
부처의 성품은 항상 깨끗하니 어느 곳에 티끌 먼지 있으리오.
마음은 보리수이고 몸은 밝은 거울의 받침대이네.
밝은 거울은 본디 청정하니 어느 곳에 티끌 먼지 있으리오.

혜능의 게송을 본 홍인은 모두가 잠든 한밤중, 혜능을 조사당 문 안으로 오게 했다. 스승은 『금강경』을 설해 주었고, 제자는 단박 깨쳤다. 한 마디 말끝에 확철대오한 것이다.[10] 홍인은 혜능을 인가했다. 경전을 읽어 본 적도 없고 좌선을 하지도 않았고, 아직 계조차 받지 못한 20대 초반의 청년이 육대 조사가 된 것이다. 그의 법문은 어록으로 모아져, 『육조단경六祖壇經』이란 이름으로 경전의 반열에 올랐다.

어느 날 한 승려가 조계산曹溪山을 찾아가 혜능에게 절하고 물었다. "큰스님은 좌선坐禪하시면서 보십니까, 보지 않으십니까?" 혜능의 대답이 멋지다. 그는 말로 답을 알려주지 않고 처음 본 학인을 세 차례 후려 갈겼다. 활대滑臺에서 무차대회無遮大會를 열어 남종南宗 돈오선頓悟禪의 종지宗旨를 천하에 휘날렸던 하택신회(荷澤神會, 668~760)가 바로 얻어맞았던 장본인이다. 그러고 나서야 혜능은 "내가 너를 때렸는데, 아픈가, 아프지 않은가?"라고 되물었다. 계속해서 혜능은 "앞에서 본다고 한 것과 보지 않는다고 한 것은 양변兩邊이며, 아프다고 한 것과 아프지 않다고 한 것은 생멸生滅이다. 그대는 자성自 性을 보지도 못하면서 감히 사람을 희롱하려 드는가?"[11]라고 반문했다.

혜능에 따르면 좌선의 핵심은 다리 꼬고 앉는 것이 아니라 양변을 떠나 본래면목을 보는 것이다. 그는 앉음[坐]과 선정[禪]을 재규정했다. 혜능이 밝힌 앉음은 어느 것에도 걸리지 않아 밖으로 어떤 대상에도 생각이 일어나지 않는 것이며, 선정은 안으로 본래 성품을 보아 어지럽지 않는 것이다. 혜능은 몸의 특별한 자세로서의 선정을 요구하는 대신 본성 통찰, 즉 "본래성품을 보아 어지럽지 않게 함[禪]", "밖으로 모양을 떠나고 안으로 어지럽지 않게 함[禪定]"을 제안했다.[12]

조사선祖師禪 전통에서는 좌선을 몸의 형식이라고 여기지 않았다. 그중에서 몽산덕이(蒙山德異, 1231~1308)가 정리한 좌선이 일목요연하다. 그의 재규정을 보자.

> 앉음[坐]은, 생각을 일으키지 않으면서도 혼침에 떨어지지 않는 것이다.
> 밖에서 받아들이지 않으며 안에서 방출하지 않는 것이다.
> 밖에서 흔들어도 움직이지 않으며 속으로 고요하여 흔들리지 않는 것이다.
> 역경과 순경에 혼란스럽지 않고 외부 자극에 끌리지 않는 것이다.
> 차별 있는 경계에서 차별 없는 선정에 들어가는 것이다.

선禪은, 무엇인가 하고자 하는 욕구〔欲〕가 있으면서도 욕망이 없으며, 티끌세계〔塵〕에 있으면서도 티끌을 멀리하는 것이다.

머물지도 않고 의지하지도 않으면서 언제나 빛나는 것이다.

빛을 돌이켜 비추어 법의 근원을 철저하게 하는 것이다.

해와 달보다도 더 환하게 어두운 것을 밝히는 것이다.

차별 없는 법에서 차별 있는 지혜를 보이는 것이다.

몽산은 좌선을 이렇게 정리했다. 좌선이란 활발발하게 작용하면서 그 바탕은 있는 그대로이어서, 자유자재하면서도 어떤 사물에도 걸림이 없는 것이다.[13] 한마디로 앉음〔坐〕은 차별 있는 경계에서 차별 없는 선정에 들어가는 것, 즉 일상생활에서 본연을 지향하는 것〔殺〕이다. 또 선禪은 차별 없는 진리의 경지에서 차별 있는 지혜를 보이는 것, 즉 본래면목이면서도 구체적인 상황에 적합하게 판단하고 활동하는 것〔活〕이다.

혜능은, 선정〔定〕과 지혜〔慧〕는 바탕〔體〕이 하나이지 둘이 아니라고 했다. 선정은 지혜의 바탕〔體〕이요, 지혜는 선정의 작용〔用〕이다. 마치 등燈이 몸이고 불빛〔光火〕이 그 작용이듯 말이다.[14] 걷거나 서 있거나 앉거나 눕거나, 지혜가 작용하면서도 선정은 바탕으로 있는 법이다. 몸가짐이 어떠하든 본래면목이 드러나는 삼매에 들어야 한다는 뜻이다. 가만히 앉아 몸을 움직이지 않아야 선정에 들 수 있고 부처가 될 수 있다면, 장독대의 장독이나 뒷산의 바위가 선정에 가장 잘 들고 제일 먼저 견성했을 것이다.

눈을 감고 가만히 앉아 견성을 꿈꾸는 암증선객暗證禪客은 조사의 소리에 귀를 기울여야 할 것이다.

3. 몸과 본래면목

1) 몸 버리기와 본래면목

문제 3. 본래면목은 청정하고 몸은 청정하지 않나?

눈이 펑펑 내리던 날이었다. 쏟아지는 눈을 맞으며 밤새 무릎 꿇고 앉았던 사람이 있었다. 그것도 스스로 한쪽 팔을 잘라내고도 꿈쩍 않고 버텼던 것이다. 그는 온몸이 피에 젖은 채, 달마와의 대면을 기다렸다. 팔이 잘린 아픔보다는 불법佛法을 알고자 하는 서원誓願이 훨씬 컸기 때문일 것이다. 새벽녘 달마는 흰색과 붉은색의 처연한 어우러짐을 보았다. 아무리 조사라 해도 한 폭의 장관壯觀을 보고 외면하긴 어려웠을 것이다. 드디어 달마와 그의 문답이 시작되었다. 먼저 달마가 물었다. "도대체 뭐가 그리도 알고 싶은가?" 팔을 자른 그가 대답했다. "마음이 불안합니다. 어떻게 해야 마음을 안정시킬 수 있습니까?" 달마는 "그대의 불안한 마음을 내 놓으라"고 했고, 그는 아무것도 내놓을 수 없었다. 그 순간 그는 마음이 왜 불안한지를 알 수 있었다. 후에 선종의 두 번째 조사가 된 이조혜가(二祖慧可, 487~593)의 이야기다.[15] 후세 사람들은 이 일화를 "마음을 안정시킨 법문[安心法門]"이라 부른다.

혜가의 스승 달마에게는 또 다른 전설이 있다. 그가 면벽 수도할 때이다. 좌선 중 눈이 감기자 그는 눈꺼풀을 잘랐다고 한다. 육신을 잘라 공부하면 경지에 이를 수 있을까? 달마가 몸의 일부를 잘라낸 일은 '이 일[是事]'과 상관이 있을까, 없을까? 달마가 무제에게 답한 것으로 유추하면, 육신공양으로 경지에 이른다고 말할 수 없다. 28대 조사 달마의 9년 면벽과 눈꺼풀 자른 일은 공덕이 있을까? 달마 자신은 이렇게 대답할지도 모른다. "아무 공덕도 없다[無功德]!"

혜가가 팔을 자르지 않았다면 달마가 그를 제자로 받지 않았을 수도 있다. 누군가의 제자가 되기 위해서라면 결연한 의지로 팔을 잘라도 좋다. 견성하기 위해서라면, 그리고 부처로 살기 위해서라면 이야기가 달라진다. 달마와 혜가의 멋진 일화를 전해진 그대로 다 받아들인다 해도, 혜가가 팔을 잘라 성취한 것은 조사의 제자가 된 것이지 경지에 이른 것은 아니다. 그는 "마음을 내어 보이라"는 조사의 한 마디 말끝에 생각을 송두리째 바꾼 것이다.

또 있다. 『벽암록碧巖錄』 제19칙 "구지일지俱胝一指"의 주인공 구지와 그의 문하생의 일화이다. 깨치기 전 구지가 천룡天龍에게 도를 물었다. 천룡은 손가락 하나를 세웠다. 이에 자극받은 구지는 홀연히 크게 깨달았다. 이후로 구지는 누가 묻기만 하면 몸으로 보여 주었다. 그는 언제나 손가락 하나를 세웠던 것이다. 문제는 구지의 공양 시동侍童이다. 그 동자도 손가락 하나 세우는 것을 배워서, 누가 물으면 손가락을 세웠다. 그런데 사달이 났다. 어떤 사람이 구지에게 말했다. "화상께서도 이 동자를 따라잡을 수 없습니다. 그 역시 불법을 알아냈습니다. 누구라도 그에게 묻기만 하면, 화상처럼 손가락을 세웁니다." 구지의 대응이 극적이다. 며칠 후 구지가 동자를 불러 물었다. 무슨 연유인지 옷소매에 칼을 숨기고 있었다. "네가 불법을 알아냈다고 들었는데, 그러하냐?" 동자는 그렇다고 대답했다. 이야기는 절정을 향한다. 구지가 물었다. "무엇이 부처인가?" 동자가 대답했을까. 동자는 몸짓으로 보여 주었다. 아니나 다를까, 동자는 손가락을 치켜들었다.

이제 절정의 순간이다. 그 순간 구지는 말하지 않았다. 말 대신 몸으로 보여 주었다. 구지는 동자의 손가락을 붙잡고서 칼로 잘라버렸다. 동자는 소리를 지르며 달아났다. 구지는 동자를 불렀다. 당연히 동자는 머리를 돌렸다. 구지가 다시 물었다. "무엇이 부처인가?" 동자는 자기도 모르게 몸을 습관적으로 움직이려 했다. 그러나 세우려는 손가락은 이미 없어졌다. 자기가 없앤 것이 아니라 스승이 잘라 버렸지만. 그때 동자는 대오각성大悟覺醒했다.[16]

천룡과 구지, 그리고 동자는 모두 자신의 경지를 손가락 세우기로 표현했다. 그러나 천룡이 손가락을 세우자 구지는 알아차렸고, 동자는 구지를 흉내 내다 그만 몸의 일부가 잘렸다. 몸짓은 본래면목의 온전한 구현일 수도 있지만, 따라 하거나 일부러 한다면 가짜이다. 그때는 몸이 잘려도 할 말이 없다. 과연 동자가 대오각성한 계기는 몸이 잘렸기 때문일까? 구지가 동자의 몸이 자르지 않고 다른 기연을 보였더라도 구지는 자기의 의도를 전달할 수 있었을 것이다. 예를 들어 방, 할 등의 기연이다.

오래 전부터 몸을 자르고 태우는 일이 있었는지, 이 문제에 박산무이는 타이르며 말했다. "예나 지금이나 사람들이 몸뚱이나 팔을 불로 태우며 예불참회하면서, 몸을 태우고 잘라내는 행위를 공부라고 여긴다. 세상 사람들이 눈에는 그런 것이 그럴듯하게 보일지 모르지만, 참구하는 본분에는 별 상관없다."[17] 계속해서 박산무이의 고언을 보자.

어떤 학인들은 자기의 몸과 마음을 완전히 없애어 딱딱한 돌[頑石]처럼 되게 한다고 한다. 이들이 그렇게 하는 목적은 고요한 경계를 만들려는 것이다. 마를 수 있는 대로 마르고 적막해질 수 있는 대로 적막해져서 아예 인식작용이 없는 지경까지 가버린다. 그렇다면 생명 없는 돌멩이나 마른 나무토막과 무엇이 다르겠는가? 박산무이는 이런 경우를 "길 밖의 길을 걷는 무리[外道]"라 불렀다.[18] 한마디로 선이 아니라는 비평이다.

어떤 사람들은 몸 안의 세상과 몸 밖의 세상을 분리하고, 본래면목은 몸 밖에 있다고 생각하기도 한다. 아마 그들은 우리의 감각기관, 예를 들어 눈, 귀, 코, 혀, 피부, 두뇌가 번뇌 망상의 원인이라고 여기는 것 같다. 우리 몸의 여섯 가지 감각기관[六根] 때문에 인식하고 판단하는 데 오류가 생긴다는 것이다. 즉 몸은 청정할 수 없으니, 몸 밖에서 청정을 찾아야 한다는 것이다. 그러나 그런 생각은 선과 거리가 멀다. 박산무이는 말한다. "어떤 사람들은 망상덩어리인 이 몸 바깥에 해와 달, 그리고 허공을 포함하는 또 다른 세계가 있다고 생각하고, 그것을 본래면목이라고 여긴다. 그러나 이들 역시 외도의 견해일 뿐 마음을 밝힌다고는 할 수 없다." 그런데 몸이 없는 존재가 있을 수 있겠는가? 이 몸이 없이 나의 본래면목이 따로 있다고 생각하는 것은 선이 아니다.[19] 망상의 원인은 몸이 아니다. 따라서 몸을 버리는 것은 선과 상관없다.

몸이 망상의 원인이 아니라고 하니까, 화살을 객관의 대상으로 돌리는 사람들도 있겠다. 객관 대상이 우리의 인식과 판단을 훼손시킨다고 생각할 수도 있다. 그러나 감각 대상[六境, 六塵]을 미워한다면 깨달음을 구할 수 없다. 그래서 깨닫고자 한다면 객관 사물을 버리지 말며 미워하지도 말라는 것이다.[20] 왜냐하면 객관 세계는 있는 그대로 진여가 온전히 드러난 것[眞如大用]이기 때문이다.

일숙각一宿覺 영가현각(永嘉玄覺, 665~713)은 『도를 증득하고 부른 노래[證道歌]』에서 이렇게 밝혔다. "배움도 끊고 애써 함도 없는 한가한 도인은, 망상도 없애지 않고 참됨도 구하지 않는다. 무명의 참 성품이 바로 불성이고 허깨비 같은 빈 몸 그대로 법신이다."[21] 망상이다, 참되다라고 따지는 것이 생멸生滅 견해이며, 양쪽 끝[兩邊]에 치우친 생각이다. 중도中道는 별 것이 아니다. 생멸 견해, 양변에 치우친 생각을 벗어나면 중도의 자리이다.

몸의 감각기관이나 객관 대상이 번뇌의 원천이 되느냐, 있는 그대로 진여대용이 되느냐의 관건은 우리의 한 생각 차이이다. 생멸 견해로 보면 몸과 객관 세계는 번뇌의 원천으로 작용하고, 중도의 눈으로 보면 몸과 객관 세계는 본래면목이 그대로 작용하여[全機大用] 나타난 천진본연天眞本然이다.

2) 몸 그대로와 본래면목

문제 4. 몸짓 그대로 도道인가?

마조는 유명한 말을 남겼다. "지금 여기서 도를 알려 하는가? 평상심平常心이 도이다." 바로 그 순간, 말이 떨어지자마자 알아차렸다면, 일대사 인연一大事因緣이 도래한 것이다. 그러나 안타깝게도 그럴 수 있는 사람은 많지 않다. 마조는 조금 낮추어 말했다. "그저 지금과 같이 움직이거나 움직이지 않거나 앉고 눕는 몸의 동작[行住坐臥]과 어떤 상황에 대처하고 사물에 접촉하는 행위[應機接物]가 모조리 도이다."[22]

문제는 "평상심이 도이다"라는 말을 들었을 때, 어떻게 해석하는가이다. 다음과 같이 이해할지도 모르겠다. "그래 맞아. 모든 것이 불성의 작용이니, 내가 하는 어떤 생각, 어떤 행동이든 있는 그대로 불성의 작용이다. 내가 무엇을 하든 진리를 구현한 것이다. 옷 입고 밥 먹고, 화내고 좋아하는 것이 모두 도다."

이렇게 순진하게 받아들이는 사람들을 위해, 마조는 더 낮추어 일깨웠다. "평상심이란 조작造作이 없고, 시비是非가 없으며, 취사取捨가 없고, 범성凡聖이 없으며, 단상斷常이 없다." 어찌 보면 그의 설명은 사족이다. 일전에 회양이 마조를 가지고 놀면서 몸짓으로 마조를 격발시켰는데도 마조가 알아내지 못하고 자꾸 엉뚱하게 묻자, 회양이 정색하고 설명해 주었고 마조는 설명을 들어야만 하는 처지였다. 지금 마조의 자상한 설명은 자신이 당했던 광경을 떠올리게 한다.

마조가 "평상심이 도이다"라고 한 진의眞意는 무엇일까? 마조가 말한 평상심을 더 친절하게 풀어낸다면 아마 이럴 것이다. "애써 무언가 만들어내지 않고[無造作], 옳고 틀림을 따지지 않으며[無是非], 이것은 받아 삼키고 저것은 뱉어버리고 하지 않고[無取捨], 범부의 짓인가 성인의 경지인가를 구별하지 않고[無凡聖], 어떤 것은 소멸하고 어떤 것은 영원히 변하지 않는다[無斷常]며 따지지 않는다." 다름 아닌 양변을 떠난 중도가 평상심이라는 뜻이며, 몸짓이 중도에 들어맞을 때만 도라는 의미일 것이다.

가거나 움직이거나 움직이지 않거나 앉고 눕는 몸의 동작[行住坐臥]과 상황에 대처하고 사물에 접촉하는 행위[應機接物]가 모두 다 도라고 하는 것은 본래면목의 온전한 실현을 의미한다. 푸른 잎이나 노란

잎이나, 키 작은 일년생 초목이나 아름드리 낙락장송이나 모두 불성의 작용이라는 것이다.

문제는 이 지점이다. 이 대목에서 두 가지를 물을 수 있다. 첫째, 누구나 불성을 지니고 있고 그 불성은 온전히 구현되는데, 왜 대중들은 중생으로 살까? 마조가 지적한 바가 바로 이것이다. 왜 그런지는 따질 필요도 없지만, "이리저리 자꾸 만들어 내고(造作), 옳고 틀림을 따지며(是非), 이건 받아 삼키고 저건 뱉어내고(取捨), 범부의 짓인가 성인의 경지인가를 구별하기에(凡聖)" 부처 종자가 중생으로 산다는 것이다.

둘째, 일상의 모든 행위가 진리라고 한다면 잘못된 견해(妄見), 생멸 견해生滅見解도 진리 아닌가? 박산무이가 든 사례를 보자. 어떤 사람들은 보고 듣고 느끼고 지각하는 것(見聞覺知)과 손들고 발 움직이는 것(一擧手一投足)을 자기의 신령스런 진짜 성품이라고 오인한다. 그들은 다른 사람을 만나기만 하면 눈을 둥그렇게 치켜뜨고 귀를 빳빳하게 세우며 손가락질하고 발로 찬다. 이런 상태는 몹쓸 병이 발작한 증세와 같아서, 선상에 앉아 귀신의 눈동자나 농락하는 꼴이다. 박산무이는 이런 행위는 "생멸심일 뿐 선이 아니며, 마구니의 장난일 뿐 도가 아니다"고 확언했다.[23] 그에 따르면, 이런 무리들은 온몸이 마이며 온몸 그대로가 병통이다.[24]

실제로 마조의 평상심을 생멸심이라고 평가한 유명한 사례가 있었다. 신회의 법을 이었다고 자부했던 규봉종밀(圭峰宗密, 780~841)이 그 예이다. 그가 추숭했던 신회가 활대에서 당시의 고수들을 한 칼에 날렸던 것처럼, 종밀도 일세를 풍미하던 마조의 선을 정면으로 비판하고 나섰다. 비판의 주제가 바로 마조의 선의 핵심 철학, "평상심이 도이다"와 "행주좌와와 응기접물이 모두 도이다"이다. 종밀은 일거수 일투족이 모두 도라는 마조의 선에 회심의 일격을 날렸다. 그의 주장을 각색하면 이렇다.

"마조와 그의 후예들은 겉으로 드러난 모습은 잘 보았으나, 이면에 내재한 본성의 능력은 보지 못했다. 그들은 구슬의 본래 성질이 검지 않고 밝게 비추는 것임을 결코 알지 못한다. 마찬가지로 그들은 마음의 본성이 미혹되거나 조작되지 않는다는 점을 알지 못한다. 눈에 보이는 검정색을 밝은 구슬 자체라고 생각하는 것은 미혹과 깨달음을 구별하지 못하기 때문이다. 어떻게 탐진치貪瞋痴와 계정혜戒定慧가 같을 수 있다는 것인가? 나는 다르게 생각한다. 구슬이 영롱한 무지개 빛깔을 비출 수 있는 것은 구슬에 비추는 능력이 있기 때문이다. 그 능력의 본질은 구슬의 투명함이다. 그들은 구슬의 겉모습만 볼 뿐, 투명한 본성을 보지 못한다. 중요한 것은 겉모습이 아니라 속에 내재한 본질이다. 혀 놀리고 몸 움직이는 것이 계정혜에 들어맞아야 불성의 작용이다. 계정혜에 들어맞지 않는 것은 무엇인가 개입되면 불성이 온전히 드러나지 않은 것이다."[25]

그러나 종밀이 이해한 평상심은 마조의 평상심과는 전혀 다르다. 종밀은 조작, 시비, 견문각지 그대로를 마조의 평상심으로 이해했는데, 실제 마조는 "조작이 없고, 시비가 없으며, 취사가 없는" 마음을 평상심이라고 했다.

종밀이 이해한 평상심을, 퇴옹성철(退翁性徹, 1912~1993)은 생멸 견해, 즉 생각을 이리저리 일으키는 망상이라고 평가했다. 그러면서

"행주좌와와 응기접물이 모두 다 도라 한다고 생멸의 변견으로 해석하면, 그것은 자기의 망견이요 곡해지 마조스님과는 관계없는 일이다"라고 비판했다. 또 "행주좌와와 응기접물이 모두 다 도라 하는 것은 양변을 여읜 중도에 입각한 평상심의 진여대용이지 생멸 망상을 말하는 것이 아니라는 것을 분명히 알아야 한다"고 당부했다. 계속해서 그는 마조의 평상심의 본질은 양변을 여읜 중도이며, "평상심이 도이다"라는 말은 진진찰찰塵塵刹刹이 중도 아님이 없다는 것이라고 했다.[26]

　마조와 종밀은 전혀 다르게 생각한다. 종밀이 신회의 제자이면서도 화엄華嚴의 5대 종주라고 자처한 바와 같이, 그의 세계관은 여전히 교학불교의 틀을 넘지 않았다. 그는 검은색과 흰색, 무지개 빛깔과 투명한 구슬, 본질과 현상, 탐진치와 계정혜, 미혹과 깨달음을 각각 구분한다. 그러나 조사선에서는 무명의 실제 성품도 불성이라고 하며,[27] 중생과 부처를 구분하지 않는다. 종밀은 마조의 "평상심이 도이다", "행주좌와와 응기접물이 모두 도이다"를 잘못 이해한 것이다. "평상심이 도이다"의 의미는 세상 모든 것이 중도라는 것이며, 억지로 조작하지 않고 양변에 치우치지 않는다면 본래면목은 저절로 드러난다는 뜻이다.

4. 몸과 중도

1) 본래면목과 본래무일물
문제 5. "한 물건"은 어디에 있나?
혜능을 육조로 인가받게 한 게송은 후대의 판본에서는 이렇게 바뀌었다.

보리는 본디 나무가 없고 밝은 거울도 받침대가 없다.
본래 아무것도 없으니 어디에 티끌먼지 있겠는가.[28]

후대 혜능의 후예들은 돈오사상을 멋들어지게 표현했다. "본래
아무것도 없다[本來無一物]! 번뇌도 본디 없다!" 어쩌면 그들이야말로
혜능의 돈오선을 제대로 계승했으며, 올바로 표현했을지도 모른다.
"본래무일물"은 조사선의 확고한 기치로 드날렸다.

혜능의 사법嗣法 제자 10인 가운데 가장 먼저 거론되는 인물, 회양의
법기法器됨을 보자. 처음 그가 혜능을 찾아 왔을 때는, 그저 그런
학승이었다. 그는 15세에 형주荊州 옥천사玉泉寺에서 홍경弘景 율사의
지도로 출가하였다. 이후 홍경 밑에서 8년간 정진하며 율장律藏을
공부했다. 그러던 중 하루는 "출가한 이는 함이 없는[無爲] 법을 배워야
하는데!"라고 혼잣말로 탄식했다. 탄연坦然이란 도반이 이것을 보고,
숭산嵩山의 혜안慧安 스님에게 갈 것을 넌지시 권고했다. 도반의 권고
를 받고, 회양은 그 길로 남쪽으로 향했다. 회양을 본 혜안은 그릇의
크기를 알아보고, 혜능에게서 공부할 것을 추천했다. 이에 회양은
조계산으로 가서 혜능을 친견했다.

선불장選佛場 문답이 시작되었다. 혜능과 회양은 부처를 선발하는
시험의 진수를 보여 준다.

먼저 혜능이 물었다. "그대는 어디서 왔는가?"

혜능은 홍인이 자신에게 던졌던 질문을 똑같이 물었던 것이다. 회양이 대답했다. "숭산에서 왔습니다."

이제 본격적인 시험이다. 혜능이 다시 물었다. "무슨 물건이 이렇게 왔는가?"

회양은 말문이 막혀 버렸다. 아직은 갈 길이 멀다. 그도 그럴 것이 회양은 그간 율장만을 공부하지 않았던가. 거기서 멈추었다면, 혜능을 찾아가지도 않았을 것이다. 회양은 그 후 8년 동안 혜능이 던진 시험의 답을 찾으려 정진했다. 드디어 8년 만에 나름의 답을 찾았다. 그는 시험 문제를 낸 출제자를 다시 찾아갔다. 8년 전에는 의지만 있었지 어수룩하기 그지없었는데, 지금의 그는 그때의 그가 아니다.

회양이 말했다. "제가 8년 전에 스님 앞에 왔을 때, 스님께서 '무슨 물건이 이렇게 왔는가'라 물으셨는데, 이제 답을 찾았습니다."

혜능이 물었다. "그래. 어떻게 알았느냐?"

회양이 대답했다. "설사 한 물건이라 할지라도 옳지 않습니다."

심상치 않음을 간파한 혜능이 다시 물었다. "그러면 닦아 증득함〔修證〕을 어떻게 생각하느냐?"

새로운 시험에도 회양은 거침없이 대답할 수 있었다. "닦아 증득함이 없다고 할 수는 없지만, 물들여 더럽힐 수〔汚染〕 없습니다."

혜능은 이 말을 들고 더 이상 묻지 않았다. 대신 마지막 법문을 해 주었다. 이 역시 모두 잠든 한밤중에 스승 홍인이 『금강경』 법문을 해 주고 자신을 6조로 인가해 주었던 바와 같다. 혜능의 마지막 법문이다. "그대가 지금 말했던 바, 물들여 더럽힐 수 없다는 그것이 모든 부처님의 살림살이이다." 그러고는 "나도 그러하고 그대 또한 그러하다"라 하고, 바로 인가를 해 주었다. 잠시 후 "네 밑에 망아지 한 마리가 나서 천하 사람을 밟아 죽일 것이다"라는 말을 덧붙였다.[29] 그 망아지가 회양의 훈계를 들었던 마조이다. 이럴 때 하는 말이 있다. "그 스승에 그 제자!" 홍인과 혜능, 혜능과 회양, 회양과 마조, 그 스승에 그 제자다. 등불은 그렇게 전해졌다.

"깃발이 움직인 것도 아니고, 바람이 분 것도 아니다. 그대들의 마음이 움직인 것이다"[30]라는 혜능의 법문을 듣고, "내 몸 움직이는 그 놈은 바로 마음이다"라고 생각할 수도 있다. 나아가 다 알아냈다고 자부할 수도 있겠다. 실제 어록 꽤나 읽었다는 먹물 학인들, 큰스님 친견 좀 했노라 자부하는 큰 절 귀신들, 때마다 동안거冬安居 하안거夏安居를 순례하는 선방 보살들 중에 간혹 이런 분이 있다. 심지어 간화 실참자조차 이미 답을 알고 있다며, 이렇게 생각하기도 한다. 그것이 바로 머리를 굴려 답을 찾아낸 알음알이[情識]이고, 억지로 조사의 뜻과 대결하여 문자로 풀어낸 도둑 공부[穿鑿]이다.

만일 이렇게 생각한다면 "무슨 물건이 이렇게 왔는가?"라고 묻자 "설사 한 물건이라 할지라도 옳지 않습니다"라 했었다는 것을 알아야 할 것이다. "본래 한 물건도 없다"라 했다. 모든 것은 마음이며, 마음이 있다고 생각하는 순간, 나락으로 떨어지고 만다. 화두의 정답이 마음이라는 것을 이미 알고 있다고 자부하는 순간, 화두는 영영 잡히지 않는다.

그 '한 물건'은 무엇이고 어디에 있을까? 조선 초기의 선사 함허득통(涵虛得通, 1376~1433)은 분명하게 말했다. "여기 한 물건이 있으니, 이름과 모양이 끊어졌으면서도 옛날과 지금을 관통하고, 한 티끌에 있으면서도 사방과 위·아래를 에워싼다. …… 공空인지 유有인지, 나는 그 까닭을 알지 못하겠다. 우리 석가모니 부처님께서 이 하나를 얻으시어, 중생들이 모두 지니고 있으면서도 모르고 있는 것을 두루 살피시고 신기하다고 탄식하시고 생사고해生死苦海를 향해서 밑 없는 배〔無底船〕를 타고서 구멍 없는 피리〔無孔笛〕를 부시었다. …… 그로 하여금 단견斷見과 상견常見의 구덩이에서 벗어나게 하여 진실의 세계에 오르게 했다."[31]

함허 역시 자비심이 넘쳤다. 그는 아직도 '한 물건'이 있다고 생각하는 사람들을 위해 자세히 풀어 주었다. "어리석음도 아니고 깨달음도 아니며, 범부나 성인으로 부를 수 없고, 나도 없고 남도 없으며, 자기라거나 타자라고도 이름붙일 수 없기에 그저 '한 물건'이라 한다. …… 비록 이와 같으나 '한 물건'이라는 말도 억지로 말했을 따름이다. 그러므로 남악회양 화상이 '설사 한 물건이라 할지라도 옳지 않다'고 한 것이다. …… 이 물건은 성인도 아니고 범부도 아니면서 범부이기도 하고 성인기도 하며, 깨끗한 것도 아니고 오염된 것도 아니면서 때로는 오염되기도 하고 깨끗하기도 하다."[32]

한밤중에 가사와 발우를 전해 받은 혜능은 남쪽으로 향했다. 홍인 문하 대중들이 이를 알고 가사와 발우를 빼앗으려 했다. 처음에는 수백 명의 사람들이 혜능을 추격했다. 두 달 가량 되어서 대유령大庾嶺

에 이르렀는데, 다들 돌아가고 오직 혜명惠明만 돌아가지 않았다. 그의 선조는 4품장군으로 그는 성품과 행동이 거칠고 포악했다. 그가 고갯마루까지 쫓아 올라와서 혜능을 덮치려 하였다.[33]

혜능이 가사와 발우를 돌 위에 던져놓고 말했다. "이 옷은 신표信表이다. 힘으로 얻을 수 있겠는가? 가져가고 싶다면 가져가라." 그렇게 말하고는 수풀 속으로 몸을 숨겼다.
혜명이 다가가 들어 올리려 했으나 산처럼 움직이지 않았다. 혜명은 두려움에 떨며 주저주저 말했다. "제가 멀리 온 것은 법을 구하기 위해서 입니다. 가사 때문이 아닙니다."
혜능이 수풀 밖으로 나와 반석 위에 앉았고, 혜명은 예를 표하고 설법을 청했다.
혜능이 한참을 침묵하다 법을 전했다. "선善도 생각하지 마라. 악惡도 생각하지 마라. 그때 그대의 본래면목本來面目은 무엇인가?"
혜명은 이 말을 듣자마자 크게 깨쳤다[言下大悟].[34]

잘 알고 있는 이야기다. 돈황본에는 혜능이 가사와 발우를 돌 위에 던졌으며 혜명이 들어 올리려 했으나 꿈쩍하지 않았다는 내용은 없다. 뿐만 아니라 육조로 인가받은 혜능이 최초로 전한 법문, "선도 생각하지 마라. 악도 생각하지 마라. 그때 그대의 본래면목은 무엇인가?"라는 대목도 없다. 돈황 초간본에 유실되었을 수도 있고, 후대의 판본에서 빠진 내용을 회복시켰을 가능성도 있다. 추측하건데 선문의 제자들이 기막히게 멋진 이야기로 포장했을 게 분명하다. 어찌 되었건 혜능이나 혜명이나 대단한 인물임에 틀림없다. 몸 동작 하나 말 한 마디로 깨우치게 한 혜능은 두 번 다시 말할 필요도 없고, 그것을 보고 들은 그 순간 그 자리에서 크게 깨친 혜명 역시 범상치 않기는 마찬가지다.

여기서 똑같이 물을 수 있다. "선도 생각하지 마라. 악도 생각하지 마라. 그때 그대의 본래면목은 무엇인가?" 이른바 『무문관無門關』 제23칙 "불사선악不思善惡" 공안이다. 여전히 이 물음에 본래면목은 마음이라 생각하는 학인도 있을 것이다. 반대로 마음이 아니라고 생각하는 학인도 있을 것이다. 그것은 또 다른 공안 "마음도 아니고 부처도 아니고 물건도 아니다〔不是心 不是佛 不是物〕"**35**로 던져졌다.

실제 선문에서는 혜능이 혜명에게 물었던 "그대의 본래면목이 무엇인가"를 참구한다. 『선요禪要』의 주인공 고봉원묘(高峰原妙, 1238~1295)가 참구했던 "이 송장 끌고 다니는 것은 무엇인가?〔阿誰拖你死屍來〕" 화두도 크게 보아 이것이고, 한국 선문에서 흔히 하는 "이 뭣고" 화두도 이것이며, 요사이 많은 학인이 잡고 있는 "내 몸 움직이게 하는 것이 무엇인가?" 화두도 이것이다. 선지식이 "본래면목이 무엇인가?"라고 다그치자, 적지 않은 학인이 마음이라 생각한다. 그러나 마음이라 생각하는 순간, 의심은 일어나지 않으며 깨침도 멀어지고 만다. 마음이라 해도 맞지 않고, 부처라 해도 맞지 않으며, 한 물건이라 해도 맞지 않을 것이다. 그래서 이렇게 던지기도 한다. "마음도 아니다. 부처도 아니다. 물건도 아니다. 이것은 무엇인가." 적어도 "마음이다" 라는 순간 틀렸다. 그렇다고 "마음이 아니다"라고 해도 몽둥이로 얻어 맞을지 모른다. "그대의 본래면목은 무엇인가?"가 화두로 잡히면 이런 저런 답은 다 소용없다. 어차피 답은 따로 있을 터이니까.

왜 조사는 본래면목을 설명하지 않았으며, 왜 아무것도 없다고
했을까? 진짜 아무것도 없을까? 내 몸 움직이게 한 것은 마음이든,
부처든, 한 물건이든 상관없다. 조사가 꺼내 보여 준 것은 "본래 아무것
도 없는" 그 한 물건이다. 한 물건이면서 본래 아무 것도 없다. 바로
중도이리라.

"본래무일물本來無一物!" 본래 아무것도 없다한 조사의 의도를 간파
해야 한다. 그것도 몸으로 알아내야 한다.

2) 무심과 평상심

문제 6. 마음이 부처인가, 몸이 부처인가?

혜능이 조계산에서 상당上堂하여 법문하고 있었다. 어떤 젊은 승려가
와서 예를 표하지도 않고, 선상禪床 주위를 세 번 돌고 나서 지팡이를
짚은 채, 직립부동의 자세로 섰다. 그 젊은 승려는 한때 율장을 훈련했
던 영가현각이다.

> 혜능이 떠 보았다. "사문은 세밀한 규율을 몸에 절도있게 익히고
> 다녀야 하는데, 그대는 어찌하여 그다지도 무례하고 거만한가?"
> 영가가 대답했다. "생겨나고 죽는 일이 중대하고 무상이 신속합니다
> 〔生死事大, 無常迅速〕."
> 혜능이 다시 물었다. "과연 그렇겠군. 왜 생겨나지 않음〔無生〕을
> 체득하지 아니하고, 왜 빠름이 없음〔無速〕을 요달하지 않는가?"
> 영가가 대답했다. "체득하고 보니 생겨남이 없으며, 요달하고 보니
> 신속함이 없습니다〔體卽無生, 了本無速〕."

조사 혜능이 상대의 의도를 몰랐을 리 없다. 그래도 조사는 '너의 몸짓을 보니 아만我慢만 있고 기본도 안 되었다'고 찔러보았다. 한창 때의 승려는 평범하게 대답했다. 조사는 한 번 더 찔렀다. 생겨나고 죽는 일이 크다고 말만 할 것이 아니라 생겨나고 죽지 않는 그 무엇도 알아내야 하며, 삶이 덧없다고 푸념만 할 것이 아니라 변하지 않는 어떤 성질을 알아차려야 하지 않겠느냐는 조사의 의도이겠다. 젊은 승려의 패기만만한 대답이 걸작이다. 내가 아까는 생겨나고 죽는 일이 중대하고 무상이 신속하다고 했지만, 체달하고 보니 본래 그 자리는 생겨나지도 않고 빠르게 변하지도 않는다는 것이다. 지금 이대로가 생겨나지도 않고 변하지도 않는데, 생겨남 없음과 변함없음을 알아낼 필요가 있겠냐는 뜻이다.

깨달음도 한 순간, 인가印可도 한 순간이다. 혜능은 영가의 대답을 듣고 바로 인가했다. 영가는 그제야 비로소 큰 가사를 입고 향을 피우고 혜능에게 정중히 예배를 드렸다. 그리고는 곧바로 하직인사를 드렸다.

육조가 물었다. "너무 빠르지 않느냐?"

영가가 답했다. "본래 움직이지 않았는데 어찌 빠름이 있겠습니까?"

육조가 물었다. "누가 움직이지 않는 줄 아느냐?"

영가가 답했다. "스님께서 스스로 분별을 내십니다."

육조가 말했다. "네가 참으로 생겨남이 없는 도리를 알았구나."

영가가 말했다. "생겨남이 없는데 어찌 뜻이 있겠습니까?

육조가 물었다. "뜻이 없다면 그것을 누가 분별하느냐?"

영가가 답했다. "분별하는 것도 뜻이 아닙니다."

생겨남 없음에 뜻이 있다면 생겨남이 없지 않다는 영가의 말에, 뜻이 있느니 없느니 하는 것부터가 분별이 아니냐고 혜능이 질책했다. 이에 영가는 분별이라고 해도 되겠지만 그 분별은 머리로 하는 분별〔思量分別〕이 아니라, 본래면목이 온전히 드러난 것〔全機大用〕이라고 당당하게 맞섰다. 혜능은 선상에서 내려와 영가스님의 몸을 쓰다듬으며 말했다. "장하구나. 옳도다. 손에 방패와 창을 들었구나. 하룻밤만 쉬어가거라." 영가가 조사로 인가받고 하룻밤 묵었다고 해서 "일숙각一宿覺"이란 이름을 얻게 된 사연이다. 일숙각이 31세 혈기왕성했던 때의 일이다.[36]

후에 영가는 "법신을 깨달으면 한 물건도 없다. 근원의 자성은 천진불이다"라 노래 불렀다.[37] 무명의 본질은 불성이어서 무명은 불성이 특수하게 드러난 것일 뿐이다. 무명의 진면목을 알지 못하고 애써 없애려 한다면 망상이다. 본디 한 물건도 없으니, 몸이 생겨나느니 생겨나지 않느니 하면서 따질 필요가 없다는 뜻일 것이다.

종문宗門 제일서第一書 『벽암록』의 원저자 원오극근(圜悟克勤, 1063~1135)은 마음과 관련한 세 개의 공안 "마음이 곧 부처이다〔卽心卽佛〕"[38], "마음도 아니고 부처도 아니다〔非心非佛〕"[39], "마음도 아니고 부처도 아니며 물건도 아니다〔不是心 不是佛 不是物〕"를 한꺼번에 무너뜨렸다. 그는 이런 공안들이 깨달음과 "전혀 관계없으며 …… 모두 사구死句이다"라고 했다. 그리고 "만 길 봉우리에 외발로 서면 사방이 온통 깜깜하기만 하다"고 덧붙였다.[40] 원오가 일깨운 바와 같이 그런 공안들도 어떤 의미에서는 깨달음과 관계없으며, 그 자리는 "마음이 곧 부처이다" 혹은 "마음도 아니고 부처도 아니다"라는 말로는 표현할 수 없다. 조사가 "즉심즉불"을 말한 것은 본래면목의 활발발한 측면을 적극적으로 밝힌 것이며, "비심비불"이라 한 것은 본래면목의 본연의 고요함을 부정 어법으로 드러낸 것일 뿐이다. 그 자리는 즉심즉불이면서 비심비불이고, 즉심즉불이기만 하지도 않고 비심비불이기만 하지도 않다.

야부도천(冶父道川, 1127~1130)이 『금강경』의 도입부 "이와 같이 나는 들었다〔如是我聞〕"에 관해 풀었다. 그는 "여여如如라 말한다면 이미 변했다"고 했다.[41] 이에 대해 함허는 명확하게 밝혔다. 그는 남전南泉과 어떤 강사講師의 문답을 예로 들어 설명했다. 남전이 강사에게 무슨 경을 강의하냐고 묻자, 강사는 『열반경涅槃經』을 강의한다고 대답했다. 남전이 또 『열반경』 중에서 무엇을 제일 중요시하냐고 묻자, 강사는 "여여"를 제일 중요시한다고 대답했다. 이에 남전은 "여여"라 말한다면 이미 변해 버렸다면서 강사의 오류를 지적했다. 계속해서 남전은 이류중행異類中行을 향해서 이류중사異類中事로 뜻을 전해야 비로소 옳다고 했다.[42]

조사선에서는 선지식의 물음에 곧이곧대로 정답을 말하려 해서는 안 된다. 오로지 상대 개념을 벗어난 방식으로 자기가 본 경지를 드러내야 한다. 이미 상식적 세계에 살면서 상식적 표현 방식에 익숙하다고 해서, 그런 방식대로 답을 찾는다면 머리만 아플 뿐 답을 찾을 수 없다. 여여라 하든, 마음이라 하든, 부처라 하든, 한 물건이라 하든, 모두 이름일 뿐이고 사람이 지어낸 상대 개념일 뿐이며 이미 죽은 말〔死句〕이다.

대부분 "평상심이 도이다"라는 마조의 당부를 잘 안다. 그러나 실참자에게는 황벽희운(黃檗希運, ?~850)이 밝힌 "무심無心이 도이다"[43]라는 말이 더 절절하게 다가온다. 그래서인지 현대 한국 선문의 대표적인 선사 성철도 "무심이 도"[44]라 했다. 평상심도 도이고 무심도 도일까? 평상심과 무심은 같은 것일까?

이 문제에 관해 고봉의 생각이 철저하다. 어떤 학인(直翁居士)이 고봉에게 "평상심이 도인가? 무심이 도인가?"라 묻자, 고봉은 "평상심과 무심이라는 말이 몇 사람이나 성취시켰으며, 몇 사람이나 그르쳤는가?"라 반문했다. 그는 계속했다. "만일 혹 그렇지 못하다면, '무심이라 해도 도라고 하지 말라. 무심도 오히려 한 겹의 관문이 막혀 있다'라 했는데, 어찌 한 겹에 그치겠는가? …… 모름지기 이것(무심)과 저것(평상심)은 다 가짜라고 알아야 한다. 돌咄!"[45]

황벽과 마조가 천명했듯이, 무심도 도이며 평상심도 도이다. 무심과 평상심이 도인 까닭은 이 둘이 분리되지 않았기 때문이다. 무심은 평상의 모습으로 드러나기에 도이며, 평상심은 무심을 근거하기에 도이다. 무심과 평상심이 분리되어 있다고 생각하는 것이 분별이고 망상이다. 바로 그 순간 그런 분별을 잘라내야 한다. 그것이 도이고 선이다. 무심만 도이라거나 평상심만 도라고 한다면, 선이 아니다. 무심과 평상심을 따로 떼어놓고 각각을 도라고 받아들였다면, 조사가 잘못했기 때문이 아니라 학인이 어리석기 때문이다.

앞서 알아 본 사례와 같이, 몸은 망상덩어리이며, 몸 밖에 어떤 특수한 세계가 있는데 그것이 바로 본래면목이라고 생각하는 사람들도 있다. 그런 본래면목은 없으며, 그렇게 생각한다면 선이 아니다. 박산무이는 그렇게 생각하는 사람을 "공空에 치우친 외도"라 비평했다. 그러면서 그는 "몸과 마음은 하나이다. 따라서 이 몸을 떠나서는 다른 아무것도 있을 수 없다"고 천명했고, 그런 사람이 몸과 마음이 하나라는 도리와 몸을 떠나서는 아무것도 없다는 도리를 어찌 알 수 있겠냐고 반문했다.[46]

한 생각 깨달으면 중생이 부처이고, 한 생각 어리석으면 부처가 중생이다.[47] 조사선문에 무심 따로 평상심 따로, 부처 따로 중생 따로, 마음 따로 몸 따로는 없다. 따로 따로 나뉘었다고 생각하는 것이 중생의 사고이고, 그런 분별을 여읜 것이 불이문不二門이다. 정확하게는 도는 무심이면서 평상심이고, 무심이라 해도 안 되고 평상심이라 해도 안 된다. 부처이면서 중생이고, 부처와 중생은 하나이지도 않고 다르지도 않다. 마음과 몸은 각각 발현되면서도 따로 따로 작용하지 않는다. 부처와 중생, 무심과 평상심, 마음과 몸이 둘이 아님[不二]이 중도이다.

뻔히 알면서도 대부분의 학인은 부처와 중생을 구분한다. 겸양의 미덕에서 자신은 중생일 뿐이라고 자처할지도 모르겠지만, 그렇게 생각하는 순간 천 길 나락으로 떨어지고 만다. 부처와 중생의 차이는 그야말로 한 생각 차이이다. 흔히 하는 것처럼 부처와 중생을 분리한 채 수행해서 부처가 되겠다는 생각하는 것이 근본적인 고질병이다. 공부하는 자와 공부가 분리되었다면 진짜 공부가 아니고, 부처와 중생이 구분되었다면 진짜 선이 아니다. 고봉은 역설한다. "만일 근본적인 고질병〔膏肓之病〕을 논의한다면 이 안에 있지 않다. 이미 이 안에 있지 않다면 끝내는 어디에 있는가? 돌咄! 앉은 자리가 바로 그 자리다."[48] 본래면목은 몸이 "앉은 자리"에 있다. 몸이 있는 그곳일 것이다.

그래서 하는 말이 있다. "발밑을 보라〔照顧脚下〕!"

5. 몸과 간화

1) 거짓 의심과 몸의 증상

문제 7. 몸의 느낌은 진짜인가?

실참實參하는 학인들은 여러 가지 증상을 경험한다. 때로는 눈꺼풀이 천근만근인 듯 졸리고, 간혹 졸리지도 않는데 넋이 나간 듯 정신이 몽롱하고, 어떤 때는 머리가 부서질 듯이 아프고, 또 한 때는 몸 어느 한 곳이 칼로 찌르는 것같이 아팠다가 씻은 듯이 편해지기도 하며, 심지어 몸이 공중에 떠 있는 것 같기도 하다. 그래서 그런지 선지식이 공부가 어떠냐고 물으면 몸이 이렇다 저렇다 하면서 몸의 변화로 대답한다. 실참 과정에서 몸이 만나는 느낌을 선문에서는 "경계境界"라고 한다.

조사어록에서는 의심을 "의疑", "의정疑情", "의단疑團" 세 가지 용어로 표현한다. 어록은 의심의 여러 상황을 언급하면서 세 가지 용어를 구별해서 구사하기도 하고, 특별히 구별하지 않고 섞어서 쓰기도 한다. 이 글에서는 논의의 편의상, 구별해서 풀어볼 것이다. 논의의 필요에 따라 나누어 쓴다고 해서 의심, 의정, 의단이 실제로 엄격하게 구분된다고는 말할 수 없다.

　실참 중의 느낌은 참으로 다양하다. 여기서 소개하는 내용이 누구에게나 적용되지 않을 수도 있다. 논자의 직간접 경험을 토대로 어록의 용어를 사용하여 기술했다는 점을 밝혀둔다. 실참 중에 여러 가지 상황을 겪겠지만, 여기서는 천착穿鑿과 무기無記 때의 몸의 증상을 대표적으로 알아보겠다.

거짓 의심 ①: 천착 증상

다시 달마의 사연이다. 자신의 자랑스러운 행위에 "공덕 없다"라는 달마의 평가가 떨어지자, 양 무제는 이해할 수 없다는 듯 또 물었다. 그렇다면 "무엇이 최고의 성스러운 이치요?" 달마의 대답이 정곡을 찔렀다. "텅 비어 성스럽다 할 것도 없소〔廓然無聖〕." 인내심에 극에 다른 왕은 마지막으로 물었다. "짐과 마주하고 있는 그대는 누구요?" 점입가경漸入佳境. "나도 모르오〔不識〕." 달마의 이 대답은 끝까지 갔다. 무공덕, 확연무성, 달마불식, 달마의 세 가지 대답은 『벽암록』에 제1칙으로 수록되어, 선가의 공안으로 회자되고 있다. 특히 달마불식은 이후 선문의 대표적인 공안, "이것이 무엇인가〔是甚麼〕"의 원형原形이다.

　왜 무제는 그렇게 물었을까? 달마는 정말 몰랐을까? 무엇을 모른다는 뜻인가? 만일 서천西天 28조, 동토 1조 달마가 정말 몰랐다면 조사로 인가받을 수 있었을까? 우리가 달마의 "나도 모른다"를 이미 알고 있는 지식을 동원하여 따져 볼라치면, 그것은 선의 이 일〔是事〕, 깨달음과는 자꾸만 멀어지고 만다. 바로 그것이 간화선의 종장, 대혜종고(大慧宗杲, 1089~1163)와 고봉원묘가 지적하는 천착이다. 따지면 따질수록, 공부하면 공부할수록 어긋나고 만다.

천착은 대혜가 가장 강하게 경고한 증상이다. 그가 스승 원오의 강의록『벽암록』의 목판을 불태웠던 것도 대중들의 천착 습관 때문이다. 이 세상 다른 공부는 이미 알고 있는 것을 근거로 하여 따지면서 답을 찾지만, 간화는 "나는 모른다"를 기반으로 하여야 한다. 추호라도 알고 있다, 따져서 알아내겠다고 생각한다면 하면 할수록 머리만 아프게 된다. 마치 편두통이 엄습한 것처럼 머리가 쪼개질 듯 아프다.

그래서 하는 말이 있다. 머리로 따지지도 말고 억지로 의심을 지어내지도 않아야 한다. 몸으로 알아내야 한다.

거짓 의심 ②: 무기 증상

몸의 감각과 의식이 또랑또랑한 상태를 즐기면 산란해지기 쉽고, 몸의 감각과 의식이 평온해진 지경에 탐닉하면 무기에 떨어지기 쉽다. 학인들은 치성하던 번뇌 망상이 어느 순간 사라졌으며 의식이 맑고 고요해졌고, 몸은 가벼워졌다고 표현한다. 더 들어가면 몸과 마음이 한꺼번에 고요해지고, 앞뒤 공간이 끊어지고, 몸도 없어진 듯 구름 위에 떠 있는 것처럼 편안해진다. 많은 학인들이 이런 상태를 즐기면서 몸과 의식이 편안해졌으니 깨달음이 가까웠다고 착각하기도 한다. 그러나 이런 증상은 참구 과정 중에 나타나는 일시적인 몸의 반응일 뿐 깨달음과는 전혀 관계가 없다. 화두를 놓치고 몸의 감각과 의식이 평온해진 상태라면, 바로 그 상태가 간화선에서 말하는 무기이다.

화두를 놓치는 것은 간절하지 않기 때문이다. 화두가 몸에 딱 달라붙으면 망상이 끊어지고 산란도 없어지며 혼미하여 몽롱하지도 않게 된다. 그러면 의식과 몸이 고요하고 평온하면서도〔寂寂〕 또렷또렷해진다〔惺惺〕. 간절하다면 산란도 없고 혼침도 없으며, 무기 증상도 일어나지 않는다.

그래서 하는 말이 있다. 몸이 편안해진 상태에 안주해서는 안 된다. 그럴 때 가슴이 갑갑해 죽고 싶은 지경이 되도록 화두를 들어야 한다.

의정 때의 경계

의정을 일으키지 못한 상태에 대해서는 더 이상 언급하지 않겠다. 흔히 간화가 조금 더 진전되어 의정으로 발전되었을 때 몸은 새로운 경험을 한다. 의정을 일으켰을 때도 몸은 경계에 직면할 수 있다. 고봉이 제시한 몇 가지 사례를 보자.

어떤 경우에는 몸이 세계와 뒤섞이고 파도에 뒤집히는 것과 같은 느낌이 다가오기도 한다. 이때 일부 실참자가 그 경지를 즐기면서 앞으로 나아가려 하지도 뒤로 물러서려 하지도 않는다. 마치 가난한 사람이 황금산을 만나 떠날 줄을 모르는 꼴이다. 황금인 줄은 알지만 손쓸 줄을 모르니, 옛사람은 이런 자를 "보물 지키는 바보〔守寶漢〕"라고 불렀다.[49]

어떤 때는 갑자기 헤아리는 마음이 생겨서 마치 눈앞에 무엇이 가려져 있는 듯하고 심신을 가로막는 듯하여, 끄집어내려 해도 나오지 않고 쳐부수려 해도 깨지지 않는다. 입을 열어도 숨을 내뿜을 수 없고, 몸을 움직이려 해도 발을 뗄 수 없다.

다른 경우에는 눈앞에 무엇인가가 어른거리며 있는 것처럼 보인다.

그것을 주시하면 눈앞에 박힌 말뚝처럼 확연하게 자리 잡는다. 이런 형상들은 자기 눈을 스스로 눌러서 나타난 헛것일 뿐이다. 이 병을 앓지 않은 사람은 드물다. 오직 눈먼 사람, 귀머거리, 벙어리만이 예외일 것이다.[50]

한 때는 심신이 거뜬해지고 일거일동에 막히거나 걸림이 없다고 느낀다. 그렇지만 몸이 잠시 쾌적해져서 그러할 뿐이지 궁극적인 경지는 역시 아니다.[51]

실제로 적지 않은 학인들이 이런저런 현상, 즉 경계에 탐닉할 뿐, 온몸으로 부딪히며 화두를 잡지 못한다. 이렇게 되면 몸은 청정법신이 아니라 온몸 그대로가 병통이다. 경계에 빠지면 선이 아니다.

많은 경우 학인들은 공적에 빠졌으면서 잘하고 있다고 착각하기도 하며, 잘못된 생각이 끼어 들어가 화두를 놓치기도 한다. 한마디로 망령된 마음을 가지고 망령된 마음을 억지로 누르는 것이다. 마치 돌로 풀을 눌러 놓은 것과 같은 격이며 파초 잎을 벗겨내는 것과 같은 처지이다.

일부 실참자는 몸에 다가온 경계를 맛보고서는, 경계를 관찰하기도 하고 몸을 경계에 깊숙이 담그기도 한다. 극히 일부이겠지만 다 되었다고 착각하기도 한다. 학인이 경계를 체험했을 때, 선지식은 어떤 때는 처음부터 다시 하라고 견책하기도 하며, 또 어떤 경우는 잘 되고 있으니 그대로 밀고 나가라고 권면하기도 한다. 간혹 극소수의 학인은 이때 자신이 진짜 잘했다고 자부심을 갖기도 한다. 그 역시 착각일 뿐이다. 선지식의 점검이 때마다 다른 것은 선지식이 학인에게 다가온 것인 경계라는 것을 몰라서가 아니다. 학인에게 용기를 불어넣기 위해서 그랬던 것일 뿐이다.

실참 중에 좋은 경계나 나쁜 경계가 나타나도 조금도 상관할 필요가 없다. 경계에 탐닉해서는 안 된다. 경계는 간절하지 못해서 일어나는 현상이다. 간절하다면 경계는 일어나지 않는다.

그래서 하는 말이 있다. 간절해야 한다. 간절하면 있던 경계도 순식간에 스스로 사라진다.

2) 진짜 의심과 몸의 반응
문제 8. 몸의 느낌은 가짜인가?

간화와 몸의 상태
화두가 들리기 시작하는 느낌은 몸으로 전해진다. 몸으로 전해지는 느낌은 다양하다. 각양각색 느낌의 공통점은 "몸이 답답하다"이다. 특히 가슴이 답답하다. 의식은 명료한데 꼬리를 물던 생각이 끊어지면서 무엇인가 가슴을 짓누르는 듯 답답하다면, 진짜 의심이 일어나고[眞發疑] 간화가 시작된 것이다.

화두를 계속 잡은 채 그 상태를 밀고 나가면, 갑갑하기 그지없게 된다. 갑갑하기만 할 뿐 어찌 할 바 없으므로 답답함은 도를 넘어 짜증마저 일어난다. 이때 이것이 잘 되고 있는지 의문을 품는 순간, 진짜 의심은 순간 끊어질 수 있다. 어찌 할 바를 모를 정도로 갑갑해도 다른 생각 하지 말고 화두에만 집중해야 한다. 집중하다보면 몸은 갑갑한데 아무것도 할 수 없게 된다.

몸이 갑갑하면서도 화두를 잡는 데에 힘이 들지 않는 새로운 체험이 다가온다. 이제 의심이 내 몸의 감정〔疑情〕인 양 자연스럽게 달라붙는다. 몸에 이런 느낌이 들면 의심이 의정으로 진행된 것이다. 의정으로 발전하면 화두를 잡는다는 느낌마저 없다. 간혹 실참자가 이럴 때 화두가 없어졌다고 여기면서 당황해 하기도 하는데, 조금도 의아해 할 필요가 없다. 잘되고 있는 상태. 대혜가 알려주었던 바, "힘이 덜 듦을 느끼면서 힘이 한없이 생김을 느끼게 된다"[52]가 바로 의정이 형성된 상태를 표현한 것이다.

가슴이 답답하고 온몸이 갑갑하더라도 화두를 잡으면, 더 이상 견딜 수 없는 몸의 느낌이 엄습해 온다. 죽을 것 같은 느낌마저 든다. 이때도 여러 가지 느낌을 몸으로 절감할 수 있다. 숨구멍이 꽉 막혔지만 빼낼 수도 삼킬 수도 없는 느낌〔栗棘棒〕, 무엇인가 가슴을 옥죄지만 불가항력인 느낌〔金剛圈〕, 암흑 속 감옥에 홀로 갇힌 느낌, 아무도 없는 칼날 능선에 외발로 선 느낌···. 이런저런 몸의 체험을 통칭한 묘사가 "만년설 고산준령과 천길 철갑 절벽〔銀山鐵壁〕"이다. 이때 온몸으로 느끼는 갑갑함 이외에는 아무런 기분이 없어서〔無滋味〕막막할 뿐이다. 잡으려 해도 잡을 수 없고, 보려 해도 볼 수 없다. 이미 내 몸과 한 덩어리가 되었기〔打成一片〕때문이다. 그 느낌은 이젠 몸과 하나가 되어서 피할 수도 버릴 수도 없게 된다. 이것을 선문에서는 의심덩어리〔疑團〕라 한다. 의심덩어리로 발전되면 의단 이외에는 아무런 것도 느껴지지 않는다〔疑團獨路〕.

몸과 의심이 한 덩어리로 똘똘 뭉쳤을 때의 느낌을 고봉은 이렇게 묘사했다. "걸어도 의심덩어리이고 앉아도 의심덩어리이며, 옷 입고 밥 먹어도 의심덩어리이고, 대소변을 보아도 그저 의심덩어리며, 보고 듣고 느끼고 아는 것에 이르기까지 다만 의심덩어리일 뿐이다. 계속 하다 보면 힘이 덜 듦을 느끼게 되는데, 이때가 힘을 얻는 때이다. 의심하지 않아도 저절로 되며, 화두를 들지 않아도 스스로 들린다. 흔들어도 움직이지 않고 쫓아내도 사라지지 않는다. 몸이 움직여도 움직였다는 것도 모르고 앉았어도 앉는 줄을 모르며, 추워도 춥다는 것도 모르고 더워도 더운 줄을 모르며, 차를 마셔도 차 마셨다는 것을 모르고,¡ 밥을 먹어도 밥 먹은 줄을 몰라서, 하루 종일 어리석기가 진흙 덩어리나 나뭇조각과 같을 것이다.

이러한 몸의 반응이 나타나면 집에 이르는 소식이다. 그 자리에 멀지 않다. 하나로 잡아 모아서 다만 때를 기다릴 따름이다. 이때 조금이라도 정진하려는 마음을 일으켜서 구하지 말아야 한다. 또 마음을 가지고 기다리지 말아야 한다. 한 생각도 놓으려 하지 말아야 하며, 한 생각도 버리려 하지 말아야 한다. 모름지기 지속되는 바른 생각을 굳게 지켜서 깨달음을 목표로 삼아야 한다[以悟爲則]."⁵³

일부 학인은 몸이 은산철벽에 갇히자 기다리던 것이 드디어 왔다는 듯, 통쾌함을 느끼고 쾌재를 부르며 그 상태에 빠져버리고 만다. 또 어떤 학인은 아무런 맛도 느끼지 못하고 잡으려 해도 잡을 수 없는 지경에 이르자, 화두를 잡으려 발버둥치기도 한다. 그러면 더 이상의 진전은 없다. 그저 화두를 굳건히 지키고 있으면, 어느 순간 몸속에서 무거운 불길이 치솟는 느낌이 일어난다. 한 순간에 몸이 공중으로 퍼지거나, 바닥이 빠진 듯 갑자기 밑으로 꺼지는 경험을 할 수도 있다. 이때 밑으로 꺼지는 경험과 함께 온몸에 퍼졌던 갑갑함도 순식간에 사라진다. 그러면서 온몸 위의 짐을 내려놓은 듯, 허물을 벗는 듯, 몸이 가벼워진다. 깃털보다도 가볍다고 느낀다.

『무문관』의 주인공 무문혜개(無門慧開, 1183~1260)의 당부를 편하게 하자면 이렇다. "이럴 때 갑갑하다고 포기하지 말아야 한다. 그저 아무 일 없는 듯 꾸준히 화두를 잡으면, 화두를 잡는 듯 마는 듯 힘들이지도 않고 공부가 익어진다. 공부가 익으면 저절로 몸과 화두가 한 덩어리가 된다. 화두와 한 덩어리가 되었어도 그저 그렇게 나아가다 보면 은산철벽을 맛본다. 이때 은산철벽을 체험했다고 환희심을 내지도 않아야 한다. 은산철벽을 뚫어지게 보고 있으면 갑자기 한 덩어리 몸과 화두가 터진다. 몸과 화두가 터지면 자유자재 활발발을 느낄 것이다."[54]

이래서 하는 말이 있다. 간화는 은산철벽을 체험하기 위한 것이 아니고 은산철벽을 몸으로 돌파하기 위한 것이다.

화두와 몸

조사는 본래 부처인 내가 부처임을 믿지 못하면 독침을 쏜다. 어떤 경우 그는 독침을 맞는 순간 죽었다 살아날 수도 있다. 시간의 간격이 없이 이 두 사건이 일어났다. 그 순간 그 자리에서 "한 생각"이 완전히 바뀐 것이다. 부처인 중생이 한 생각 바꾸니 부처이다.

그러나 다른 어떤 경우, 시간의 간격을 두고 서서히 독이 퍼지기도 한다. 제자는 해독제를 구할 수도 진통제를 먹을 수도 없다. 왜냐하면 그 독은 선지식과 학인 사이에서만 통하는 특수한 무엇이기 때문이다. 제자가 몸부림칠수록 독이 퍼져나가, 제자는 온몸이 꼼짝달싹 못할 지경에 이른다. 온몸에 독이 퍼지는 순간 선지식이 쏜 독침은 화두가 된다.

어떤 학인은 화두를 참구하고 몸 아픈 곳이 말끔하게 나았다고 좋아한다. 또 어떤 이는 만성 두통이 해소되었다고 희희낙락한다. 그러나 화두는 몸 아픈 증세에 쓰는 신통방통 만병통치의 묘약이 아니라, 하나의 의심[一疑]을 일으키기 위한 독약이다. 만일 화두를 받고 그저 화두를 간직하기만 하고서 큰 의심을 일으키지 못했다면, 그때의 것은 독약도 아니고 화두도 아니다. 그것은 화두가 아니라 쓰레기이며 잡스러운 독[雜毒]일 뿐이다. 큰 의심[大疑]을 일으키는 치명적인 독[鴆毒]일 때만 화두이며, 치명적인 독으로서의 화두에 몰두할 때만 간화이다.

왜 치명적인 독이라 하며, 대체 무엇을 죽이는가? 나를 죽이는 것이며, 기존의 나라는 생각을 허물어뜨리는 것이다. 이것만이 화두의 역할이다. 나를 죽이고 난 뒤에는 짐독鴆毒 화두도 자연스레 소멸된다. 아무것도 없는 한 물건이 자연스럽게 발현되어 산하대지, 둥근 것 각진 것, 노란 꽃 빨간 꽃이 나타나듯, 짐독이 온몸에 퍼지다 폭발하면 나라는 생각도 나와 함께 자연스레 허물어지고 화두도 저절로 사라지고 만다. 따라서 실제는 치명적인 독이 유발한 현상도 본래면목의 자연스런 발현일 뿐, 화두가 어떤 신비스러운 공능을 유발하는 것은 아니다. 굳이 화두의 공능을 말한다면, 무엇으로도 대치할 수 없는 하나의 큰 의심을 일으켜 기존의 나(와 나라는 생각) 그리고 나의 사유 틀을 해체하는 것이다. 몸이 터지고 기존의 것이 해체되는 순간 학인은 살아난다[死中得活].

독이 온몸에 퍼져 분기탱천憤氣撑天하면, 온몸은 독과 함께 저절로 터져버린다(噴地一發).[55] 대혜는 한 덩어리 몸과 화두가 터졌을 때의 느낌을 이렇게 묘사했다. "끝없는 세상에서 나와 남은 터럭 끝만큼도 떨어져 있지 않다. 아주 오래 전부터 지금까지 처음과 끝은 이 순간의 생각과 분리되지 않는다."[56] 폭발과 함께 내 몸이 없어지면, "나다 너다"라고 따지는 주객분리 사고는 사라지고 새로운 시야가 무한히 열린다. 다시 말해 "내가 있다, 없다" 혹은 "내 몸은 있는 그대로 진짜다, 가짜다"라는 생각은 한 순간에 산화되고, "나"라는 생각이 없음으로써 하늘을 나는 새처럼 자유로워진다는 것이다. 살활자재殺活自在 중도 이다.

진짜 의심이 일어나고 의심과 몸이 한 덩어리로 뭉쳤을 때, 언뜻 보면 죽은 나무나 꺼진 재처럼 보일 수도 있다. 그러나 그때도 실제로는 몸의 느낌은 또렷하게 살아 있다. 그것이 감각과 동작이 없는 듯하면서도(殺) 의식은 또랑또랑 명료한(活) 살활자재의 상태이다. 조사는 "거울이 모든 물체를 비추지만 자기 빛을 잃지 않고, 새가 공중을 날면서도 하늘 바탕을 더럽히지 않는 것처럼 하라"[57]고 당부하여, 살활자재가 간화의 원리이자 궁극임을 천명했다.

이상의 모든 것은 화두라는 치명적인 독이 온몸에 퍼지고 기존의 내가 해산되는 과정에서 일어나는 몸의 경험이며, 화두를 타파하고 은산철벽을 투과했을 때의 느낌이다. 한마디로 간화 때의 몸의 상태는 중도이어야 하며, 간화의 궁극은 중도로서의 삶이다.

6. 선, 몸으로 하라

"몸은 마음공부의 기반인가, 장애인가?"를 다시 생각해 본다.

　기반이라 생각하지 말라. 장애라 생각하지 말라. 그때 그대의 몸은 무엇인가?

　누군가 "몸은 마음공부의 기반인가, 장애인가?"를 학자에게 물었다. 여기 소심한 학자는 이 글처럼 말할 것이다. 그의 직업병은 견문각지, 사량계교인 까닭에. (그러기에 지견이 많을수록 "이 일"을 체득하기 어렵다고 했던가?)

　누군가 "몸은 마음공부의 기반인가, 장애인가?"를 선지식에게 물었다. 어떤 경우 '마음이 무엇이고 몸은 어떻고 고인은 이렇게 말했고……' 등등의 너절한 설명을 들을 수도 있다. 선지식이 애절한 자비심을 내었기에. (이런 설명을 듣고 기뻐했던 적이 없지는 않은가?) 다른 경우 발길질 당하거나 몽둥이로 맞을지도 모른다. 선지식이 그를 알아보았기에. (요즈음 이런 일이 드물지 않은가?)

　선지식이 "몸은 마음공부의 기반인가, 장애인가?"를 수행자에게 물었다. 어떤 간절한 수행자는 온몸이 옴짝달싹 못할 지경에 이를지도 모른다. 그는 절실하기에. (그러기에 간절 절[切]자 한 자면 족하다고 하지 않았던가?)

　조사가 "몸은 마음공부의 기반인가, 장애인가?"를 출격장부出格丈夫에게 물었다. 장부는 말끝에 알아차릴 것이다. 그의 믿음과 의지는 온 우주를 덮었기에. (과거 조사어록에는 그런 일화가 적지 않다. 요사이도 그런 일이 있을까?)

　하루는 남전이 대중에게 법을 전했다. "같다고 부르면 벌써 변했다. 모름지기 다르면서도 같은 가운데〔中道〕로 행위해야 한다〔異類中行〕." 조주가 승당 앞에서 남전을 만나고 물었다. "다른 것〔異〕은 묻지 않겠습니다. 무엇이 같은 것〔類〕입니까?" 남전은 두 손으로 땅을 짚었다. 이에 조주는 발로 한 번 밟았다. 남전이 땅에 거꾸러졌다. 조주가 연수당延壽堂으로 달려 들어가 소리쳤다. "후회한다. 후회한다." 남전이 시자를 시켜 물었다. "무엇을 후회하는가?" 남전의 대답이 걸작이다. "두 번 밟아 주지 못한 것을 후회한다."[58]

　모름지기 대응한다면 다르면서도 같게 해야 한다. 다르면서도 같고, 다르지도 않고 같지도 않게 해야 한다. 그것이 "이류중행異類中行이며 중도행中道行이다. 말로 하면 이미 말의 굴레 속에 머문다. 그래서 조사는 몸으로 땅을 짚고, 밟고, 거꾸러졌던 것이다.

　흔히 고봉의 법문집 『선요』를 간화선의 정수라고 여기지만, 고봉의 진짜 의도는 화두 참구에 매진하라는 것이기보다는 본분사를 철저히 믿으라는 것이었다. 그는 본분사의 경지를 자유자재한 몸의 작용으로 표현했다. "만일 이 속에서 깨달으면, 이 일은 닦고 다스림을 빌리지 않음을 알게 될 것이다. 몸이 팔을 사용하는 것과 같고 팔이 주먹을 쓰는 것과 같아서 자연스레 나타나 있으며 지극히 힘을 덜게 된다. 다만 믿음이 충만해야 한다."[59]

　당연하게도 선의 궁극은 수행이 아니라 본래면목의 온전한 구현이다. 그것은 몸의 작용으로 나타나야 한다. 중요한 것은 본래성불에 대한 믿음이며 구체적인 삶이다. 몸의 작용이 없으면 공부한 것이 아니다. 공부가 지극하더라도 드러나지 않는다면 공부를 다 했다 할 수 없다.[60] 본래성불에 대한 믿음이 선의 요체이며, 본래면목의 구현이 선의 궁극이다.

그렇다고 수행하지 않아도 될까? 알 필요 없고 알 수도 없는 까닭 때문에, 사람들은 대부분 착각에 빠져 살고 있다. 부처의 종자로 태어나 중생의 몸으로 사는 것이다. 조사는 이런 상황을 애달프게 여기고 독침을 쏘았다. 독침을 쏜 조사는 조금 풀어 권면했다.

조사의 관문을 뚫고자 하는 사람은 없는가?
삼백육십 개의 골절과 팔만사천 개의 털구멍으로 온몸을 다 들어 의단을 일으켜야 한다. 화두를 참구하되 밤이나 낮이나 줄곧 화두를 들어야 한다. …… 마치 뜨거운 쇳덩어리를 삼킨 마냥 토하고 토해도 나오지 않는다. 그저 그렇게 화두를 들어, 잘못된 알음알이를 몽땅 없애야 한다. 공부가 익어지면 저절로 몸과 마음이 화두와 한 덩어리가 될 것이다. 말 못하는 이가 꿈을 꾸었으나 오직 스스로만 알 뿐 누구에게도 말하지 못하는 것과 같다.
이러다가 홀연히 화두가 터지면 하늘과 땅을 뒤흔드는 기세가 생길 것이다. 마치 관우關羽 장수의 큰 칼을 뽑아 손에 쥐어 부처를 만나면 부처를 죽이고 조사를 만나면 조사를 죽이는 것과 같다. 그리하여 생사의 언덕에서도 대자유를 얻을 것이다.[61]

"몸도 생각하지 말라. 마음도 생각하지 말라. 그때 그대의 본래면목은 무엇인가?"

조사의 관문을 뚫고 싶다면 몸으로 나아가라. 공부가 깊어지면 몸이 저절로 반응할 것이다.

수신修身과 양생養生:
몸 닦음과 마음 닦음의 조화

-유가와 도가를 중심으로-

성태용(건국대 철학과 교수)

1. 몸 없이 수행할 수는 없으니

몸이 수행의 기반인가 장애인가를 묻는다는 것은 어찌 보면 성립되지 않는 물음이다. 몸 없이 수행을 할 수 없으니 어차피 몸을 바탕으로 수행을 할 수밖에 없다. 그렇다면 당연이 수행의 기반이라고, 뻔한 결론이 나오는 것이 아닐까?

그런데도 이런 물음을 던져볼 수 있는 것은 몸이 가진 여러 가지 의미와, 또 마음이라는 것과의 상대성 때문일 것이다. 우선 몸은 마음과 상대되는 개념으로 단순한 육체를 가리킬 수 있다. 그런 경우라면 몸과 수행과의 관계를 묻는다는 것 자체가 의미를 가질 수 없다. 수행을 한다는 것은 바로 몸을 가진 개체로서 한다는 것이요, 이때 몸이 장애인가 도움이 되는 것인가를 묻는다는 것은 말이 되지 않기 때문이다. 문제가 되려면 육체를 가졌다는 것으로부터 문제가 파생되고, 그것이 수행과 어떤 상관관계를 가지고 있어야만 한다.

문제는 이렇게 성립할 것이다. 몸을 지니고 있음으로써, 그것이 마음에 일정한 영향을 일으키고, 그렇게 일으켜진 영향이 수행에 또 영향을 끼친다. 그럴 때 몸을 가졌다는 사실로부터 파행되는 여러 요소들까지 몸으로 보는 것이다. 대개 충동이나 욕망, 또 육체적 생명을 유지시키겠다는 의지 등이 몸에 속하는 요소들로 생각될 수 있다. 이렇게 본다면 몸이라는 것은 참으로 수행에 중대한 요소로 작용할 수밖에 없다. 몸으로부터 파생되는 그러한 요소들을 수행의 원동력으로 생각할 수도 있고, 없애고 무력화시켜야 할 부정적인 요소로 볼 수도 있다.

몸을 단순히 신체를 가리키지 않고, 한 인간의 개체성을 지시하는 말로 쓰는 경우, 이때는 육체로 한정되는 몸이라는 뜻보다는 '자기' 또는 '자신'이라는 의미인 것이다. 『대학』에서 '수신제가치국평천하(修身齊家治國平天下; 자신을 닦고 집안을 화평하게 하며 나라를 다스리고 천하를 평안하게 한다)'라고 하는 경우, 『논어』에서 '수기이안인(修己而安人; 자신을 닦아 남을 편안하게 한다)'[1]이라고 말할 경우의 '신身'과 '기己'는 단순한 몸의 뜻이 아니라 한 인간의 개체성을 총체적으로 가리키는 말인 것이다. 이렇게 유가의 전통 속에서 수양을 몸 닦음으로 표현하는 맥락에는 중요한 의미가 담겨져 있다. 서양의 전통이 대체적으로 정신과 육체를 나누어서 보는 반면 유가를 비롯한 동양의 전통들은 몸과 마음을 독립적인 것으로 보지 않는다. 플라톤 식으로 육체를 '영혼의 감옥'으로 보는 전통에서는 '몸 닦음'이라는 말이 성립하지 않을 것은 자명한 일이다. 앞으로 살펴보겠지만 유가와 도가의 이론 속에서는 몸과 마음을 물질과 정신이라는 이분법 위에 놓을 수가 없다. 맹자에 있어서 마음 수양은 '기氣'의 수양과 밀접한 관계가 있으며, 성리학에 있어서도 마음은 이理와 기氣가 합해진 것으로 본다. 마음과 몸을 이와 기에 각각 배속시키는 것이 근원적으로 불가능할 뿐 아니라, 이와 기를 또 각각 정신과 물질로 볼 수도 없다. 장자莊子에 있어서도 정신은 일종의 신기神氣로 이해되며, 정신적인 속성을 띤 기일 뿐이다. 이런 전통 속에 있기에 수신修身이란 말이 자연스럽게 사용되고 있다고 할 수 있다.

일단 이렇게 몸을 인간의 개체성을 총체적으로 가리키는 말로 사용한다고 하더라도, 그것이 꼭 몸이 수양의 근본이라고만 할 수 없는 측면이 있다. 수양을 한다는 것은 자신의 개체성 속에 숨어있는 가능성을 온전히 발현시키는 측면이 있는가 하면, 또한 그 개체성이 갖는 한계를 뛰어넘어야 한다는 주문이 동시에 따르기 때문이다. 공자가 인仁을 실현하는 방도를 말하면서 '자기를 미루어 남에게 미치게 한다' 〔推己及人〕라고 말하기도 하고, 또 "자기를 극복하고 예에 돌아간다." 〔克己復禮〕[2]라고 말하기도 한 것을 비교해 보라. 어떤 자기는 미루어야 할 자기이고, 어떤 자기는 극복해야 할 자기인가? '몸'으로 대표되는 자기, 또는 자신이 수양에 있어서 두 가지 의미를 가질 수 있다는 것이 드러나지 않는가?

이러한 관점들을 바탕으로 유가儒家와 도가道家사상 속에 나타나는 몸의 모습과, 몸과 수양과의 관계에 대한 사유들을, 필자의 능력과 지면의 한계를 핑계로 그 사유들 가운데서도 원형에 해당하는 것들을 살펴 나갈 것이다. 그러한 원형을 찾아낼 자료로 선택된 것은 유가에서는 맹자와 순자이고, 도가 쪽에서는 노자와 장자이다. 유가 쪽에는 더 원형에 가까운 공자가 있겠으나, 공자에서는 몸에 관한 자료가 드물고, 맹자와 순자가 워낙 몸에 관한 사유의 전형적이고 대조적인 두 모습을 보여주기에 이런 선택을 하였다. 도가에서는 노장 이후의 창조적 전개가 부족하고, 종교로 성립한 도교 가운데서는 노장의 사상이 많이 변질되어 연속성을 찾기 쉽지 않기에, 일단 그러한 변질 이전의 노장사상에 논의를 한정하였다.

2. 모든 수양의 중심인 유가의 몸

앞에서 말한 몸의 이중적 의미에서부터 유가의 몸에 관한 사유를 더듬어 가 보기로 하자. 우선 몸을 한 개인의 개체성을 가리키는 것으로 보는 경우, 몸이 수양의 장애가 되느냐 바탕이 되느냐는 바로 공적인 관점에서 자신을 보느냐 사적인 개체성에 매몰되느냐에 달려 있다. 자신과 마찬가지로 몸을 가진 다른 개체와 자기를 동화시켜, 자신의 욕망은 타인에게도 있음을 살피고 그것을 충족시켜 주려는 방향으로 움직이는 것이 공자가 말한 서恕이다. 『논어』의 표현에 따르면 "자기가 바라지 않는 일을 남에게 베풀지 말라."[3], 또는 "남이 자기에게 베풀기 바라지 않는 일을 나 또한 남에게 베풀지 않고자 한다."[4]이다. 이때 자기 몸은 바로 타인의 몸을 재는 척도가 된다. 공자는 "자기가 서고자 하면 남도 세워 주고, 자기가 영달하고자 하면 남도 영달하게 해 준다. 가까운 데서 비유를 취할 수 있다면 바로 이것이 인을 행하는 방법인 것이다."[5]고 하였다. 여기서 가까운 데라는 것은 바로 자신의 몸이다. 이것을 '혈구지도絜矩之道'[6]라고 한다. 도끼로 도끼자루는 벤다면 베는 도끼자루의 표준은 바로 자신이 들고 있는 도끼의 자루이듯이, 남에게 어떻게 해 주어야 하는가는 바로 자신의 몸에서 드러나는 욕망들이 표준이 되는 것이다.

이렇게 자신의 몸으로부터 타인을 대하는 척도를 취하여 계속 타인의 몸과 자신의 몸을 동화시켜 나가는 사람이 바로 군자이다. 그 반면 자신의 몸으로 대표되는 개체성에 매몰되어 끝없이 자신의 몸만을 위하는 행태를 보이는 것이 소인이다. 그래서 공자는 "군자는 의리에 밝고 소인은 이익에 밝다."[7]고 하였다.

자신의 몸이 군자와 소인의 분기점이다. 자신의 몸에서 표준을 취하여 남을 이해하고 대접하는 쪽으로 자신을 확대시켜 나가느냐, 자신의 몸을 타자로부터 분리시켜 사적인 이익을 도모하는 쪽으로 나가느냐이다. 사람에게는 분명 몸과 연관된, 또 몸을 지녔음으로 인해 발생되는 욕망이 있다. 또한 몸을 지녔음으로 인해 타인과 구별되는 개체성을 갖는다. 이 두 가지가 군자와 소인에게서 각각 다른 방향으로의 작용을 한다는 점에 주의하여야 한다. 흔히 욕망은 수양에 있어서 억눌러야 할 것, 단속해야 할 것으로 여겨지기 쉽다. 그런데 유가에 있어서는 바로 그것이 남을 이해하고 대접하는 표준으로 되고 있다. 맹자는 자신이 여색을 좋아하여 왕도를 실행하기 힘들다고 변명하는 왕에게, 그것은 왕도를 실행하는 데 장애가 되지 않는다고 설득한다. 당신이 여색을 좋아하는 마음을 정치에 펴서 모든 백성에 과부나 홀아비가 없게 하면 되지 않느냐는 것이다.[8] 어찌 보면 강변같기도 하지만, 자신의 욕망을 기준으로 하여 남의 욕망을 헤아리고 대접하는 유가적인 사고에선 나올 법한 말이다. 맹자의 성선설은 모든 사람이 자연적으로 선해질 수 있다고 주장하는 것이 아니다. 오히려 개체성으로부터 연유하는 욕망이 충족되지 않으면 도덕성이 나올 수 없다는 사실을 정확히 인식하고 있다. 맹자는 이렇게 말한다.

고정적인 생계수단이 없이도 변함없는 마음을 지니는 것은 선비만이 할 수 있다. 일반 백성들은 고정적인 생계수단이 없으면 바로 변함없는 마음이 없어져 방탕하고 편벽되고 분수에 넘치는 짓을 못하는 게 없게 된다.[9]

또 이렇게 말한다.

사람과 짐승의 차이는 아주 적다. 군자는 이것이 (귀한 것임을 알아서) 잘 보존하고 보통 사람들은 버려 버린다.[10]

사람과 짐승의 차이가 적다는 것은 바로 육체로부터 비롯되는 욕망과 충동 등이 거의 모든 사람을 지배하는 힘이라는 것을 인정한 것이다. 그리고 그러한 인정을 바탕으로 하여 오히려 그것을 충족시켜 주는 것을 우선적으로 하는 것이 정치의 요체이다. 또한 자신이 가진 그러한 욕망을 척도로 하여 남에게도 그렇게 대접해 주는 것이 도덕 실현의 기본원리가 되는 것이다.

이렇게 몸을 가진 것으로부터 비롯되는 욕망들, 또 몸을 가졌기 때문에 남과 구별되는 개체성 모두가 도덕성 실현의 준거가 된다. 그래서 유가에서의 수양은 수신修身으로 집약된다고 할 수 있다. 대학에서의 팔조목, 즉 '격물 치지 성의 정심 수신 제가 치국 평천하(格物致知 誠意 正心 修身 齊家 治國 平天下)'의 중심은 바로 수신修身이다. 앞의 격물에서 정심까지는 바로 몸을 중심으로 볼 때 그 내면의 닦음이요, 제가에서 평천하는 바로 그 몸을 중심으로 한 사회적 실현이다. 그 팔조목의 순서를 따지고, 수신이 되지 않으면 제가를 할 수 없고, 제가를 하지 못하면 치국을 할 수 없고…… 하는 식으로 말하는 것은 팔조목에 대한 잘못된 이해라고 생각한다. 물론 그것이 논리적 선후냐, 실천의 선후냐를 따지는 것이 대학의 이해에서 중요한 문제로 등장하기도 하지만 불교의 연기론적 관점을 좀 빌리면 이 문제에 대한 새로운 해석을 얻어낼 수 있을 듯하다.

어떤 사람이고 그 혼자로 있을 수는 없다. 사람의 한 몸은 한 가정의 일원이며, 국가의 일원이고 또 세계 시민의 하나이기도 한 것이다. 그러니까 몸을 닦는다는 것 자체가 따로 자신의 몸만을 떼어서 닦을 수가 없다는 이야기가 된다. 몸을 닦는다는 것은 가정에 있어서는 그 가정을 평안하게 하는 방향으로 실천을 하는 것이요, 그것은 동시에 국가의 구성원으로서 그 의무와 권리를 다하는 것이다. 그것은 따로 떼어질 수가 없다. 그리고 그러한 행위 하나하나마다 '격물 치지 성의 정심'의 내적인 닦음이 연관된다. 수신 하나에 나머지 일곱 조목이 집약되는 구조가 되는 셈이다.

3. 일을 통해 마음을 닦는다

유가에서 말하는 수신修身이라는 것은 개인적인 수양이라는 말을 다르게 표현한 것인데 너무 '신身'이라는 글자에 강조를 두어 몸 닦음으로 과대포장하는 것 아니냐고 물을 수도 있겠다. 그리고 필자 또한 유가의 수신과 수기는 일반적으로 말하는 개인 수양과 크게 다를 것이 없다는 점에는 이의가 없다.

그러나 바로 그러한 개인적인 수양을 유가에서 수신으로 표현하는 것에는 분명한 의미가 있다. 왜 마음 닦음이라는 표현 대신에 몸 닦음이라는 표현을 썼는가를 물어봐야 하고, 그 물음에는 유가 나름의 분명한 답이 있다. 그것이 이렇게 조금은 수신이라는 말에 천착하듯이 이야기를 이끌어 나가는 이유이다.

앞에서도 잠시 동양의 전통 속에서는 몸과 마음을 뚜렷하게 이분법적으로 나눌 수 없음을 말하였지만, 이것은 몸 닦음과 마음 닦음에도 그대로 적용된다. 특히 유가의 수양에 있어서는 몸을 떼어놓고 마음을 닦는다는 것이 애초에 가능하지 않다. 다른 학문이나 종교에 비해서 유가는 특이 이 점에서 두드러진다. 정약용의 다음과 같은 말은 이러한 유가의 몸 닦음과 마음 닦음의 관계를 잘 드러내 주고 있다.

"몸과 마음은 오묘하게 결합되어 있어 나누어 말할 수 없다. 마음을 바르게 하면 그것이 곧 몸을 바르게 하는 것이 되니, 다른 두 개의 층차적인 공부가 있는 것이 아니다."[11]

또한 정약용은 이러한 유가의 특성을 불교와 비교하면서, 불교에서는 마음 닦는 것을 일로 삼는데 유가에서는 일을 통해 마음을 닦는다고 표현하고 있다. 물론 정약용의 이 말이 불교에 대한 온전한 이해라고 액면 그대로 받아들일 수는 없다. 그렇지만 이 말이 유가의 특징을 잘 드러내는 말임을 부정할 수는 또 없다.

공적인 것과 사적인 것이 갈리는 행위의 마당에서는 공과 사의 선택이 문제가 된다. 공 쪽으로 선택을 하는 것이 의義이며, 사적인 쪽으로 선택을 하는 것이 이利라고 말해지며, 공자는 바로 그것이 군자와 소인의 차이라고 말하였다. 그리고 유가에 있어서 수양이란 우선 이렇게 공적인 마음과 사적인 마음이 다투는 현장에서 언제나 공적인 쪽을 선택하는 것이 그 출발점이 된다. 맹자는 호연지기의 양성을 말하면서, "호연지기는 의로운 행위를 반복적으로 쌓아감에 의해 생긴다."[12]고 말하고 있다. 성의誠意와 정심正心의 수양이라는 것도 내면에서 두 마음이 다툴 때 그것을 성실하게 살펴 올바른 선택을 하는 것이라 할 수 있다. 성리학에서 "사적인 욕망을 막고 하늘의 이치를 보존한다."〔遏人慾 存天理〕라고 할 때도 바로 이러한 선택의 장에서 말해지는 것이다. 가만히 앉아서 뜻을 성실하게 하는 것이 아니요, 가만히 앉아서 마음을 바르게 하는 것이 아니다. 물론 그러한 수양이 전혀 배제되는 것은 아니겠지만, 유가적 수양의 중심은 늘 한 개인이 몸을 가지고 행위하는 현장에 있다. 마음만을 따로 떼어서 그것을 살피고 집중하고 하는 수양을 말하는 경우는 극히 드물다. 그것이 유가의 단점으로 비쳐질 수도 있겠지만, 유가의 특징은 바로 거기에 있으며, 정약용은 분명하게 그것을 드러내고 있는 것이다.

4. 예를 익히고 실현하는 몸

이러한 유가 수양의 현장성, 몸을 지닌 개체로서 선택하고 움직이는 현장성이라는 특징 위에 예禮의 실천이라는 영역으로 넘어가면 몸 닦음이라는 말이 참으로 유가적 수양을 표현하는 적절한 용어임을 더더욱 실감할 수 있게 된다.

의義와 리利의 문제가 주로 공적인 것과 사적인 것의 선택이라는 것 사이에서 문제가 되는 것이라면, 예는 인간관계의 모든 장에서 올바른 표현 형식과 절차에 관한 것이다. 군신관계, 부자관계, 부부관계…… 그리고 그 관계들이 만나는 수많은 상황마다 가장 적절하고도 올바른 절차와 형식이 있어야 한다는 것이 유가의 정신이다. 이 예는 문화적 전통 속에서 형식화되어 있기에 일단은 그것을 표준으로 삼아서 철저히 익혀야 한다.(물론 시대에 맞지 않고 도덕적인 내용을 잘 표현해내지 못하는 예는 바꾸어야 한다는 논의도 있지만 여기서는 그러한 문제를 논할 자리가 아니다.) 개인적인 차원에서 도덕적 품성을 지녔다고 해서 그 사람이 훌륭한 인격을 이루었다고 할 수 없다는 것이 공자 이래 유학의 변하지 않는 입장이다. 그렇게 착한 품성을 지닌 사람들은 전혀 배움이 없는 사람들 속에도 많이 있다. 예를 들어 배운 것은 별로 없지만, 시골 마을에서 순박한 마음을 잃지 않고 살고 있는 사람들(시골을 비하하려는 뜻이 아니다)을 유가에서는 이상적인 인격으로 기리지 않는다. 그런 사람들은 야인野人이다. 유가에서는 교양과 품성이 잘 어우러진 인격을 이상으로 삼는다. 공자는 이렇게 말한다.

품성이 교양을 누르면 조야하고, 교양이 품성을 누르면 겉만 꾸미는 것이 된다. 교양과 품성이 조화롭게 어우러진 뒤에야 군자라고 할 수 있다.[13]

그리고 교양이라고 하는 것 가운데 가장 중심이 되는 것이 바로 예이다. (여기에서 품성과 교양은 文과 質을 지금 논의하는 맥락에 맞추어 번역해 본 것이다. 물론 문과 질이라는 말이 이러한 뜻에 한정되지는 않지만, 그 의미 전체를 설명하기에는 지면의 한계가 있음을 이해해 주기 바란다.) 도덕적인 것으로 길러지는 모든 품성들도 그 적절한 표현 형식과 절차인 예를 통해 표현되지 않으면 모두 폐단으로 드러나게 된다. 공자는 "공손하되 예가 없으면 수고롭기만 하고, 신중하되 예가 없으면 겁내는 것이 되며, 용감하되 예가 없으면 어지러운 일을 일으키고, 곧되 예가 없으면 너무 급박하게 된다."[14]라고 하여 모든 덕성의 표현에 예가 따라야 함을 강조한다.

이렇게 모든 행위의 준거가 되는 예는 선현들에 의해 제정되고 오랜 동안 다듬어져 온 객관적 표준이다. 그러기에 그 표준에 자신을 맞추는 것이 수양의 요체가 된다. 공자가 안회에게 "자신을 극복하고 예에 돌아가는 것이 어짊이다."라고 한 것은 바로 이 예가 인을 실천하는 표준임을 말하고 있는 것이다.

그런데 이 예라는 것은 철저하게 몸으로 익혀야 하는 것이다. 공자가 "예가 아니면 보지 말고, 예가 아니면 듣지 말며, 예가 아니면 말하지 말며, 예가 아니면 움직이지 말라."[15]고 하였듯이 모든 행위는 예에 따라야 한다. 그리고 유가에 있어서 예라는 것은 인간관계의 여러 장들과 상황들에 따라 매우 상세하게 규정되어 있다. 도가 쪽에서는 유가의 예가 지나치게 형식에 치우쳐 있다는 비판하지만, 공자 이래 유가의 본래 뜻은 형식과 내용을 온전하게 갖추어야 한다는 것이었다. 마음은 반드시 몸에 드러나기 마련이다. 맹자의 말을 들어보자.

> 사람을 살피는 데는 눈동자보다 더 좋은 것이 없다. 눈동자는 자신의 악함을 가리지 못한다. 마음이 올바르면 눈동자가 맑고, 마음이 올바르지 않으면 눈동자가 흐리다. 그가 하는 말을 듣고 그의 눈동자를 보면 사람이 어찌 자기 마음을 감출 수 있겠는가?[16]

어찌 눈동자만 그렇겠는가? 얼굴빛, 말씨, 행동거지 하나하나에 마음은 드러난다. 그러하기에 그러한 하나하나에 성심을 담아 실천하면 마음도 또한 바르게 된다. 마음이 흐트러져 몸의 모습이 흐트러지기도 하지만, 몸의 모습이 흐트러지면 자연 마음도 흐트러진다는 역도 성립한다. 유가는 바로 이 두 가지를 일치시키려고 하며 그것이 바로 예禮의 정신이다. 그러하기에 유가에서는 내면의 수양과 걸맞은 몸의 표현을 중시하며, 일생생활에서의 눈빛과 얼굴빛, 그리고 숨쉬는 모양까지도 닦음의 대상이 된다. 『예기』에 나오는 '구용九容'은 그것이 구체적으로 어떻게 이루어지는가를 보여준다.

> 군자의 안색은 여유 있고 침착해야 한다. 존경하는 이를 뵐 때는 삼가고 공손하게 해야 한다. 군자의 걷는 모양은 무게가 있으며, 손의 모양은 공손하고, 눈의 시선은 단정하며, 입의 모양은 함부로

말하지 않으려는 듯하며, 발소리는 나직하고, 머리 모양은 곧으며, 숨은 들리지 않는 듯하며, 서 있는 모양은 덕이 충만한 듯하며, 낯빛은 엄숙하고, 앉을 때는 시尸처럼 바르게 앉는다.[17]

이러한 수양을 과연 마음 닦음이라고 불러야 할 것인가 몸 닦음이라고 불러야 할 것인가? 물론 그런 행위에 일일이 마음을 쓰는 마음 닦음이라고 할 수도 있겠지만 그것보다는 정약용의 말과 같이 몸과 마음을 나누어 보지 않고, 몸의 행위를 통해 마음을 닦는다는 측면에서 몸 닦음이라고 표현하는 것이 좋지 않겠는가?

『논어』의 「향당」편을 보면 공자의 몸가짐에 대한 자세한 묘사들이 나오며 거기서 우리는 완성된 인격의 몸 모습이 어떠한가를 잘 볼 수 있다.

잠잘 때는 시체처럼 눕지 않았으며, 집에서 한가롭게 있을 때는 위의를 세우지 않았으며, 상복 입은 사람을 보면 친한 사이라 하더라도 얼굴빛을 달리 하였으며, 벼슬에 있는 이와 장님을 보면 공식적인 자리가 아니라도 반드시 용모를 갖추었으며, 상복 입은 이에게는 수레 위에서도 절하였으며, 상주에게도 몸을 굽히셨다. 성대한 음식을 받으면 반드시 일어나 감사를 표했으며, 빠른 우레와 심한 바람에는 반드시 낯빛을 바꾸셨다.[18]

이렇듯이 사람의 용모와 위의는 바로 그 사람의 인격을 드러내는 것이며, 그것은 단순히 도덕적 감정이나 품성만으로 되지 않기에 몸을 통한 철저한 학습이 필요하다. 『논어』의 처음이 "배우고 때맞추어 익히면 얼마나 기쁜가?"[19]로 시작한다는 것을 생각해 보라. 어떤 배움 이기에 때맞추어 익히는가? 수학 문제나 영어 문제를 푸는 것처럼 하는 것인가? 그렇다면 '때맞추어'라는 표현이 부적절하다. 공자가 말한 때맞추어 익힘이라는 것은 바로 일상생활의 무대 무대에서 몸을 통해 표현되는 예를 익힘이 중심이었다고 보아야 할 것이다. 그 예를 때맞추어 익힘에는 언제나 성의와 정심이 들어가고, 그를 통해 덕의 발전이 이루어지기에 기쁨이 솟아나는 것이 아니겠는가?

5. 맹자 – 두 가지의 몸과 두 가지의 지향성

이렇게 본다면 유가에 있어서의 몸은 온전히 마음 닦음의 기반임이 분명하다. 일을 통해서, 또 몸을 통해서 마음을 닦는다는 데야 더 말할 것이 무엇이겠는가?

그런데 그렇게만 볼 수 없는 측면이 또 분명히 있다. 위에서 잠깐 말했듯이 몸을 가졌다는 데서부터 나오는 많은 욕망들이 있고, 또 개체를 공적인, 또 사회적인 차원으로 확장시키지 못하고 자신만을 위하려는 좁은 이기심이 있다. 자신의 욕망을 잣대로 하여 남을 그렇게 대접한다는 서恕의 원리에 의해 도덕적인 행위로 나갈 수도 있고, 자신의 욕망만을 그악스럽게 추구할 수도 있다. 과연 사람은 어떤 계기에 의해 몸이라는 개체성을 넘어서서 그것을 통해 남을 대접하는 원리를 찾아내고, 또 공적인 자신으로 확장해 나갈 수 있는 것인가? 인간에게는 본디부터 그렇게 도덕적인 쪽을 지향하는 힘이 있는가?

아니면 도덕이라는 것은 실은 개인의 욕망들이 충돌하는 것을 적절히 조정하는 과정에서 생긴 사회적인 산물일 뿐인가? 이런 문제들은 연원이 매우 오래다. 서양에서도 있었고, 동양에서는 바로 맹자와 순자가 '성선설'과 '성악설'이라는, 널리 알려진 학설을 통해 이 문제에 대답을 하고 있다.

그런데 이 두 사람의 학설을 비교해 보면 몸에 관한 매우 재미있는 고찰이 발견된다. 미리 앞서서 결론을 이야기하자면, 맹자는 사람의 행위를 일으키는 두 가지의 힘을 말하고 있으며, 순자는 하나의 힘만을 말하고 있다. 우선 주목해야 할 것은 맹자이다. 맹자는 자신의 성선설과 수양론을 말하면서 사람에게 두 몸이 있다고 하기 때문이다. 그리고 그 두 몸에 각각 행위를 일으킬 수 있는 힘을 인정하고 있다. 그렇다면 이야기가 상당히 복잡해진다. 하나는 당연히 몸으로부터 비롯되는 힘일 것이다. 즉 앞에서 말했던 욕망과 충동 등의, 몸으로부터 비롯된, 행위를 일으키는 힘이다. 그렇다면 당연히 다른 하나는 그렇게 몸으로부터 비롯되지 않은 힘일 것이다. 맹자가 성선설을 이야기했다면 몸으로부터 나오는 힘을 근거로 하지는 않았을 것이 거의 틀림없다. 그렇다면 다른 힘으로부터 성선을 말했을 터이고, 몸으로부터 나오는 힘에 대하여는 부정적인 시각을 가질 수밖에 없을 듯하다.

앞에서 유가의 수양이 몸 닦음이라는 말로 표현되는 이유를 설명하고, 몸이 수양의 확실한 기반이라는 잠정적인 결론을 내렸는데, 이렇게 되면 이야기가 달라진다. 몸은 극복되어야 할 것, 부정적인 것으로 보여질 수밖에 없을 것이다.

문제가 어디에 있는가를 드러내기 위해 일단 논리적으로 따져 보았다. 그리고 문제는 분명히 드러났다. 그렇다면 이제 직접 맹자의 이야기를 통해 맹자가 사람의 몸에 대해 어떤 생각을 지니고 있는지를 살펴보자.

맹자는 사람의 몸에 '큰 몸'〔大體〕과 '작은 몸'〔小體〕이 있다고 한다.

공도자가 물었다. "같은 사람인데 어떤 사람은 대인이 되고 어떤 사람은 소인이 되는 것은 무엇 때문입니까?"
맹자가 대답하였다. "큰 몸을 따르면 대인이 되고 작은 몸을 따르면 소인이 된다."
공도자가 다시 물었다. "같은 사람인데 어떤 사람은 큰 몸을 따르고 어떤 사람은 작은 몸을 따른다는 것은 무엇입니까?"
맹자가 대답하였다. "눈과 귀의 역할은 생각이 없어서 사물에 가려진다. 사물과 사물이 접촉하게 되면 거기에 끌려가게 된다. 마음의 역할은 생각이다. 생각하면 제 직분을 다할 수 있고 생각하지 않으면 제 직분을 다하지 못한다. 이것은 하늘이 나에게 준 것이다. 먼저 그 큰 것에 뜻을 두게 되면 작은 것이 그 뜻을 빼앗을 수 없다. 이것이 대인이 되는 것이다."[20]

맹자의 말을 정리하면 대체적으로 작은 몸이란 감관이 속해 있는 육체를 가리키는 것이며, 큰 몸이란 생각하는 역할을 하는 마음을 가리키는 것이겠다. 그리고 이 큰 몸과 작은 몸은 당연히 가치의 차이가 있다. 큰 몸은 귀한 것이며, 작은 몸은 천한 것이다. 큰 몸을 팽개치고 작은 몸을 기르는 것은 어느 쪽이 귀한가를 모르는 어리석은 소치이다. 맹자는 이것을 가래나무나 오동나무 같은 귀한 재목을 버리고 가시나무를 기르는 어리석은 정원사에 비유하기도 한다.[21] 또 사람이 무명지가 구부러져 펴지지 않을 때 이것을 고칠 수 있는 의사가 있다면 천리 길을 멀다 않고 찾아가면서도, 마음이 다른 사람과 같지 않은 것에 대하여는 부끄러워할 줄 모른다고 개탄한다.[22] 육체의 한 부분인 무명지와 마음을 대비하여 말하는 이러한 예에서도 작은 몸은 육체와 그에 속한 감관들을 가리키며, 큰 몸은 마음을 가리킨다는 것이 분명히 드러난다.

그런데 재미있는 것은 맹자가 마음을 큰 몸이라고 하면서, 그 큰 몸에도 작은 몸이라고 한 육체와 감관의 좋아하고 싫어함과 같은 것이 있다고 생각한다는 점이다.

사람의 입은 맛에 대하여 같이 좋아하는 것이 있다. 사람의 귀는 소리에 대하여 함께 좋아하는 것이 있다. 사람의 눈은 여색에 대하여 같이 아름답게 여기는 것이 있다. 유독 마음에 있어서만 함께 그러한 것이 없을 것인가? (있을 것이 분명하다) 마음이 함께 그렇게 여기는 것은 무엇인가? 도리에 맞는 것이다. 의로운 것이다. 성인은 우리 마음이 함께 그렇게 좋아하는 것을 먼저 체득하였을 뿐이다. 그런 까닭에 도리에 맞고 의로운 것이 내 마음을 기쁘게 하는 것은 바로 맛있는 음식이 내 입을 즐겁게 해 주는 것과 마찬가지이다.[23]

참으로 재미있는 생각이다. 작은 몸인 육체와 마찬가지로 큰 몸인 마음도 고유한 좋아함이 있다. 그것은 모든 사람에게 공통된 것이다.

그 좋아함의 대상은 도리에 맞고 의로운 것이다. 즉 도덕적인 것이다. 그러니까 마음은 입이 맛있는 것을 찾듯이 도덕적인 것을 찾는다. 큰 몸 자체에 이러한 지향성이 있다는 생각이 바로 맹자 성선설의 근본 논리이다. 지향성은 사람을 움직이는 힘을 가진 요소이다. 맛있는 것을 찾아서 움직이듯이 도덕적인 것을 찾아 움직이게 한다. 어린아이가 우물에 빠지려는 것을 보면 자기도 모르게 얼른 달려가 구하게 되는 것은 바로 이 힘의 작용이다. 그러한 작용의 대표적인 예가 바로 어린아이가 우물에 빠지려 할 때 구하는 '가엽고 안타깝게 느끼는 마음'[惻隱之心]과 '악惡을 부끄러워하고 미워하는 마음'[羞惡之心], '사양하는 마음'[辭讓之心], '옳고 그름을 따지려는 마음'[是非之心]인 사단지심四端之心이다. 맹자는 사람의 마음에 이 사단의 마음이 있는 것은 바로 육체에 사지가 있는 것과 같다고 하였다. 맹자가 계속 마음을 육체에 비유하여 설명하는 것에 주목할 필요가 있다. 몸과 마음은 보통은 상대적으로 쓰이는 말이다. 그런데 맹자는 마음을 큰 몸이라고 하면서, 계속 육체의 좋아함, 육체에 사지가 있음에 비유하여 설명하고 있는 것이다. 그리고 수양 또한 작은 몸을 기르듯 큰 몸을 기르는 것으로 설명하며, 그 기름의 방식 또한 작은 몸을 기르는 것과 비슷한 것으로 묘사한다.

"무엇을 호연지기라 합니까?"
"말로 설명하기 어렵네. 그 기는 지극히 크고 지극히 굳세어서, 곧게 길러 해치지 않으면 천지 사이에 가득 차네. 그 기는 도의에 배합되는 것으로 이것이 없으면 기가 굶주리네. 이것은 의로운

행위의 반복에 의해 길러지는 것이지 밖에서 의가 엄습해 와서
얻어진 것이 아니네. 행위가 양심에 쾌하지 않은 점이 있으면 이
기가 굶주리고 마네.……
사람이 이 기를 기르는 데 있어서는 반드시 일삼아 하되, 꼭 이렇게
되어야 한다고 얘기하지 말아야 하네. 마음에 잊지 말되, 무리하게
기르려고 해서는 안 되네. 송나라 사람 가운데 자기의 곡식 싹이
잘 자리지 않는 것을 안타깝게 여겨서 싹을 잡아 뽑아 올린 사람이
있었네.……"[24]

위 맹자의 말에는 몇 가지 주목해야 할 점이 있다 우선 호연지기의
정체이다. 무엇이 호연지기인가? 맹자가 분명하게 말하지는 않았지만
우리는 그것을 큰 몸의 기상이라고 추측해 볼 수 있다. 앞에서 우리는
맹자가 대체인 마음이 공통적으로 좋아하는 것은 바로 이理와 의義라고
한 말을 살폈다. 여기서는 호연지기가 도의道義에 배합한다고 하고
있다. 이의理義와 도의는 거의 같은 의미이다. 그리고 마음이 좋아하는
것과 호연지기가 짝하는 것 사이의 연관성을 단적으로 알아채게 하는
말은 바로 도의가 없으면 호연지기가 '굶주린다'고 하는 말이다. 굶주린
다는 말은 보통 육체에 대하여 하는 말이다. 이것을 호연지기에 적용했
다는 것은 바로 호연지기를 몸에 따르는 것으로 보았다는 것을 의미한
다고 생각할 수 있게 한다. 이러한 말들에 의거하여 대충 그림을
그려보면 다음과 같다.

▪ 큰 몸과 작은 몸이 있다.

- 큰 몸에는 큰 몸의 지향성이 있으며, 작은 몸에는 작은 몸의 지향성이 있다.(이것은 모든 사람들에게 공통적이다)
- 작은 몸의 지향성은 우리가 잘 알듯이 먹는 것과 성적인 대상들 등이 있다. 큰 몸은 도의적인 것을 지향한다.
- 작은 몸을 잘 기르려면 작은 몸의 지향성을 적절하게 지속적으로 충족시켜 주어야 한다.
- 마찬가지로 큰 몸을 잘 기르기 위해서도 큰 몸의 지향성을 잘 충족시켜 주어야 한다.
- 작은 몸에 기운이 있듯이 큰 몸에도 기운이 있다.(*큰 몸의 기운을 호연지기라 한다.)
- 큰 몸이 기운이 충만한 몸이 되려면 큰 몸의 지향 대상인 도의를 지속적으로 실천해야 한다.

위에서 괄호한 "큰 몸의 기운을 호연지기라 한다"는 조목은 맹자가 분명하게 말하지 않은 것을 필자의 생각으로 덧붙인 것이다. 맹자의 논의를 자세히 읽어보면 바로 이렇게 생각하는 것이 타당성이 있다고 본다. 먹는 것과 성적인 것들, 즉 작은 몸의 지향성이 적절하게 충족되지 않으면 이러한 것들에 대해 작은 몸이 굶주리듯이, 큰 몸도 그 지향의 대상인 도의가 적절하게 충족되지 않으면 굶주린다. 그 결과는 큰 몸의 기운인 호연지기의 굶주림으로 드러난다. 마음에 쾌하지 않는 일을 하는 것은, 작은 몸이 그 지향에 맞지 않는 것을 취하면 기운이 손상되는 것과 마찬가지이다. 의로운 일을 반복해서 행함[集義]은 지속적으로 조화롭게 큰 몸에 그 지향에 맞는 것을 공급하는

것에 해당한다. 억지로 기르려고 하는 것은 알묘조장(揠苗助長; 곡식
크는 것을 도와주기 위해 곡식 싹을 뽑아 올리는 것과 같은 어리석은 짓)과
같은 것으로, 육체를 키운다고 폭식暴食을 하는 것과 같다. 이렇게
본다면 맹자의 논의가 분명하게 정리된다.

　큰 몸의 모습을 작은 몸에 비유하여 설명하고, 그것을 기르는 방식도
작은 몸 기르는 방식에 빗대어 설명한 맹자의 생각인데 큰 몸을 기름도
몸 기름이라 할 수 있으니 결국 몸 이야기로 보아야 할 것인가? 마음
기름을 몸 기름이라고 표현한 것을 그대로 받아들여, 맹자의 수양론
전체가 결국 몸 닦음에 귀결된다고 말해도 좋을 것인가? 문제는 일반적
으로는 몸에 상대적인 개념으로 쓰는 '마음'을 '몸'이라고 표현함으로
써, 몸 닦음과 마음 닦음을 의미에 혼선을 주고 있다는 점에 있겠다.

　다시 한번 정리해 보자. 수양 전체를 몸 기름이라는 말로 표현함으로
써 몸을 강조한 듯하지만 내용을 살펴보면 큰 몸과 작은 몸을 나눔으로
써 우리가 보통 몸이라고 부르는 작은 몸은 천한 몸으로 전락하고
말았다. 또한 큰 몸과 작은 몸에 각각 우리를 움직일 수 있는 힘이
있음을 인정함으로써, 우리가 보통 몸에 귀속시키는 욕망이나 충동
등은 경계의 대상이 되고 만다. 물론 그러한 욕망이나 충동 그 자체가
나쁜 것은 아니다. 문제는 우리가 두 가지 지향성을 다 만족시킬
수 없는 상황이 일어나고, 그 속에서 큰 몸의 지향성과 작은 몸의
지향성 사이에서 선택을 해야 하는 상황이 있다는 것이다. 우리는
한 가지를 선택해야 하고, 그럴 경우 작은 몸의 지향성이 힘을 더
발휘하게 되면 큰 몸의 지향성을 선택하기가 어렵게 된다. 맹자가
"마음 기르는 데 욕망이 적은 것보다 좋은 것이 없다."[25]고 말하는

것일 게다. 다음과 같은 구체적인 상황에 대한 묘사도 있다.

물고기는 내가 바라는 것이다. 곰 발바닥도 또한 내가 바라는 것이
다. 그런데 두 가지를 다 얻을 수 없을 때에는 물고기를 버리고
곰 발바닥을 택한다. 삶은 내가 바라는 것이다. 의로운 것도 내가
바라는 것이다. 두 가지를 아울러 얻을 수 없을 때는 생명을 버리고
의로움을 취하는 것이다. 사는 것도 내가 바라는 것이지만, 바라는
것이 사는 것보다 더 심한 것이 있기에 구차스럽게 생명을 보존하려
하지 않는다. 죽음도 내가 싫어하는 것이기는 하지만 싫어하는
것이 죽음보다 더한 것이 있기에 재앙을 피하지 않는 경우가 있는
것이다.[26]

이 말은 매우 교묘하게 포장되어 있다. 처음에는 물고기와 곰 발바닥
이라는, 작은 몸의 지향성 사이의 선택을 말한다. 그리고 곧바로
삶과 의로움이라는, 작은 몸과 큰 몸의 지향성 사이에서의 선택을
내세운다. 작은 몸의 지향성들이 충돌을 일으키는 경우와 큰 몸과
작은 몸의 지향성들이 충돌을 일으키는 상황은 어느 결에 똑같이
우리가 본디 가지고 있던 지향성 사이의 충돌이 되고 만다. 큰 몸의
지향성이 자연스럽게 우리가 본디 가진 것이 되고 마는 것이다. 그리고
큰 몸의 지향성이 작은 몸의 지향성보다 더 절실하게 실현되어야
할 것으로 말해지고 있다. 물론 맹자는 모든 사람이 이렇게 큰 몸의
지향성을 선택할 수 있다고 인정한 것은 아니다.

오직 현자만이 이런 마음을 지닌 것이 아니다. 모든 사람이 지니고 있는데 현자는 이 마음을 잃지 않을 수 있을 따름이다.[27]

모든 사람들이 이 마음을 가졌다. 그런데 그러한 큰 몸의 지향성을 보존하고, 그것에 따라 선택을 할 수 있는 것이 현자인 것이다.

아무튼 우리가 앞에서 논리적으로 살펴보았던 대로 맹자에 있어서 우리가 보통 몸이라고 부르는 것은 도덕적 실천의 장에서는 장애가 되는 것이 될 가능성이 다분하다는 것이 드러났다. 우리를 움직이게 할 수 있는 힘을 두 가지 인정하고, 두 가지 가운데 하나는 도덕적인 것을 지향하는 힘이며 그것이 모든 사람이 본디 가지고 있는 것이라는 것이 맹자 성선설의 핵심이다. 그렇다면 당연히 두 가지 힘이 충돌하는 경우를 생각해야 하고, 도덕적 지향성이 온전하게 실현되기 위해서는 다른 하나의 힘이 강해서는 안 된다. 그것을 강화시키는 어떤 짓도 인간의 도덕성 구현을 위해서는 바람직한 짓이 아니다. 맹자의 생각에 따르면 잘먹고 잘살게 해 주겠다고 사람들을 유인해서는 안 되는 일이다. 그것은 사람들이 가진 작은 몸의 지향성을 자극하고 그것을 강화시키는 일이 되기 때문이다. 언제나 도덕적인 지향성을 강화시키고, 사람들이 그것에 따르고 그것을 기쁘게 만들어야 한다. 맹자의 첫 시작은 이렇다.

맹자가 양혜왕梁惠王을 뵈니 양혜왕이 말하였다. "노인장께서 천리를 멀다 하지 않고 오셨으니 반드시 우리나라를 이롭게 해 주시겠지요?" 맹자가 말하였다. "왕께서는 어찌 꼭 이익을 말씀하십니까?

인과 의가 있을 따름입니다."[28]

이러한 맹자의 말 속에는 공자가 말한, 군자와 소인의 구별 기준인 이利와 의義의 충돌, 그리고 그러한 충돌의 근원이 되는 대체와 소체의 지향성 사이에서 벌어질 수 있는 충돌에 관한 생각이 담겨 있다. 도덕적인 것을 좋아하는 마음을 기를 일이지, 작은 몸으로부터 연원하는 욕구를 자극해서는 안 된다는 생각이 이러한 주장의 바탕에 깔려 있다.

아무튼 우리가 처음에 논리적으로 따져 봤던 것과 크게 다른 결과는 아니다.

맹자는 몸 닦음이라는 말에 가장 어울리는 '큰 몸' 닦음이라는 말 속에서 실제로는 우리가 일반적으로 '몸'이라고 부르는 '작은 몸'을 평가절하고 부정적인 시각으로 보고 있다는 점을 부정할 수는 없을 듯하다. 그렇다면 우리가 앞에서 그토록 강조했던 유가의 수신관과 결별하고 있는 것일까? 몸이라는 것은 맹자에 있어 극복되어야 할 것으로 결론지어진 것인가?

이러한 물음에 답하기 전에 우리를 움직이는 힘을 두 가지로 본 맹자와는 달리, 사람을 움직이는 힘을 하나로 보는 순자의 사상을 살펴보기로 하자.

6. 순자, 한 몸-하나의 힘

맹자와 달리 순자荀子에 있어서는 사람을 움직이는 힘을 한 갈래로 보고 있다. 우선 순자에 있어서 마음은 몸으로부터 독립된 실체가 아니다. "몸이 갖추어지면 정신이 생긴다."[29]고 한 그의 말에서 보이듯이, 마음은 육체와 더불어 생기는 것이지, 어떤 독립성을 가지고 육체와 별개로 있지 않다. 또 마음은 "혈기血氣의 정수요, 뜻과 의지의 꽃피움이다."[30]라고 한 말도 마음이 육체적 속성이라는 혈기와 별개로 존재하지 않는다는 것을 시사한다. 따라서 마음의 고유한 지향성 같은 것을 애초에 논할 수 없다. 당연히 하나의 마음에 드러나는 한 계열의 힘이 있을 뿐이다. 그것은 성性-정情-욕欲이라는 하나의 계열을 이루고 있다. 우선 그것들에 대한 순자의 정의를 보자.

생리적으로 그러한 것을 성性이라 한다. …… 일삼지 않아도 저절로 그러한 것을 성이라 한다.[31]
성性의 호오희로애락好惡喜怒哀樂을 정情이라 한다.[32]

차례로 살펴본다면 우선 타고난 생리적 욕구를 일으키는 근원적인 지향성, 성향이 바로 성性이다. 이 점에 있어서 순자는 맹자의 성에 관한 정의와 다르지 않다. 다른 점은 그러한 성이 한 종류냐 두 종류냐 하는 것이다. 맹자는 이렇게 성이라고 부를 수 있는 것이 인간에게 두 가지 갈래가 있다고 하였고 순자는 그것을 하나로 본다는 점이다. 맹자가 인간의 본성은 선하다고 하고, 그것을 대체인 마음이 도의적인 것을 지향하는 본성을 가리키고 있지만 작은 몸의 생리적인 지향성을 부정한 것은 아니었다. 그런 점에서 맹자는 두 갈래의 성을 이야기했다고 볼 수 있는 것이다. 앞에서 건너뛰었던 맹자의 이야기를 들어보면 이러한 점이 분명하게 드러난다.

입이 맛을 추구하는 것, 눈이 색을 좋아하는 것, 귀가 좋은 소리를
좇는 것, 코가 좋은 냄새를 가리는 것, 사지가 편안을 추구하는
것, 이러한 것들은 모두 본성이다. 그러나 하늘의 명이 있다. 그래서
군자는 이것들을 본성이라 하지 않는다. 부자관계에 어짐이 있어야
하는 것, 군신관계에 의리를 지켜야 하는 것, 주인과 손님 사이에
예의가 있어야 하는 것, 현자에 지혜가 있어야 하는 것, 성인이
천도를 따르는 것, 이것들은 모두 하늘의 명이다. 그러나 (또한
그것이) 본성에 있다. 그래서 군자는 이를 천명으로 돌리지 않는다.[33]

육체적 감관과 사지가 생리적으로 타고난 본성이 있지만 하늘이
부여한 더 귀한 가치 지향이 또한 본성에 있고, 그것이 인간의 고유하고
도 고귀한 본성이기에 그것을 인간의 본성이라고 본 것이다.

순자는 이 점에서 맹자와 분명하게 다르다. 오직 하나의 성性만을
이야기하며 그 하나의 성에서 차례로 정情과 욕欲이 일어난다. 정情에
대한 정의와 연결시켜 보면 순자가 말하는 성은 바로 희로애락喜怒哀樂
과 같은 정과 연결되는, 그러한 정서들이 발해지는 근원적 경향성을
말하는 것이라 할 수 있다. 그리고 또 순자는 "성性이란 자연의 경향이
다. 정情이란 성이 구체화된 것이다. 욕欲이란 정이 감응되어 나온
것이다."[34]라고 말하여, 정과 욕을 연결시키고 있다. 따라서 이러한
계열을 이루는 성·정·욕 가운데서 가장 거시적인 것은 욕이며, 이
욕을 살핌에 의하여 성을 알 수 있다. 그리고 순자의 주장에 의하면

이 정과 욕에 드러나는 인간의 자연성은 모두 이익을 추구하고, 식색食色을 추구하는 본능적인 측면이라는 것이다. 맹자가 주장했던 두 종류의 지향성을 부정하고 오직 하나의 지향성만을 인정하는 것이다. 인간을 움직이는 근원적인 힘은 하나의 성-정-욕의 계열일 뿐이다. 인간의 사유능력이라든지 지능은 그 자체로 인간을 움직이는 힘이 아니다. 그것은 근원적인 힘이라 할 수 있는 성정을 위하여 봉사하는 것일 뿐이다.

> 정情이 드러난 것에 대하여 마음이 취사선택을 하는 것을 려慮라고 한다. 마음이 사려思慮한 뒤 행위로 나타나는 것을 위僞라고 한다. 사려를 거듭하고 훌륭하게 습관을 기른 다음에 비로소 이루어진 것, 이것을 위僞라 한다.[35]

여기서 우리가 생각할 수 있는 것은 순자가 어떤 이론 체계를 제시하고, 또 어떤 이상사회를 제시하더라도 결국은 이 하나뿐인 성-정-욕의 힘을 원동력으로 삼을 수밖에 없다는 사실이다. 아무리 교묘한 장치를 고안한다 하더라도 결국은 성-정-욕에 호소하여 사람을 움직이게 할 수밖에 없다. 도덕적인 인간을 지향하여 수양을 하는 것도 이 힘을 빌 수밖에 없으며, 이상사회를 이루어 나가는 원동력도 이 성-정-욕인 셈이다. 그런데 이 성-정-욕의 계열은 맹자가 말했던 큰 몸과 작은 몸, 또는 우리가 일상적으로 사용하는 몸과 마음의 구분에 따른다면 어떤 쪽에 뿌리를 두고 있다 할 것인가?

애초에 마음을 독립된 실체로 보지 않은 순자에게 이런 물음은 의미없는 것일 수 있다. 그러나 오히려 육체와 떨어진 마음을 인정하지 않기에, 또 그리고 맹자처럼 육체와 구별되는 마음에 고유한 지향성을 인정하지 않기에 순자가 말하는 성-정-욕은 맹자가 말한 작은 몸에 뿌리를 두고 있는 것이라고 말할 수 있다. 물론 순자의 틀을 맹자의 틀로 해석하는 데는 문제가 있을 수 있지만, 우리 일상적인 용례로 보아서도 순자가 말하는 성-정-욕은 인간의 개체성과 육체적 속성에 뿌리를 두고 있다고 보는 편이 온당할 것이다. 맹자 식으로 큰 몸에 다른 성-정-욕의 계열을 인정하지 않는다는 점이나, 순자가 성의 내용으로 든 식색食色이라든가 여타의 욕망 등이 맹자가 말하는 작은 몸의 지향성과 상당 부분 일치한다는 점에서도 그러하다.

　그런데 우리가 잘 알고 있듯이 순자는 성악설을 주장하였다. 그렇다면 순자에 있어서 몸과 그것에 연원한 욕망들은 모두 악으로 여겨지는 것인가? 몸은 부정되어야 할 악의 근원인가? 또 그렇다면 순자는 자신이 악이라고 규정했던 성-정-욕의 힘을 빌어 이상적인 인간을 이루어 나가는 수양을 하자고 주장하는 것이며, 이상적인 사회를 이루어 나가자고 주장하는 것인가? 악한 힘을 통하여 선을 이루어 나가야 한다는 것은 자기모순적인 말이다. 악에서 선이 나올 수 없기 때문이다.

　여기서 우리는 순자가 성을 악이라고 규정한 이유를 다시 한번 자세히 살펴볼 필요가 있다.

　지금 사람의 본성은 나면서부터 이익을 좋아한다. 이를 따르는 까닭에 쟁탈이 발생하고 사양이 없어진다. 나면서부터 미워하고 싫어함이 있다. 이를 따르는 까닭에 남을 해치는 일이 생기고 충신이 없어진다. 나면서부터 눈, 귀의 욕망이 있어 좋은 소리와 아름다운 빛깔을 좋아한다. 이를 따르는 까닭에 음란함이 생기고 문리文理가 없어진다. 그런 즉 사람의 성품을 따르고, 사람의 정을 따르면 반드시 쟁탈로 나아가고, 분수를 범하고 상리를 어지럽혀, 포악하고 어지러운 데로 귀결된다. 그런 까닭에 반드시 사법의 교화와 예의의 도가 있은 다음에 사양으로 나아가고, 문리文理에 합치하여 치평治平에 귀결하게 된다. 이렇게 본다면 사람의 본성이 악하다는 것은 분명하며, 선한 것은 위僞이다.[36]

다시 정리하면 자연적인 성정에 그대로 따른다면 사회적 혼란이 오며, 기존의 관념상 악이라고 부르는 결과를 초래한다는 것이다. 이것이 성악의 의미이다.

여기에는 중요한 생략이 있다. 그것은 인간의 본성을 '자연 상태로 방치하면'이라는 조건이다. 순자 자신이 인정한 지능이 작용을 하지 않고 그것을 그대로 방치할 때 악이 발생한다는 것인데, '방치하면'이라는 조건을 생략하고 그 결과만을 가지고 악이라고 말한 것이다.

인간의 성정이 인간을 어떤 방향에로의 추구에 내몰면 순자의 말대로 자연 지능이 거기에 봉사하여 성정의 욕구를 충족시킬 구체적인 방법을 모색하게 마련이다. 즉 "바라는 것을 얻을 수 있다고 여겨서 추구하는 것은 정이 면할 수 없는 바이다. 그것을 얻을 수 있다고 여겨서 거기에 도달하려고 하면 지려知慮가 반드시 나오게 되어 있다."[37] 이 자연스런 과정에서, 지능이 작용하지 않는다면 혼란 상태가

온다고 말한 것에 불과하다. 이런 맥락만 떼어내면 성정은 여전히 인간을 움직이는 근원적인 힘이며, 그 자체를 악이라고 할 이유가 없다. 그리고 인간의 모든 행위는 그것의 충족을 위해 움직여 나가는 것이다.

그렇다고 해서 순자가 자연스런 성정의 추구를 그대로 따르라고 말하지 않는다는 것은 앞에서 말한 성악의 논리에서 이미 드러났다. 사회를 구성하고 살 수밖에 없는 인간들이 각각 자신의 성정을 추구하면 악이 초래된다. 그러기에 당연히 규제되어야 하고, 교정되어야 한다. 한 개인의 차원에서 보더라도 한정된 음식이 있다고 생각할 때 하루 먹고 열흘 굶는 짓은 하지 않는다. 한정된 재화를 두고 여러 사람이 무분별하게 자신의 욕망을 추구하면 결국 모두가 불행해지는 결과를 가져온다는 것을 아는 이상, 무분별한 본성의 추구는 제약이 가해질 수밖에 없다. 그리고 그러한 바람직한 결과를 가져오지 않게 본성을 제어하고 교정하는 역할을 하는 것은 바로 예라는 것이 순자의 생각이다.

순자에 있어 인간의 성정과 예는 두 가지의 관계를 지니고 있다.

우선 첫 번째로 예는 성정을 교정하는 기준이다. 본래적인 성정은 앞에 살펴본 순자의 주장에 따르면 '악'이다. 그러한 성정을 교정하여 사회적 관계를 원만하게 유지하도록 교정하는 기준으로 예가 작용하는 것이다. 이런 때에 있어서 인간은 항상성을 지니고 예에 적응하여 "길이 후천적인 (禮義文理에) 옮겨가서 본래적인 성정으로 돌아오지 않아야"〔長遷而不反其初〕[38] 한다. 이것이 이상적 인격의 완성이다.

본능적이고 조악한 성정의 욕구를 벗어나 예에 자신을 맞추려는 노력의 지속에 의하여 근본적인 교정이 가능하다. 그리고 이러한 교정이 완전하게 이루어지면 다시는 본래적인 성정으로 돌아가지 않는다. 지속적인 노력에 의한 습관의 형성으로 '변화'를 가져온다는 것이 순자의 주장이다. 순자의 말을 들어보자.

군자는 …… 눈으로 하여금 옳은 것이 아니면 보려 하지 않도록 하며, 귀로는 옳은 것이 아니면 들으려 하지 않도록 하며 ……. 나아가 그 좋아함을 극진히 함에 이르러서는 눈은 오색을 보는 것보다 더 좋아하며, 귀는 오성五聲을 듣는 것보다 더 좋아하며, …… 마음은 천하를 소유하는 것보다 더 이롭게 여긴다.(좋아함의 대상은 도, 또는 옳음) 이런 까닭에 권리가 그를 기울게 할 수 없고, 뭇 사람이 그를 옮기게 할 수 없으며, 천하가 그를 빠지게 할 수 없다. 이로 말미암아 살고 이로 말미암아 죽으니 이를 일컬어 덕조德操라고 한다.[39]

이렇게 본래적인 성정의 지향을 도덕적인 지향으로 바꾸는 것을 '화정化情', 즉 정을 변화시킴이라 한다. 이러한 순자의 주장에서 중요한 문제점으로 지적될 수 있는 것은 이러한 '길이 옮겨가서 본래적인 처음의 성정으로 돌아가지 않는[長遷而不反其初]' 수양이 완성되면, 그러한 인격을 갖춘 군자는 본래적인 성·정의 욕구와는 상관없는 '예'와 '의'를 독실하게 좋아할 수 있게 된다고 주장하는 대목이다.

이러한 경지를 얘기하기 위해서는 순자가 생략한 부분, 즉 '화정'이 어떻게 가능한가를 우리의 사유에 의해 메꾸어 주어야 한다. 순자는 분명하게 이러한 화정이 어떻게 가능한가를 밝히고 있지 않기 때문이다. 우선적으로 생각할 수 있는 것은 예가 순자에 있어서 외적인 형식 규범이며, 또한 성정을 교정하는 기준으로 작용하는 것이지만, 결국은 성정을 조화롭게 길러 주는 것이라는 점에서 그 가능성을 찾는 것이다. 거기에서 인간의 성정과 예의 두 번째 관계가 드러난다. 예는 과정에 있어서는 성정을 규제하고 교정하는 것이지만 결과적으로는 정을 길러주고[養情] 욕망을 길러주는 것[養慾]이다.

> 예는 어찌하여 생겼는가? 말한다: 사람은 태어나면서 욕망이 있다. 바라되 얻지 못하면 구하지 않을 수 없고, 구함에 한도라든가 분계가 없으면 다툼이 없을 수 없으며, 다투면 어지러워진다. 선왕은 그 어지러움을 싫어하여, 예의를 제정하여 분계를 정함으로써, 사람의 욕망을 길러 주고, 사람의 구함을 대 주어서, 욕망이 그 대상이 되는 것들을 무분별하게 추구하지 않고, 또 욕망의 대상이 고갈되는 일이 없도록 하였으니, 이것이 예가 생긴 까닭이다.[40]

이런 논리에 따르면 '화정化情'은 인간이 예에 따르는 것이 결과적으로는 자신의 성정을 기르는 데 유리하다는 것을 '앎'에 의하여, 본래적인 성정을 달램으로써 이루어질 수 있다. 예에 따르게 하고, 거기에서 산출되는 좋은 결과를 누리게 함으로써, 예를 따름의 좋은 결과에 대한 기대로 인하여 목전의 이익을 포기하고 좀 더 크고 지속적인 쾌락을 주는 예에 따르는 성향을 일으키는 것이다.

욕심낼 만한 것을 보거든 반드시 앞뒤로 그 싫어할 만한 점을 생각하고, 이로움직한 것을 보거든 반드시 앞뒤로 그 해로움직한 것을 생각하여 아울러 저울질해 보고 깊이 떠 본 뒤에 그 바라고 싫어함을 취하고 버린다.[41]

여기에서는 처음에는 분명 '려慮'에 의한 성정을 달램의 과정이 개입되지만, 계속적으로 이런 일이 반복되면, 늘 좋은 결과를 가져다 주는 예에 대하여서도 조건반사적으로 좋아하는 성정이 나올 수 있다는 것이겠다. 즉 예 그 자체를 좋은 것으로 여기게 된다는 것이다.

순자의 논리에 따라 순자의 인성론과 수양론의 얼개를 살펴보았다. 여기서 본디 우리의 이야기로 돌아간다면 재미있는 몇 번의 굴곡이 일어났다는 것을 알 수 있게 된다.

맹자의 틀에 따르면 작은 몸의 지향성에서 발원한다고 할 수 있는 성-정-욕은 순자에게 있어서는 인간을 움직일 수 있는 하나뿐인 힘이었다. 그런 근원적인 동력인 몸의 힘은 일단 그것이 유일한 힘이라는 점에서 긍정적인 것이 될 수밖에 없다. 그러나 다음 대목에서 그것을 방치하면 악이 나온다는 점에서 그것은 다시 규제되어야 하고 교정되어야 한다는 점에서 부정적인 것으로 되고 만다. 그러나 예에 의한 규정과 교정의 결과는 그 본래적인 지향을 개인적인 차원에서나 사회적인 맥락에서 원만하게 충족시켜 준다는 긍정적인 결과를 낳는다. 맹자가 말한 작은 몸이 우리가 일반적으로 몸이라고 부르는 것에 해당하는 것이기에, 몸에 대한 평가가 긍정과 부정 사이에서 몇 번을 왔다 갔다 한 셈이다.

두 개의 몸과 그것에 따르는 두 개의 지향성을 말한 맹자보다는 우리가 보통 몸이라 부르는 것에서 나오는 하나의 지향성만을 이야기한 순자의 틀이 몸에 대하여는 보다 긍정적일 가능성이 높다. 결과를 두고 보아도 맹자가 욕망이 적은 것이 좋다는 과욕론을 주장한 데 반해 순자는 타고난 욕망을 줄이는 것은 불가능하다는 주장을 편다. 타고난 욕망이라는 것은 성인도 없을 수 없다는 것이다. 그 점에서 순자는 철저히 인간이 본디 가진 욕망을 인정하고, 그 힘을 원동력으로 하여 예의를 실현하려 하는 것이다.

다스림을 말하면서 욕망을 없애는 데 의존하려 하는 자는 욕망을 인도할 길이 없어 욕망 있음에 곤란을 겪는 자이다. 다스림을 말하면서 욕망 줄임에 의존하려는 자는 욕망을 절제하지 못하여 많은 욕망에 곤란을 겪는 자이다. 욕망이 있고 없음은 전혀 다른 류로, 삶과 죽음에 관계되는 것이지, 다스림과 혼란함과는 관계없다.[42]

여기서 순자는 욕망이 있는 것은 살아 있는 존재의 특징이고, 욕망이 없는 것은 죽은 것이라고까지 말하면서, 그것은 줄이거나 없앨 수 있는 것이 아니라, 인도하고 절제해야 함을 말하고 있다. 그러나 역시 인도하고 절제하는 수양의 과정을 두고 말한다면, 즉 결국은 욕망을 조화롭게 만족시키게 된다는 결과를 생각하지 않고 말한다면, 몸은 규제되고 교정되어야 할 대상이다. 그렇다면 맹자의 경우와 마찬가지로 긍정적인 수신修身의 이상은 순자에서도 역시 충실하게 이어지지 않고 있는 것인가? 순자에게서는 이 또한 맹자보다는 훨씬

긍정적인 이야기가 가능할 것 같다. 몸의 규제와 교정의 준거가 바로
예禮라는 점에서 몸을 통한 예의 실천이라는 유가의 수신관에 바로
이어질 가능성이 있기 때문이다. 이 점에 대하여는 맹자의 경우와
함께 살펴보기로 하자.

7. 결국은 몸을 통하여, 그리고 몸에서 드러난다

우선 맹자의 경우부터 살펴보기로 하자. 앞의 이야기는 주로 맹자의
인성론에 바탕한 호연지기 양성론에 주목하면서 맹자의 수양론을
말한 것이었다. 그러나 맹자의 수양론은 호연지기 양성론과 더불어
'천형론踐形論'과 '진심盡心'의 수양방법이 함께 그 틀을 이루고 있다.
맹자는 "뜻[志]은 기氣의 통솔자요, 기는 몸[體]에 차 있는 것이다."[43]라
고 한다. 그리고 뜻과 기와 몸 세 가지에 대해 각각의 수양방법이
성립한다. '진심盡心'의 수양방법은 바로 뜻을 중심으로 한 수양방법이
고, 호연지기 양성은 기를 중심으로 한 수양방법이며, 천형踐形은
몸을 중심으로 한 수양방법이다. 몸 이야기를 주제로 삼는 이 글의
성격으로 보아 천형론에 대해 좀 자세하게 살펴볼 필요가 있다. 우선
맹자의 천형에 대한 이야기를 들어보자.

형색形色은 천성天性이다. 오직 성인만이 그 모습을 제대로 실현할
수 있다.[44]

여기서 형색이라 함은 우리가 가진 몸의 모습과 빛깔을 말하는

것이다. 빛깔이라 함은 모습에 나타나는 안색이나 눈동자의 빛 같은 것을 생각하면 될 것이다. 그러니 형색은 바로 우리의 몸을 가리키는 말로 보아도 좋을 것이다. 그런데 맹자는 이 몸을 두고 바로 천성이라고 말하고 있다. 앞에서 살펴본 몸 이야기와는 매우 다른 말을 하고 있는 것이다. 그리고 그에 바탕하여 성인만이 몸을 제대로 실현해 낼 수 있다고 말한다는 것은 바로 이 몸을 실현하는 것이 수양이라고 말하고 있는 셈이다. 이 구절에 대한 주자의 견해를 보자.

사람이 가진 모습과 빛깔은 모두 각각 자연의 이치가 있지 않은 것이 없다. 바로 이것을 천성이라 하는 것이다. '천踐'은 말을 실천한 다고 할 때의 실천이란 뜻이다. 대체로 모든 사람이 이러한 모습을 가지고 있지만 그 이치를 다하지 못하여, 방일하고 그 모습을 실천할 길이 없다. 오직 성인만이 이러한 모습을 지니고 또한 그 이치를 극진히 하니, 그런 뒤에야 그 모습을 실현하여 부족함이 없는 것 이다.[45]

천형踐形이라는 원문에만 의거한 해석이나 주자의 주석을 보더라도 이 경우의 몸은 전혀 부정적인 의미를 담고 있지 않다. 몸에 담긴 의미를 제대로 실현하는 것을 도덕 완성의 길로 보고 있는 것이다. 분명 맹자의 '작은 몸'에 해당하는 몸이 어찌하여 이 경우에는 이렇게 긍정적인 의미를 담고 있는 것일까?

일단은 몸을 제대로 실현하는 것이 성인이라고 분명하게 말한 이상 몸 자체를 부정적으로 본 것이 아님 또한 분명하다는 지점에서 시작하

자. 문제는 맹자가 소체에 담았던 열등한 의미, 부정적인 의미를
어떻게 이해해야 하는가이다.

마음과 기와 몸 가운데 가장 우두머리는 마음이다. 그 마음의 통솔에
따라 기가 따르고 그 다음에 기에 의해 몸이 움직인다. 물론 몸의
영향이 기와 마음에 영향을 미쳐 그것들을 움직이기도 하지만 일반적
인 위계를 말하자면 그러하다는 것이 맹자의 생각이다. 그것들은
서로 의존적이며, 각각 따로 존재할 수 있는 것이 아니다. 그렇기에
'진심盡心'의 공부와 양기의 공부와 천형의 공부도 본디 따로 있는
것이 아니다. 각각 하나에 중심을 두어 해 나가는 것이지만 서로
연관되며, 결국은 하나의 통일성으로 귀결된다고 할 수 있다.

그 마음과 기와 몸에 각각 이상적인 모습과 방치하여 제대로 실현되
지 못한 모습들이 있다. 그 부정적인 모습들을 중심으로 살펴보자.
마음에 있어서는 방심放心, 즉 마음을 놓아버려 찾지 않으며, 마음을
극진하게 발휘하지 못하는 상태가 있다. 그것에 상응하여 기에도
전일하지 못하고 쇠약해져 있는 모습이 있다. 이러한 상태에 대한
맹자의 묘사를 보자. 우선 마음에 대한 것이다.

사람이 닭이나 개를 잃어버리면 찾을 줄 알면서도 마음을 잃어버리
고는 찾을 줄을 모른다.[46]

잡으면 보존되고 놓으면 잃어버린다. 들락날락함이 때가 없어 어디
로 향하는지 모르는 것, 바로 마음을 말하는 것이로구나![47]

마음과 기에 대하여 함께 말한 다음과 같은 이야기도 있다.

우산의 나무들도 전에는 아름다웠다. 그것이 큰 국성의 교외에
있어서 (계속) 도끼로 베어내니 아름다울 수 있겠는가? 밤과 낮으로
이와 이슬이 적셔주니 새싹이 돋아나는 것이 없지 않을 것이다.
그런데 다시 소나 양이 방목되어 뜯어 먹으니 이래서 저렇게 헐벗은
것이다. 사람에게 있는 것으로 말한다면 어찌 인의를 추구하는
마음이 없겠는가? 그 본래적인 마음을 내팽개치는 행태가 마치
도끼로 나무에 하듯 매일매일 베어내니 어찌 아름다울 수 있겠는가?
밤낮으로 쉼에 그 이른 아침에 움트는 기운〔平旦之氣〕이 있지만
그 좋아하고 싫어함이 다른 일반인들과 가까운 점이 미미하게 드러
날 뿐이다. 그런데 밤낮으로 하는 짓이 그것을 없애버리는 일이다.
그렇게 질곡시킴이 거듭되면 그 밤의 기운〔夜氣〕이 보존될 수가
없다. 밤의 기운이 보존될 수 없으면 짐승과의 거리가 멀지 않게
되는 것이다.[48]

여기에서 말하는 '이른 아침에 움트는 기운〔平旦之氣〕'과 '밤의 기운
〔夜氣〕'는 본래적이고 이상적인 기운이며, 그것은 바로 호연지기와
연결되는 기운이다. 마음을 해치면 기운이 흐트러지고, 기운을 해치면
마음이 제대로 보존되지 못한다. 그렇게 해쳐지고 흐트러진 마음과
기운에 몸의 모습인들 제대로 드러나겠는가? 중심을 제대로 잡시
못하고 망가지고 흐트러진 마음과 기운에 드러나는 몸의 모습과 영향
또한 부정적인 면만 부각될 뿐인 것이다. 그렇게 부정적인 영향을

끼치는 잘못 드러난 몸의 모습을 맹자는 '작은 몸'이라 불렀다고 보는 것이 좋을 것이다.

맹자를 떠나서 논리를 펴 본다면, 마음에는 삿된 마음과 바른 마음이 있으며, 기에는 삿된 기운과 바른 기운이 있고, 또 몸에도 삿된 몸과 바른 몸이 있다고 할 수도 있겠다. 그리고 몸이야 그 자체로 본다면 가치중립적인 것이니, 그것에 대하여 굳이 부정적인 시각을 동원할 필요도 없을 것이다. 몸의 잘못된 드러남은 그 책임이 몸에 있지 않다고도 말할 수 있다. 그런데 맹자는 적극적으로 '몸을 실현함'이라는 긍정적인 용어를 쓰고 있는 것을 보면 몸에 대하여 본디 부정적인 관점을 가지지 않았다고 보아야 할 것이다. 또한 앞에서 보았듯이 마음을 '큰 몸'이라 하고, 또 그것을 좋아함을 몸과 감관의 좋아함에 빗대어 말하며, 그것을 기르는 방식을 몸을 기르는 방식에 비유하여 설명하는 것을 보면 몸이라는 것에 대하여 호감을 가지고 있었다고 볼 수도 있겠다. 어찌 나쁘게 보는 것의 이름을 귀한 대상에 붙이겠는가?

맹자가 분명하게 밝히지 않았기에 일단 이렇게 정합적인 틀 속에서 설명을 해 볼 수밖에 없을 듯하다. 그리고 이렇게 보아야만 맹자가 '몸을 실현함'이라고 몸의 의의를 드러낸 점을 온전하게 살려낼 수 있다. 다음과 같은 맹자의 말은 이런 우리의 해석에 힘을 실어 준다.

맹자가 범 땅으로부터 제齊나라에 가서 제왕의 아들을 보고 탄식하며 말하였다. "어디에 머무는가[居]가 기氣를 바꾸고, 기름[養]이 몸을 바꾸니, 참으로 어디에 머무는가는 중요한 것이로구나! 모두 사람의 자식이 아닌가? (그런데 왕의 자식은 저렇게 다른가?)"(그리고 또) 맹자가 말하였다. "왕자의 집과 수레와 말, 의복 등은 많은 부분 남들과 같다. 그런데도 왕자가 저와 같은 것은 그 (왕자라는 자리에) 머묾이 그렇게 만든 것이다. (그러니) 하물며 천하라는 넓은 거처에 머무는 사람이겠는가?"[49]

단서는 바로 머묾과 기름이 몸과 기도 바꾸고 몸도 바꾼다는 데 있다. 몸이 본디 선악이 정해지지 않았던 것이라 하더라도 선함을 드러내는 몸으로 바뀐다. 하물며 맹자는 '몸을 실현함'이라는 표현을 통해 몸을 긍정적인 시각으로 보고 있다. 수양이 이루어진다는 것은 본디 몸이 가진 이치를 실현하는 것으로 보았다. 그러니 바른 머묾과 기름이 그 몸의 이치를 제대로 다 실현할 수 있다고 보지 않았겠는가?

그렇게 온전하게 자신의 모습을 드러내는 몸의 모습은 다음과 같이 묘사된다.

군자가 성품으로 삼는 것은 인의예지仁義禮智가 마음에 뿌리를 내린 것이다. 그것이 모습으로 드러남은 깨끗하게 얼굴에 나타나고, 등어리에 가득 차게 꽉 배이고, 사지에 베풀어져, 사지가 말을 하지 않고도 저절로 깨우침을 준다.[50]

『대학』에도 "부유함은 집을 윤택하게 하고 덕은 몸을 윤택하게 하나니, 덕이 있게 되면 마음이 넓고 몸이 편안하고 태연해진다."[51]라고 했듯이, 덕이 몸에 표현된다는 말은 꼭 맹자만이 한 것은 아니다.

'몸을 실현함'이라는 맹자의 말은 그러한 덕 실현의 결과로서 드러나는 모습을 말하는 데 그치지 않았다는 것에 주목해야 한다. 즉, 덕을 이루는 방법과 과정까지도 몸 닦음과 일치시켰다는 점에서 몸에 대한 가장 긍정적 표현이라 할 수 있겠다.

몸에 대하여 가장 부정적인 관점을 보인 듯하던 맹자의 경우가 결국은 몸을 통한 덕의 실현을 말했다고 본다면, 순자의 경우는 앞에서 예상했듯이 더더욱 쉽게 '몸 닦음'이라는 표현에 일치하는 몸에 대한 관점을 이끌어 낼 수 있을 듯하다. 앞에서 예의 실천이야말로 '몸 닦음'이란 말의 의미를 가장 잘 드러낼 수 있다는 것을 밝혔는데, 순자가 선진先秦 유가의 전통 안에서 예를 가장 중시한 사람이라는 점이 그러한 예측의 근거였다.

순자에 있어서의 예는 그것으로써 '몸을 바르게 하는 것'[52]으로, 분명하게 몸 닦음의 준거로 제시된다. 그리고 "기를 다스리고 마음을 기르는 방법 가운데 예를 따라서 하는 것보다 좋은 것이 없다."[53]고 말한다. 예를 통하여 몸을 닦아 나가는 과정에 있어서 여러 몸의 요구들을 통제하고 교정하는 것은 그것들이 부정적인 요소이기 때문이 아니다. 조화로운 발현을 통해 몸으로 온전하게 덕을 실현하기 위해서이다. 몸을 통해 덕을 실현하는 군자의 모습을 순자는 다음과 같이 묘사하고 있다.

군자의 배움은 귀로 들어와 마음에 뿌리를 내리고 사지에 펼쳐지고 거동에 드러난다. 단엄하게 말하고 우아하게 움직여, 모두가 한결같이 본보기와 준거가 된다. 소인의 배움은 귀로 들어와 입으로

나간다. 입과 귀의 거리는 네 치에 불과하니 어찌 일곱 자의 몸을
아름답게 할 수 있겠는가? 옛적의 학자는 자신을 위해서 했는데
지금의 학자는 남을 위해서 한다. 군자의 배움은 그 몸을 아름답게
하고, 소인의 배움은 완상용 동물이 된다. 흙을 쌓아 산을 이루면
바람과 비가 일어나고, 물이 모여 연못을 이루면 이무기와 용이
산다. 선을 쌓아 덕을 이루면 신묘한 밝음을 저절로 얻게 되고
성스런 마음이 갖추어지게 된다.[54]

위의 표현을 보면 몸에 대한 이야기가 중요한 비중을 차지하고
있다. 군자의 학문은 몸을 통해 실천되고, 그리하여 몸을 아름답게
한다. 그 몸에 아름답게 드러남은 신묘함으로 이어지는 변화의 출발점
이다. 학문은 몸과 마음 두 가지를 통해 이루어지는 것이며, 덕성은
몸의 실천을 통해 이루어지고, 이루어진 덕성은 몸을 통해 표현된다.
몸과 마음이 표리를 이루면서 온전한 인격을 이루고 드러낸다. 예를
중시하는 순자에 있어서 수양이란 몸 닦음과 마음 닦음이 조화롭게
이루어져 가는 과정일 수밖에 없다.

8. 몸에서 출발하여 몸을 넘어섬으로 – 노자와 장자의 몸

노자와 장자의 몸에 대한 생각을 살피면서 처음 부딪히는 것은 극단적
으로 몸을 부정하는 듯한 말들이다. 노자는 "내가 큰 근심이 있는
것은 내게 몸이 있기 때문이다. 내가 몸이 없다면 무슨 걱정이 있겠는
가?"[55]라고 말한다. 장자에는 삶을 군더더기 장기나 사마귀 정도로

여기며, 죽음을 마치 환부를 도려내고 종기를 짜버리는 듯이 여기는 인물에 대한 칭송이 나온다.[56]

 얼핏 보기에 이 정도면 불교의 부정관不淨觀에 비견될 만큼 몸 자체에 대한 부정적인 관점의 한 극단을 보는 듯하다. 몸 자체를 근심의 근원으로 보며, 몸과 연관지어 생각할 수밖에 없는 생명 자체를 군더더기 혹이나 종양으로 여기는 이들에게 과연 몸이 그토록 근심덩어리요 쓸데없는 것이라고 여겨지게 된 까닭이 무엇일까? 그리고 그렇게 몸을 버리는 것을 대수롭지 않게 여기는 방외지사方外之士들의 경지란 어떤 것이며, 왜 그렇게 몸과 생명을 가볍게 여기는 것일까?

 이런 의문을 지니고 노자와 장자의 몸에 대한 생각을 더듬어 가다 보면 전혀 다른 사실과 마주치게 된다. 노자의 곳곳에서 "죽을 때까지 위태롭지 않음"[57]을 꾀하는 등의, 몸을 잘 보전하며 살겠다는 의지와 마주치게 되기 때문이다. 장자의 경우도 마찬가지이다. 편명조차 「양생주」라고 된 편의 첫머리는 이렇게 시작한다.

 나의 삶은 한계가 있는데 앎은 한계가 없구나. 한이 있는 삶으로 무한한 앎을 추구하는 것은 위태로울 뿐이다. 그런데도 그치지 않고 앎을 추구하는 것은 더더욱 위태로울 뿐이다. 선을 행하더라도 명예에는 가까이 하지 말고, 악을 행하더라도 형벌에는 가까이 하지 않으며, 중도를 따르는 것을 상도로 삼으면 몸을 보존할 수 있고, 삶을 온전히 할 수 있으며, 부모를 봉양할 수 있고, 수명을 온전히 다할 수 있다.[58]

이 말의 중심은 분명히 요절하지 않고 삶을 온전하게 누리는 데 있다. 이렇듯이 노자에서나 장자에서나 생을 가볍게 여기고 죽음을 예찬하는 듯한 발언이 있는가 하면, 그만큼 또 많은 곳에서 이 생명을 잘 보전하면서 살고자 하는 사상을 발견하는 것이다.

이는 어찌 보면 당연한 일이다. 노자와 장자의 사상은 양주楊朱 계통의 사상과 뿌리를 같이 하는 사상이라고 할 수 있다. 춘추전국시대 라는 총체적 혼란기에 은거한 식자층의 사상에서 나온 것이라는 말이 다. 그들의 기본 생각은 "자기 한 몸을 잘 돌보겠다."〔獨善其身〕[59]이었으 며, 그것은 양주의 사물을 가볍게 여기고 삶을 중시하는 사상으로 발전하였다. 맹자의 표현에 의하면 양주는 "털 하나 뽑아서 천하를 이롭게 할 수 있다 하더라도 하지 않는다."[60]는 사상을 지닌 사람이었 다. 내 몸의 털 하나가 천하보다도 더 중요하다는, 극단적인 몸 중시와 이기주의 사상이 양주 사상의 핵심이라 할 수 있다. 그들에게 있어서 가장 중요한 것은 자신의 생명이었으며, 천하의 안녕 따위는 걱정의 대상이 아니었던 것이다.

이러한 양주 계통의 사상과 토대를 같이 하는 노자와 장자의 사상에 서 몸에 대한 혐오나 부정을 발견한다는 것은 상당히 의외의 사실이고, 그렇기에 말로 드러난 사실을 그대로 받아들이기보다는 그 진의를 꼼꼼히 따져 볼 필요가 있다. 그리고 깊이 따져보지 않고도 노자와 장자의 사상 속에서 양주와 비슷한, 생명을 온전히 하겠다는 류의 사상을 발견하는 것이다. 물론 여기서의 생명이란 육체적 생명이다. 노자에는 앞에서 말한 "몸이 다할 때까지 위태롭지 않다"는 말이 두 번 나온다. 그리고 삶과 죽음과 연관된 몸의 모습을 관찰한 다음과 같은 구절도 있다.

> 사람의 삶은 부드럽고 약하며, 그 죽음은 굳고 강하다. 만물과
> 초목의 삶은 약하고 부드러우며, 그 죽음은 마르고 딱딱하다. 그러
> 니 굳고 강한 것은 죽음에 속하는 것이며, 부드럽고 약한 것은
> 삶에 속하는 것이다.[61]

이런 관찰의 배경에도 역시 삶과 죽음의 원리에 대한 통찰을 통해
삶을 북돋우고 죽음을 피하려는 의도가 깔려 있었다고 할 수 있겠다.
그런 노자가 어찌하여 생명의 근거인 몸을 근심의 근원이라고 말하는
것일까?

이에 대하여는 두 가지로 답할 수 있을 것 같다.

우선 하나는 몸이 근심의 근원이라고 하는 말 자체가 몸에 대한
지극한 관심의 역설적인 표현이라고 볼 수 있다는 것이다. 실제로 몸을
부정하고 넘어섰다면 몸이 근심일 이유가 없다. 앞에서 말했듯이
노자의 사상에는 도를 체득함으로써 재앙을 피하고 생을 유지하겠다
는 생각이 강하게 깔려 있으며, 이런 생각이 강하기에 마음을 써서
보전해야 할 몸이야말로 근심의 근원이라고 말했을 것이다. 이것은
노자의 말이 나온 그 심적인 배경을 두고 생각해 본 것이다.

이보다는 좀 철학적인 이유를 찾아본다면, 노자사상이 자연에 대한
관찰을 통해 채우려 하면 비워지고, 앞서려 하면 뒤서게 된다는,
또 모든 사물의 변화는 그 극에 달하면 반면으로 돌아온다는 이치를
체득하였고, 그것을 몸에 적용하였다 할 수 있겠다. 노자의 다음과

같은 말을 들어보면 그러한 우리의 생각이 그리 빗나가지 않음을
알 수 있다.

이렇게 들었다. 섭생을 잘하는 자는 육지로 가도 외뿔소나 호랑이를
만나지 않고, 군대에 들어가도 병장기의 피해를 받지 않는다고.
외뿔소가 그 뿔로 받을 곳이 없고, 호랑이가 그 발톱을 들이댈
곳이 없으며, 무기가 그 날을 들이밀 것이 없다. 왜 그런가. 그가
죽을 곳이 없기 때문이다.[62]

이 구절은 그냥은 이해하기 힘들다. 주석에 따를 수밖에 없는데,
대개의 주석들이 삶을 잘 유지하는 자는 삶을 삶으로 삼지 않기 때문이
라고 한다. 삶을 집착하고 의식하여 굳게 잡으려 하지 않기에, 그가
죽을 곳 또한 없다는 말이다. 상당히 역설적인 표현이지만, 노자와
장자에는 이런 표현이 많다. 그것은 자연의 관찰을 통해 채우려면
비워야 한다는 원리를 체득해서였다고 할 수 있고, 한 걸음 더 나가서는
자연의 입장에 서서 삶과 죽음이 모두 자연이라는 것을 체인했기
때문이라고도 말할 수 있다.

노자와 장자가 말하는 도道는 '함이 없이 저절로 그러함'[無爲自然]이
요, 그 속에서 인위적인 목표를 설정하고 노력을 기울이는 것 자체가
도에 반하는 일이다. 그런 자연의 도라는 관점에서 본다면 삶도 죽음도
무한한 순환의 일부일 뿐이다. 그 가운데서 삶만을 고집하고 죽음을
피하려는 시도 자체가 도에 반하는 것이다. 노자가 몸을 근심의 근원이
라고 말한데는 이러한 도에 대한 통찰이 있다고 볼 수 있다.

도의 입장에서 삶과 죽음을 제일齊一하게 보려는 태도는 장자에서 더더욱 두드러지게 나타난다. 두 개의 우화들을 요약하여 살펴보자.

려희라는 여자가 궁녀로 뽑히어 집을 떠날 때는 집을 떠나기 싫어 죽을 듯이 울었다. 나중에 왕의 총애를 받고 호사스럽게 살게 되어서는 집을 떠날 때 왜 그리 울었던가 부끄러워했다. 우리가 죽지 않으려고 애쓰는 것이 혹시 려희가 집을 떠나지 않으려고 울었던 것과 같은 것이 아닐까?[63]

장자가 동굴에서 노숙을 하였다. 그 속에 해골이 있었는데, 장자가 "어찌하다 죽었느냐?" 하는 등의 희롱조 말을 하고 해골을 베고 잤다. 밤에 해골 주인이 나타나 죽음의 세계가 얼마나 평안한데 네 기준으로 죽음을 폄하하느냐고 꾸짖었다. 장자가 내가 염라왕을 만날 일이 있는데 혹 청을 하여 너를 다시 살려 준다면 어떻겠느냐고 하자, 해골 주인은 그 근심 많고 시끄러운 삶에 왜 다시 가겠느냐고 거절하였다.[64]

장자가 든 이러한 우화들이 죽음을 찬미하고 있는 것은 아니다. 단지 삶과 죽음이라는 자연의 순환 가운데 삶이라는 것에만 집착을 하고 있는 잘못된 모습들을 드러내 보이고 있는 것이다. 그러나 장자도 처음부터 이런 입장에 있지는 않았던 것이 분명하다. 맛도 없고 쓸 곳이 없어 짐승이 뜯어먹지도 않고 목수가 베어가지도 않아 긴 생명을 유지하면서 엄청나게 커진 나무를 내세워 '쓸모없음의 큰 쓸모'〔無用之

大用]를 말하는 대목[65] 등에서는 분명 몸의 보전과 생명의 유지라는 것을 의도하고 있다고 볼 수밖에 없다.

그러나 결국 그러한 일들은 자연의 도에 반하는 인간의 집착일 뿐이요, 그런 방식의 삶을 꾀하는 것 자체가 자유로운 삶을 가로막는다. 이 대목에서 장자는 육체적 생명을 뛰어넘는 정신적 생명을 지향하는 것으로 볼 수 있다. 수많은 관념들과 의도, 집착으로부터 벗어나 참으로 자유롭게 소요하는 그러한 정신적 생명을 지향하고 있는 것이다.

이렇게 자연의 도에 돌아가고자 하는 노자와 장자의 입장에서 보면 유가의 '몸 닦음'은 참으로 반자연적인 짓일 수밖에 없다. 유가적인 수신을 비난하는 예화가 장자에 있다. 노자의 말을 빌었으니 노자와 장자의 생각을 함께 듣는 기분으로 읽어보자.

> 사성기가 노자에게 (뒤쪽으로 비켜서고 그림자를 밟지 않는) 공손한 자세로 가르침을 청했다. "저는 어떻게 몸을 닦으면 좋겠습니까?" 노자가 말하였다. "당신의 낯빛은 단정하며 위압적이고, 눈빛은 곧바르며, 이마는 번듯하게 솟았고, 입은 유창하게 생겼고, 당신의 풍채는 위엄이 있어 마치 달아나려는 말을 매어 놓은 상이구려. 행동으로 옮기면 민첩하고, 마음이 발동하면 기민하며, 눈으로 살피면 너무 자세하며, 지혜와 기교가 오만하게 드러나 보이는구려. 무릇 이런 것들은 모두 믿을 만한 것들이 못되오."[66]

유가적인 예의범절로 몸을 구속하는 것은 인간의 자연스런 몸에 억지로 인위를 채워 넣는 것과 다름없다. 그런 것들은 수양에 진정한 도움이 되는 것도 아니고, 또 양생에도 도움이 되지 않는다. 이렇게 억지 틀에 맞추어 결국 자연성을 깨뜨려 삶을 망쳐서는 안 된다. 몸에게 그 자연성을 돌려주는 것이 진정한 수양이고, 또 어떤 의미에서는 양생의 길이다. 그러기에 그런 인위로 채우기보다는 그것들을 비워나가야 한다. 그에 관한 가장 기본적인 지침은 노자에서 발견된다.

> …… 성인의 다스림은 그 마음을 비우고 그 배를 채우며, 그 뜻을 약하게 하고 그 뼈를 강하게 한다.[67]

여기서 마음과 뜻은 인위가 일어나는 근본으로 지목한 것이며, 배와 뼈는 자연적인 인간의 몸을 가리킨다. 이런 노자의 이야기에서 본다면 몸이야말로 본디 자연적인 것이었다고 할 수 있다. 노자나 장자의 입장에서 수양을 한다 하면 그것은 바로 자연성에의 회복이요, 그렇다면 그 자연성 회복의 시작은 바로 이 몸에서부터 이루어져야 할 것이다. 인위가 더해지기 이전의 자연스러운 몸과 몸의 욕구를 회복하는 것이다. 그것이 노자가 말하는 배요 뼈이다. 그것들의 자연성을 빼앗아간 인위를 만들어 낸 것은 마음이요 뜻이다. 마음보다는 오히려 몸이 자연에 가깝다.

사람들의 영위는 자연스런 몸과 그 감관의 욕구마저 인위로 정교하게 다듬으려 하고, 더욱 더 좋은 것을 추구한다는 명목 아래 결국은 그 자연성을 망쳐버리고 만다.

오색은 사람의 눈을 멀게 만들고, 오음五音은 사람의 귀를 멀게
한다. 다섯 맛은 사람의 입맛을 손상시키며, 말달려 수렵하는 짓들
은 사람 마음을 미치게 한다. 얻기 어려운 재화는 사람의 올바른
행실을 가로막는다. 이 때문에 성인은 배를 위하지, 눈을 위하지
않는다.[68]

여기서 재미있는 것은 같은 몸에 속해 있는 것인데도 노자는 배와
눈에 차별을 두고 있다는 점이겠다. 배는 나의 몸에 영양을 공급하는
실질적인 역할을 하며, 자연성에 가깝다고 본 것이요, 눈은 사물에
나를 따라가게 만들기 쉬운 것으로 몸 가운데서도 가장 인위에 물들기
쉬운 것으로 본 것일 게다. 아무튼 노자에 있어서 자연성 회복의
토대가 되는 것은 마음보다도 몸이라는 것을 확인하는 것은 흥미로운
일이다.

이러한 입장에 서 있는 노자나 장자에 있어서 몸 닦음이라는 것은
결국 잘못 채워져 있는 인위를 비워내고 자연성이 온전하게 제자리를
찾게 하는 일이다. 그리고 그러한 일은 마음 비움과 함께 이루어질
수밖에 없다. 몸에 인위를 채워 넣는 것은 인위적인 관념들이요,
그 생산지는 바로 마음이다. 그렇기에 노자와 장자에서의 몸 닦음도
유가의 경우와 마찬가지로 마음 닦음과 함께 나아가는 것이 될 수
있다. 장자에서는 수신修身이라는 말을 써서 수양을 말하고 있는 것도
바로 몸이라는 것을 수양의 토대로 삼고 있다는 것을 보여 준다.
수신이란 말이 쓰인 곳이 네 군데인데, 그 가운데 하나는 육체적
생명을 길이 보전하는 이야기를 하고 있다는 점에서 후세 도교적

수양의 분위기를 풍기고 있다. 노자와 장자의 사상에 깔려 있는 육체적 생명을 보전하려는 생각들이 이렇게 이어지고 있다고 할 수 있겠다. 그 밖에 수신을 말하는 대목들은 앞에서 든 예가 그 하나로, 유가적인 수신에 대한 비판이 그 중심을 이룬다. 특히 유가에서 중시하는 예에 대하여는 가장 인위적인 것으로 보아 가장 멀리하려는 태도를 보인다. 노자는 이렇게 말하고 있다.

> 도를 잃은 뒤에 덕이 있고, 덕을 잃은 뒤에 인仁이 있으며, 인을 잃은 뒤에 의義가 있고, 의를 잃은 뒤에 예禮가 있다. 저 예라는 것은 충성과 믿음이 엷어진 결과이며 혼란의 머리이다.[69]

이렇게 유가의 형식적인 예를 가장 인위적이라고 비판하는 도가사상에서, 몸의 익힘을 통해 도를 실현하는 사람들이 등장한다. 그것은 예를 익힌 선비가 아니라 기술을 익힌 장인들이다. 이는 유가가 주로 벼슬하는 선비를 중심으로 하고 있었던 반면에 도가의 계급적 바탕이 일반 서민이나 장인 계층과 훨씬 가까웠다는 사실을 반영하는 것이기도 하다. 그리고 그 내용을 살펴보면 몸의 기예를 통해 양생과 수신의 법을 보여 준다는 점에서 흥미롭다. 몸으로 예를 실천하는 유가의 몸 닦음과, 신의 경지에 오른 기예를 통해 보여지는 도가의 몸 닦음을 비교할 수 있다. 여기서 그 대표격이라 할 수 있는 포정해우庖丁解牛의 우화를 들어보기로 하자.

포정이 문혜군文惠君을 위해 소를 잡은 일이 있었다. 그가 소에 손을 대고 어깨를 기울이고, 발로 짓누르고, 무릎을 구부려 칼을 움직이는 동작이 모두 음률에 맞았다. 문혜군은 그 모습을 보고 감탄하여 "어찌하면 기술이 이런 경지에 이를 수가 있느냐?"라고 물었다. 포정은 칼을 놓고 다음과 같이 말했다.

"제가 반기는 것은 도道입니다. 손끝의 재주 따위보다야 우월합니다. 제가 처음 소를 잡을 때는 소만 보여 손을 댈 수 없었으나, 3년이 지나자 어느새 소의 온 모습은 눈에 띄지 않게 되었습니다. 요즘 저는 정신으로 소를 대하지 눈으로 보지는 않습니다. 눈의 작용이 멎으니 정신의 자연스런 작용만 남습니다. 그러면 천리天理를 따라 쇠가죽과 고기, 살과 뼈 사이의 커다란 틈새와 빈 곳에 칼을 놀리고 움직여 소의 몸이 생긴 그대로 따라갑니다. 그 기술의 미묘함은 아직 한 번도 칼질을 실수하여 살이나 뼈를 다친 적이 없습니다. 솜씨 좋은 소잡이가 1년 만에 칼을 바꾸는 것은 살을 가르기 때문입니다. 평범한 보통 소잡이는 달마다 칼을 바꾸는데, 이는 무리하게 뼈를 가르기 때문입니다. 그렇지만 제 칼은 19년이나 되어 수천 마리의 소를 잡았지만 칼날은 방금 숫돌에 간 것과 같습니다. 저 뼈마디에는 틈새가 있고 칼날에는 두께가 없습니다. 두께 없는 것을 틈새에 넣으니, 널찍하여 칼날을 움직이는 데도 여유가 있습니다. 그러니까 19년이 되었어도 칼날이 방금 숫돌에 간 것과 같습니다. 하지만 근육과 뼈가 엉긴 곳에 이를 때마다 저는 그 일의 어려움을 알고 두려워하여 경계하며 천천히 손을 움직여서 칼의 움직임을 아주 미묘하게 합니다. 살이 뼈에서 털썩 하고 떨어지는 소리가 마치 흙덩이가 땅에 떨어지는 것 같습니다.

칼을 든 채 일어나서 둘레를 살펴보며 머뭇거리다가 흐뭇해져 칼을 씻어 챙겨 넣습니다."

문혜군은 포정의 말을 듣고 양생養生의 도를 터득했다며 감탄했다.[70]

여기서 우리는 한 기능인의 도에 이른 기예를 통해 몸 닦음이 마음 닦음과 어떻게 조화를 이루는가를 볼 수 있다. 또한 몸 비움의 실례도 볼 수 있다. 처음에 소가 보였다는 것은 자신과 소가 상대해 있었다는 말이다. 그러나 이제는 소가 보이지 않는다. 소 속에도 자리잡고 있는 자연이 드러날 뿐이다. 당연히 소를 잡는 자신도 그 의식 속에 없다. 이러한 기예 속에 바로 마음과 몸이 자연의 도와 동화된 경지가 보이는 것이다.

이 포정이 이러한 기술의 경지, 아니 기예를 넘어선 도의 경지에 이르기 위해 마음의 수양을 중심으로 했을 것인가? 그럴 수 없다는 것은 누구도 알 수 있을 것이다. 몸을 통한 부지런한 연마 속에서 마음 닦음도 함께 이루어졌다고 보아야 마땅하다.

여기서 하나의 의문이 생긴다. 문혜군이 포정의 소 잡는 것을 보고 양생의 도를 얻었다면 과연 무엇을 보고 얻었을 것인가? 소도 잊고 나도 잊고, 비움 속에 자연의 길 속으로 칼을 놀리는 포정의 모습에서 얻었을까? 아니면 빈 틈새를 누비고 다녀 19년이 되었어도 새로 갈아낸 것 같은 칼을 보고, 자연의 도리에 따르면 그 칼처럼 자신을 상하지 않음을 알았을까? 답은 독자들의 마음에 맡기기로 한다.

아무튼 이렇게 몸에 인위적인 꾸밈을 벗겨내려는 노자와 장자 류의 사상에서는 번듯한 위의와 세련된 예절을 행하는 유가적 몸의 이상은

오히려 자연을 망친 몸에 불과하다. 몸 닦음 길과는 거리가 멀 뿐
아니라, 자연의 생명력마저 망쳐서 양생에도 도움이 되지 않는다.
장자는 다음과 같은 우화를 통해 인위적인 일들의 폐단을 비웃는다.

말의 발굽은 서리와 눈을 견디기에 충분하고 털은 바람과 추위를
막기에 충분하며 풀을 뜯고 마시며 발을 들어 껑충거리며 노는데
이것이 바로 말의 참된 성품이다. 높은 누대樓臺나 큰 집도 쓸
데가 없다. 그런데 이제 백락이라는 자가 나타나서, "나는 말을
잘 다룬다." 하면서 낙인을 찍고 털을 태우고, 발굽을 깎아 인두로
재갈을 물리고, 고삐와 다리줄을 매어 나란히 세우고, 구유와 마판
을 만들어 한데 모아 놓으니, 죽는 말이 열에 두셋이 된다. 배고프고
목마르게 하고, 치달리게 하며 조련시키는데, 앞에는 재갈의 아픔
이 있고 뒤에는 채찍의 위협이 있으니, 죽는 말이 이미 반은 넘어버
린다.[71]

사람이 인위를 통하여 몸을 제어하고 위의를 갖추는 것은 바로
위와 같이 말을 잘 다룬다면서 말의 본성을 빼앗아 결국 죽게 만드는
짓과 다름없다. 자연의 기화氣化 속에서 생겨난 몸은 그 자연의 운행에
맞길 일이요, 억지로 꾸며내려 할 일이 아니다. 그리고 외면적인 위의
와, 잘나고 못남이 그 사람의 덕을 재는 표준이 될 수도 없다. 장자는
역설적으로 지독하게 못생긴 사람들을 등장시켜 그들을 통해 도에
돌아가는 모습을 보여준다. 그 대표적인 인물들을 들어보자. "지지리
못났다"는 우리말의 출처일 듯 싶은 지리소支離疏는 턱이 배꼽 밑에

있고 어깨가 머리 위로 치솟은 불구자이다. 애태타(哀駘它)는 지독히 못생긴 추남인데도 공자로부터 재지才智가 완전하면서 그 덕을 밖으로 드러내지 않는 사람이라고 칭찬을 듣는다.[72] 자여와 그의 벗들은 병들어 이상한 모습으로 죽어 가면서도 그것을 태연하게 받아들이는 대자유인으로 묘사된다.[73] 우사와 같은 경우, 몸에 형을 받아 불구가 되었는데, 그 형을 받은 것조차 자연으로 돌리는 인물이다.[74]

이 예들은 각각 장자의 몸에 대한 생각의 여러 측면들을 보여 준다. 우선 지리소의 경우는 그가 불구이기 때문에 나라의 부역과 병역도 피하고 불구자에게 주는 나라의 구휼을 얻어 천수를 누리는 인물로 묘사된다. 장자가 출발하였음직한 애초의 자리, 즉 생명의 보전이라는 것이 중요한 것으로 부각되는 것이다. 애태타의 경우는 덕과 용모가 일치하지 않는다는 점이 부각되며, 오히려 밖으로 덕을 드러내지 않음이 칭송되고 있다. 세련된 예禮로 몸을 다듬어 몸을 아름답게 한다는 유가의 수신관에 대비되는 예라 할 수 있다.

자여와 그의 벗들 이야기는 몸의 변화를 자연의 순환에 맡겨 버리며, 죽음과 삶을 제일齊一하게 보는 대자유인의 경지를 보여주고 있다. 마지막 우사의 경우는 우리가 인위라고 여기는 형벌까지도 자연의 일로 받아들임으로써, 모든 것은 자연일 뿐이라는 큰 결론에 이른다.

특히 자여와 그의 벗들의 이야기는 장자의 몸에 대한 생각이 어디까지 갔는지를 보여 주는 단적인 예이다.

자사子祀와 자여子輿와 자리子犂, 자래子來, 네 사람이 서로 말하기를 "누가 무無를 머리로 삼고, 삶을 허리로 삼으며, 죽음을 꽁무니로 삼을 수 있는가? 누가 죽음과 삶, 존재함과 없어짐이 하나라는 것을 알 수 있는가? 그런 사람을 벗하리라!" 네 사람이 서로 보고 웃었는데 아무것도 마음에 거슬리는 것이 없었다. 그래서 서로 벗이 되었다.

갑자기 자여가 병이 들어 자사가 문병을 갔다. 자여는 "위대하구나, 저 조물자여! 나를 이렇게 꼬부랑이로 만들려 하는구나!" 하였다. (그 모습은) 턱은 배꼽 아래 숨고, 어깨는 머리 위로 솟으며… 자사가 말하였다. "그대는 싫은가?" 하니 자여는 "천만에! 내가 왜 싫어하겠는가? 차츰 내 오른쪽 어깨를 닭으로 변화시키면 나는 닭 울음으로 밤이 새는 때를 알아보지 뭐. … 갑자기 자래가 병이 들어 헐떡이며 죽으려 하였다. 자리가 문병을 가서 … 문에 기대어 말하였다. 위대하구나, 조화造化여! 너를 어떻게 하려 하고, 너를 무엇으로 만들려는 거지? 너를 쥐의 간으로 만들려는가, 너를 벌레의 팔뚝으로 만들려는가? 자래가 말하였다. 부모가 자식에 대해 동서남북 어느 쪽으로 가라 하든, 자식은 오직 명에 따른 뿐이지. 사람에 있어 음양陰陽이 어찌 부모 정도의 위치이겠어? 그 음양의 조화가 나를 죽음에 가깝게 했는데 내가 따르지 않는다면 내가 못된 놈이지, 음양이 무슨 죄가 있겠는가? 저 천지자연은 나에게 모습을 실어주고, 삶으로 수고롭게 하고, 죽음으로 편안케 하지. 그러니 삶을 좋게 여긴다면 바로 죽음도 좋게 여겨야 하는 거지.[75]

이런 이들의 마음은 이제 생사의 관념을 완전히 떠나 있다. 사람이라는 존재는 조물자, 조화, 음양이라고 표현되는 자연의 조화 가운데 일시적으로 그렇게 존재하는 것뿐이다. 그 가운데 꼭 삶만 부여잡고 집착할 이유가 어디에 있는가? 사람의 몸이나 마음까지도 그 변화 가운데 어떤 것으로 될지 모르는 일이다. 꼭 사람의 몸만 고집할 이유도 없다. 대장장이가 쇠를 녹여 주물을 만들려는데 쇳덩이가 "나는 꼭 간장이나 막야같은 명검이 될 테야." 하고 나설 수 있다는 말인가? 대장장이가 재수 없는 쇳덩이라고 치워버릴 일이 아닌가?[76]

장자가 죽음을 찬미할 리도 없고, 또 몸을 부정할 이유도 없다. 몸을 부정한다면 그 또한 자연의 도를 어기는 것이리라. 이렇게 마음에서 몸과 생사의 관념까지도 비워 버림은 또한 몸에 어떤 인위도 가하지 않고 그대로 자연에 맡김이다. 그리고 그것이야말로 몸에 대한 가장 온당한 대접이요, 몸의 온전성을 회복하는 길이다. 그래도 여전히 삶이 좋다는, 지금 이 모습에 연유한 집착에 매달리는 우리의 모습을 돌아보게 만드는 우화이다.

결국 몸의 생명을 온전히 보존하겠다는 노자와 장자의 생각은 자연의 도에 대한 인식을 바탕으로 그러한 삶과 죽음에 대한 분별조차 벗어던지고, 몸과 그 몸을 유지하겠다는 생각조차도 반자연적인 것으로 여기게 된다. 여기에는 육체적 생명에서 정신적 생명으로의 전환이 일어났다고 보는 관점도 있지만, 그런 관념을 설정한다는 것 자체가 노자와 장자의 정신에 어그러지지 않을까 싶다. 그냥 몸에도 마음에도 그 온전한 자연성을 돌려주자는 것으로 보는 것이 나으리라! 마음을 얽어매던 수많은 선입견과 분별을 치우고, 그러한 선입견과 분별로 몸에 얽어매 놓았던 많은 인위적 구속들도 함께 치우는 길을 제시했다고 보는 것이 옳으리라! 그리고 그 길은 몸과 마음의 닦음이 함께 이루어가는 길이다. 몸 비움과 마음 비움을 통해 가는 길이다. 그리고 그렇게 비워야만 거기에 도가 깃들고, 도에 의해 움직여 나가는 몸과 마음이 된다고 보는 것이다. 양생의 도에서 출발하여 몸 보전을 중요한 일로 생각했던 노자와 장자는, 결국 가장 온전하게 자연의 몸을 보전하려면 몸이라는 관념과 몸을 보전하겠다는 목적의식도 넘어서야 한다는 역설적인 결론에 도달한 것이다

9. 남는 이야기

지금까지 큰 틀을 말하는 과정에서 상당히 거칠게 살펴본 점들이 있음을 인정해야 하겠다. 순자의 틀과 맹자의 틀을 뒤섞어 오가기도 했으며, 일상적인 말에서의 '몸'이라는 개념과 맹자와 순자에서의 몸 개념을 분명하게 선을 긋지 않고 말한 점도 인정하지 않을 수 없다. 이런 점들은 거시적인 담론에서 피치 못할 일이라는 생각이 든다.

그러나 일단 이런 큰 틀에서 정리해 본 효과는 있다. 유가의 몸에 관한 생각의 원형을 이루는 순자와 맹자의 몸에 관한 생각, 그리고 몸과 수양에 관한 생각들이 큰 얼개를 드러내었다. 그 이후 성리학 등 신유학에서의 몸과 마음의 관계, 몸과 수양의 관계에 대한 논의는 거의 맹자와 순자의 논의 속에 포함되었던 문제들을 이기론 등 다른 사유틀을 빌어 논하는 양상을 띠고 있다. 예를 들어 고봉과 퇴계의 논쟁을 보면, 칠정 속에 사단이 포괄된다는 고봉의 주장은

일단 큰 틀에서 하나의 몸과 하나의 지향성을 말하는 순자의 틀에 가깝다. 반면 사단과 칠정의 발원처를 달리 보고, 이理 자체의 운동성을 인정하는 퇴계의 틀은 맹자의 틀에 가깝다고 할 수 있다. 물론 이기론을 바탕으로 한 정교한 논리에 있어서는 전혀 다른 모습을 보이지만, 이렇게 몸과 마음의 관계를 정리해 볼 수도 있다는 말이다. 그런 점에서 맹자와 순자에 대한 고찰은 이러한 논의의 원형을 제시한다는 의미를 지닌다. 그리고 그 원형들 속에서 유가의 수양의 특징이 몸 닦음의 방법에 뿌리를 두고 있으며, 또 수양의 결과 또한 몸에 드러난다는, 몸에 대한 매우 긍정적인 관점을 함께 지니고 있다는 것을 밝힌 점은 유가 수양론의 특징을 드러내는 데 조그만 기여를 할 수 있을 것이다.

노자와 장자의 사상은 그 자체로 충실하게 계승되지 못한 측면이 있다. 후세의 도교는 신성사상 등과 연결되면서, 몸 자체의 양생을 중심으로 이론이 구성되고, 장생불사를 추구하는 쪽을 지향하였다. 『장자』 속에 보이던 양생의 논리와 신비주의적 색채가 그런 쪽으로 변형되었을 가능성을 찾을 수 있겠다. 그렇게 발전한 도교의 흐름 가운데 전진파全眞派에서 주장하는 성명쌍수론性命雙修論은 몸과 마음을 함께 닦을 것을 주장하는 전형적인 틀을 보여 준다는 점에서 특별히 검토할 필요가 있다고 생각한다. 이 글에서 도가 쪽의 몸과 몸 닦음에 대한 검토는 유가와의 대비를 통해 서로의 의미를 드러낸 것에 만족해야 할 듯하다.

전체적으로 보아 맹자의 두 마음-두 지향성이나 순자의 한 마음-한 지향성 모두가 결국 하나의 몸에 긍정적인 의미를 부여한다는 것이

이 글의 잠정적인 결론이겠다. 맹자의 두 몸에 관한 논의가 어떻게 한 몸으로 귀결하느냐에 대한 논변은 큰 구상만 있는 속에서 거칠게 진행되었기에 좀 더 치밀한 논의를 요하는 대목이다. 이러한 점들에 대하여는 다음의 연구를 약속한다. 노자와 장자의 몸에 관한 사유 중에서 좀 더 연구를 진행해야 할 부분은 양생과 수신의 관계이다. 노자와 장자의 사상을 좀 더 명료하게 하기 위해서도, 또 도교와의 연관성을 밝힌다는 측면에서도 꼭 필요한 연구라고 생각한다. 많은 동학들의 관심이 있기를 기대한다.

몸과 살, 그 신비하고 불투명한 토대

- 플라톤, 아리스토텔레스, 데카르트, 니체, 메를로-퐁티 -

조광제(철학아카데미 대표)

1. 생명 활동, 몸과 마음의 문제의 근원

몸과 마음의 문제가 제기되는 것은 근본적으로 보면 우주 전체에서 인간 존재가 갖는 묘한 위치 때문이다. 존재하는 일체의 것들은 그 존재 양식이나 종류에 상관없이 인간이 발휘하는 가장 넓은 의미의 인식 능력과 활동들에 긴밀하게 연결되어 있다.

우리 인간은 자신의 감각적인 지각 활동을 통해 뭇 사물들의 감각적인 특징들이 '그 나름으로' 외부세계에 따로 존립한다고 여기고, 자신의 개념적인 지성 활동을 통해 뭇 사물들이 물리학적인 특징을 띠고서 외부세계에서 따로 운동한다고 여긴다. 그런가 하면, 감정 활동을 통해 욕망이나 충동에 따른 내부세계의 사건들뿐만 아니라 그와 관련한 외부세계의 사건들이 성립한다고 여긴다. 그 기초에 생명 활동이

작동하고 있어 위 일체의 활동들에 관련된 원인과 결과들이 가치를
가진다고 여긴다.

중요한 것은 이같이 다종다양하게 존재한다고 할 수 있는 모든
사물들과 사태들과 사건들이 실상은 인간 자신을 근본적이고 필연적
인 매개로 삼아 존립할 수 있는데도, 오히려 이것들을 대하면서 인간
자신을 빼고서 이것들이 그 자체로 따로, 이른바 객관적으로 존립한다
고 여기는 것이다. 말하자면, 인간의 인식 능력들은 자신의 활동을
통해 알게 된 인식 내용들이 '자신에게서만' 생겨난 것이 아님을 정확하
게 깨달아 알고 있고, 따라서 그 인식 내용들을 자료로 삼아 그와
같은 인식 내용들을 가능케 한 외부세계를 짐작하고, 자신이 획득한
인식 내용들을 가능한 한 정확하게 그 외부세계에 일관되게 맞추는
방식으로 이른바 외화外化시키는 것이다. 인간의 인식 활동에서 이
외화의 활동은 대단히 특수하다. 주체적인 자신의 인식 활동을 '무화無
化시킴으로써' 객관적인 외부세계를 부각시키기 때문이다.

뭇 사물들과 사태들과 사건들이 인간의 인식 능력과 활동에 의거해
서 존립하는데도 이를 '짐짓 무시하고' 그것들이 근본적으로 인간
존재와 무관하게 본래부터 객관적으로 그렇게 존재해 왔고, 존재하고
있고, 앞으로도 그렇게 존재하게 될 것이라고 여기는 데에는 충분한
이유가 있다. 간단히 말하면, 뭇 존재하는 것들을 그렇게 객관적인
것이라고 여기지 않을 경우, 곧바로 자신이 발휘하는 인식 능력과
활동이 중지되고 말 것이라는 것을 아울러 포착하고 있기 때문이다.
예컨대, 등산을 하는데 바위 하나가 갑자기 나를 향해 굴러 내려온다는
것을 인식했을 때, 그 바위의 존재와 그 바위가 굴러 내려오는 사건이

그저 나의 인식과 활동의 결과물에 불과하고 따라서 그런 나의 인식 능력의 내부에서 일어나는 일이라고 판단해서 피하지 않고 있으면 나의 그런 인식 활동은 곧바로 종식되고 만다.

그러고 보면 인간의 인식 활동은 생명 활동에 근거해서 이루어진다고 말할 수 있다. 다만, 최대한 넓은 의미로 보면 인간의 생명 활동은 워낙 복합적이어서 사회역사적이고 예술문화적인 일체의 인간 활동을 포섭하는 것임을 염두에 둘 필요가 있다. 요컨대 어떤 종류의 것이건, 인간의 모든 인식 활동은 인간의 생명 활동을 더욱 심화·강화·확대하기 위한 것이다. 역설적이긴 하지만, 이를 위해 개별 인간은 자신의 생명을 포기하지 않으면 안 된다는 인식에 도달하고 실제로 그런 행위를 실천에 옮기기까지 한다.

이러한 입장은 몸과 마음의 문제가 어떤 것이며, 그 해결에 있어서 어떤 태도를 취할 수밖에 없는가에 관해 이미 어느 정도 예견된 실마리를 제공하고 있다. 몸과 마음의 문제에 있어서 핵심은 생명 활동을 어떻게 보는가에 직결되어 있을 것이다. 만약 생명 활동의 근본을 굴러 떨어지는 바위에 부딪쳐 생물학적인 의미에서 죽었는데도 계속 이어질 수 있는, 이른바 추상적이고 보편적인 것으로 본다면, 존재 양식에 있어서 그렇게 추상적이면서 보편적일 수 있는 존재를 근원적인 것으로 확립하고자 할 것이다. 만약 생명 활동의 근본을 굴러 떨어지는 바위에 부딪쳐 죽고 나면 일체 지속될 수 없는, 이른바 구체적이고 개별적인 것으로 본다면, 존재 양식에 있어서 그렇게 구체적이고 개별적일 수 있는 존재를 근원적인 것으로 확립하고자 할 것이다.

군이 아리스토텔레스가 질료를 개별화의 원리라고 한 것을 원용하지 않더라도, 인간이 그 존재 양식에 있어서 구체적이고 개별적인 존재일 수 있기 위해서는 몸을 바탕으로 하지 않으면 안 된다. 이는 다음과 같은 사실에서 그 뜻을 파악할 수 있다. 너 혹은 그와 뚜렷하게 구분된다는 의미에서 '나'를 염두에 두고서 '나의 마음'이라고 할 때, 그 '나의 마음'은 '너의 마음' 혹은 '그의 마음'과 뚜렷하게 구분되는 바 개별적이고 구체적인 마음이다. 일단 몸과 마음이 구분된다는 것을 받아들이는 한, 개별적이고 구체적인 마음인 '나의 마음'에서 그 개별성과 구체성은 마음 자체에서 생겨날 수 없고, '나의 몸'을 바탕으로 해서 생겨난다. 요컨대 '나의 몸'을 떠나서는 '나의 마음'이 구체성과 개별성을 지닐 수 없다는 것이고, 더 정확하게 말하면, 구체적이고 개별적인 '나'가 성립할 수 없다는 것이다. 달리 말하면, 데카르트르처럼 자신의 몸을 명증하지 않은 것으로 배제한 상태에서 "나는 생각한다. 그러므로 나는 존재한다."라고 말하는 것은 근원적으로 불가능하고, 만약 가능하다면 '뒷문으로' 슬그머니 자신의 몸을 명증한 것으로 끌어들이고 있기 때문이다.

하지만 우리는 많은 신화와 종교 및 각종 이설理說들이 그 자체로 몸과 무관하게 개별적이고 구체적인 마음, 즉 '영혼'을 설정했다는 것을 잘 알고 있다. 죽어서 나의 영혼이 천국 혹은 지옥에 간다거나, 나의 영혼이 천상에 있다가 이 세상에 몸을 입고서 태어났다거나 하는 이야기들을 많이 들어 알고 있다.

2. 플라톤이 본 몸

구체적이고 개별적인 영혼, 즉 '나의 영혼'을 본래 몸으로부터 벗어나 존재할 수 있는 독자적인 것으로 여긴 대표적인 철학자는 플라톤이다. 플라톤이 과연 몸과 혼을 어떻게 보았는가, 그리고 몸과 혼의 관계를 어떻게 보았는가는 서양 철학사에서 몸을 어떻게 보았는가를 살피는 데 있어서 기초가 된다. 예컨대 20세기의 걸출한 사상가인 미셸 푸코가 "혼은 몸의 감옥이다."[1]라고 했을 때, 이는 플라톤을 정확하게 겨냥하고 있다. 플라톤은 "몸은 혼의 감옥이다"라는 취지의 말을 했기 때문이다. 예컨대 플라톤은 이렇게 말한다.

> 지혜를 찾는 자는 누구나 철학이 자신의 혼을 사로잡자마자 그의 혼이 몸속에서 손과 발이 묶인 도리 없는 수감자임을 알게 되고, 그래서 직접 실재를 보지 못하고 감옥의 창살을 통해 볼 수밖에 없고 전적인 무지에서 허우적거림을 알게 된다.[2] - 우리 주위를 비추는 빛은 순수했고 우리 역시 순수했다. 지금 우리는 우리를 둘러싸고 있는 바 몸이라 부르는 감옥에, 단단한 껍데기 속에 사는 굴처럼 단단히 묶여 있다.[3]

플라톤의 이 여러 언명들은 그가 몸과 혼에 관련해서 어떤 생각들을 갖고 있는가를 드러내고 있다. 대략 다음과 같이 정돈할 수 있다. 혼은 본래 몸과 분리되어 순수하게 밝은 상태로 존재했었는데, 이 세상에 태어남으로써 몸이라는 어두운 감옥 내지는 무덤에 갇혀 허우적거린다. 몸은 무지의 근원이다.

하지만 플라톤이 파악하고 있는 몸과 혼의 관계는 결코 단순하지 않다. 이에 관해서는 그의 후기 저작인 『티마이오스』[4]를 잘 읽어 보아야 한다. 『티마이오스』는 우주 생성론을 다루고 있다. 간단히 요약을 하자면 이렇다. 필연(ananke)의 산물인 생성(genesis)이라고 하는 원재료가 있고, 우주를 제작하는 지성의 신인 데미우르고스가 있고, 데미우르고스가 우주 제작의 본으로 삼는 형상(eidos)들이 있다. 데미우르고스가 형상들을 본으로 삼아 자신의 지성으로써 무질서한 생성을 설득함으로써 우주가 만들어졌다는 것이다. 그리고 이 우주가 만들어질 때, 기하학적인 원리에 의거해서 근본 물질들, 즉 흙·물·공기·불 등 4원소들의 씨앗들이 만들어지고, 산술평균과 조화평균 등을 활용한 수학적인 원리에 의거해서 우주의 혼이 만들어진다는 것이다. 그에 따르면, 우주는 혼과 물체가 하나로 되어 있되, 중심에 혼이 있어 물체 전체에로 뻗어나가는 것이다. 예컨대 그는 티마이오스의 입을 빌어 이렇게 말한다.

> 이 우주는 진실로 '선견先見과 배려'에 의해서 '그 안에 혼(생명)을 지녔으며 또한 지성을 지닌 살아 있는 것'으로 된 것이라 말해야 합니다.[5]

우주(cosmos 혹은 pan) 내지는 천구(ouranos)가 물체들로 된 것은 말할 것도 없다. 그런데 그 안에 혼을 지녀 살아 있는 거대한 생명체로 보아야 한다고 말하고 있다. 그러면서 플라톤은 데미우르고스가 천구를 만들 때 완전한 것으로 만들었다고 본다. 그는 이렇게 말한다.

데미우르고스는 천구를 불, 흙, 물, 공기 등 전부를 써서 완전하여 늙지도 병들지도 않는 하나뿐인 전체로 구성했습니다. 형태도 이것에 적절한 동류의 것을 부여했습니다. 그 자신 살아 있는 것으로서 자기 안에 모든 살아 있는 것을 포용하게 되어 있는 것에는, 가능한 모든 형태를 자신 안에 포용하는 형태가 적절할 것입니다. 그 때문에 그는 그것을 중심에서 모든 방향으로 끝점들에 대해서 같은 거리를 갖는 구형으로 둥글게 돌려 만들어 냈는데, 이것은 모든 형태 가운데 서도 최대의 자기 동일성을 지닌 것입니다.[6]

플라톤은 자기 스스로에게 닮은 것, 즉 동일성(tauton)을 띤 것을 아주 탁월한 것으로 보고, 자기 스스로를 닮지 않은 것, 즉 타자성 (thateron)을 열등한 것으로 본다. 그는 천구, 즉 우주는 동일성을 띤 원형으로서 회전 운동만을 하는 탁월한 것으로 본다. 그리고 사각형 을 비롯한 모든 정다각형이 원과 내접해 들어가 있을 수 있는 것처럼, 탁월한 것은 열등한 것들을 포용할 수 있다고 본다. 데미우르고스가 우주를 둥글게 만든 까닭에 대한 플라톤의 설명이 재미있다. 그 속에 우주의 혼이 잘 깃들게 하기 위한 것이고, 혼이 깃들지 않으면 지성이 깃들 수 없고, 지성이 깃들지 않으면 결코 아름답거나 훌륭한 것일 수 없기 때문에, 우주를 가장 아름답고 훌륭한 것으로 만들고자 하는 데미우르고스는 혼이 깃들 수 있도록 해야 했다는 것이다.[7] 그 혼을 우주의 중심에 자리 잡게 한 다음, 이 혼이 우주 전체를 통해 뻗치도록

해서 우주를 행복한 신으로 생겨나게 했다고 말한다.[8]

플라톤은 이 우주의 혼이 우주의 몸통보다 먼저 만들어졌다고 말한다. 그러면서 먼저 만들어진 것이 늦게 만들어진 것보다 탁월하고, 늦게 만들어진 것의 주인이고, 늦게 만들어진 것을 다스린다고 말한다.[9] 그리고 우주의 혼의 탁월성을 이렇게 말한다.

천구의 몸통은 가시적인 것으로서 생겨난 반면에, 그 혼은 비가시적이고 헤아림과 조화에 관여하고 있는 것이어서, 지성에 의해서[라야] 알 수 있고 언제나 존재하는 것들 중에서도, 최선의 존재에 의해서 생겨난 것들 중에서는 최선의 것입니다.[10]

분명히 우주의 혼이 생겨난 것이긴 하나 생겨난 모든 것들 중에서 최선의 것이기 때문에 그렇지 못한 모든 것들을 지배할 수 있고 지배해야 하는데, 그렇지 못할 경우 제대로 된 삶을 유지하지 못한다고 본다.

필연에 의해 혼이 몸들 속에 심길 때마다, 그리고 그것들(혼과 몸이 결합되어 있는 생물들)의 몸에 있어서 혼의 일부가 드나들 때마다, 첫째로는 감각적 지각이, 둘째로는 욕망이 함께 생기는 것은 필연적일 것입니다. 혼들이 이 감각적 지각과 욕망을 지배하게 될 경우에는, 그들은 올바르게 살 것이나, 이것들에 의해 지배를 받게 될 경우에는, 그들은 올바르지 못하게 살 것입니다.[11]

혼에 의한 몸의 지배가 정확하게 잘 일어나고 있는 곳은 천체, 즉 신들의 세계다. 그리고 그렇지 못할 가능성이 늘 상존하고 있는 곳이 인간의 세계다. 그래서 철학을 통해 지혜를 닦아 탁월한 이성의 혼에 의해 몸을 완전히 지배할 수 있어야 한다는 것이다.

플라톤은 인간의 몸이라고 해서 특별히 다른 생물들의 몸과 급격하게 단절될 수 있는 어떤 탁월한 것으로는 보지 않는다. 혼이 물체들(몸들)과의 관계에서 어떠한 처지에 있게 되는가에 따라 인간의 몸도 되고 짐승의 몸도 되는 것으로 본다. 인간의 몸이 만들어지는 것은 생물들 중에서도 신을 가장 공경하는 부류가 있어야 하기 때문이라고 말한다.[12] 신을 가장 잘 공경하기 위해서는 물론 앞에서 말한 것처럼 혼이 몸과의 관계에서 생겨나는 감각적 지각과 욕망을 잘 다스려야 한다. 그렇지 못하면 신성한 것을 제대로 알 수가 없고, 제대로 알지 못하니 제대로 공경하는 것도 불가능하기 때문이다. 플라톤의 다음의 언명은 이를 여실히 드러낸다.

분명코 혼은 듣거나 보거나 어떤 종류의 고통이건 즐거움이건 간에 그런 모든 흐트러짐으로부터 해방될 때, 즉 혼이 실재를 모색하면서 가능한 한 모든 물리적인 접촉과 연합을 피하면서 몸을 무시하고 가능한 한 최대로 몸으로부터 독립될 때 가장 잘 반성할 수 있다.[13]

플라톤이 인간의 몸이 생겨먹은 모습에 대해 제시하는 설명은 대단히 흥미롭다. 인간은 신들을 공경하는 것이 목적이기 때문에, 인간의 몸이 이에 적합한 모습을 갖추고 있다는 것이 핵심이다. 그것은 인간의 머리가 다른 동물들과는 비교도 안 될 정도로 둥근 모양을 하고 있고, 그럼으로써 마치 우주가 구형체로서 그 속에 우주의 혼을 담을 수 있는 것처럼 지성적인 혼을 담고, 그 지성적인 혼을 통해 신들을 공경할 수 있도록 되어 있다는 것이다. 그러면서 머리 외에 온몸은 이 머리를 운반하기 위한 이동 수단에 불과하다고 말한다.[14]

이는 인간에게 있어서 몸이 혼의 지표이자 도구로서 작동한다는 것을 여실하게 나타낸다. 우선 몸이 혼에 대해 도구가 된다는 것은 플라톤이 아름다움을 파악하는 방식에서 가장 잘 나타난다.

아름다운 개별적인 것들에서 출발하여 보편적인 아름다움을 추구하기 위해서는 천국의 사다리를 한 계단 한 계단 오르고 있는 자신을 발견해야 한다. 즉 하나의 아름다운 몸(물체)에서 두 개의 아름다운 몸(물체)으로, 두 개의 아름다운 몸(물체)에서 모든 아름다운 몸(물체)에로 올라가야 한다. 또 물체적인 아름다움에서 제도들의 아름다움으로, 제도들에서 배움으로, 그리고 배움 일반에서 아름다움 것 자체 외에는 아무것도 지니지 않은 지식으로 올라가야 한다. 급기야 무엇이 아름다움인가를 알게 된다.[15]

말하자면, 형상적인 아름다움을 알기 위해서는 몸의 아름다움을 차근차근 거쳐 개별적인 데서 보편적인 방향으로 나아가지 않으면 안 된다는 것이다. 말하자면, 플라톤은 인간이 자신의 지성적인 혼을 잘 살려 몸과 몸에서 비롯되는 감각이나 욕망을 철저히 지배할 수 있고 또 그래야 한다는 것이다. 그 반대로 몸에 의해 혼이 역이용당하는 날이면 타락을 면할 길이 없다고 말한다.

> 그래서 물체적인 것의 현전에 의해 오염된 영혼은 가시적인 세계
> 속으로 질질 끌려 들어가 하데스 또는 비가시적인 것의 공포에
> 시달리면서 무덤 주위를 배회하게 된다. ······ 사악한 영혼들은
> 과거에 행한 나쁜 짓 때문에 벌로서 이러한 장소들을 강제로 방황하
> 도록 되어 있다. 그들은 급기야 다시 한 번 몸속에 갇히게 될 때까지
> 계속 방황한다.[16]

타락하게 되면 죽어서 지옥(hades)을 돌다가 다시 개나 쥐로 태어난
다는 윤회설을 제시한다. 그 바탕에는 혼은 자신의 수준에 맞는 몸을
가져야 한다는 생각이 깔려 있다. 이러한 그의 윤회설에 입각해서
보면, 이 땅에 몸을 지니고서 태어나는 것은 전생에 사악한 업보가
있어서이기 때문이다. 그러고 보면, 어떤 몸을 지니는가는 플라톤에게
서 대단히 중요하다. 예컨대 식물의 경우에는 욕망의 혼만을 갖고
있기 때문에 자기 자신에 의한 운동이 결여되어 있고, 그래서 한
곳에 머물러 있으면서 뿌리를 내려 고착해 있다고 말한다.[17] 말하자면,
몸의 형태가 곧 혼의 상태를 나타내는 기호 내지는 지표라는 것이다.
 이는 우리 인간의 몸에도 그대로 적용된다. 플라톤은 몸을 구성하는
기관들의 위치에 따라 다른 종류의 혼들이 있다고 말한다. 그러면서
머리에 있는 혼은 불멸의 혼으로 보고, 그 외의 가슴이나 배에 있는
혼들은 사멸하는 혼으로 본다. 예컨대 목마른 자에게서 목말라 하는
혼은 배에 있는 것으로서 오로지 물을 마시는 데에 혈안이 되어 있는

것이고, 물을 함부로 마시면 안 된다고 여겨 그러한 혼을 제압하고
있는 혼은 머리에 있는 지성의 혼이라고 본다. 사멸하는 혼은 몸의
지배를 받고 있는 혼이고, 불멸하는 혼은 몸을 지배하는 혼인 셈이다.
불멸하는 혼은 신적인 씨를 품게 될 몸의 부분으로서 모든 방향에서
구형이도록 만든 두뇌(enkephalos) 속에 깃들어 있다고 한다.[18]

　몸이 혼의 기호 내지는 지표라는 것은 이런 기본적인 몸 구성 원리뿐
만 아니라 그때그때의 몸과 혼의 상태에도 적용된다.

　　실로 내가 보기엔, 몸이 건강하다고 해서, 몸이 자신의 '훌륭
　　함'(arete)에 의해서 혼을 훌륭하게 만드는 것이 아니라, 오히려
　　거꾸로 훌륭한 혼이 자신의 '훌륭함'에 의해서 몸을 최대한 훌륭한
　　것이게끔 만들어 주는 것 같으이.[19]

　건강한 몸에 건강한 정신이 있는 것이 아니라, 건강한 정신에 건강한
몸이 나온다는 식이다. 몸의 상태는 혼의 상태를 나타내는 것이라는
이야긴데, 몸의 건강함과 몸의 훌륭함을 구분한다는 점을 놓쳐서는
안 된다. 설사 몸이 건강하지 못할지라도 혼의 훌륭함에 의해 몸이
훌륭하게 될 수 있다는 것을 함축하고 있기 때문이다. 하지만 플라톤은
몸은 외부의 운동에 의해 영향을 받기 때문에 체육을 통해 몸의 운동이
안팎에서 조화를 잘 이룸으로서 파멸에 이르지 않도록 유의해야 한다
고 말한다.[20]

　그런가 하면 혼과 몸의 조화를 제시하기도 한다. 격정적인 혼이
온몸을 뒤흔들면서 감정을 비롯한 정신적인 질병이 안에서부터 생겨

나고, 혼에 비해 몸이 너무 강하고 크면 몸이 혼을 제쳐놓고 움직임으로써 가장 큰 질병인 무지가 혼을 사로잡게 된다고 말한다.[21]

전반적으로 보아, 플라톤은 참된 인간 존재 및 삶을 영위하는 데 몸보다 혼이 훨씬 더 중요하다는 것을 역설한다는 것은 쉽게 파악할 수 있다. 그런데 왜 이렇게 혼을 중시하는가에 대해 행복에 관한 일종의 인식론적인 분석을 제시하는 대목이 있다. 그것은 소크라테스와 프로타르쿠스라는 인물 간의 대화로 기술되어 있다. 소크라테스가 프로타르쿠스라는 인물에게 묻는다. "프로타르쿠스, 자네는 최고도의 즐거움을 만끽하는 삶을 살려 하는가?" 프로타르쿠스가 대답한다. "물론입니다." 몇몇 이야기가 이어진 뒤, 소크라테스가 말한다. "그러나 만약 자네가 이성, 기억, 지식, 그리고 올바른 판단이 없다면, 내가 생각건대 자네는 우선 자네가 만끽하고 있는지 어떤지를 필시 모를 것이 아닌가." 다시 프로타르쿠스가 대답한다. "물론입니다."[22]

여기에서 플라톤은 몸은 결코 지성이나 기억이나 지식의 주체가 될 수 없음을 말하고 있다. 그러면서 제아무리 몸을 통한 즐거움을 만끽한다 하더라도 반드시 지성적인 혼이 역할을 해야 그 즐거움을 만끽할 수 있음을 말하고 있다. 그렇기 때문에 설사 몸의 즐거움을 중시한다손 치더라도 그 중심에는 지성적인 혼이 있어야 한다는 것이고, 따라서 혼이 몸보다 더 중심이 된다는 것이다. 쉽게 무시할 수 없는 논변이다.

플라톤의 인간 존재에 대한 이러한 혼 중심설은 혼을 몸보다 먼저 생겨났다고 보는 데서, 그리고 불멸하는 지성의 혼이 혼의 본질로서 가장 탁월한 존재임을 내세우는 데서, 그렇지 않고서는 생겨났지만 영원한 불멸의 존재들인 신들을 제대로 공경할 수 없다는 데서 그 형이상학적인 바탕을 획득하고 있다.

하지만 플라톤의 우주 생성론에 의거해서 보면 몸과 마음에 관련된 플라톤의 이론을 함부로 이른바 관념론이거나 유심론적인 것으로 볼 수 없음은 확실하다. 그것은 플라톤이 우리가 현재 알고 있는 물질(몸)과 정신(혼)은 모두 다 처음부터 있었던 것이 아니라, 그 존재 양식을 좀처럼 쉽게 가늠할 수 없는 필연의 생성을 재료로 해서 생겨났다고 하기 때문이다. 필연의 생성이 기하학적인 원리에 의거해 운동하게 되면 우주를 구성하는 근본 물질들인 4원소의 씨앗들이 생겨나고, 수학적인 원리에 의거해 운동하게 되면 우주의 혼이 생겨난 다고 보기 때문이다.

만약 플라톤이 말하는 필연의 생성을 물질과 정신이 발현되는 바탕으로 보게 되면, 딱 들어맞는 것은 아니지만 플라톤이 말하는 필연의 생성은 스피노자가 말하는 '실체=자연=신'에 해당하고, 우주의 몸통과 우주의 혼은 스피노자가 실체의 두 속성이라고 말하는 물질과 정신에 해당된다.

3. 아리스토텔레스와 기독교에서 본 몸

언뜻 생각해 보면, 기독교가 플라톤의 혼 중심설을 강하게 받아들이는 것 같지만, 실은 그렇지 않다. 오히려 아리스토텔레스가 본 몸과 혼의 관계에 대한 입장과 훨씬 가깝다. 아리스토텔레스는 몸을 떠나서는 혼이 존재할 수 없다고 본다. 어떤 경우에 혼이 몸을 떠나는 것처럼 표현하긴 하나 그것은 몸이 생명을 잃는 것에 대한 비유일 뿐이다.
예컨대 아리스토텔레스는 이렇게 말한다.

> 혼의 본질이, 혼이 스스로를 움직이는 것이라고 말하는 사람들에
> 의해 올바르게 기술된다는 것은 거짓이다. 그뿐만 아니라, 운동이
> 심지어 혼의 속성이라는 것도 불가능하다. ······ 그러나 만약 혼이
> 본성적으로 운동에 가담한다면, 혼은 위치를 가져야 한다. ······
> 이제 몸이 장소 이동의 운동으로써 자리를 옮기는 것이 된다. 따라서
> 혼 역시 몸과 함께 전체로서든 부분으로서든 자리를 변경해야
> 한다.[23]

혼의 독자적인 운동을 분명하게 거부하고 있다. 그러면서 몸이
없이는 혼이 운동할 수 없음을 분명하게 밝히고 있다. 이러한 아리스토
텔레스의 지적에서 우리는 그가 혼의 독자적인 실체성을 부정하고
있음을 알 수 있다. 그렇다면 과연 몸과 혼의 관계는 어떻게 되는
것인가?

아리스토텔레스는 몸을 혼의 질료 내지는 가능태로 보고, 혼을
몸의 형상 내지는 현실태로 본다. 그 뜻이 무엇인가에 대해서는 다음의
글을 보아 어느 정도 파악할 수 있다.

> 생명을 가진 자연적 몸은 그러그러한 종류의 몸, 즉 생명을 가진
> 몸이기 때문에, 몸이 혼일 수는 없다; 몸은 주체 또는 질료이지
> 주체 또는 질료에 부가되는 것이 아니다. 그러므로 혼은, 자신

속에 가능적으로 생명을 가진 자연적인 몸의 형상이라는 의미에서
실체일 수밖에 없다. 그러나 실체는 현실태다. 따라서 혼은 위와
같이 가능적으로 생명을 가졌다는 특징을 지닌 몸의 현실태다.[24]
- 혼은 한 사물의 본질에 대한 규정적인 틀(formula)에 상응한다는
의미에서 실체다. 이는 혼이, 그렇게 할당된 성격을 지닌 몸의
'본질적인 무엇'임을 뜻한다. …… 눈이 동물이라고 가정해 보자.
봄(sight)은 눈의 혼이 될 것이다. 왜냐 하면, 봄은 틀, 즉 눈을
단순히 보고 있는 질료이게끔 하는 것에 상응하는 눈의 실체 또는
본질이기 때문이다. 봄이 눈에서 제거되면, 눈은 더 이상 눈이
아니다. … 우리는 이제 우리의 고찰을 부분들에서 살아 있는 몸
전체에로 확장해야 한다. 왜냐 하면 부분적인 감각이 그 기관이
몸의 부분에 대해 갖는 관계는 감각의 전 기능이 감각적인 몸
전체 자체에 대해 갖는 관계와 같기 때문이다.[25]

눈과 봄(시선)의 관계를 통해 몸과 혼의 관계를 말하고 있다. 이는
쉽게 말하면, 혼은 몸의 기능이라는 이야기다. 다만, 그 기능을 떠나서
는 몸이 제대로 된 몸일 수 없기 때문에 혼은 몸의 본질(즉 형상)이고,
몸이 그러한 기능을 제대로 발휘함으로써 현실태로서의 몸이 된다는
것이다. 그러니까 아리스토텔레스의 입장에서 보면, 몸과 혼을 그
존재에 있어서 독자적으로 따로 존재한다고 보는 것은 불가능하다.
즉 플라톤처럼 혼이 먼저 만들어지고 나중에 몸통이 만들어진다는
식의 이야기는 불가능한 것이다. 이는 다음의 이야기에서 더욱 분명하
게 드러난다.

혼은 몸의 역능과 도구에서의 역능에 상응하는 의미에서 현실태다. 몸은 가능태로 존재하는 것에 상응한다. 눈동자와 봄의 역능이 결합하여 눈을 구성하듯이, 혼과 몸이 결합하여 동물을 구성한다. 이로부터, 혼이 그의 몸으로부터 분리될 수 없다는 것은 불가피하다.[26]

이러한 아리스토텔레스의 입장은 혼을 현실태로 삼아 자신을 충분히 발휘하는 몸을 바로 인간이라고 본 것이라 할 수 있다. 말하자면, 인간이 발휘하는 활동의 주체는 혼이 아니라 혼을 가진(가졌다고 해서 무슨 독자적인 실체로 가진 것이 아니라) 인간이라는 것이다. 이는 다음의 언명에서 분명하게 나타난다.

화내는 것이 영혼이라고 말하는 것은 그물을 짜고 집을 짓는 것이 영혼이라고 말하는 것과 마찬가지로 정확하지 못하다. 혼이 불쌍히 여긴다거나 배운다거나 생각한다거나 말하기보다는 이런 일을 하는 것은 영혼을 가진 사람이라고 말하는 것이 낫다. … 생각함, 사랑함, 그리고 미워함은 정신의 상태들이 아니라, 정신을 가진 것의 상태다.[27]

그런가 하면, 아리스토텔레스는 몸과 혼이 하나임을 분명히 밝히고 있다. 그의 다음과 같은 언명은 너무 단순하다고 할 정도로 명백하다.

혼과 몸이 하나인가 아닌가에 대한 물음은 불필요하기 때문에 무시한다. 그것은 마치 밀랍과 스탬프에 의해 밀랍 위에 새겨진 형태가 하나인가 아닌가를 묻는 것과 같다.[28]

혼을 인간 활동의 주체로 보지 않고 또 몸과 혼을 하나로 보는 아리스토텔레스의 입장은 아직 중립적이긴 하지만, 몸과 혼이 하나로서 인간 존재를 형성한다고 할 때, 그 인간 존재가 형성되는 바탕을 몸으로 보면서 몸이 곧 인간 존재임을 역설하게 되면, 몸을 중심으로 해서 인간 존재를 파악하는 니체나 메를로-퐁티의 몸 철학이 생겨나게 된다.

서양에서는 근대의 합리주의를 거치면서 플라톤의 혼 중심설이 더욱 강화되는 과정을 거치는데, 이에 반기를 들고서 몸 중심설을 내세움으로써 현대의 몸 철학이 생겨나게 된다. 이때 아리스토텔레스가 암암리에 영향을 미쳤다고 할 수 있다. 그것은 '몸의 현실태인 혼, 혼의 가능태인 몸'이라는 개념은 몸과 혼을 하나로 볼 수밖에 없도록 할뿐만 아니라, 모든 의식들이 몸을 바탕으로 해서 생겨났고, 또한 살아 있는 인간의 몸이란 근본적으로 죽은 물체에 불과한 것이 아니라 의식들이 체화된 상태임을 암암리에 함축하고 있는데, 바로 이런 생각이 서양의 현대사상에서 특히 메를로-퐁티를 통해 적극적으로 개진되기 때문이다.

문제는 기독교에서 몸을 어떻게 보는가 하는 것이다. 사도 바울에 의한 예수의 가르침에 대한 해석도 그렇지만, 특히 성서에 기록된 예수의 행적을 통해 가늠해 볼 경우 여러모로 기이한 입장이 나타난다.

예컨대 흔히 말하는 '최후의 만찬'의 장면을 보면 보통 인간으로서는 도저히 생각할 수 없는 가장 기이한 행동과 말을 한다.

예수께서 빵을 들어서 축복하신 다음에, 떼어서 그들에게 주시고 말씀하셨다. '받아라. 이것은 내 몸이다.' 또 잔을 들어서 감사를 드리신 다음에, 그들에게 주시니, 그들은 모두 그 잔을 마셨다. 그리고 예수께서 말씀하셨다. '이것은 많은 사람을 위하여 흘리는 나의 피, 곧 언약의 피다.'"[29]

이 대목은 분명, 인간 혹은 동물의 살과 피를 먹고 마시면서 신의 은총을 빌고 모든 동네 사람들이 하나로 도취되어 들어가는 원시의 카니발, 특히 디오니소스적인 제의를 연상케 한다. 살과 피를 먹고 마시는 행위를 통해 새로운 존재가 될 수 있다는 것이다. 이는 예수의 다음과 같은 언명에서 여실히 나타난다.

내 살을 먹고 내 피를 마시는 자는 사람에게는 영생이 있을 것이요, 마지막 날에 내가 그를 살릴 것이다.[30]

말하자면, 예수는 변체(變體; 또는 化體, transsubstantiation), 즉 평범한 빵과 포도주가 자신의 몸과 피로 변한다고 생각하고 있다. 이는 빵과 포도주를 넓은 의미에서 몸(물체)으로 볼 때, 몸의 본질적인 변화 가능성을 말하고 있다고 해석될 수 있다. 잘 알려진 것처럼 기독교인들은 예수의 부활을 믿는다. 예수의 부활에서 핵심은 몸이 완전히 다르게 된다는 것이다. 부활한 예수의 몸은 식사도 하고 말도 하는 구체적인 생명의 몸이면서 동시에 시공간을 마음대로 넘나든다. 빵과 포도주가 인간 예수의 몸과 피가 되듯이, 보통 인간과 동일하던 예수의 몸이 부활함으로써 시공간을 마음대로 넘나드는 몸으로 된 것이다.[31] 예수가 궁극적으로 전하고자 한 것은 몸의 성화(聖化, sublimation)인 것이다. 이러한 예수의 가르침은 성 바울을 통해, "죽은 사람이 어떻게 살아나며, 어떤 몸으로 옵니까?" 하고서 묻는 사람에 대한 대답을 통해 이렇게 이야기된다.

어리석은 사람이여! 그대가 뿌리는 씨는 죽지 않고서는 살아나지 못합니다. 그리고 뿌리는 것은 장차 생겨날 몸 그 자체를 뿌리는 것이 아닙니다. 밀이든지 그밖에 어떤 곡식이든지, 다만 씨앗을 뿌리는 것입니다. 그러나 하나님께서는, 뜻하신 대로 그 씨앗에 몸을 주시고, 그 하나하나의 씨앗에 각기 고유한 몸을 주십니다. 모든 살이 똑같은 살은 아닙니다. 사람의 살도 있고, 짐승의 살도 있고, 새의 살도 있고, 물고기의 살도 있습니다. 하늘에 속한 몸도 있고, 땅에 속한 몸도 있습니다. 하늘에 속한 몸들의 영광과 땅에 속한 몸들의 영광은 저마다 다릅니다. … 죽은 사람들의 부활도 이와 같습니다. 썩을 것으로 심는데, 썩지 않을 것으로 살아납니다. 비천한 것으로 심는데, 영광스러운 것으로 살아납니다. 약한 것으로 심는데, 강한 것으로 살아납니다. 자연의 몸으로 심는데, 신령한 몸으로 살아납니다. 자연의 몸이 있으면, 신령한 몸도 있습니다.[32]

죽을 수밖에 없는 자연의 몸을 심어 죽지 않고 영생하는 신령한 몸을 수확해 내는 것이 부활이라는 것이다. 이는 세상의 종말에 관한 바울의 묘사에서 더욱 분명하게 표현된다.

마지막 나팔이 울릴 때에, 눈 깜박할 사이에, 홀연히 그렇게 될 것입니다. 나팔소리가 나면, 죽은 사람은 썩지 않을 몸으로 살아나고, 우리는 변화할 것입니다. 썩을 몸이 썩지 않을 것을 입어야 하고, 죽을 몸이 죽지 않을 것을 입어야 합니다. …… 그때에, 이렇게 기록한 성경 말씀이 이루어질 것입니다. '죽음을 삼키고서, 승리를 얻었다.'[33]

기독교의 요체는 바로 이런 몸의 변화가 가능하다는 것을 믿는 데 있다. 물질적인 차원이나 몸의 차원을 무조건 비하하고 폄하하면서, 오로지 신성한 성령의 세계만을 주장하는 것이 결코 아니다. 그런 교리에는 이분법적인 비연속성이 가로놓여 있어 현실의 삶을 적극적으로 긍정할 수 있는 길이 없다. 그런데 영원하고 강한 몸으로의 승화를 설파하는 예수의 모습을 중시하게 되면, 연속성이 보이고 통일성이 보인다. 이 세상과 저 세상이 하나로 연결되고, 물질세계와 정신세계가 하나로 연결되고, 몸과 혼이 하나로 통일된다.

이러한 예수와 바울의 입장은 구약성서인 창세기에서 말하는 인간 창조의 설화와 크게 대립되는 것으로 문제를 일으킨다. 거기에서 이렇게 묘사되고 있다.

하나님이 말씀하시기를 '우리가 우리의 형상을 따라서, 우리의

모양대로 사람을 만들자.'[34] − 주 하나님이 땅의 흙으로 사람을
지으시고, 그 코에 생명의 기운을 불어넣으시니, 사람이 생명체가
되었다.[35]

여기서 '형상'이니 '모양'이니 하는 말이 도대체 각각 무엇을 의미하는
가에 대해 이견이 분분하다. 여기에서 '흙으로 된 사람'과 '생명의
기운'이 각기 분리되는 식으로 표현되어 있어 신이 인간을 창조할
때 먼저 몸을 만들고 거기에 혼을 불어 넣었다는 해석이 충분히 가능하
기 때문에 창세기에서는 몸과 혼 이분법이 가능하다. 신이 '흙인 인간'
에게 불어넣을 혼을 먼저 만들어 가지고 있었다고 하면 플라톤의
입장과 비슷해진다.

구약 성서에서는 부활 개념이 없는 것으로 알려져 있다. 영원하고
강한 신령한 몸으로 부활한다는 개념은 더더욱 없다. 그저 "주께서
내 생명을 죽음에서 건져 주시고, 내가 생명의 빛을 받으면서, 하나님
앞에서 거닐 수 있게, 내 발을 지켜 주셨기 때문입니다."[36]라는 식으로
이 세상에서 죽지 않고 악을 행하지 않고 신을 찬양하면서 권선징악에
입각한 삶, 심판과 처벌을 두려워하는 삶을 살기를 원할 뿐이다.
예수의 과업을 예언한 것으로 알려져 있는 예언자 이사야의 이야기에
도, 그저 고래로부터 내려오는 희생제의적인 구도 속에서, 백성의
죄를 대신 짊어지는 모습을 노래할 뿐 부활 개념은 전혀 없다.[37] 그저
"네 창조주를 기억하여라. 육체가 원래 왔던 흙으로 돌아가고, 숨이
그것을 주신 하나님께로 돌아가기 전에, 네 창조주를 기억하여라."[38]라
는 식으로 흙(육체)과 숨(생기, 혼)의 이분법적인 구도를 견지하면서

몸과 혼의 분리를 주장할 뿐이다. 다만, 이 인용문에서 숨이 하나님께로 돌아간다는 것에서 혼이 몸 없이도 독자적으로 존재할 수 있다고 여긴 것만은 분명하다.

이렇게 몸과 혼의 관계로 보면, 유태교와 기독교는 아예 다른 종교라 할 정도로 차이가 크다. 어쩌면 유태교보다 신선이 될 것을 주장하는 도교가 신령한 몸을 운위하는 기독교와 더 가깝다 해야 할 것이다. 아무튼 아담의 창조를 모델로 하는 구약성서의 인간관 내지는 몸에 대한 관점과 예수, 특히 부활한 예수를 모델로 하는 신약성서의 인간관 내지는 몸에 관한 관점은 완전히 다르다. 간단히 말하면, 인간 존재론에 있어서, 몸과 혼의 이원론에서 몸과 혼의 일원론으로 넘어갔던 것이다.

그런데 왜 흔히 기독교에서 몸을 아주 나쁜 것으로 보고 마치 몸에서 모든 죄가 생겨나는 것처럼 여기는 것으로 되어 있을까가 문제다. 말하자면, 왜 몸과 혼을 구분하는 듯하고, 결국은 몸을 죽임으로써 혼을 깨끗하게 해야 한다고 기독교가 주장하는 것처럼 되어 있는가 하는 것이 문제다. 사실이지 성 바울은 곳곳에서 소위 '육신' 내지는 '육체'를 폄하한다.

육체의 행실은 분명합니다. 곧 음행과 더러움과 방탕과 우상숭배와 마술과 원수맺음과 다툼과 시기와 분노와 이기심과 분열과 분파와 질투와 술취함과 흥청거리는 연회와, 또 이와 비슷한 것들입니다. … 이런 일을 하는 사람들은 하나님의 나라를 유업으로 받지 못할 것입니다.[39] ― 우리는 이제부터는 아무도 육신을 잣대로 알려고

하지 않습니다. 전에는 우리가 육신의 잣대로 그리스도를 알았지
만, 이제는 그렇지 않습니다.[40]

이때 '육신' 또는 '육체'로 번역된 원어는 '사륵스sarx', 즉 살(la chair)이
다. 성 베드로도 "그들은 허무맹랑하게 큰소리를 칩니다. 그들은 그릇
된 생활을 하는 자들로부터 가까스로 빠져 나온 사람들을 육체의
방종한 정욕으로 유혹합니다."[41]라는 말을 통해 육체, 즉 '살'이 방종한
정욕의 원천인 것처럼 말한다. 그뿐만 아니라, 예수마저 "시험에 빠지
지 않도록, 깨어서 기도해라. 마음은 원하지만, 육신이 약하구나!"라
고 합니다. 여기서 마음은 프쉬케psyche이고, 육신은 사륵스, 즉 살
이다.

홍미로운 사실은 신약성서에서 몸과 살을 구분하는 경향이 있다는
것이다. 몸은 대체로 전인적全人的인 인간 자체를 지칭하는 데 많이
쓰고, 살은 인간(혹은 인간 몸)에서 죄를 끌어들이는 창구인 양 하는
데서 많이 쓴다. 그러다 보니, 예수의 살을 제외하고는 인간의 살을
좋은 문맥에서 쓰는 경향이 거의 없는 데 반해, 몸에 대해서는 여러
가지로 좋은 방향으로 쓰고 있다. 성 바울은, "우리도 여럿이지만
그리스도 안에서 한 몸을 이루고 있으며"[42]라든가 "여러분은 그리스도
의 몸이요, 한 사람 한 사람은 그 지체입니다."[43]라는 대목에서 신도들
의 공동체, 즉 교회를 그리스도의 몸이라 부르는 데서 그러하다.
또 "여러분의 몸은 성령의 전입니다. …… 여러분의 몸으로 하나님을
영화롭게 하십시오."[44]라는 대목에서 한 사람 한 사람의 몸을 신성한
영이 거주하는 신전으로 묘사하는 데서도 그러하다.

그래서 성령과 대립되는 것은 살(육체)이지 몸이 아니다. "여러분은 성령께서 인도하여 주시는 대로 살아가십시오. 그러면 육체의 욕망을 따라 살아가지 않게 될 것입니다. 육체의 욕망은 성령을 거스르고, 성령이 바라시는 것은 육체를 거스릅니다. 이 둘이 서로 적대 관계에 있으므로, 여러분은 자기가 원하는 일을 할 수 없게 됩니다."[45] 여기에서 말하는 육체는 사륵스, 즉 살이다. 성령은 인간의 몸을 전혀 새롭게 만들기 위한 매개가 된다. 성령은 살을 새롭게 만드는 것이 아닌 셈이다. 성령을 받으면, 부활하여 신령한 몸이 될 수 있는 것이다.

아무튼 기독교의 몸에 대한 인식에서 아주 특이한 것은 몸과 살(육체)을 구분하는 경향이 있다는 것이고, 살에 얽매인 몸과 성령에 얽매인 몸을 구분한다는 점이다. 그리고 이때 몸이란 기실 인간 전체를 뜻하는 것이 아닐 수 없다. 그러다 보니 살아 있는 인간들에 대해 영(프뉴마, pneuma)이라거나 혼이라 부른 대목은 없고, 그저 '사람 속에 있는 영'[46]이라든가 '영이 떠나간다'[47]라는 말을 하고 있을 뿐이다. 그러나 기실 인간의 궁극적인 상태는 몸과 영(또는 혼)이 분리된 것이 아니라 몸과 영이 하나로 된 몸, 즉 신령한 몸인 것임을 염두에 둘 때, 기독교에서는 '영원한 몸' 일원론을 주장하고 있다.

기독교의 몸에 대한 입장을 이렇게 '영원한 몸' 일원론으로 볼 경우, 이를 뒷받침하는 근원적인 기초는 역시 예수의 몸이다. 예수의 몸을 논의할 때 가장 중요한 것은 "말씀이 육신이 되어 우리 가운데 사셨다. 우리는 그의 영광을 보았다."라고 말하는 요한복음서의 이야기에 따른 예수의 성육신(成肉身, Incarnation)이다. 여기서 '육신'이란 살(샤륵스)이다. '살'이라는 개념을 일반 인간들에 대해서는 아주 나쁜 의미로만 쓰면서, 예수에 대해서만큼은 이렇듯 좋은 뜻으로 쓴다는 게 아주 흥미롭다. 변체를 이루는 '성찬' 의식에서도 중요한 것은 예수의 살이지 예수의 몸이 아니다.

아무튼 중요한 것은 말씀이 살(육체) 속에 들어온 것이 아니라, 아예 살이 '되었다'는 것이다. 플라톤에서 영혼이 몸에 갇힌다거나 들어온다는 것과는 완전히 다르다. 흔히 기록자 요한이 헬레니즘의 영향을 받아 로고스(말씀)를 운위했다고 하는데, 그 처리 방식은 전혀 다르다. 예수의 몸은 그 자체로 말씀 내지는 진리 내지는 이성인 것이다. 혹은 달리 말해, 이 '말씀'이 창조주인 셈이니 창세기의 창조신과 견주어 보면, 예수는 바로 창조신의 현현인 것이다.

그런데 위에서 말한 것처럼, 살은 항상 좋지 않은 방향으로 죄악과 고통의 근원인 양 폄하되어 사용된 것이었다. 말하자면, 원죄의 장소인 셈이다. 예수가 원죄를 인정했는가는 정확하게 알 수 없다. 다만 치열하게 당시 사람들에게 회개를 외치면서 특히 잘 먹고 잘 사는 사람들을 공격한 것만은 사실이다. 그리고 무엇보다 중요한 것은 그가 하나님의 나라를 건설하려 했고, 하나님의 나라는 극적으로 승화된 몸이 아니고서는 불가능하다고 생각했다는 것이다. 문제는 어떻게 그 나라를 건설할 것이며, 어떻게 극적으로 승화된 몸을 현실화 시킬 것인가 하는 방법이다.

비의적이긴 하지만, 예수는 자신의 살과 피를 사람들에게 제공하지 않으면 안 된다는 것을 알았다. 그래서 자기의 살과 피를 제자들에게 이미 나누어 주면서, 그것을 통해 십자가에 매달려 죽임을 당함으로써 자신의 온몸을 살과 피로 찢어 사람들에게 나누어 주지 않으면 안 된다는 점을 강조한 것이다. 예수가 실제 자신의 몸을 십자가에 매달게 했을 때, 그 몸을 과연 누구에게 바친다고 생각했는가는 쉽게 단정할 수 없습니다. 쉽게 생각하면 하나님께 자신의 몸을 바친 것 아니냐 싶지만, 성 바울에 따르면 그렇지 않다. "하나님께서 이 예수를 사람에게 속죄 제물로 주셨습니다. 누구든지 그 피를 믿으면 속죄함을 받습니다."[48] 여기서 피를 믿는다는 말은, 예수의 말을 있는 그대로 받아들이면, 예수 자신의 피를 마시는 것이다. 사람들에게 예수 자신의 피를 마시게 하기 위해서는 산 채로 죽어 피를 흘려야 하는 것이다. 특히 가톨릭교회에서 포도주로써 예수의 피를 마시려고 하는 자는 십자가 사형 장면을 떠올리면서 아마도 다음과 같은 생각을 할 것입니다. '아! 내가 그 현장에 있어서 예수님의 몸에서 흘러내리는 피를 직접 마신다면, 얼마나 영광스러울까!' 기독교의 신성함에 지독한 잔인성이 깃들어 있음을 느끼게 하는 대목이 아닐 수 없다.

인간을 구원하는 데 있어서 이처럼 철저히 구체적인 예수의 몸, 즉 예수의 살과 피가 필수적이라는 사실은 매우 중요하다. 만약 인간의 죄 내지는 원죄가 그저 영혼의 문제에 그친다면, 굳이 이렇게 잔인하게 예수를 찢어서 인간들에게 공여할 이유가 있을까? 인간을 사랑하는 신의 입장에서, 잘 알 수 없긴 하지만 진정 인간의 어떤 점을 안타깝게 여겼을까? 예수가 "너희가 나의 말에 머무르면, 참으로 나의 제자가 되고, 진리를 알게 될 것이요, 진리가 너희를 자유롭게 할 것이다."라고 했을 때, 예수의 생각에 인간이 자유롭지 못한 까닭은 과연 무엇이었을까?

만약 신이건 예수건 그들이 갖는 인간에 대한 안타까움(사랑)이 인간 몸이 지닌 한계에 대한 것이라면, 그러면서 그들이 도대체 몸이 없이는 이 무변광대한 몸의 우주가 허망함으로 귀결될 것이고 따라서 몸이 만유의 존재 원리임을 인정할 수밖에 없다면, 어떤 귀결이 나올까? 첫째는 몸을 통하지 않고서는 인간이 구원받을, 즉 몸의 한계를 꿰뚫을 수 없다고 여길 것이다. 둘째는 인간의 구원이 순수한 영혼을 획득하는 데 있는 것이 아니라 탁월한 자유로운 몸을 갖는 데 있는 것이라 여길 것이다. 셋째는 인간을 구원하는 길은 그들의 몸을 통하지 않고서는 불가능하다는 것을 알게 될 것이다. 그렇지 않고서야 예수의 몸을 갈갈이 찢어 피가 뚝뚝 흐르면서 묻어 있는 그의 살과 피를 인간들에게 공여할 이유가 없을 것이다.

그런데도 결국 기독교는 금욕주의적인 방향으로 흐른다. 원리상 기독교적인 금욕주의는 살을 죽여 몸을 살리자는 것이지, 몸을 죽여 혼을 살리자는 것은 아니어야 한다. 그런데도 후자의 방향으로 흐른 것은 사실이다. 그것은 성 바울이 한 살에 대한 이야기를 실현하려 하다 보니 몸을 학대 쪽으로 나아갔기 때문이다. 성 바울은 살로부터 음행, 더러움과 방탕, 우상숭배, 마술, 원수맺기, 다툼, 시기, 분노, 이기심, 분열, 분파, 질투, 술취함, 흥청거리는 연회 등 도대체 '하나님의 나라'와 대립되는 일들이 벌어진다고 말한다. 그러면서도 성 바울은 "몸을 학대하는 데 지혜를 나타내 보이지만, 육체의 욕망을 억제하는 데에는 아무런 유익이 없습니다."[49]라고 함으로써 잘못된 금욕주의를 질타한다.

중요한 것은 기독교에서는 몸과 혼을 이분법적으로 분리하는 것이 아니라, 몸과 살을 이원적으로 구분하고 있다는 사실이다. 여기에서 우리는 몸을 혼과 살이라는 이원적인 계기의 바탕으로 볼 수도 있다는 생각을 하게 된다. 이를 받아들이게 될 경우, 이야기가 상당히 복잡해진다. 몸의 타락한 형태가 살이고, 몸의 성화된 형태가 신령한 몸이라고 말하면서, 이 신령한 몸을 통해 혼이 온전히 실현된다고 말하게 된다.

4. 데카르트가 본 몸

데카르트의 몸에 관한 이야기는 그의 성찰 2(그의 『성찰』은 여섯 개의 성찰들로 이루어져 있음)에서 제법 소상히 제시되고 있다.

> 나란 무엇인가를 고찰했을 때마다 저절로 내 본성에 인도되어 내 정신 속에 떠오른 것이 무엇이었던가에 주의해 보고자 한다. 그때 맨 처음 떠오른 것은, 내가 얼굴, 손, 팔 및 모든 지체로 된 기계 전체를 가지고 있다는 것이었다. 이 기계는 시체에서도 볼 수 있는 것으로서, 나는 이것을 몸이란 이름으로 불렀다. 그 다음에 내 정신 속에 떠오른 것은 내가 영양을 취하며, 걸어 다니며, 감각하며, 생각한다는 것이었다. 나는 이 모든 활동을 영혼에 관련시켜 생각하고 있었다. …… 〔몸 즉〕 물체란 어떤 모양으로 한정되어 있는 것, 즉 어떤 장소에 의해 둘러싸이고 다른 모든 물체를 거기서 배제하면서 어떤 공간을 채우는 것, 촉각·시각·청각·미각 혹은 후각에 의하여 지각되는 것, 여러 방식으로 움직여지지만, 결코 자기 자신에 의하여 움직여지지는 않고 다만 어떤 다른 것이 닿아서

움직여지는 것이라고. 왜냐 하면 자기 자신을 움직이는 힘, 감각하여 생각하는 힘을 가진다는 것은 결코 물체의 본성에 속하지 않는다고 나는 판단했으며, 또한 그런 능력이 어떤 물체 (즉 몸) 속에 있는 것을 보고 나는 놀라마지 않았기 때문이다. 그러나 지금 나는 어떤 극히 유능한, 그리고 이렇게 말할 수 있다면, 악의 있는 기만자가 온갖 힘을 다하여 나를 속이고 있다고 가정하고 있다. 이때 나는 무엇인가? 나는 위에서 물체의 본성에 속한다고 한 모든 것들 가운데 무엇인가를 조금이라도 가지고 있다고 확인할 수 있을까? 나는 여기에 대해서 주의하고, 생각하고, 다시 되돌아와서 생각해 본다. 그러나 내가 가지고 있다고 주장할 수 있는 것을 하나도 찾지 못한다.[50]

여기에 데카르트가 몸을 어떻게 보고 있는가가 제법 소상하게 나타나 있다. ①몸은 시체와 같은 기계다. ②몸은 물체인데, 물체는 일정한 모양을 갖추고 있다.(형태성) ③물체, 즉 몸은 일정한 공간을 차지하고 있으면서 다른 물체들, 즉 다른 몸들을 배제한다.(불가투입성) ④물체, 즉 몸은 감각적으로 지각된다.(지각가능성) ⑤물체, 즉 몸은 스스로 움직이지 못하고 항상 다른 것에 닿아서 움직여진다.(힘의 충돌성) ⑥나는 물체, 즉 몸이 아니다.

이렇게 정리하고 보면, 데카르트의 몸(혹은 물체)에 대한 생각이 기계론적임을 알 수 있다. 특히 몸을 규정하면서 색, 냄새, 단단함이나 야물야물함, 소리 냄 등의 성질들을 갖고 있는 것으로 보지 않고 오로지 지각 가능함이라는 말로 대체하고 있다는 점에서 이를 잘 알 수 있다. 지각 가능하다는 것은 결국 지각 주체인 정신과의 교섭 과정을 염두에 둔 것이기 때문에 지각된 내용들은 물체의 객관적인 성질이 아닌 것으로 된다. 그리고 보면, 물체에서 질적인 내용들을 다 빼버리고, 객관적이라 여겨지는 성질들, 즉 물리학적·수학적으로 처리가능한 양적인 성질들만을 할당하고 있음을 알 수 있다. 더욱이 '나'가 몸이 아니라는 점을 역설함으로써 결국 몸이 주체일 수 없음을 분명히 하고 있다. 이에 몸과 관련되어 나타나는, 영혼에 관련되는 일도 '나'가 아닌 것으로 된다. 이렇듯 데카르트는 어쨌건 몸에 직간접적으로 관련된 내용들은 결코 진정한 주체의 영역에 속한 것으로 볼 수 없다고 말한다. 그런 뒤 그는 이렇게 말한다.

그러면 생각하는 일은 어떤가? 나는 여기서 생각이야말로 나에게 속한 것임을 발견한다. 이것만은 나에게서 떼어낼 수 없다. 나는 있다. 나는 현존한다. 이것만을 확실하다. 그러나 얼마 동안인가? 물론 내가 생각하고 있는 동안이다. 왜냐 하면, 만일 내가 생각하기를 아주 그친다면, 그 순간 나는 또한 존재하기를, 즉 현존하기를 그치겠기 때문이다.[51]

여기에서 '생각'이란 것은 생각의 내용이 아니라 생각하는 작용을 말한다. 그 유명한 "나는 생각한다. 그러므로 나는 존재한다."라는 말은 내가 생각하고 있는 것으로 보아 생각하는 내가 현존한다는 것이겠다. 그런데 여기서 아주 재미있는 이야기를 포착해야 한다. 그것은 생각하는 동안만 내가 존재한다고 데카르트가 말하고 있다는 점이다. 우리는 늘 생각하는가? 만약 생각했다가 생각하지 않았다가 한다면, 우리는 존재했다가 존재하지 않았다 하는 것이 되지 않는가? 이에 대해서는 아마도 데카르트가 뒤에서 뭔가 암시를 주겠지만, 일단 데카르트의 '생각하는 나'의 현존성이 무조건 지속적인 것만은 아님을 간파할 수 있다. 아무튼 생각한다는 것에서 자신의 현존을 찾은 데카르트는 아예 '나'를 생각하는 주체로 만들어 버린다.

그렇다면 나는 무엇인가? 하나의 생각하는 것이다. 그러면 생각하는 것이란 무엇인가? 그것은 의심하고, 이해하고, 긍정하고, 부정하고, 의지하며, 의지하지 않으며, 또한 상상하며, 감각하는 것이다.[52]

언뜻 보면, 생각하는 것에 감각하는 것이 들어 있어 위에서 몸에 관련되는 감각을 자신에 속한 것이 아니라고 한 것과 상치되는 것 같다. 그런데 조금 더 뒤에 가 보면, 데카르트는 이렇게 말한다.

내가 보고, 들으며, 몸이 따뜻해짐을 느낀다고 생각되고 있다는 점은 확실하다. 이것이야말로 본래 내 속에서 감각된다고 일컬어지는 것이다. 그리고 이것은 엄밀한 의미에서 다름 아닌 생각이다.[53]

이렇게 해서 그는 흔히 몸을 통해 감각된다고 하는 것을 피하고, 감각을 감각에 대한 생각으로 바꿔 놓고 있다. 도대체 감각하지 않고서는 내가 '나'가 아닌 것으로 여겨질 수밖에 없었던 까닭에, 그러면서

234

동시에 생각 외에는 진정으로 나에게 속한다고 할 수 있는 것이 없다고 해야 하는 까닭에, 이렇게 감각 개념을 사유적인 것으로 바꿔 놓고 있는 것이다.

따라서 물체에 대한 인식은 감각에 근거한 것이 아니라, 그 감각적인 내용들을 넘어서서 물체 자체를 파악하는 정신적인 통찰에 근거한다고 본다. 그렇다면, 하나의 물체가 진정 무엇인가를 아는 것은 정신의 통찰이지 결코 감각적인 작용이나 상상의 작용이 아니라는 것은 도대체 무엇을 함축하는가? 그것은 감각적인 작용에 의해 주어지는 내용들은 믿을 게 못 되고, 따라서 그것에 상응하는 것들이 객관적으로 현존한다고 생각해서는 안 된다는 것을 말한다. 그리고 오로지 정신적으로 파악되는 것만 그것에 상응하는 객관적인 현존이 성립한다고 말해야 함을 의미한다. 이런 정신 내지 지성 위주의 데카르트의 인식론은 인간에 대해서도 그대로 적용된다.

> 그래서 나는 밀랍은 눈의 시각에 의하여 인식되며, 정신의 통찰만으로 인식되는 것이 아니라고 결론을 내리기가 일쑤이다. 그런데 내가 문득 창 너머로 길을 지나가는 사람들을 바라본다고 하면, 밀랍의 경우와 마찬가지로, 사람들 자체를 본다고 말한다. 하지만 내가 본 것은 모자와 옷뿐이고, 그 밑에는 자동 기계가 숨어 있을 수도 있지 않을까? 그러나 나는 그것들이 정말 사람들이라고 판단하며, 이와 마찬가지로, 나는 내가 눈으로 본다고 믿고 있던 것도 오직 내 정신 속에 있는 판단의 능력만으로 이해하는 것이다.[54]

여기에서 '오직 내 정신 속에 있는 판단의 능력만으로 이해한다는 것'이 중요하다. 눈으로 본다고 믿는 것은 기실 눈으로 보는 것이 아니라 정신으로 판단하고 이해한다는 것이다. 그렇다면, 눈은 뭔가? 눈이 없어도, 즉 몸이 없어도 정신만으로 판단하고 이해할 수 있다는 것인가? 혹시 그럴지도 모른다. 왜냐 하면 아직 물체의 현존을 확신하지 못하고 있기 때문에, 즉 눈에 대해서도 바깥의 물체에 대해서도 그 현존을 확신하지 못하고 있기 때문이다. 다만 밀랍이라고 혹은 인간이라고 파악할 수 있는 그 무엇인가가 나의 정신에만 그 관념으로 나타나 있을 뿐이다.

말하자면, 이 단계에서 데카르트는 위에서 말한 바 감각에 대한 생각, 즉 감각적인 관념들이건 그 감각적인 관념들을 꿰뚫고서 정신적인 판단에 의해 파악한 관념들이건 간에 아직 바깥에 객관적인 현존을 획득하지 못하고 있다. 다음의 이야기에서 알 수 있듯이, 오로지 나의 정신이 갖는 현존만을 재확인할 뿐이다.

> 물체들도 본래 감각이나 상상의 능력에 의하여 파악되는 것이 아니라 오직 오성에 의하여 파악된다는 것, 또 만지거나 봄으로써 파악되는 것이 아니라 오직 이해함으로써만 파악된다는 것이 분명하므로, 나는 내 정신보다도 더 쉽게 그리고 명증적으로 나에게 파악되는 것은 하나도 없다는 것을 분명히 인식한다.[55]

이제 상당히 복잡한 데로 들어가게 된다. 결국 데카르트는 신의 진실성을 근거로 천신만고 끝에 물체, 즉 몸이 현존한다는 결론을 내린다. 하지만 그가 밝힌 물체적인 사물의 현존은 기실 수학적으로 파악되는 사물들의 관념에 실체성을 부여한 것일 뿐이다.

하지만 아마도 이 물체적인 것들은 우리가 감각으로 파악하는 대로 있지는 않을 것이다. 왜냐 하면 감각에 의한 파악은 많은 점에 있어서 극히 불명료하고 혼란되어 있기 때문이다. 그러나 적어도 내가 명석판명하게 이해하는 것은 모두, 즉 일반적으로 말해서, 순수 수학의 대상 속에서 파악되는 것은 모두, 정말 거기에 있다는 것을 인정하지 않으면 안 된다.[56]

그럴 때, 가장 문제가 되는 것은 나의 몸 바깥에 있는 물체들이 나의 몸에 대해 미치는 구체적인 영향들이다. 왜냐 하면, 이 구체적인 영향은 물질적인 것들을 그저 순수 수학적인 대상으로만 존재한다고 한 것과 대립될 수도 있기 때문이다. 그러면서 동시에 문제가 되는 것은 인간이 몸과 정신의 합성체라는 사실이다. 이 합성체야말로 진정한 내가 아닌가? 이 합성체에서 몸과 정신은 상호작용을 하는가, 한다면 어떻게 가능한가? 하는 등의 문제가 꼬리를 물고 나서게 된다.

물체적 사물의 현존을 증명한 탓에 데카르트로서는 일이 복잡하게 되었다. 이제까지는 지성적인 실체인 정신만 존재한다고 말하고, 그 지성적인 실체에 사유하는 능력뿐만 아니라 감각하는 능력을 부여했다. 그런데 물체적인 현존이 증명된 한, 감각적인 관념들의 출처가 물체적인 사물이고 그 매개가 내가 가지고 있는 내 몸임을 부인하기가 쉽지 않기 때문이다. 일단 데카르트는 나와 나의 몸이 판연하게 다른 것임을 역설한다.

나는 하나의 몸을 가지고 있고, 나는 이 몸에 밀접하게 결합되어 있지만, 한편 나는 내가 오직 하나의 생각하는 것으로서 연장을 가지고 있지 않는 한에서 나 자신에 대한 명석판명한 관념을 가지고 있고, 다른 한편으로는 몸이 한갓 연장을 가지고 있을 뿐이요, 생각하는 것이 아닌 한에서 몸에 대한 판명한 관념을 가지고 있기 때문에, 내가(즉 내 영혼이) 내 몸과 판연히 다른 것이요, 몸 없이 존재할 수 있다는 것은 확실하다.[57]

여기에서 데카르트는 연장적 실체로서의 몸과 사유적 실체로서의 정신을 확실하게 구분하고 있다. 그런데 내가 하나의 몸을 가지고 있고, 이 몸에 밀접하게 결합되어 있다는 것도 분명하게 말하고 있다. 문제는 '몸을 가지고 있다'는 것이 무엇을 의미하며, 더군다나 '이 몸에 밀접하게 결합되어 있다는 것'이 무엇을 의미하는가 하는 것이다. 이에 관해 데카르트는 이렇게 말한다.

실상 자연이 나에게 가르쳐 주는 것이 얼마간의 진리를 지니고 있다는 것은 조금도 의심할 수 없는 일이다. 왜냐 하면 내가 지금 일반적인 의미에서 자연이라 하는 것은 하느님 자체, 혹은 하느님이 피조물들 속에 세운 질서 이외의 아무것도 아니기 때문이다.[58] — 이 자연이 나에게 무엇보다도 명백하게 가르쳐 주는 것은 내가 하나의 몸을 가지고 있다는 것, 즉 내가 고통을 느낄 때에는 불편하고, 배가 고프거나 목이 마를 때에는 먹거나 마셔야 하는 몸을 가지고 있다고 하는 것이다. 따라서 나는 이것에 얼마간의 진리가 있다는 것을 의심해서는 안 된다. 자연은 또한 나에게 이러한 고통·배고픔·목마름 등의 감각을 통하여 마치 뱃사공이 배를 타고 있는 것처럼 내가 내 몸속에 깃들이고 있을 뿐만 아니라, 매우 밀접하게 결합되어 있고, 이를테면 혼합되어 있어서 몸과 더불어 일체를 이루고 있음도 가르쳐 준다. 왜냐 하면 만일 이렇지 않다면, …… 내 몸에 대해 지각이나 이해만 가질 뿐 배고픔이나 목마름의 혼란된 감각을 가지지 못할 것이기 때문이다.[59]

데카르트에 따르면, 도대체 정신이 의지를 발동해 따르지 않으면 안 되는 급박한 감각들, 즉 배고픔이나 목마름에 대한 감각들을 보아 순수한 정신으로서의 나는 나의 몸과 판연하게 구분되지만, 동시에 이 순수한 정신으로서의 내가 몸과 밀접하게 관련을 맺고 있음도 틀림없다는 것이다. 이러한 데카르트의 생각은 합성체로서의 인간인 나에게 무엇이 유익하고 무엇이 해로운가를 자연이 합성체의 부분인 정신에게 알려준다는 데서 강화된다. 그리고 감각, 즉 감각 기관의 지각은 이를 위해 주어진 것이라고 말한다.[60] 감각이 그저 몸을 유리한 방향으로 끌고 가기 위해 정신에게 어떤 정보를 알리는 것이 아니라, 정신과 몸의 합성체 전체를 유리한 방향으로 끌고 가기 위해 정신에게 어떤 시급한 정보를 알린다는 것이다.

그렇다면, 데카르트의 생각을 우리는 이렇게 추정할 수 있을 것이다. 즉 '몸이 망가지면 합성체가 망가진다. 합성체가 망가지면 정신이 망가진다. 그러므로 합성체가 망가지지 않도록 하려면 몸이 전달하는 감각 내용을 정신이 잘 살펴야 한다.' 어쩌면 당연한 상식이다. 이렇게 해석될 수 있다면 데카르트는 상식을 잘 따른 셈이다. 문제는 합성체를 이루고 있는 정신과 몸의 관계다. 데카르트는 이에 대한 설명으로 다음과 같은 말을 한다.

> 정신이 몸의 모든 부분들로부터 직접 영향을 받는 것이 아니고 오직 뇌로부터만, 혹은 아마도 뇌의 가장 작은 한 부분, 즉 공통 감각이라고 불리는 능력이 활동하는 부분으로부터만 직접 영향을 받는다고 하는 것이다."[61] — 우리가 물을 마셔야만 할 때에는 이 때문에 목구멍이 마르게 되고, 신경이 움직이고, 이 신경을 통하여 뇌의 가장 깊은 부분이 움직인다. 또 이 운동이 정신으로 하여금 갈증을 느끼게 한다.[62]

뇌를 정신과 몸의 연결 부위로 보지만, 데카르트 역시 뇌가 몸과 같은 성질의 물체적인 사물임을 알고 있기에, 이로써 대답이 되었다고 여기지는 않을 것이다. 그런데 이에 대한 의문을 제기하지 않고 당연한 것처럼 슬쩍 넘어가고 있다. 정신과 물질의 이원론, 이를 바탕으로 한 인간 혼과 인간 몸의 이원론으로써는 도대체 인간 존재를 제대로 설명할 수 없다는 것을 보이고 만다.

하지만 인간 몸이 기계라는 사실을 분명하게 함으로써, 만약 인간 존재가 아리스토텔레스나 기독교에서처럼 근본적으로 몸이라는 사실이 밝혀지면, 기계 역시 혼(혹은 생명)의 기능을 할 수 있는 것임을 제시할 수 있는 길을 자기도 모르게 마련하고 있는 것이 데카르트의 몸 이론이라 할 수 있다.

5. 니체가 본 몸

니체의 『짜라투스트라는 이렇게 말했다』에서 짜라투스트라는 그 유명한 정신의 변용에 대한 설교로써 말문을 연다.

> 내가 너희에게 정신의 세 가지 변용을 들겠다. 곧 정신이 낙타가 되고, 낙타가 사자가 되고, 사자가 마침내 아이가 되는 변용을. …… 가장 무거운 짐이란, 자신의 자부심에 상처를 주기 위해 스스로를 낮추는 것, 자신의 지혜를 조소하기 위해 자신의 어리석음을 훤히 드러내는 것이 아닌가? …… 스스로 자유를 창조하는 것, 그리고 의무 앞에서까지의 신성한 부정, 그것을 위해, 나의 형제여, 사자가 필요한 것이다. …… 어린아이는 순진무구함이며, 망각이며, 새로운 시작이며, 하나의 놀이이며, 스스로 굴러가는 바퀴이며, 최초의 움직임이며, 하나의 신성한 긍정이다. 그렇다. 창조의 놀이를 위해서는, 나의 형제여, 신성한 긍정이 필요한 것이다. 이제 정신은 '자신의' 의지를 원하고, 세계를 잃어버리는 자는 스스로 '자신의' 세계를 획득하는 것이다.[63]

낙타는 그 어떤 삶의 지저분함이나 무시무시함조차 자신의 삶의 운명으로 받아들이면서 견디는 정신을 말하는 것 같다. 낙타는 그

무거운 짐을 지고서 자신의 사막을 서둘러 나선다. 『비극의 탄생』에
비추어 보면, 이는 죽을 수밖에 없는 인간의 운명을 역설하는 실레노스
의 지혜가 형성해 놓은 늪 속에 기꺼이 빠져 들어가는 것이라 할
것이다. 인간에게서 최선의 것은 태어나지 않는 것이고, 태어난 이상
차선책은 빨리 죽는 것이 실레노스의 지혜다. 더럽기 짝이 없고 무시무
시한 삶의 역설을 짊어지고 가는 것이 낙타다. 그러나 이윽고 사막을
열심히 건너가던 낙타는 운명의 주인인 신을 만나 적이 되고자 하고
그 거대한 용과 싸우려 한다고 니체는 말한다. 그 거대한 용은 결국
죽음과 무의미로 무장해 있다. 그럴 때 낙타는 사자로 변신한다.
그리고 일체의 운명을 벗어던지고 스스로의 자유를 창조하려 한다.
그래서 일체의 뜨거운 부정이 일어난다. 이는 물론 제 스스로의 생산하
고 생산되는 삶을 부정하는 신성의 논리를 부정하는 것이다. '너는
해야 한다'라는 낙타가 짊어진 당위의 윤리가 깨어지면서 환상이었다
는 것이 드러나고 기존의 신성 일체가 부정된다. 그러나 이렇듯 기존의
삶의 설계를 부수고 약탈을 일삼는 사자의 부정은 오로지 스스로의
자유를 획득하는 것일 뿐 그 자체로는 창조가 될 수 없다. 그래서
사자는 어린아이로 변신하게 된다. 창조의 놀이를 위해 전혀 새로운
신성한 긍정을 하면서 스스로 굴러가는 바퀴가 되어, 뭇 낙타와 사자와
어린아이를 통해 무한 긍정으로 늘 새롭게 굴러가는 정신, 즉 '영원회
귀'의 정신이 탄생하는 것이다.

　어쩌면 니체의 이야기 중에서 가장 유명한 낙타―사자―어린아이의
이 변신 과정은 나름대로 삶의 의미를 찾고자 하는 이들이 겪는 과정이
아닌가 싶다. 그런데 낙타 앞에 원숭이를 하나쯤 더 넣었더라면 좋지

않았나 싶다. 그저 구경거리에 불과한 원숭이의 잘난 척하는 모습이 철학적인 반성을 하지 못한 채 그저 사회의 쳇바퀴 속에서 이리 뛰고 저리 뛰고 하면서 재주를 뽐내는 성인의 일상적인 모습일 것이기 때문이다. 그러던 중 '아! 삶이란 얼마나 근본적으로 무의미한 것인가!' 하면서 가상적인 초월적 힘을 받아들이는 것이 낙타의 모습일 것이기 때문이다. 그런 다음 자신에게 가상을 덮어씌워 온 초월적인 힘이 자신을 부정하는 것임을 깨닫고 드디어 그것과 싸우려 할 때 사자가 되는 것이다. 예컨대 실존 철학은 이러한 과정의 극단이라 할 수 있을 것이다. 그러나 그렇게 해서 획득한 자유가 그저 부정의 논리에 사로잡혀 있었음을 깨닫고 그러한 부정의 논리로써 획득한 자유가 잉여적인 것에 불과하다는 것을 깨달을 때, 이제 자신의 삶을 그 자체로 긍정하면서 향유하려는 경지에 이르게 되는 것이고, 이때 신성한 긍정으로 스스로 굴러가는 바퀴인 어린아이가 된다. 그런데 정신의 최종적인 상태인 이 어린아이가 외치는 이야기가 몸을 탐색하는 우리에게 자못 심중하게 다가온다.

'나는 몸이며 영혼이다.'라고 말한다. 그런데 어째서 인간은 어린아이처럼 말하면 안 된단 말인가? / 그러나 깬 자, 아는 자들은 말한다. '나는 고스란히 몸이며 그리고 그 외에는 아무것도 아니고, 그리고 영혼이란 몸에 딸린 무엇인가를 위한 말일 뿐이다.'라고.[64]

'몸을 경멸하는 자들에 관하여'라는 제목이 붙은 대목에서 니체는 이렇게 짜라투스트라의 입을 빌어 '고스란히 몸'인 인간이 근원적이며 궁극적으로 깬 자임을 역설한다. 아리스토텔레스와 기독교에서 함축되는 수준으로만 매설되어 있던 명제가 니체의 입을 통해 아예 명시적으로 제시되고 있다. 진정한 인간은 자신이 고스란히 몸임을 정확하게 깨닫는다는 것이 그것이다. 그러고 보면, 가브리엘 마르셀에 이어 메를로-퐁티가 말하는 바, "나는 내 몸이다."라는 유명한 명제는 이미 니체가 정확하게 제시해 놓은 것이다.

　우리 자신을 순전히 몸이라고 하고, 영혼 혹은 정신을 몸에 딸린 몸의 부수적인 기능이나 장치에 불과하다고 하면 싫어할 사람들이 많을지 모르겠다. 그들은 몸·영혼 이분법에 매달려 있으면서, 그렇다고 스피노자처럼 몸·영혼의 병행론을 수납하는 것도 아니고 몸이 영혼의 감옥이라고 하는 플라톤의 입장을 고수하고 있다고 보아야 한다. 그러면서 순수한 영혼이기를, 그럼으로써 자신의 존재가 일체의 몸과 물체들을 장악할 수 있는 위력을 지닐 수 있을 것으로 여기기 때문이다.

　이러한 니체의 인간에 대한 몸 일원론적인 입장은 정신(영혼)을 중심으로 생겨나는 것으로서 여겨지는 사건들 역시 알고 보면 몸을 중심으로 생겨나는 사건들임을 역설하는 데서 더욱 강화된다.

내 말을 믿으라, 나의 형제들이여! 몸에 절망한 것은 바로 몸이었다. ─현혹된 정신의 손가락으로 최후의 벽을 더듬었던 것은 몸이었다. / 내 말을 믿으라, 나의 형제들이여! 대지에 절망했던 것은 몸이었다. 존재의 배[腹]가 자신에게 얘기하는 것을 들었던 것은 몸이었다. / 그리고 그때 몸은 머리로써 최후의 벽을 뚫고 ─그것도 머리로써

만은 아니지만 ─ '저 세상'으로 넘어가고자 했던 것이다.[65]

몸에 절망한 것도 몸 자신이고, 대지에 절망한 것도 몸 자신이고, 또한 절망의 최종적인 벽을 더듬다가 꿰뚫어 내세를 만들어 낸 것도 몸 자신이었다는 점을 강조하고 있다. 몸과 대지에 절망하고 그래서 내세(Hinterwelt)를 만들어 낸 것이 영혼이었다고 해야 상식적인 어법에 맞을 것이라 여기는 것은 아직 몸 일원론의 강력한 힘을 마지막까지 몰고 가지 않은 탓이라는 이야기다. 역설적으로 보이지만, 대지와 몸을 넘어서서 영혼을 갈구하고 내세를 갈구하는 근원적인 힘이 바로 몸이라는 이야기다. 이는 물론 영혼에 대한 몸의 근원성과 아울러 몸에 대한 영혼의 예속성을 말하는 것이 아닐 수 없다. 니체의 이 대목만큼 몸 철학 내지는 몸 형이상학의 근본적인 진리를 잘 드러내는 말은 없을 것이다. 그래서 니체는 위 인용문에 곧 이어 이렇게 말한다.

진정으로 정직한 자 또는 자아는 시를 짓거나 몽상에 빠지거나 부러진 날개로 파닥거리며 날아다니는 때에도 몸을 원하기 마련이고, 정직하게 이야기하는 법을 배우면 배울수록 자아는 몸과 대지에 합당한 말들과 영예를 발견하기 마련이다.

그렇다면 몸과 대지를 경멸하는 것이 몸 자체라면, 스스로를 부정할 뿐인 자기 모순적인 사태가 문제일 뿐, 몸과 대지를 경멸하는 일이 그다지 나쁠 것 없지 않느냐는 반론이 있을 수 있다. 하지만 니체는 그와 같이 필멸의 존재인 몸과 대지를 경멸하고서 불멸의 영혼과 내세를 만들어 내는 것은 오히려 병들어 죽어가는 것이라고 질타한다. 그러면서 몸의 목소리를 통해 대지의 의미를 깨달을 수 있도록 하라고 역설한다.

> 몸과 대지를 경멸하고, 천상적인 것들과 구원의 핏방울을 만들어 낸 것은 병들어 죽어가는 자들이었다. 그러나 이 달콤하고 음침한 독毒까지도 그들은 몸과 대지로부터 취해 왔던 것이다. …… 몸은 그들에겐 병적인 것이고, 그리하여 그들은 그 살가죽으로부터 벗어나고 싶어 한다. 그 때문에 그들은 죽음의 설교자들에게 귀를 기울이고, 그들 스스로가 배후 세계를 설교하는 것이다. / 차라리 나의 형제들이여, 건강한 몸의 목소리에 귀를 기울여라. 그것이 보다 정직하고 보다 순수한 목소리다. / 건강한 몸, 완전하고 튼튼한 몸은 보다 정직하고 보다 순수하게 이야기하고, 그리고 그것은 대지의 의미에 대해 이야기하는 것이다.[66]

병약한 몸과 건강한 몸의 차이를 역설하는 대목이다. 생물학적인 문제가 아니라, 몸이 제 스스로를 부정하고 경멸하면서 자신에 딸려 있을 뿐인 영혼을 자신으로 잘못 오인할 경우에는 병약한 몸이고, 몸이 제 스스로를 긍정하면서 찬양하고 그러면서 영혼과 영혼의 힘이 자신 스스로에게서 나온 것임을 깨달아 그것들을 그 힘의 원천인 대지의 몸과 연결시킴으로써 노취와 환희를 누리는 몸은 건강한 놈이라는 이야기다.

'구원의 핏방울' 운운하는 대목을 보아, 여기에서 니체는 기독교의

탈대지적이고 탈신체적인 현실에 대한 부정과 환상에 대한 긍정을
주된 적으로 삼는 것 같다. 그러나 '죽음의 설교자들'에는 불교적인
태도와 허무주의적인 태도가 포함된다는 점을 염두에 두면, 죽음과
그에 따른 근원적인 무의미를 바탕으로 삶을 해석하려는 모든 교설들
을 적으로 삼고 있음을 알 수 있다. 한편 '건강한 몸, 완전하고 튼튼한
몸'을 운위하는 것으로 보아, 니체가 몸을 일단 생리학적이거나 의학적
인 몸으로 보는 것 같은 느낌을 갖게 된다. 그러나 이 구절을 그저
그렇게 해석해서는 안 된다. 말하자면 그저 영양가 많은 기름진 음식을
포식하고, 골프치고 수영하면서 포식한 음식을 적절하게 소화하면서
오래토록 장수를 누리는 몸을 주장하는 것으로 해석해서는 안 된다.
'건강한 몸'은 생명과 죽음이라는 이분법적인 교설에 넘어가지 않은,
그래서 자기 부정에 근거한 무의미와 영원한 의미의 굴레를 뒤집어쓰
지 않은, 그 자체 긍정의 힘을 발산하는 방향으로 스스로의 의지를
창조해 불태우는, 그래서 대지의 뭇 몸들에 도취해 들어가 환희를
누릴 수 있는, 급기야 예술의 몸으로 일으켜 세워지면서 감각과 정신과
지성과 의지와 자아와 영혼을 원 고향으로 되돌려 몸 자신으로 구현할
수 있는 바로 그러한 몸을 지칭한다고 보아야 한다.
　　이러한 몸의 근원성과 포괄성에 대해 니체는 이렇게 말한다.

　몸은 하나의 큰 이성이며 '하나의' 의미를 가진 복합이고 전쟁이며
　평화이고, 양떼이며 목자인 것이다. / 네가 정신이라 부르는 너의
　작은 이성 역시, 나의 형제여, 네 몸의 도구이다. 너의 큰 이성의
　작은 도구이며 노리개인 것이다. / 너는 '자아'라고 말하며 그 말을

자랑스러워한다. 그러나 한결 위대한 것은 ─ 너는 그것을 믿으려
하지 않지만 ─ 네 자신의 몸이며, 네 몸의 큰 이성이다. 그 큰
이성은 자아를 말하지 않고, 자아를 행하는 것이다. …… 너의
사고와 감정 뒤엔 나의 형제여, 힘센 명령자, 알려지지 않은 한
현자가 있으니, 그것이 곧 자신이라 불리는 것이다. 네 몸속에
그것이 살고 있고, 그것이 곧 네 몸이다.[67]

큰 이성과 작은 이성의 분별이 이채롭다. 작은 이성과 대비되는
큰 이성으로서의 몸을 역설하는 니체를 우리는 어떻게 해석해야 할까?
큰 이성이란 도대체 무엇인가? 우리는 이성을 오로지 정신에 속한
것으로 보려는 경향을 알고 있다. 플라톤과 아리스토텔레스가 그러하
고 데카르트와 스피노자가 그러하다. 칸트가 그러하고 헤겔이 그러하
다. 이제 니체는 그런 철학자들이 내세운 이성이란 '보잘것없는' 작은
이성에 불과하다고 말하면서 큰 이성으로서 몸을 제시한다. 가히
몸 철학자 내지는 몸 형이상학자로서의 확실한 선언이라 아니할 수
없다. 큰 이성이 작은 이성에게 명령을 내릴 수 있는 위력과 권리를
갖고 있는 것이라면, 작은 이성인 정신은 큰 이성인 몸의 도구일
수밖에 없을 것이다. 또한 도구를 활용하는 자의 의도가 도구의 움직임
에 표현되듯이, 작은 이성의 움직임이 큰 이성의 의도를 표현한 것이라
고 할 때, 이제 작은 이성인 정신은 큰 이성인 몸의 표현일 수밖에
없다.

한편 니체의 '큰 이성으로서의 몸의 이성'에 관한 이야기를 듣다
보니 몸이란 것이 결코 아무렇게나 말 그대로 '정신없이' 운동하는

것은 결코 아님을 생각하게 된다. 몸은 대지를 통해 주어지는 감각들을 이미 미세하게 받아들이고 있고 또 그 감각에 따라 이미 미세하게 운동하고 있다. 거대한 대지의 몸 전체의 변용을 이러한 감각-운동적인 틀로써 접근하게 되면, 대지 전체의 거대한 힘과 그 발휘의 전체적인 얼개를 생각하지 않을 수 없다. 사유의 논리로써는 감당할 수 없는, 사유에 따른 이성으로써는 파악할 없는 거대한 전체적인 얼개를 생각하지 않을 수 없다. 이를 큰 이성이라 부르는 것이다. 그러니까 니체가 말하는 몸인 큰 이성은 일체의 감각 및 운동과 원리상 분리되지 않고 철저히 대지의 몸에 체화되어 있는 이성인 셈이다.

여기에서 더 중요한 것은 니체가 이러한 큰 이성으로서의 몸에 입각하여 일체의 철학적 언설과 교설들을 몸의 징후로 본다는 것이다. 이는 물론 위에서 내세 운운 하는 것도 몸에 근원을 둔 것임을 역설한 데서 이미 암시된 바이기도 하다.

객관적인 것, 이상적인 것, 혹은 순수하게 영적인 것이라는 미명 하에 무의식적으로 숨겨진 생리적인 요구는 절박할 정도로 많다. 그래서 나는 가끔, 넓은 안목으로 봐서, 철학은 고작 몸의 해설과 몸에 대한 오해가 아닌가 하는 질문을 해본다. 지금까지 철학의 흐름을 장악해 온 최고의 가치판단 뒤에는, 개인의, 계급의, 혹은 전체 인종의 몸 구성에 대한 오해가 숨겨져 있다. 형이상학의 모든 과감한 미친 짓, 특히 존재의 가치에 대한 답변들은 무엇보다도 제일 먼저 특정한 몸의 징후로 간주될 수 있다. 이러한 확인이나 · 부정이 과학적으로 측정했을 때 눈곱만큼의 의미조차 없다 하더라

도, 그것들은 역사학자나 심리학자들한테는 몸의 징후의 힌트로서
뿐만 아니라 몸의 성공과 패배, 몸의 풍만함과 힘과 역사 속에서의
독재, 혹은 그것의 실망과 피로와 빈곤과 종말에 대한 경고, 종말에
대한 의지를 가늠하는 힌트로 더욱 더 중요한 것이다.[68]

특정한 몸을 가진 자가 특정한 형이상학적 교설을 만들어 내고,
특정한 몸을 가진 계급들이 특정한 철학을 만들어 낸다는 이야기다.
시대정신 운운 하면서, 예컨대 오늘날의 시대정신을 포스트모더니즘
이라고 운운할 경우, 그것은 그 시대의 몸이 어떤가를 나타내는 징후라
는 것이다. 또한 불교가 성행하는 어떤 시대의 사회가 있을 경우,
그것은 그 사회의 몸을 나타내는 징후라는 것이다. 여기에서 우리는
우선 니체가 그의 저작 곳곳에서 왜 그렇게 '진리'라는 개념을 공박하고
질타하는가를 알 수 있다. 흔히 진리라고 이야기되는 것들은 알고
보면 하나의 징후인 것이기에 그런 것이다.

모든 사상이나 철학을 몸의 징후로 보는 이러한 니체의 입장은
인식론에서 과감한 변혁을 일으킨 것이라 아니할 수 없다. 예컨대
푸코가 '지식-권력 연계론'을 내세워 어떤 지식을 참 혹은 거짓으로
판가름하는 권력 관계에 의한 진리 정부가 있다고 했을 때, 그리고
몸이란 미세한 권력 관계가 등록되는 거점이고 권력이란 몸을 통해
표현된다고 했을 때, 이는 담론 및 언표를 몸 징후로 여기는 니체의
이러한 사상에 뿌리를 두고 있는 것이다. 그러고 보면, 의식이란
것도 몸의 근원성과 전체성에 비해 부분일 수밖에 없다.

인간은 살아 있는 모든 것과 똑같이 끊임없이 생각하고 있고, 그럼에
도 그것을 알지 못하고 있는 것이다. 의식에 응하여 일어나는 사고는
이 모든 것 중에서 단지 최소부분—가장 피상적이고 가장 나쁜 부분—
일 뿐이다. …… 우리가 의식할 수 있는 세계는 단지 표면의 세계,
기호의 세계에 불과하며, 일반화된 세계, 더 평범화된 세계다.[69]

아울러 니체에게서 정신은 몸의 비유로 처리되면서, 또한 정신에서
우러나온다고 여기는 선과 악도 몸의 비유로 된다.

우리의 정신은 위를 향해 날아간다. 우리의 정신은 그렇게, 우리의
몸의 한 비유이며 높아짐의 한 비유인 것이다. 그리고 여러 가지
덕들의 이름들은 이러한 여러 높아짐의 비유들인 것이다. / 이렇게
몸은 역사를 헤치며 간다. 생성하며, 싸우며. 그리고 정신, 그것은
몸에겐 무엇인가? 몸의 전투와 승리의 전령이며, 동반자이며, 메아
리인 것이다. / 악과 선의 모든 이름들은 비유들이다.[70]

여기서 우리는 니체가 의식과 정신을 어떻게 정확하게 구분하는지
는 알 수 없다. 다만 의식에 대해서는 인간 종種적인 의사소통을
위한 것이라고 말하는 데 반해,[71] 정신에 대해서는 세 단계 변용을
운위한 것에서 알 수 있는 것처럼 인간 종적인 의식 상태를 넘어설
수 있는 그 무엇으로 보는 것 같다. 중요한 것은 의식이든 정신이든
몸의 기호적인 내지는 병리학적인 징후이기 때문에 그 자체 몸을
떠나서는 아무런 의미도 없다는 것이다. 정신이란 몸의 상태를, 몸의

도취와 떨림을 알리는 전령이자 메아리이기 때문이다.

아무튼 몸에 대한 이해와 관련시켜 보면 여기에서 우리는 니체가 몸을 엄청나게 포괄적인 존재론적 기반으로 삼고 있다고 말하게 된다. 첫째로, 예술뿐만 아니라 철학, 종교, 도덕 등 뭇 인간 역사의 지성적인 산물들이 알고 보면 몸의 징후들일 수밖에 없고, 따라서 그가 말하는 큰 이성으로서의 몸은 정확하게 적극적으로 무엇이라고 말할 수 없는 것임을 알게 된다. 둘째로 몸이란 그저 개인의 몸에 그치는 것이 아니라 계급의, 사회의, 인류 전체의 몸으로 확대되는 것임을 알게 된다. 물론 그 밑바탕에는 대지라는 거대한 우주적 몸이 가로놓여 있다.

몸에 대한 니체의 신뢰는 끝이 없다. 인간의 삶이 몸에서 시작하여 몸으로 끝나는 것으로 본다고 해도 과언이 아니다.

> 몸은 앎을 통해 스스로를 정화한다. 앎을 시도하면서 몸은 스스로를 높이 끌어올린다. 인식하는 자에겐 모든 충동이 신성한 것이 되고, 높이 끌어올려진 자에겐 영혼이 즐거운 것이 된다. …… 아직 밟아보지 않은 천 개의 길이 있다. 천 개의 건강과 천 개의 숨겨진 삶의 섬들이. 인간과 인간의 대지는 아직도 변함없이 무진장하며 발견되지 않은 채로 있다. …… 진실로, 이제라도 대지는 치유의 장소가 되어야만 한다.[72]

대지가 해방되어 풀려나오는 장면에서 벌어지는 광경은 이렇듯 생성의 춤으로 자기 스스로에게로 돌아가는 고귀한 몸들이 함께하는 것으로 된다. 이를 니체는 거울 관계로 여기면서 이렇게 말한다.

> 고귀한 몸이 속해 있는 힘찬 영혼으로부터. 그리고 그 아름답고
> 승리에 찬, 싱싱한 몸의 둘레에서 모든 사물들은 하나의 거울이
> 되는 것이다. / ―춤추는 자인, 부드럽고 설득력 있는 몸, 그것의
> 비유이며 축약도인 것이 곧 자기 향락적인 영혼이다. 그러한 몸과
> 영혼의 자기 향락이 스스로를 '덕'이라 부르는 것이다.[73]

거울 앞에서, 더욱이 무한개의 거울 앞에서 춤을 추면, 춤을 추는
몸과 함께 그 거울도 함께 춤을 출 수밖에 없는 것이 아닌가. 기실
그 모든 사물들의 거울이란 대지에 뿌리를 내리고 있는 또 다른 몸들이
라는 이야기다. 모두가 함께 자기 향락적인 생성의 춤을 추는 광경이
니체가 바라본 궁극적인 것이리라. "그리고 무엇보다도 나는 서고
걷고 달리고 뛰어오르고 올라가고 그리고 춤추는 법을 배웠다."[74]라는
언명은 결코 비유가 아니라, 그 자체로 진정한 몸의 상태를 노래하고
있는 것이다.

6. 메를로-퐁티가 본 몸, 불투명한 몸

1) 존재 본질적 차이에 의한 몸의 불투명성

철학적 사유를 펼치고자 할 때, 가장 먼저 다가서는 것은 존재하는
이 모든 것들의 느닷없음, 즉 낯섦 내지는 불투명성이다. 불투명성의
존재론에서 중심에 선 인물은 뭐라 해도 메를로-퐁티(Maurice

Merleau-Ponty, 1908~1961)다. 존재의 불투명성을 생각할 때, 인간 존재의 불투명성을 아울러 생각하지 않으면 안 되는데, 인간을 정확하게 몸으로 보면서 그 몸의 불투명성을 가장 섬세하게 드러낸 철학자가 바로 메를로-퐁티이기 때문이다. "나는 생각한다. 그러므로 나는 존재한다."라는 저 유명한 명제를 던진 데카르트가 끝내 인식의 명증성 내지는 투명성을 강조했던 것은 역설적으로 보면 그만큼 존재 자체가 불투명하기 때문이다. 데카르트에서 후설에 이르기까지 내려오는 명증성 내지는 투명성의 진리를 염두에 두고서, 이에 대립하면서 오히려 몸의 불투명성을 근본으로 내세우고자 하는 메를로-퐁티의 입장은 대단히 군건하다.

우리는 데카르트적인 전통에 의해 대상으로부터 벗어난 우리를 생각하는 데 익숙해 있다. 반성적인 태도는 몸을 내부 없는 부분들의 총합으로 정의하고 혼을 자신으로부터 거리를 갖지 않은 채 자기 자신에 완전히 현전하는 존재로 정의한다. 그럼으로써 반성적인 태도는 그저 몸의 공통 개념과 혼의 공통 개념을 동시에 순수하게 만든다. 서로 상관적인 이러한 정의들은 우리 안에서 그리고 우리 밖에서 명료성(명석성, clarté)을 확립한다. 즉 주름 없는 대상의 투명성과 제 스스로 그렇다고 생각하는 것 이외에 아무것도 아닌 주체의 투명성을 확립한다. …… 이와 반대로 본몸(le corps propre)은 다성적(多性的, ambigu)인 현존 양식을 드러낸다. …… 몸의 통일성은 항상 함축적이고 혼성적(混性的, confuse)이다. 몸은 항상 현재의 자기 자신과 다른 것이다. …… 그래서 몸에 대한 경험은 대상을 주체로부터 해방시키고 주체를 대상으로부터 해방시키는 반성적 운동, 우리에게 몸에 대한 사유 또는 이념적인 몸을 줄 뿐, 몸에 대한 경험이나 실제의 몸을 제공하지 않는 반성적 운동과 대립된다.[75]

메를로-퐁티는 데카르트적인 전통에서 연원하는 반성 철학을 투명성의 존재론으로 여기고, 몸이 함축적이면서 다성적이고 혼성적이라는 것, 나아가 심지어 몸이 늘 현전하는 자신을 벗어난 다른 것임을 강조하면서 반성 철학과 대립각을 세우고 있다.

특히 몸에 관한 마지막 규정이 눈을 번쩍 뜨게 한다. 몸이 항상 현전하는 자신을 벗어나 다른 것이라는 이야기는 몸이 자신 속에 항상 자기와의 차이를 품고 있음으로써 성립된다는 것을 강조하고 있다. 이 차이는 하이데거가 말하는 존재와 존재자 간의 존재론적인 차이와는 전혀 다른 방식의 차이다. 어떤 것이 어떤 것일 수 있는 것은 그것이 이미 그리고 늘 다른 것이기 때문에 그러하다는 존재 규정 자체 내의 차이, 즉 존재 본질적인 차이를 말하고 있다. 몸은 그러한 존재 본질적인 차이로부터 몸일 수 있다는 이야기다. 이 차이는 일상적으로 말하는 어떤 것이 다른 것과 다르다는 의미의 차이가 아니다. 자기 동일성을 깨뜨리면서 시간성의 흐름을 생성해 내는 차이다. 하이데거의 차이가 존재론적인 차이라면, 그리고 일상적인 차이가 동일성에 근거한 비교적인 차이라면, 메를로-퐁티가 몸에 관해 말하는 차이는 존재 본질적 차이다.

존재 본질적인 차이를 통해 성립하는 몸은 그 자체 이미 그리고 늘 불투명할 수밖에 없다. 도대체 동일성을 추구하는 규정적이고 정립적인 시선이 머물 곳이 없고, 따라서 어느 한 곳도 투명하게 주어지는 곳이 없기 때문이다. 그래서 메를로-퐁티는 "몸은 투명한 대상이 아니다."[76]라고 말한다. 메를로-퐁티는 이러한 불투명한 몸을 바탕으로 인식론과 존재론을 동시에 재확립하고자 한다. 그래서 우리는 메를로-퐁티의 이러한 입장을 불투명성의 존재론이라 말하게 된다.

2) 몸의 불투명성을 드러내는 여러 개념들

몸이 지닌 존재 본질적인 차이는 몸을 불투명하게 만드는 존재론적인 근본 원리이지만, 그 구체적인 양상은 몸과 세계와의 관계를 통해 드러난다. 몸과 세계의 관계에서 기초는 지각이다. 메를로-퐁티가 말하는 지각은 의식에 의한 것이 아니라 몸에 의한 것이기 때문에 몸의 운동, 즉 행동과 분리될 수 없다. 이러한 메를로-퐁티의 입장은 『행동의 구조』에서부터 이미 지적되기 시작한다. 그것은 감각-운동 결합론이다.

  유기체가 받아들이는 모든 자극들이 그 자체 유기체가 외부 영향에 자신의 수용기를 드러내는 운동들에 의해서만 가능한 것이고 이 유기체의 운동은 자극들에 앞선 것이기 때문에, 행동이 모든 자극들의 일차적인 원인이 된다고 말할 수도 있다. 이같이 자극자의 형태는 유기체 자신에 의해, 즉 유기체가 외부 작용에 자신을 주는 고유한 방식에 의해 창조된다.[77]

신경 체계에서 수용기의 요소와 운동기의 요소는 서로 관계를 맺기 전에 이미 확립되어 있는 나름의 구조를 지닌 독자적인 장치가 아님에 틀림없다. …… 관찰되는 사실들이 암시하는 바에 따르면, 감각체(sensorium)와 운동체(motorium)는 한 기관의 부분들로 기능한다.[78]

우리는 흔히 감각을 하고 그 내용을 뇌 중추에서 분석 종합하여 운동기에 명령을 내리면 그때서야 행동이 이루어진다고 생각한다. 그것을 심리학에서는 선형적인 반사호라고 한다. 그런데 메를로-퐁티는 그러한 선형적 인과성에 의거한 반사호 이론을 적극적으로 반대한다. 그런 식으로는 도대체 인간은 물론이고 하급 유기체 동물의 행동도 제대로 이해할 수 없다는 것이 그 이유다. 인간 몸을 포함한 유기체들에게 의미 있게 주어지는 자극은 마치 유기체가 자신의 고유한 방식에 따라 창조하듯이 이미 유기체에 의해 조절되어 주어진다는 이야기다. 이미 유기체와 환경 간에 원환적인 피드백이 있다는 것이다. 달리 말하면, 유기체는 자신의 행동을 통해 감각을 받아들이면서 조절하고 그렇게 조절된 감각 자극에 따라 행동한다는 것이다. 그래서 메를로-퐁티는 감각체와 운동체는 한 기관의 부분들이라는 말을 한다. 이는 메를로-퐁티가 칸트의 형식적인 순수한 아프리오리 이론을 비판하면서 감각-운동적 아프리오리를 주장하는 것으로 바로 이어진다. 감각-운동적 아프리오리는 실질적 아프리오리라고 불리기도 하는데, 이는 경험을 통해 몸에 구조화된 형태들인데도 향후 이루어지는 경험, 즉 감각과 행동을 일정하게 유형적으로 규정하는 아프리오리를 말

한다.[79]

이러한 메를로-퐁티의 유기체의 행동에 관한 해석에서 핵심은 순수한 외부의 환경과 순수한 유기체 내부의 질서가 결코 정확하게 구분될 수 없이 서로 얽혀 있다는 것이다. 이러한 생각은 『지각의 현상학』에 와서 '세계에의-존재(l'être-au-monde)'라는 개념으로 발전한다. 이는 몸이 세계 속에 있으면서 세계를 향해 적응하면서 일치를 이루고자 하는 본질적인 성향을 가진 것임을 말하고, 체화되어 몸의 행동으로 나타나는 의식 역시 그러하고, 심지어 반성적인 의식이나 정신 역시 본질적으로 그러하다는 것을 나타내는 개념이다.

그런데 이 개념에서 몸이 세계 속에 있다는 것은 세계가 몸을 계속 재구성한다는 것을 의미한다. 그래서 "나의 몸은 세계를 향한 운동이다. 세계는 내 몸의 받침점이다."[80]라고 말한다. 그리고 몸이 세계를 향해 나아간다는 것은 몸이 세계의 의미를 바꾸고 심지어 실제로 세계의 현상을 바꾸는 축이 된다는 것이다. 요컨대 몸이 '세계 내에 존재한다는 것'은 결국 몸과 세계가 상호교환적인 규정의 역동적인 과정에 놓여 있음을 말하는 것이다. 이에 "감각되는 것은 내가 그것에게 빌려 주었던 것을 나에게 반환한다. 그러나 내가 그것을 갖게 되었던 것은 그것으로부터다."[81]라는 말을 하게 된다. 그런가 하면, "몸은 유기체의 심장처럼 세계 내에 존재한다. 몸은 가시적인 광경을 계속 생생하게 유지하고, 그것에 혼을 불어넣고, 그것을 내적으로 살찌우고, 또 그것과 더불어 하나의 체계를 형성한다."[82]라고 말하게 된다. 그리고 "반사가 상황에 개방되어 있다는 점에서, 그리고 지각이 우선 인식 대상을 정립하지 않고 우리의 전 존재의 지향이라는 점에서,

반사와 지각은 우리가 세계에의 존재라고 부르는 선객관적인 시각의 양태들이다."[83]라고 말하게 된다.

세계와 몸의 역동적인 상호규정성은 처음부터 몸의 경계를 흐릿하게 만든다. 세계로부터 몸으로 오는 규정 내용들은 우리의 반성적인 의식을 통해 확인할 수 있는 것이 아니다. 두툼한 두께를 지닌 몸의 역사성은 그 자체로 주체 역할을 하기 때문에, 주체 역시 결코 투명한 것이 아니고 불투명할 수밖에 없다. 메를로-퐁티가 말하는 시간성은 몸과 세계 간의 역동적인 상호규정성의 과정에 다름 아니다. 그래서 이렇게 말한다.

> 지각 종합은 시간적인 종합이다. 지각 차원에서 주체성은 시간성 (temporalité) 이외의 아무것도 아니다. 지각 주체에 그 불투명성과 역사성을 허용할 수 있는 것은 이 때문이다.[84]

역사성과 불투명성이 같은 맥락에서 거의 비슷한 의미로 쓰이고 있음을 보게 된다. 메를로-퐁티가 말하는 불투명성의 원천은 일단 몸의 불투명성이고, 몸에서 비롯되는 주체의 불투명성이다. 그래서 메를로-퐁티는 주체 자체가 결코 나 혹은 너를 정확하게 구분할 수 있는 인칭적인 것이 아니다. 처음부터 주체는 너 혹은 나를 뚜렷하게 구분할 수 없는 선인칭적인(prépersonnel) 것 혹은 비인칭적(impersonnel)인 것이다. 주체의 선인칭성 혹은 비인칭성은 주체의 불투명성을 그대로 함축한다. 이는 우리의 존재를 이해하는 데 워낙 중요하기 때문에 메를로-퐁티가 말하고 있는 중요한 대목들을 열거하지 않을 수 없는데, 다음과 같다.

> 다룰 수 있는 것이 현실적으로 내가 다루는 것이기를 중지하고,
> 임의의 누군가가 다룰 수 있는 것으로 되어야 한다. 또한 내게
> 있어 다룰 수 있는 것이기를 중지하고 즉자적으로 다룰 수 있는
> 것으로 되어야 한다. 이와 상관하여, 나의 몸은 순간적이고 충만한
> 특정 경험에서 파악되어야 할 뿐만 아니라, 일반적인 양상 하에서
> 그리고 비인칭적인 존재로서도 파악되어야 한다.[85]
> 나의 유기체는 세계의 일반적인 형식에 선인칭적으로 결합되어
> 있는 익명적이고 일반적인 실존이다. 이러한 나의 유기체는 나의
> 인칭적인 삶 아래에서 타고난 복합체의 역할을 한다.[86]
> 감각적이고 지각적인 기능들이 선인칭적인 것들로서 이 사물들
> 앞에 자연 세계를 놓는 것이 놀라운 일이 아닐 수도 있다. 그러나
> 인간이 자신의 삶을 꾸려나가면서 행한 자발적인 행위들이 바깥에
> 침전되고 그 바깥에서 사물들의 익명적인 존재를 끌어간다는 것은
> 놀랄 일이다.[87]
> 나는 세계의 역능인 나의 몸을 통해서 미완성의 개별적인 세계를
> 갖는다. 나는 내 몸의 입장에 의해 대상들의 입장을 갖고, 또 거꾸로
> 대상들의 입장에 의해 내 몸의 입장을 갖는다. 그런데 이는 논리적인
> 함축에서가 아니라, 실재적인 함축에서 가능한 일이다. 그것은
> 내 몸이 세계를 향한 운동이고, 세계는 내 몸의 지지점이기 때문이
> 다. … 몸이 객관적인 세계로부터 물러나서 순수 주체와 대상 사이에
> 제3의 종류의 존재자를 형성하게 되는 바로 그 순간에 주체는

그의 순수성과 그의 투명성을 상실한다.[88]

내 몸의 부분들이 함께 체계를 형성하듯이, 타인의 몸과 나의 몸은 유일한 하나의 전체이고, 유일한 현상의 안과 밖이다. 내 몸이 매 순간 익명적인 실존의 흔적이 되는데, 이 익명적인 실존은 두 몸에 동시에 거주한다.[89]

도무지 내가 마음대로 처리할 수 없는 나의 몸, 그래서 비인칭적이고 선인칭적인 나의 몸은 그 자체로 자아중심적인 의식 앞에서는 원리상 불투명할 수밖에 없다. 그러니까 선인칭적인 주체인 내 몸과 떼려야 뗄 수 없는 세계는 감각 차원에서부터 벌써 불투명하게 다가오는 것으로 된다. 메를로-퐁티는 이렇게 말한다.

푸름에 대한 감각은, 기하학자의 원이 파리에서나 도쿄에서 동일한 것처럼 모든 경험들을 관통하면서 확인될 수 있는 어떤 질에 대한 인식이나 정립position이 아니다. 푸름에 대한 감각은 의심할 것 없이 지향적이다. 즉 그것은 무슨 사물처럼 즉자 속에 안주하지 않는다. 그것은 자기 자신의 너머를 겨냥하고 의미한다. 그러나 그것이 겨냥하는 목표물은 내 몸과의 친밀성에 의해 맹목적으로만 알려질 뿐 완전히 명백하게 구성되지 않는다. 그 목표물은 잠재적으로 머물러 있고, 그것에게 그 불투명성과 개성(個性, eccéité)을 갖도록 하는 앎에 의해 재구성되거나 재파악된다.[90]

감각이 스스로를 넘어서서 노리는 목표는 그 자체 불투명하면서도 옹골찬 나름의 힘을 지닌다. 감각은 나의 의식에 표상되는 것도 아니고, 사물의 껍질도 아니다. 감각은 이미 몸과의 관계 속에서 존재하기 때문에, 나의 몸인 나와 내가 갖는 감각 사이에는 불투명한 두툼한 깊이와 두께가 놓여 있을 수밖에 없다.

나의 감각과 나 사이에는, 나의 경험이 그 자신에 대해 명료하게 되는 것을 방해하는 본래 획득된 것의 두께가 항상 있다.[91]

명료한 경험은 본래부터 불가능하다는 것이 메를로-퐁티의 입장이다. 그것은 나의 경험의 바탕이 되는 나의 감각이 본래부터 나의 몸과 상호 교환적으로 정보를 주고받을 수 있도록 하는 선취된 두께가 있기 때문이다. 그러니까 순수 감각은 순수 자극이 있을 수 없는 것처럼 처음부터 있을 수 없는 것이다. 이 감각적인 두께는 '존재론적인 두께'라고 할 수 있을 정도로 그 의미가 크다.

감각뿐만이 아니다. 공간도 그러하고, 사물도 그러하고, 행동도 그러하고, 언어도 그러하고, 심지어 순수 사유인 코기토마저 그러하다. 내 몸과 세계 사이에서 혹은 내 몸과 세계를 포섭하면서 불투명하고 두툼한 존재론적인 두께가 공간도 사물도 심지어 코기토도 순수하고 투명한 방식으로 존재할 수 없도록 하기 때문이다. 이 존재론적인 두께(épaisseur ontologique)는 정말 중요하다. 왜냐 하면 나중에 『보이는 것과 보이지 않는 것』[92]에 가서 살 개념으로 전화될 것이기 때문이다. 『지각의 현상학』에서 이 존재론적인 두께는 깊이로 달리 이야기되기도 한다.

깊이는 사물들로부터 도출될 수도, 또한 의식에 의해서 정립될
수도 없다. 깊이는 사물들과 나 사이에 풀 수 없는 어떤 끈이 있음을
알린다. 그 끈에 의해 나는 사물들 앞에 있게 된다. 그 반면 넓이는
우선 사물들 자체들 간의 관계를 나타내는 데 적합하다. 거기에서는
지각하는 주체가 함축되어 있지 않다. 깊이, 즉 서로 외적인 점들로
부터 객관화된 것도 아니고 구성된 것도 아닌 깊이에 대한 봄을
다시 발견함으로써, 다시 한 번 고전적인 선택지를 넘어서서 주체와
대상 간의 관계를 더욱 정확하게 드러낼 수 있을 것이다.[93]

'두께', '깊이' 등의 개념에서는 묘한 불투명성이 느껴진다. '견딜
수 없는 존재의 가벼움'이 아니라, '견딜 수밖에 없는 존재의 중력'을
느끼게 된다. 메를로-퐁티가 늘 염두에 두고 있는 것으로 보이는
주체와 대상 간의 관계는 이 불투명한 존재론적인 두께 내지는 깊이를
통해 이제 전혀 새로운 차원으로 돌입하게 된다. 그것은 바로 살
존재론에 의거한 새로운 존재론적인 관계다.

3) 살의 불투명성에 의한 존재론적인 전복

살(la chair)은 메를로-퐁티의 후기 철학을 관통하는 핵심 개념이다.
흔히들 메를로-퐁티가 『지각의 현상학』에서 몸 개념을 중심으로 인식
론적인 사유를 펼쳤으나 나중에 『보이는 것과 보이지 않는 것』에서는
살 개념을 중심으로 존재론적인 사유를 펼치면서 사유의 전환을 이루

었다고 말한다. 틀린 진단은 아니지만, 그렇다고 그다지 딱 맞는
말도 아니다. 그런 주장은 마치 메를로-퐁티 철학 전체의 일관성이
결여되어 있기라도 한 것처럼 오해를 불러 일으킬 수 있기 때문이다.
메를로-퐁티의 철학은 묘하게도 처음부터 끝까지 거의 일관된 체계를
이루면서 발전한다.

아무튼 메를로-퐁티의 철학 전반을 이해하기 위해서는 살 개념을
이해해야 한다. 메를로-퐁티가 살을 불투명하다고 한 적은 없다.
하지만 그 내용을 보면 『지각의 현상학』에서 보았던 존재론적인 불투
명성을 최대한 더 깊이 있게 몰고 감으로써 성립되는 개념이 살이기
때문에 그렇게 불투명하다고 하는 것이다. 우선 어렵지만 살 개념부터
살펴보기로 하자. 그러기 위해 먼저 메를로-퐁티가 심혈을 기울여
분석하고 있는 봄(vision)의 신비에 관한 『보이는 것과 보이지 않는
것』의 이야기를 들어보자.

지금으로서는 보는 자가 보이는 것에 의해 소유되지 않고서는,
또 보이는 것으로부터 존재하지 않고서는, 시선과 사물들의 절합
(l'articulation)이 예시하는 바에 의거해 원리상 보는 자가 보이는
것들 중의 하나지만 특유한 뒤집기에 의해 보이는 것들 중의 하나인
그가 보이는 것들을 볼 수 있지 않고서는, 보는 자가 보이는 것을
소유할 수 없다는 사실을 확증하는 것만으로 충분하다. 그래서
왜 우리가 사물들 자체를 그것들이 있는 장소에서 그것들의 지각됨
(être-perçu)을 훨씬 넘어선 그것들의 존재(être)에 따라 보는가,
그러면서 동시에 왜 우리가 시선과 몸의 모든 두께를 동원하여

사물들로부터 떨어져 있는가를 이해하게 된다. 그런데 이 거리는
이 밀착됨의 반대가 아니다. 이 거리는 이 밀착됨과 함께 근원적으로
조응된다. 이 거리는 이 밀착됨의 동의어다. 이는, 보는 자와 사물
사이의 살의 두께(épaisseur de chair)가 사물에게는 보는 자의 봄(가
시성, visibilité)을 구성하는 것이고 보는 자에게는 사물의 물체성
(corporéité)을 구성하는 것임을 말한다. 요컨대 보는 자와 사물
사이의 살의 두께는 양자 사이의 장애물이 아니라 양자의 의미소통
(communication)을 위한 수단이다. 동일한 이유에서, 나는 보이는
것의 심장에 있으면서 또한 보이는 것으로부터 떨어져 있다. 이것이
보이는 것이 두께를 갖고 있고 그럼으로써 자연적으로 하나의 물체
(un corps)[94]에 의해 보이도록 운명지워진 까닭이다.[95]

앞서 이야기했던 '두께'라는 말이 많이 나오고 있다. 여기에서 이
말은 우리에게 보이는 여러 사물들이 그 자체로 나름의 두툼한 두께를
가진 것으로 보인다는 것을 의미한다. 그 나름의 두툼한 두께를 가졌다
는 것은 언뜻 생각해 보면 우리의 시선으로 도대체 그 사물에게 근본적
으로 접근해 갈 수 없는 운명적인 장애가 가로놓여 있다는 것을 뜻하는
것 같다. 그런데 메를로-퐁티는 이를 뒤집는다. 보는 자와 보이는
사물 사이의 '살의 두께'에 의해 오히려 이러한 사물의 두께가 보는
자와의 의미소통을 가능케 한다는 것이다. 사물의 두께와 살의 두께,
이 두 가지의 관계가 문제다.

보는 자인 나는 나대로 몸의 두께를 지니고 있고, 사물은 사물대로
그 나름의 물체의 두께를 지니고 있다. 그래서 보는 자와 보이는

사물은 서로 멀리 떨어져 있는 것처럼 여겨진다. 그런데 메를로-퐁티는 이 떨어져 있는 거리는 양자 간의 밀착과 동의어라고 말하고 있다. 떨어져 있기 때문에 붙어 있고, 붙어 있기 때문에 떨어져 있다고 하는 기묘한 역설이다. '색즉시공, 공즉시색'의 논리와 거의 같다. 그럴 수 있도록 하는 것이 바로 살의 두께라는 것이다. 그러니까 살이 뭔지는 알 수 없지만 이 살의 두께는 보는 자의 두께와 보이는 사물의 두께를 아우르면서 양쪽을 '동일한 차이'로 만들어 내는 기묘한 역할을 하는 것으로 된다.

갑자기 '동일한 차이'라는 말이 나왔다. 저 앞에서 우리는 '존재 본질적인 차이'를 지닌 몸을 이야기했다. 그것을 여기 맥락에 끌고 와 다시 보게 되면, 이렇게 된다. 보는 자인 몸은 이미 자기가 아닌 보이는 사물이고, 보이는 사물인 몸은 이미 자기가 아닌 보는 자인 몸이라는 것이다. 그런데 메를로-퐁티는 여기 살 존재론으로 진입하면서 이를 묘하게 표현한다. 그 자체 보이는 것이 아니고서는 볼 수 없다는 것이다. 그것을 달리 말해, 보는 자가 보이는 것으로부터 생성되지 않고서는 볼 수 없다고 말하고 있다. 그런 다음, 사물에게 보는 자의 봄을, 보는 자에게 사물의 물체성을 제공해 주는 것이 바로 살의 두께라고 말하고 있다. 보는 자와 보이는 것 간의 기묘한 무한 반복적인 상호환위의 경지를 말하고 있는 셈이다.

메를로-퐁티는 화가 세잔을 참 좋아한다. 세잔은 "풍경이 내 속에서 자기를 생각한다."라고 했다. 이를 봄에 적용해서 해석하면, 내가 풍경을 본다고는 하나 기실 풍경을 보는 것은 풍경 자신이라는 이야기다. 이를 강조하면서 메를로-퐁티는 봄의 나르시시즘이라 말하고,

거기에서 살 개념을 조성해 낸다.

보는 자는 그가 보고 있는 것에서 포착되기 때문에 그가 보는
것은 바로 그 자신이다. 즉 모든 봄에는 근본적으로 나르시시즘이
있다. 바로 그런 이유 때문에 보는 자는 그가 수행하는 봄을 사물들
을 대리하여 어쩔 수 없이 수동적으로 행하는 것이며, 흔히 많은
화가들이 말하듯이 나는 내가 사물들에 의해 주시되고 있음을 느끼
는 것이며, 나의 능동성(activité)은 수동성(passivité)과 동일한 것이
다. ― 나르시시즘에 비해 이차적이긴 하지만 그보다 더 심오한
것이 있다. 그것은, 다른 사람들이 그렇게 하듯이 사람들이 거주하
고 있는 몸(물체)의 윤곽을 바깥에서 보는 것이 아니라, 도대체
그 몸에 의해 보인다는 것이고, 그 몸(물체) 속에서 존속한다는
것(exister)이고, 그 몸(물체)에로 이주하는 것이고, 그 환영
(fantôme)에 의해 유혹을 당해 매혹되고 자신을 양도한다는 것이고,
그럼으로써 보는 자와 보이는 것이 서로 환위된다는 것이고, 따라서
어느 것이 보는 자이고 어느 것이 보이는 자인지를 알 수 없다는
것이다. 이것이 바로 가시성(Visibilité)이며, 즉자적이고 감각적인
것(Sensible)의 일반성(génénalité)이며, 우리가 이제까지 살(chair)
이라 부른 바, 익명적으로 태어나는 거대한 나-자신(Moi-même)
이다.[96]

뭔가 섬뜩할 정도의 비의가 표현되어 있는 것 같다. 두 사람이
마주보면, 서로를 쳐다보면서 동시에 서로에게 보인다. 내가 나에게

보이는 저 사람에게 완전히 매혹되어 빠져들었을 때, 과연 나는 내가 본다는 사실을 확증할 수 있는가? 어떤 사물을 볼 때, 지금 내가 저 사물을 보고 있다는 생각을 하면서 볼 때보다 그런 생각을 하지 않고 보이는 사물에 집중해서 빠져들 때 그 사물을 더 잘 볼 수 있다. 봄에 대한 사유는 봄을 방해하는 것이다. 봄을 도와주는 것은 보이는 사물이다. 보이는 사물이 보는 자의 봄을 가득 채울 때, 그때야말로 잘 보이는 셈이다. 그런데 메를로-퐁티는 한 발짝 더 나간다. 보는 자가 보는 것은 보이는 사물들을 대신하여 어쩔 수 없이 보게 된다고 말한다. 그러니까 보는 자는 보이는 사물이 자기를 보기 위한 수단인 셈이다. 그래서 봄의 나르시시즘이라 하는 것이다.

그런데 이러한 봄의 나르시시즘보다 더 심오한 것이 있다고 말한다. 그러면서 보는 자가 아예 보이는 것으로 끌려들어가 드디어 보는 자와 보이는 것을 구분할 수 없는, 아니 그렇게 구분하려는 짓이 도대체 무의미한 지경으로 내려간다. 그러고는 그 지경을 대문자로 시작하는 가시성이라 하고, 역시 대문자로 시작하는 감각적인 것 일반이라 하고, 또 다시 이를 살이라고 하면서 익명적으로 태어나는 대문자로 시작하는 나-자신이라고 한다. 봄과 보임, 감각함과 감각됨 일체가 아직 미분화된 상태에서 생성되는 원초적인 지경인 셈이다. 그리고 그걸 살이라고 하고 거대한 익명적인 나-자신이라 말하는 것이다.

전 우주적인 익명적 자아로서의 살은 결국 존재의 원형이자 존재의 원소로 일컬어지는데, 그 자체 가장 본원적인 일은 봄과 보임을 비롯한 감각함과 감각됨의 뫼비우스 띠와 같은 무한 반복의 상호환위를 일구어내는 것으로 이야기된다. 봄 내지는 감각함의 비의와 존재의 비의가 결합되면서 살의 불투명성이 어떻게 감각의 거대한 전 우주적인 두께와 깊이를 만들어 내는가를 말해 주는 것으로 보인다. 아무튼 이렇게 해 놓고서 메를로-퐁티는 살을 이렇게 정의하고 있다.

살은 물질도 아니고 정신도 아니고 실체도 아니다. 살을 지칭하기 위해서는 오래된 용어인 '원소'(élément)가 있어야 할 것이다. 이때 '원소'는 사람들이 물, 공기, 흙, 불을 말하기 위해 차용할 때의 의미로 쓰인 것이다. 즉 시공간적인 개별자와 관념(l'idée)의 사이 길에 있는 일반적인 것(une chose générale)이라는 의미로 쓰인 것, 달리 말하면 존재자가 작은 조각으로 발견되는 곳이면 어디에나 존재의 모종의 스타일을 가져오는 일종의 체화된 원리로서의 의미로 쓰인 것이다. 이런 의미에서 살은 존재(l'Être)의 '원소'다.[97]

살 일원론이라 해야 할 것 같다. 사물성뿐만 아니라 감각과 지각 및 고급한 모든 인식 관계가 성립될 수 있는 씨앗을 지닌 원소가 바로 살이다. 자기와의 관계 속에서 일체의 인간적인 연관이 쏟아져 나오게 되는 거대한 익명적 나-자신인 존재의 원소를 살이라고 말하고 있다. 메를로-퐁티는 이 살을 내적으로 일구어지는 덩어리(masse)라고 말하고 있다.[98] 이 덩어리가 열 개(裂開, déhiscence)되고 분열되면서 몸의 복잡한 대상 내지는 사물들과의 감각적인 관계가 생성된다고 말한다.[99] 그뿐만 아니라 살을 표현이라고 하면서 이 살이 지닌 가역성(réversibilité)과 창발성(émergence)에 의해 침묵의 세계 속에 말함과

생각함이 삽입될 수 있다고 말한다.[100]

『지각의 현상학』 서설에서 메를로-퐁티는 "이 세계가 있다."라는 것은 자신이 평생을 다 해도 그 신비를 다 캐낼 수 없다고 고백한 적이 있다.[101] 처음부터 메를로-퐁티에게 존재는 그 자체 불투명성을 바탕으로 한 비의의 덩어리였던 것이다. 그러고 보면, 정말이지 우리 속을 가로지르고 넘나들면서 벌어지는 이 모든 것들과 이 모든 일들은 그 자체로 신비라 하지 않을 수 없다. 그 신비를 메를로-퐁티는 몸의 불투명성과 세계의 불투명성, 그리고 그것들을 떠받치는 살의 불투명성을 바탕으로 이해하고 있는 것이다.

7. 미완의 마무리

서양 사상에서 몸을 어떻게 보는가를 개략적으로 보고자 했다. 하지만, 플라톤과 아리스토텔레스, 기독교, 니체, 메를로-퐁티 등이 본 몸의 개설에 그치고 말았다. 스피노자와 이를 이어 받는 질 들뢰즈의 몸 사상도 대단히 중요하고, 몸을 사회정치적인 맥락에 따라 미세한 권력 관계 속에서 보는 미셸 푸코의 몸 사상도 대단히 중요하다. 그런가 하면, 프로이트와 자크 라캉 및 줄리아 크리스테바로 이어지는 정신분석학적인 몸 사상도 놓쳐서는 안 된다. 그뿐만 아니라 메를로-퐁티의 몸 철학을 가능케 했던 에드문트 후설의 몸 현상학이나 장 폴 사르트르의 현상학적인 몸 분석도 대단히 중요하다. 하지만 지면의 제한 때문에 이들 중요한 인물들의 몸에 관련한 논의와 분석을 다루지 못했다. 향후 기회가 있으면 다룰 수 있을 것이다.

몸은 일체의 인간 활동과 인간의 온갖 바람들이 근거하지 않으면 안 되는 존재론적인 토대이자 그 모든 가치들이 발원하는 토대이다. 이러한 몸을 이성으로써 접근하여 분석해 내고자 하는 것은 결국 실패로 돌아갈 수밖에 없다. 그것은 니체의 말처럼 몸이야말로 큰 이성으로써 이론적인 작은 이성의 모태일 뿐만 아니라, 그런 만큼 이미 늘 불투명하게 우리의 인식뿐만 아니라 우리 존재 자체, 나아가 존재 전체를 안팎으로 에워싸고 관통하는 것이기 때문이다.

의학醫學, 의술醫術, 의덕醫德

-삶을 치유하는 몸과 마음의 공부-

강신익(인제대 의대 교수/인문의학연구소장)

1. 몸과 마음

우리는 몸과 마음이 하나가 아닌 세상을 살아간다. 내 몸은 주인인 마음의 명령에 따라 작동하는 충직한 기계로 여겨진다. 학교에서 그렇게 가르치지 않아도 각종 매체가 퍼뜨리는 무언의 메시지는 항상 그렇게 속삭이고 우리는 그 메시지에 동화된다. 따라서 마음의 의지에 따라 몸을 변경시키는 것에는 아무 문제가 없다. 아니 이제는 그것이 윤리적 규범이다. 뚱뚱하고 못생긴 사람은 게으르고 의지가 약한 사람으로 여겨지고 자신들도 그렇게 자책한다. 의학적으로 지극히 정상인 젊은이들조차 대부분 자신들이 과체중이라고 생각한다는 조사 결과가 그 증거다. 그 무언의 압박이 얼마나 강했으면 아예 음식을 삼킬 수조차 없게 되는 거식증 등의 식이장애[1]가 생겨났을까.

성형수술은 기본이고 남녀노소를 가리지 않고 몸짱 얼짱이 되려
한다. 배역에 충실하기 위해 체중을 20㎏씩이나 불리고 줄이는 배우는
훌륭한 배우이고, 어떤 영화에서처럼 노래는 잘 하지만 외모가 안
되는 가수는 무대 뒤에 숨어서 목소리만 팔아야 하는 세상이다. 그
여가수가 전신 성형을 통해 진정한 가수로 다시 태어난다는 설정도
은연중에 몸과 마음이 둘이며 마음이 몸의 주인이라는, 그리고 마음은
필요에 따라 얼마든지 몸을 바꿀 수 있고 또 그래야만 한다는 메시지를
전한다.

이러한 메시지는 몸을 인위적으로 변경할 수 있는 과학기술의 발전
으로 더 강력히 우리들 속에 각인된다. 우리는 이미 인간을 구성하는
유전정보의 대강을 손에 넣었고, 결국 조작된 것으로 판명되었지만,
나와 동일한 유전정보를 갖는 줄기세포를 통해 고장 난 신체 부위를
재생시킬 수 있다는 꿈에 부풀었던 적도 있다. 생체공학 기술의 발전으
로 이제는 다리를 절단한 사람도 다른 사람과 똑같이 달릴 수 있게
되었고, 인공관절과 심장판막, 임플란트 시술을 통한 치아보철은
우리의 삶의 질을 크게 향상시킨 것도 사실이다. 사지가 마비된 환자의
뇌에 전극을 이식하고 이것을 컴퓨터에 연결해 생각만으로 몸을 움직
이게 할 수 있는 기술이 개발되기도 했다. 생각(마음)이 몸을 지배하는
것은 거의 확실한 과학적 사실이고 그렇게 마음으로 몸을 조정하며
사는 것이 당연해 보인다.

하지만 그 생각(마음)은 또 어디에서 어떻게 오는 것일까? 마음이
온다고 할 때 그 오는 것의 본질은 물질인가 아니면 물질과는 다른
무엇인가? 물질의 현상(몸)이 물질이 아닌 다른 현상(마음)으로 전환

된다고 할 때 과학은 그것을 제대로 설명할 수 있는가? 현대 신경과학은 마음이 대뇌피질의 활동에서 온다고 하지만 특정 대뇌피질의 활동과 마음 사이의 상관관계가 마음이 거기 '있다'는 증거일 수 있는가? 마음은 어딘가에 존재하는가, 아니면 그저 현상으로만 드러나는가? 나는 나의 '뇌'에 있거나 혹은 나의 뇌가 바로 나인가? 아니면 나의 마음이 나인가?

　이 모든 물음들은 물질(몸)과 정신(마음)을 전혀 다른 범주로 분리하는 존재론적 심신이원론에서 비롯된 것이다. 마음이 '어디'에서 '온다'거나 어디에 '있다'고 하는 것은 마음을 시공간에 할당된 물질의 범주로 환원하려는 것으로 심신이원론의 기본 전제를 위반하는 것이다. 그런데도 우리는 별 거리낌 없이 이런 추론을 한다. 마음은 물질과는 전혀 다른 범주로 분류되지만 그 범주에 대한 경험적 데이터가 거의 없는 반면 물질세계에 대한 경험은 엄청 풍부하고 체계적이다. 그래서 물질세계에 대한 지식을 마음의 세계에도 적용하게 된 것이다. 프로이트의 정신분석은 에고, 슈퍼에고, 이드가 수압의 차이에 따르는 수력학적 원리에 따라 움직인다는 생각에 기반을 둔 것이고, 현대 정신의학은 신경세포를 통해 전달되는 신경전달물질을 정신활동의 주요 원인으로 본다. 이렇게 물질과 정신의 이원론은 점차 물질 일원론으로 이행해 가고 이제 물질이 정신의 원인이 된다. 존재론적 이원론과 인식론적 일원론의 어정쩡한 공존이다. 그런데 앞에서 우리는 마음이 몸의 행동을 지배하는 것도 거의 확실하다고 했다. 따라서 몸이 하는 행동에 대한 책임은 전적으로 마음에 있다. 윤리학적 유심론이다.

　이렇게 몸과 마음, 물질과 정신에 관한 사유는 존재론적 이원론,

인식론적 유물론, 윤리학적 유심론의 세 갈래로 나뉘어 혼란스런 궤적을 그린다. 이 논의에 따르면 몸과 마음은 전혀 다른 범주에 속하는 별개의 사태이지만 마음을 이해하는 바탕은 몸에 관한 지식일 수밖에 없다. 물질적 현상으로 설명되지 않는 정신현상은 신비의 영역에 가둬두거나 보편화될 수 없는 주관적 현상으로 치부된다. 몸의 움직임은 물질의 작용에 의한 것이지만 마음에 의해 유발된 것이므로 그 책임은 도덕 주체인 마음에 있다. 따라서 제 정신이 아닌 상태에서 저지른 범죄는 처벌되지 않는다. 이처럼 몸과 마음은 우리가 존재(있음), 인식(앎), 윤리(함 또는 행위)로 관점을 바꿀 때마다 그 지위가 달라진다.

마음 공부는 이렇게 복잡하게 엉킨 실타래를 근본에서부터 풀어내는 과정이 아닐까 싶다. 그리고 그 출발은 몸과 마음의 관계를 새롭게 정립하는 일일 것이다. 과학기술과 거기에 익숙해진 우리 마음이 일상적으로 신체에 개입하고 그것을 인위적으로 변경하는 문화 속에서는 쉽지 않은 일이다. 그래도 이 위험한 작업을 해 보기로 작정한 것은 이와 같은 사유를 통해 나 자신이 마음 공부의 길로 들어설 준비를 할 수 있을지 모른다는 기대 때문이다.

몸에 대한 관심에서 출발한 나 자신의 사유의 여정²을 스스로 돌아보고 지금 하고 있는 몸 공부³를 어떻게 마음 공부에 연결시킬 수 있을지 생각해 볼 작정이다. 그리고 몸을 중심으로 한 존재론[唯身論]의 가능성을 타진해 볼 것이다. 그러기 위해서는 우선적으로 뿌리 깊은 심신이원론의 관성에서 벗어나야 한다. 그래서 일단 '나는 뇌도 아니고 마음도 아닌 몸속에 있다'고 가정한다. 나는 몸이고 그 몸은 마음보다 크다.

마음은 몸속에 녹아 있다. 나는 나의 마음을 추상해서 객관적으로
이해할 수 없다. 언제나 몸속의 마음과 함께 할 뿐이다. 내 마음은
언제나 다른 누구도 아닌 '나의' 마음이다. 마찬가지로 내 몸도 어느
누구도 아닌 나의 몸이다. 나의 뇌에 꽂힌 전극에 신호를 보내는
존재가 나의 몸 밖에 따로 있어야 할 이유는 없다. 몸은 스스로의
마음을 가지고 있고 마음은 몸으로 말을 한다.[4]

이 글은 나 자신의 몸에 대한 내 몸의 진술이다. 나의 몸 이야기인
셈이다. 이 이야기에서는 대상도 주체도 몸이다. 나는 지금 내 몸을
움직여 키보드를 두드려 이 글을 쓴다. 그러기 위해 '생각'이라는
걸 하는데, 그 생각 또한 내 몸의 소산이다. 내 몸은 내 마음을 무조건
따르지도 무조건 거스르지도 않는다. 마음도 몸의 생물학적 요구에
무조건 응하지는 않는다. 둘 사이의 관계를 꼭 원인과 결과로 나눌
이유가 없다는 말이다. 우리의 몸과 마음은 언제나 몸속의 마음,
마음속의 몸으로만 존재한다. 따라서 몸 공부와 마음 공부는 서로
다른 것이 아니다.

2. 플라시보: 둘이 아닌 몸과 마음

어린 시절 몸 어디를 다쳤거나 아픈 곳이 생기면 어른들은 '호~'
하고 입김을 불어주거나 손으로 아픈 곳을 쓸어주며 우리를 달래주시
곤 했다. '할머니 손은 약손'이라는 처방이었다. 그럴 때마다 신기하게
도 아픔이 가시곤 했는데 나이를 먹어가면서 차츰 그 효능이 떨어졌다.
마침내 그 처방이 몸이 아닌 마음을 향한 것이었다는 사실을 깨닫고

나서는 할머니도 우리들도 더 이상 그 처방에 의지할 수 없게 되었다. 어릴 적에는 몸과 마음이 서로 다른 것일 수 있다는 생각 자체를 하지 않지만 점차 그 둘을 구분하는 문명에 익숙해지면서―몸과 마음이 둘이라는 마음이 발동되면서―실제로 그 둘은 서로 소통하지 않게 된 것이다.

생물학적으로 아무 활성이 없는 것으로 밝혀진 약이라도 그 약이 처방되고 소비되는 사회문화적 맥락과 인간적·심리적 상태에 따라서 큰 효과를 볼 수도 있다는 것은 공공연한 경험적·과학적·의학적 사실이다.[5] 플라시보placebo로 알려진 이 현상이 '할머니 손은 약손' 처방과 다른 점은 이 효과를 경험하는 사람들이 대부분 몸과 마음을 전혀 다른 실재로 규정하는 근대를 살아온 어른들이며 그런데도 플라시보 효과는 전혀 줄어들지 않는다는 점, 그리고 그런 약을 처방하는 사람이 매일 부대끼며 함께 살아가는 가족이 아니라 사회로부터 의학적 권위를 위임받은 의료인이라는 사실이다.

몸과 마음을 전혀 다른 범주에 두는 생물의학으로서는 무척 곤혹스런 현상이다. 생물의학에서 플라시보는 두 얼굴을 가진 야누스이며 취하기도 버리기도 어려운 뜨거운 감자다. 환자에게 치유와 위안을 주는 것은 분명하고 따라서 배척이 아닌 포용의 대상이어야 하지만, 현대 생물의학이 뿌리를 두고 있는 몸과 마음의 이해방식으로는 전혀 설명할 수가 없어 생물의학의 인식론적 기반 자체를 위협하기 때문이다. 현대의학에게 플라시보는 현상적으로는 이롭지만 인식론적으로는 해로운 무척 성가신 존재다. 따라서 현대의학이 플라시보 효과를 발견하고 다루어 온 역사를 살펴보면 몸과 마음에 대한 현대의학의 태도를 보다 잘 이해할 수 있을 뿐 아니라 몸 공부와 마음 공부의 방향을 찾는 데도 도움이 될 것이다.

오랫동안 플라시보와 심신의학의 역사를 연구해 온 하버드 대학 과학사학과 앤 해링톤Anne Harrington 교수는 플라시보에 대해 서양의 학이 가졌던 태도의 변화를 추적하면서 그것을 세 단계로 구분한다.[6] 플라시보에 대한 19세기 중반의 태도는 그것이 속임수라는 것이었다. 플라시보는 실재적으로 존재할 수 없으며 환자와 의사가 서로에 대한 기대로 인해 거짓말을 하고 있을 뿐이라는 것이다. 20세기에는 기본적 생리 현상에 더해진 잡음이라는 생각이 우세했다. 현상으로서의 플라시보는 인정하지만 그것은 생리에 대한 일시적 심리 효과일 뿐 본질적인 것은 아니라는 입장이다. 20세기 말에 이르면 플라시보를 실재로 인정하고 그 메커니즘을 밝히려는 경험적 연구로 방향이 전환된다. 마음을 움직이는 인간 상호간의 관계나 개인의 공부가 건강에 실재적으로 도움이 된다는 사실을 인정하고 그 증거를 찾아 나선 것이다. 엄청난 태도의 변화다.

1) 히스테리: 생리학적 거짓말

히스테리는 무감각, 마비, 발작, 색맹, 안면경련 등의 육체적 증상이 있지만 신경학적으로는 아무 이상을 발견할 수 없는 상태에 붙여진 병명이다. 지금은 전환 장애라는 새로운 이름으로 불리지만 아직 히스테리라는 말은 다양한 뉘앙스를 풍기며 인구에 회자된다. 히스테리의 간단한 역사를 살펴보면 의학과 문화가 몸─마음과 어떤 영향을 주고받았으며, 그 영향을 주고받는 방식은 어떻게 변해 왔는지 알 수 있다.

히스테리는 일찍이 고대 그리스의 히포크라테스가 기술한 병이다. 2천 년 이상의 역사를 가지는 셈이다. 고대인들은 히스테리를 자궁이 온몸을 휘젓고 돌아다니기 때문에 생기는 병이라고 생각했다. 자궁은 아이를 생산하고자 열망하는 동물인데, 너무 오랫동안 임신을 하지 않으면 자궁이 몹시 동요하여 몸 안을 방황하게 되고 그 과정에서 호흡을 차단하는 등 증세를 유발한다는 것이다.[7] 고대 로마의 위대한 의사 갈레노스도 아무런 신체적 이상 없이 고통을 호소하는 젊은 여성을 진찰한 결과 이루지 못한 비밀 사랑을 원인으로 지목했다. 우리가 아직도 가끔씩 쓰는 '노처녀 히스테리'라는 말의 유래가 여기에 있다.

여기서 자궁은 몸속에 있지만 상대적으로 독립된 생명이고, 오늘날 마음의 병으로 알려진 히스테리는 그 독립된 생명의 욕구를 몸이 충족시켜 주지 못한 결과 생기는 병이다. 자궁과 몸은 서로 독립적이지만 또한 상호의존적이다. 히스테리는 자궁이라는 신체 기관으로 상징되는 마음의 병이다. 하지만 고대인들에게 마음이 몸과 독립해 존재할 수는 없었다. 그래서 몸속의 몸인 자궁이라는 용의자를 찾아내어 그것과 몸의 상호작용으로 마음을 설명했으며, 여인들은 그렇게 설명된 지식이 만들어내는 마음의 병을 앓게 된 것이다. 권위자가 만들어낸 지식이 마음이 되고, 그 마음이 몸의 병을 일으키며, 그 병이 다시 마음과 지식에 되먹여지면서 강화되는 순환구조다. 여기서 마음은 여전히 몸의 속성이다.

기독교가 지배하던 중세 유럽에서는 떠도는 자궁을 사탄과의 회합을 마다하지 않는 육체적 욕망의 동물로 묘사한다. 마녀를 감별하는데 사용된 증상 중 많은 것이 히스테리와 일치하는 것도 그런 연유에서다. 그 결과 15세기에서 18세기에 이르는 기간 동안 유럽에서는 약 10만 명의 여인이 마녀의 누명을 쓰고 불에 태워져 죽어갔다.[8] 여기서 자궁은 종교적 신성함을 더럽힐 수 있는 악당이며 여성은 그 악당을 몸에 품어 사탄에게 조종당하기 쉬운 존재로 그려진다. 중세 기독교에서 몸은 언제나 불결하고 불경스러우므로 그 몸이 일으키는 욕망을 억제하고 순수한 영혼만을 추구해야 했다. 여기에 몸과 마음을 분리하는 근대 심신이원론의 싹이 들어 있었다고 볼 수 있다.

히스테리에 대해 순수한 물리적 설명을 하기 시작한 것은 과학혁명이 일어나고 몸과 마음을 전혀 다른 범주에 두는 심신이원의 철학이 싹트기 시작한 17세기부터다. 이때부터는 사후 부검이 흔해졌는데 히스테리 증상을 보이던 환자를 부검해서 신체 내부를 관찰했을 때 자궁이 자리를 옮겨 다닐 수 있다는 생각이 전혀 이치에 맞지 않는다는 사실은 너무나 명백했으므로 다른 설명이 필요해졌다.

히스테리의 원인을 자궁이 아닌 뇌에서 찾은 최초의 의사는 신경해부학자이며 의사인 토마스 윌리스(Thomas Willis, 1622~1675)다. 그에 따르면 히스테리 발작은 뇌에 거주하는 영혼이 터져 나오면서 생긴다. 그는 히스테리 환자가 주로 여성인 것은 그들이 욕망의 포로인 자궁을 갖고 있어서가 아니라 정서적으로 연약하기 때문이라고 생각했다. 하지만 이런 생각이 일반적으로 받아들여졌던 것은 아니어서 19세기까지도 히스테리는 여성의 성과 밀접한 관련이 있는 것으로 여겨졌다. 심지어 이 병을 치료하기 위해 자궁, 나팔관, 난소 등 여성의 생식기를

제거하는 수술이 행해지기도 했다.[9]

17세기에서 19세기까지는 과학혁명과 산업혁명을 거치면서 합리적이성과 자유로운 개인이 강조된 시기였지만 2천 년 이상 지속된 문화적유산을 완전히 지우지는 못했다. 오히려 그 문화적 유산이 새로 개발된기술과 결합해 신체 부분을 절단하는 극단으로 치닫기까지 했던 것이다. 이 시기에 마음의 자리는 자궁에서 서서히 뇌로 옮겨가지만 자궁이뇌에게 완전히 자리를 넘겨주기까지는 다시 우여곡절을 겪으며 오랜세월을 기다려야 했다.

19세기 의사들에게 히스테리는 의학의 자존심을 상하게 하는 존재였다. 이때에 이르면 모든 질병에는 자연법칙을 따르는 원인과 결과가있고 이 모든 것들은 실험과 관찰로 규명될 수 있어야 한다는 과학적의학의 신념이 의학계를 지배하게 되지만, 히스테리에 대해서는 도무지 물리적 원인을 찾을 수 없었던 것이다. 이때 엄청나게 다양하고많은 환자를 수용하고 있던 병원은 실험과 관찰을 위한 최적의 장소가된다. 장 마르탱 샤르코(Jean-Martin Charcot, 1825~1893)는 바로 그때주로 신경계의 만성증상을 보이는 5천 명의 여성 환자를 수용하고있던 살페트리에 병원의 신경과에 근무하던 '그때 그 사람'이었다.그는 이미 다발성 경화증 등 많은 신경성 질환을 최초로 서술하고명명하여 명성을 쌓은 국제적 명사였다. 여기서 몸과 마음의 관계,그리고 플라시보와 관련해 중요한 시사점을 주는 흥미로운 사태가벌어진다.

그의 과제는 히스테리를 보편적 경과를 거치는 실체로서의 질병으로 규정하고 그 물리적 원인을 찾아내는 것이었다. 몸속에서 특이병소

를 찾지는 못했지만 이 병이 자연법칙의 지배를 받는 신경성 질환임에
틀림없다고 생각한 샤르코는 히스테리 환자에게 공통적으로 보이는
증상에 주목했다. 그리고 근력의 증강, 민첩성과 유연성의 향상, 난소
부위의 통증, 반신 마취, 시각·청각·미각의 장애, 사소한 손상에
대한 근육의 마비와 수축 등을 기록했다. 이밖에도 그는 히스테리를
꾀병과 구분하기 위한 몇 가지 객관적 기준을 만들어 자신의 연구가
과학적이고 객관적인 것임을 보이려 했다.[10]

이 병원에 입원한 환자 중에서 샤르코가 분류한 히스테리의 전형적
증상을 보이는 환자는 일주일에 두 번 열리는 공개강연에 출연했다.
대개 어두운 과거를 가진 젊은 노동계급 여성이었던 이들은 샤르코의
의도대로 히스테리 환자의 역할을 훌륭히 소화해 냈다. 이 강연에는
의사와 의대생뿐 아니라 배우, 예술가, 소설가, 언론인 등 명망 있는
인사가 많이 참석해 성황을 이루었고 이 강연은 장안의 화젯거리가
되었다. 일단 히스테리 증상의 패턴이 정해지자 이후에 무대에 오르는
환자들은 먼저 환자가 했던 행동을 정확히 반복해 냈다. 난소 근처의
한 지점을 비틀었을 때 경련을 일으키는 현상도 재현할 수 있었다.
환자들이 억지로 연기를 하고 있는 것 같지는 않았다. 하지만 세계적
권위를 가진 의사가 이끌고 당대의 유명 인사들이 참석한 자리에서
그 권위자가 진리라고 주장하는 히스테리의 증례가 된 낮은 계급의
여성 환자가 그 권위에 어긋나는 행동을 하기는 무척 어려웠을 것이다.
아니 어쩌면 그런 분위기가 정말로 환자에게 생리적 변화를 일으켰을
수도 있다. 그리고 이것이 진정한 플라시보였을 수도 있다.[11]

샤르코가 살페트리에 병원에서 히스테리 환자를 등장시켜 강의하는 모습을
그린 Andre Brouillet의 그림(1887년). 환자는 정확히 샤르코의 의도와 기대에
부응하는 반응을 보였다. 이런 그림이 그려질 정도로 이 강연은 대중의
큰 관심사였다.

하지만 그가 보여 준 히스테리의 증상이 모든 시기 모든 나라 모든
종족에게 동일하게 나타나는 보편적 현상이기를 바라던 샤르코의
희망은 오래 가지 못했다. 샤르코의 라이벌이던 이폴리트 베른하임
Hippolyte Bernheim은 최면을 통해 히스테리의 모든 증상을 재현하고
변화시키고 사라지게 할 수 있다는 사실을 보여 줌으로써 샤르코의
환자가 보여 준 것은 생물학에 근거를 둔 변화가 아닌 가짜라고 주장했
다. 이후 히스테리는 뇌나 생물학과는 무관한 '암시'에 의해 만들어지기
도 하고 사라지기도 하는 '생리학적 거짓말'[12]이 되었다. 베른하임
자신은 이 암시를 이용한 치료에 긍정적이었지만 이후 주류의학에서
는 암시를 비과학적이고 비실재적인 것으로 배척하려는 분위기가

대세가 된다. 이제 히스테리는 몸의 실체적 변화와는 아무 관계가 없는 '순수한 심리적' 현상이 되고 몸과 마음의 거리는 더 멀어진다. 샤르코와 그의 환자들은 플라시보 현상을 가장 극적으로 보여 주었으면서도 그 현상의 물리적 원인을 밝히는 데 실패함으로써 현대의학이 플라시보를 멀리하기 시작한 계기가 되고 말았다. 하지만 물리적 원인에 의한 설명이라는 과학의 기준과 가치가 발목을 잡고 있었을 뿐 여전히 플라시보 현상의 존재와 그 잠재적 이용가치를 부정할 수는 없었다. 샤르코는 그런 딜레마의 수혜자이자 피해자였고 그 딜레마는 지금도 계속되고 있다.

2) 임의통제시험: 생리학적 잡음

20세기 들어 세균을 죽일 수 있는 설파제와 항생제가 발명되어 각종 감염병에 확실한 효과를 보이고, 과학적이고 합리적인 의학에 대한 신뢰가 높아지면서 과학으로 설명할 수 없는 플라시보에 대한 시각은 더욱 부정적으로 바뀌게 된다. 플라시보는 의학의 합리적 진보를 막는 장애물이었다. 그러나 플라시보의 생리적 효과를 무시할 수는 없었고 그 효과를 객관적으로 측정할 수도 있었다. 이제 플라시보는 더 이상 순수한 심리적 효과에 의한 생리학적 거짓말이 아니었으며, 존재하지만 설명할 수 없는 어떤 것이었다. 이럴 때 가장 쉬운 방법은 그것을 순수한 생리적 효과에 섞이는 '잡음'으로 처리하는 것이다. 라디오 방송에 사용되는 전파에 잡음이 섞이듯 플라시보도 신체의 순수한 생리작용에 섞여 그것을 왜곡하는 생리학적 잡음으로 볼 수 있다는 것이다.

20세기 중반 이후는 여러 질병에 대해 다양한 효능을 갖는 약들이 양산되기 시작한 시기다. 19세기까지는 소위 특효약들이 특별한 검증도 없이 유통될 수 있었지만 이제 새로 개발된 약이 효능을 갖는다는 과학적 증거가 필요했다. 이를 위해 대규모 임상시험이 기획되고 시행되었는데, 문제는 아무런 생리효과가 없는 약에도 반응을 보이는 플라시보의 존재였다. 새로 개발된 약이 효능을 보이는 것이 단순한 플라시보 효과는 아닐지 의문을 가질 수 있었던 것이다. 해결책은 간단했다. 전체 약효에서 플라시보의 효과를 빼기만 하면 된다. 그래서 임상시험에 참가하는 환자를 임의로 두 집단으로 나누어 동일한 조건에서 한 집단에게는 진짜 치료약을 주고 다른 집단에게는 같은 모양의 가짜 약을 준다. 이때 환자와 의사의 관계 또는 기대가 치료효과에 미치는 영향을 차단하기 위해 환자와 의사 모두 무슨 약을 주고받는지 모르도록 한다. 이제 치료약을 먹은 집단의 치료효과에서 가짜 약을 먹은 집단의 치료효과를 빼면 치료약의 진정한 효과가 나온다. 이게 바로 20세기 의학의 황금률이 된 임의통제시험(Randomized Controlled Trial), 또는 이중맹검 플라시보 통제 시험(double-blind placebo controlled trial)이다.

여기서 치료약의 생리적 효과와 플라시보의 치료효과는 물과 기름의 관계다. 라디오의 잡음을 제거하듯 플라시보의 효과를 제거하면 치료약의 순수한 생리적 효과가 나온다. 유조선에서 바다에 유출된 기름을 제거하는 것과도 같은 일이다. 이런 주장을 반박하는 실험적 증거도 있었다. 1950년대 스튜어트 울프Steward Wolf는 플라시보의 약리에 대한 연구[13]에서 환자에게 정말로 생리적 효과가 있는 약을 주면서 마치 약효가 없는 가짜약이라는 암시를 주면 환자는 생리적 효과보다는 오히려 암시에 더 잘 반응하는 경우가 많다는 사실을 발견했다. 그는 생리적으로 구토를 유발하는 약(ipecac, 吐根)을 주면서 반대방향의 암시를 줌으로써 오히려 구토 증세를 치료하는 효과를 거둘 수도 있었다고 한다. 플라시보는 단순한 잡음이 아니라 치료약의 효과를 억누르기도 하고 방향을 전환하기도 하는 등 단순한 잡음 이상이라는 것이다.

이와는 정반대의 결과를 보고한 실험도 있다. 실험군을 치료약을 준 집단, 플라시보를 준 집단, 아무 치료도 하지 않은 집단으로 구분하여 실시한 임상시험에서 치료약을 준 집단은 현저한 개선을 보인 반면 플라시보를 준 집단과 아무 치료도 하지 않은 집단은 똑같이 별 효과가 없었다는 것이다.[14] 플라시보의 존재 자체를 부정하는 결과다. 이런 상반되는 결과들이 보고되었지만 의학계는 큰 관심을 보이지 않았다. 이미 임의통제시험이라는 황금률을 마련한 이상 그것을 위협하는 결과를 수용해 이미 확립된 권위에 도전하기가 쉽지 않았기 때문이다. 이렇게 플라시보는 치료의 효과를 더하거나 빼는 단순한 잡음의 지위를 굳혀가게 된다. 현대의학에게 플라시보는 여전히 가까이 하기엔 거북하고 그렇다고 완전히 결별할 수도 없는 뜨거운 감자다.

3) 플라시보, 실재적 현상에서 관점의 전환으로

1990년대에 이르면 이러한 어정쩡한 상태를 벗어나기 위한 노력이 시작된다. 1994년 하버드 대학에서 사흘간 열린 "플라시보: 스스로를 치유하는 뇌에 대한 탐구(Placebo: Probing the Self-Healing Brain)"라는 심포지엄이 대표적이다. 어떻게든 이 문제를 해결하지 않으면 안 된다는 공감대는 형성된 셈이다. 하지만 이 대회를 조직한 앤 해링턴이 고백하듯이 이 모임의 주제 영역과 주요 개념을 설정하기 위해 특별팀을 구성해 격렬한 토론을 벌여야 했을 만큼 다양한 견해차가 있었다. 사흘이나 논의를 했지만 별 다른 합의에 도달하지도 못했다. 문화적이고 상징적인 것이 어떻게 몸속에 체화되고 신체적이고 생리적인 것이 어떻게 문화 속에 투영되는지를 알기 위해 어떤 연구주제와 전략을 가져야 하는지에 대해서조차 뚜렷한 합의에 이르지 못했다.[15]

2000년에는 미국 국립보건원이 주관하는 또 다른 학술대회가 열렸는데 이번에는 주류 생물의학의 대표 격인 미국 국립 당뇨병 및 소화기와 신장질환연구소(National Institute of Diabetes, Digestive and Kidney Diseases, NIDDK)와 비주류 의학의 대표 격인 국립 보완대체의학연구소(National Center for Complementary and Alternative Medicine, NCCAM)가 공동으로 참여하는 모양새를 갖추었다.[16] 플라시보처럼 민감한 주제를 다루는 모임에 양 진영에서 500여 명이 모여 성황을 이루었다는 사실 자체가 하나의 사건이었다. 이 모임의 주제는 "플라시보의 과학: 학제적 연구의 의제 찾기"였는데 이제야 비로소 플라시보를 실재로 인정하고 이에 대한 과학적 연구를 해야 할 필요성에 대한 합의가 이루어진 듯했다.

이런 변화는 주로 90년대에 있었던 환원적 생물의학과 생체영상기술의 눈부신 발전에 힘입은 바 크다. 생명현상에 대한 분자 수준의 연구가 성과를 내면서 지금까지 독립적 시스템으로 여겨졌던 신경계, 면역계, 내분비계를 연결하는 다양한 신경전달물질과 면역물질이 알려지고, 기능성 자기공명영상장치(fMRI)와 양전자방출단층촬영 (PET)으로 뇌의 활동을 실시간으로 모니터할 수 있게 되었다. 이로써 심리적·인지적 현상의 생리적 근거를 확보하게 되었고 질병을 포함하는 인간의 경험 세계에서 몸과 마음이 어떻게 상호작용하는지에 대한 과학적 탐구가 가능해졌다. 환원주의 생물학의 눈부신 성과가 오히려 생명현상에 대한 환원적 시각의 근본적 변화를 이끄는 역설적 상황이다. 이제 플라시보는 분자 수준에서의 반응과 영상으로 확인할 수 있고 생명현상에 대해 다양한 정보를 주는 실재實在이며 생명현상에 대한 새로운 이해방식을 예고하는 상징적 현상이 되고 있다.

우리가 아직도 플라시보를 제대로 이해하지 못하는 것은 몸이 살아가면서 스스로 체득했거나 다른 몸이나 환경과의 관계에서 생성해낸 '가치와 의미'가 분석적 방법으로 알게 된 몸의 '작동원리'와 서로 소통하지 못하기 때문이다. 플라시보는 한마디로 의미반응이다. 내 '몸'이 거기에 가해지는 약물이나 처치에 부여한 가치와 의미가 그 몸의 작동방식에 영향을 주어 나타나는 '가치와 사실의 혼합반응'이다. 가치와 의미는 몸이 아닌 마음의 영역에 속하므로 전통적 심신이원론에 의하면 위의 말은 범주오류다. 하지만 뒤에서 논의하게 될 몸을 중심으로 세상을 바라보는 유신론唯身論의 입장에서는 아무 문제가 없다. 유신론에 따르면 몸은 객관적이고 보편적인 자연법칙이 관철되는 자연공간이기도 하지만 삶의 의미가 생성되고 굴절되고 관철되는 도덕공간이기도 하기 때문이다. 이제 사실과 가치 사이에 세워졌던 자연주의와 도덕주의의 장벽을 넘는 실험적이고 모험적인 사유가 필요한 시점이다. 플라시보의 역설적 현상들이 그런 모험을 부추긴다.

이 글의 후반부에서는 그런 사유의 실험이 가능한 현실적 조건들을 살펴보고 그것들을 함께 담을 수 있는 존재론적 그릇이 있을 수 있을지 탐색해 본다. 본격적인 모험을 시작하기 전에 그 두 영역 사이의 장벽이 무력화되어 생긴 것으로 생각되는 두드러진 사례를 생각해보 도록 하자.

캘리포니아에는 모든 안과 검사에서 아무 이상이 없는데도 정신적 충격으로 맹인이 된 독립적 사례가 약 200여 건 있다고 한다. 이들은 모두 캄보디아에서 피난 온 난민 여성들이었는데, 공통적으로 가장 가까운 가족이 고문을 받고 죽어가는 모습을 강제로 지켜보아야만 했던 아픈 경험을 공유한다고 한다. 그들은 "앞을 볼 수 없을 때까지 울었다"고 한다.[17]

아직 우리는 이런 현상을 설명할 과학을 가지고 있지 않다. 우리가 가진 과학은 몸과 마음의 현상을 전혀 소통 불가능한 별개의 영역에 가두어 두기 때문이다. 하지만 상식적으로 그들의 몸이 어떤 고통을 겪었을지 이해할 수는 있다. 그리고 앞을 보지 못하게 된 것이 그들의 몸이 스스로를 지키기 위해 취한 조치였다고 미루어 짐작할 수도 있다. 포식자에게 물린 도롱뇽이 그 물린 꼬리를 잘라내고 도망치는 것과 유사한 방식이다. 그들의 마음이 몸으로 말을 한 것이고 결국 몸과 마음은 서로 다른 것이 아니었던 것이다. 지금까지는 과학적 설명과 인간적 이해가 분리되어 있었지만 앞으로는 그 두 영역을 접근시켜 새로운 담론을 창출해야 할 이유가 여기에 있다. 이제 그

가능한 방법들을 생각해 보자.

3. 살아가는 몸

우리가 몸을 이야기할 때 별로 강조하지 않는 중요한 사실 중 하나는 그 몸이 끊임없이 변화하는 존재라는 것이다. 나의 몸은 어머니와 아버지의 난자와 정자가 어머니의 몸속에서 만나 수정란이 되고 배아 상태로 어머니의 자궁에 착상되어 아홉 달 반 동안 자라서 밖으로 나온다. 출생 이후에도 상당 기간 여러 가지로 부모에 종속된 삶을 살다가 성인이 되면 이성과 사랑을 나누고 후손을 생산한다. 노동과 양육을 통해 사회와 가정을 살아가면서 늙어가고 이내 한 줌의 흙으로 돌아간다. 하지만 그것이 유전정보든 물질이든 아니면 문화적 유산이 든 상관없이 내 몸의 일부는 여전히 후손의 몸속을 살아간다.

어디부터가 나의 몸이고 어디부터가 아닌지의 논쟁은 부질없다. 나의 몸은 비교적 안정된 생물학적 경과를 거치지만 매 순간 경험을 통해 변해 가면서 새로운 방향을 취하는 연속이고 역사이기 때문이다. 여기서 경험은 생물학적인 것일 수도 심리적·문화적·사회적인 것일 수도 있다. 이 모든 경험이 생애를 구성하는데, 생애는 생물학적 사건과 문화적 사건, 그리고 그것들이 만들어 내는 의미들로 채워진다. 생애는 의미 있는 사건들로 구성되며 몸은 그 사건들의 주인공이다. 생애는 몸에 일어난 사건이 아니라 몸의 사건이고 몸을 통한 사건이다. 그 사건의 의미는 일방적으로 몸에 주어지는 것이 아니라 몸을 통해 생성된다.

여기서 생물학적 경험과 사건이란 난자와 정자의 결합으로 인한 수정난의 형성, 그로 인한 나의 유전적 정체성, 내가 먹은 음식과 살아온 물리적 환경이 내 몸에 일으킨 변화, 내가 접촉한 물질과 병원체, 내가 앓았던 질병들, 거기에 반응한 나의 면역체계 등이 있을 수 있다. 문화적 사건이란 생애에 있어 중요한 의미를 갖는 입학, 졸업, 연애, 결혼, 취업, 실업, 임신과 출산, 가족과의 사별, 이혼 등이며, 대부분 생물학적 사건과 중첩된다.[18] 사건의 주인공인 나의 몸을 통해 생성된 그 사건들의 '의미'가 생물학적 사건과 문화적 사건을 연결하여 생물-문화적 사건을 만들어 낸다. 플라시보가 그 의미가 몸에 드러난 '의미반응'이라면 생애는 생물-문화적 사건이 만들어 내는 '의미들의 역사'라고 할 수 있다. 캄보디아 난민 여성들이 갑자기 앞을 보지 못하게 된 것은 고문 현장에서 목격한 사건이 몸에 가한 정신적 충격 때문이었다고 분석하는 데 그치는 것이 아니라, 그 생물-문화적 사건이 몸을 통해 생성한 의미가 그녀들의 삶과 몸을 어떻게 물들였고 어떻게 바꾸었는지 파악해 보자는 것이 생애과정적 접근이다.

그러나 의학은 물론이고 자연과학과 사회과학 어떤 분야에서도 생애과정을 하나의 단위로 삼는 연구는 무척 드물다. 인구집단을 대상으로 특정 시기의 몸 상태를 조사하고 그 자료를 인구 특성에 따라 분류해서 분석하는 횡단면 연구(cross-sectional study)는 많아도 탄생에서 죽음까지의 과정을 추적하는 종단면 연구(longitudinal study)[19]는 드물다. 이런 연구는 비용과 시간이 많이 들어 연구의 효율이 낮기도 하고, 특정 시기에 태어나 공통의 시대를 살아가는 사람들의 인구특성에 따른 분석은 가능하지만 시대와 장소를 불문하고 모든 사람에게 일반화할 수 있는 지식을 생산하지는 않기 때문이기도 하다. 보편적 진리와 효율을 추구하는 근대정신과 서양의학으로서는 수용하기 어려운 전략이다.

그래서 근대 학문은 시간에 따른 흐름을 쫓기보다는 특정 시기의 단면을 보는 데 훨씬 더 능숙하다. 생애과정(life course)이라는 말이 도입된 것도 지극히 최근의 일이다. 이전에는 주로 생애주기(life cycle) 또는 생애단계(life stage)를 연구의 주제로 삼았다. 사람의 몸을 생애주기로 파악한다는 것은 모든 사람이 당연히 거치는 태아, 유아, 소년, 청년, 장년, 노년을 각각 일반화해서 특정 시기의 특성들을 연구한다는 뜻이다. 의학이 신체 부위에 따른 전문분야 외에 주산기 의학(周産期醫學, perinatology), 소아청소년과, 산부인과, 노인의학 등의 전문분야를 갖는 것은 생애주기별 특성에 따라 필요한 지식이 다르다고 보기 때문이다. 여기서 몸은 순환하지만 후손의 생산을 통해서만 그러하고, 대체로 탄생에서 시작해서 죽음으로 마무리된다. 몸은 생성과 소멸의 중간이다.

몸이 유약한 상태로 태어나 성장과 발육을 통해 성숙해 가듯 우리의 삶도 그러하리라고 여기는 것은 지극히 자연스럽다. 이런 생각에서 생애단계의 개념이 도출되고 다시 사회발전단계 또는 역사단계로까지 확산된다. 생애단계는 생애주기보다는 도덕적 함축이 더 강한 용어다. 매 단계마다에 적합한 기준과 규범을 상정하기 때문이다. 소년기에는 몸을 어떤 상태에 있도록 해야 하고 50대의 몸은 어떠해야 한다는 등의 생각이 자연스러운 것도 그 때문이다. TV 연예 프로그램에서 연예인들을 대상으로 신체나이라는 걸 측정하고 사람들이 그 결과에 일희일비하는 것도 특정 시기에 이른 몸들에서 추출된 다양한 계측 결과의 평균치를 바로 몸의 규범으로 받아들인 결과다.

행동과 심리에 대해서도 똑같은 사유양식이 통한다. 프로이트처럼 마음의 발달단계를 성적 관심의 대상에 따라 구강기, 항문기, 남근기로 구분한다거나, 콜버그처럼 도덕의 발달과정을 인습 이전의 수준, 인습의 수준, 인습 이후의 수준으로 구분하는 것도 몸에서 관찰된 발달 단계와의 유비에서 나온 것이다. 그래서 매 생애단계에 적합한 몸의 규범이 있듯이 마음에도 유사한 규범이 있다는 생각은 자연스럽다. 이렇게 우리의 몸과 마음은 규범에 묶이고 규격화된다. 그 규범은 자연법칙에서 도출된 것이므로 거역할 수 없는 것이라 여기기까지 한다. 물론 그것들은 자연법칙 그 자체이기보다는 특정 인간 또는 학파가 자연법칙이라고 주장한 것일 뿐이다. 그 주장들은 충분히 유용하고 인류의 지적 발전에 기여한 바 크지만 탈근대사회라고 일컬어지는 21세기에도 여전히 그럴지는 의문의 여지가 있다.

의학, 심리학, 윤리학, 교육학 등 근대 학문들은 대체로 생애과정의 특정 시기에 대한 횡단면 연구를 통해 축적한 지식을 기반으로 한다. 그리고 여기서 추출된 특정 시기의 통계적 규범들을 시간의 축에 따라 나열하면 그것이 생애과정의 규범이 된다고 생각한다. 하지만 평균치들의 나열은 추상적 경과일 뿐 구체적 현실을 반영하지 못한다. 단계마다의 평균도 다양한 변이들을 대표하는 여러 값 중 하나일 뿐 그 집단에 속한 특정 개체의 진실일 수는 없다. 특히 평균에서 크게 벗어난 몸과 마음(창의성이 뛰어나거나 인류에 크게 기여한 사람들,

그리고 크게 깨달은 사람들은 대개 이런 범주에 속한다)이 그리는 생애과정의 궤적은 횡단면 연구를 통해 추론된 평균적 궤적과 크게 다를 수밖에 없다.

그런데도 우리는 평균적 규범에 몸과 마음을 맞추려 한다. 그리고 이제는 그 규범이 우리 몸에 체화되어 우리의 경험을 통제하기에 이른다. 우리는 근대의학이 정해준 규범에 따라 살아야 한다고 생각하고 샤르코의 히스테리 환자처럼 의학이 정해준 대로 세상을 경험하는지도 모른다. "정치적이고 경제적인 식민주의가 지리적 영토를 취한 것처럼 근대주의 의학은 환자의 몸을—최소한 치료기간 동안만은— 자신의 영토라고 주장하기에 이른 것이다."[20] 근대의학은 우리의 몸을 식민지화한 데 이어 우리의 경험마저 식민지로 만들고 있는지도 모른다. 식민지적 지배에서 벗어나 몸을 경험의 주체로 세우고 그 경험의 의미와 가치를 되찾기 위해서는 평균이 아닌 내 몸 특유의 생애과정을 사유할 수 있어야 한다. 내 몸이 스스로의 생애과정을 이야기할 수 있어야 한다는 말이다.

몸이 스스로의 이야기를 하도록 하려면 최소한 그 몸을 기계로 여겨서는 안 될 것이다. 현대 생물학과 의학이 명시적으로 몸이 기계라고 주장하지는 않지만 많은 사람들은 묵시적으로 그렇게 생각하는 경향이 있다. 특히 생물학과 기초의학에서 발견된 지식이 유통되는 과정을 보면 그렇다. 체세포핵이식을 통해 만들어진 줄기세포는 전혀 면역반응을 일으키지 않을 것이며, 특정 유전병의 유전자를 조작하면 그 병을 완벽히 치료할 수 있을 것이라는 기대가 대체로 그런 것이다. 그 조작으로 인해 발생할 수많은 가능성은 보이지 않거나 보지 않으려

한다. 우리 몸이 기계라는 묵시적 신념 때문이다. 지금부터는 현재 유통되고 있는 생물학적 사실에 가려진 복잡하고 다양한 맥락을 드러내고 그것들을 어떻게 몸의 이야기에 참여시킬 수 있을지 생각해 보도록 한다. 그 다음에 이야기를 삶 전체로 확대시켜 볼 것이다.

1) 몸의 생물학적 생애

"생애과정은 여러 객관적 사태와 경험이 시간 속에 특정한 패턴으로 분포하는 것이다. 하지만 이 경험들은 삶에 있어 매우 뜻 깊은 것이라는 점에서 특별하다. … 생애과정을 이해하기 위해서는 먼저 경험에 '의미'가 할당되는 방식을 알아야 한다."[21]

우리는 특별한 곳으로 여행을 떠나거나 아주 오랜만에 친지의 방문을 받는 등의 경험에 각별한 의미를 부여한다. 그리고 그렇게 부여된 의미는 어떤 식으로든 나의 삶과 몸에 영향을 준다. 누구든 첫 키스의 추억은 오랫동안 특별한 의미와 함께 기억하기 마련이다. 경험은 집단적인 것일 수도 있다. 예컨대 수십 년간 남북으로 갈라져 있던 가족이 만나는 장면은 언제나 많은 사람의 눈물샘을 자극한다. 중병을 앓고 있는 환자들은 결혼기념일이나 자식의 졸업식 또는 결혼식 등 의미 있는 행사를 앞두고 있을 때보다는 그 날짜가 지나고 나서 사망하는 확률이 훨씬 높다는 조사결과는 삶의 의미가 생물학적 과정에 실제적으로 영향을 준다는 증거다.

그렇다면 생명현상을 기계적으로 연구하고 해석해서 그것을 인간

세상에 그대로 적용하기보다는, 생명현상을 인간세상에서처럼 의미와 가치가 교환되고 관철되는 과정으로 이해할 수는 없을까? 이는 도덕적 가치를 기준으로 자연적 사실을 설명하려는 도덕주의의 오류를 범하는 것으로 과학과 철학이 모두 받아들일 수 없는 의제일 것이다. 하지만 환원적 방법으로 연구된 과학적 사실들을 비환원적으로 해석하는 방식으로 그 사실들에 새로운 의미를 부여하고 그 의미들의 시간적 패턴을 추적할 수는 있을 것이다. 몸에 일어나는 생물학적 사건들을 단순히 기술만 하기보다는 몸의 생애에 대해 가지는 의미의 관점에서 해석해 보려는 것이다.

(1) 물려받는 몸

우리는 유전학을 배우기 전에도 부모의 형질이 자식에 전해진다는 사실을 잘 알고 있었다. 부전자전父傳子傳, 모전여전母傳女傳, '피는 물보다 진하다' 등의 말과 친족을 촌수로 구분하여 부르는 호칭 법은 정확히 공유하는 유전자의 양에 따른 친소관계와 일치한다. 하지만 같은 부모를 가진 자식이라도 생김새나 하는 행동이 전혀 다른 경우도 많다. 아주 드물기는 하지만 쌍둥이로 태어난 형제의 겉모습이 한 사람은 백인이고 다른 사람은 흑인인 경우도 있다. 똑같은 유전자를 가진 일란성 쌍둥이는 닮은 점이 많지만 다른 점도 무시할 수 없을 만큼 많다. 우리 몸은 부모로부터 물려받은 것이지만 또한 만들어가는 것이기도 하다.

그동안 유전학이 쌓아온 지식은 주로 물려받은 몸에 관한 것이었다. 과학은 거기에 그냥 그렇게 있는 사실만을 다루어야 한다는 생각이 지배적이었기 때문이다. 그 사실이 '나의' 몸에 대한 것일지라도 과학에서 '나'는 철저히 배제되어야만 했다. 설사 물려받은 유전자와 환경의 상호작용을 인정하더라도 몸은 만들어'지는' 것이지 만들어 '가는' 것은 아니었다. 과학에서 '주관'적 요소가 설 자리는 없었다. 삶의 의미라는 가치는 인문학자나 종교인들이 신경 쓸 일이지 과학자가 관여할 바가 아니었다.

과학은 사실에서 가치를 배제했을 뿐 아니라 사실이 위치한 객관적 맥락에 대해서도 제대로 주의를 기울이지 않았다. 20세기 들어 멘델의 유전법칙이 재발견되고, 다윈의 진화론이 유전학과 결합하여 유전을 통한 진화라는 도식이 명확해지며, DNA의 구조가 발견되어 유전의 메커니즘이 알려지자 이런 경향은 더욱 뚜렷해졌다. 1970년대 DNA를 조작할 수 있는 재조합 DNA기술이 발명되었을 때 일반 대중뿐 아니라 이 분야의 전문가들조차 심각한 우려를 표명했던 것[22]은 미지의 기술에 대한 신중한 자세의 본보기로 칭찬받아 마땅하지만, 역설적이게도 유전의 법칙을 지나치게 기계적인 것으로 이해했기 때문이기도 하다. DNA로 구성된 유전자가 모든 형질을 결정한다는 유전자 결정론과, 그 결정 과정은 'DNA→RNA→단백질→형질'로 이어지는 정보의 흐름에 따른다는 중심가설이 그런 이해의 뼈대였다. 여기서 유전정보는 항상 일방통행이고 반대방향으로의 흐름은 허용되지 않는다. 1990년대 인간 DNA의 모든 염기서열을 밝힌다는 야심찬 인간유전체계획이 시작되었을 때 많은 사람들이 이 계획이 완벽하게 수행되면 우리의 운명을 CD 한 장에 담게 될 것이라고 흥분했던 것도 이 같은 사유양식의 소산이다.

21세기가 시작되면서 우리는 정말로 인간 DNA의 염기서열을 모두 알게 되었고 약간의 자격만 있으면 인터넷을 통해 자유롭게 열람할 수도 있게 되었다. 하지만 아직도 유전학자가 우리의 미래에 대해 말할 수 있는 것은 많지 않다. 중심가설의 단순 도식으로는 만들어가는 몸은 말할 것도 없고 물려받은 몸에 대해서도 제대로 설명할 수가 없다. 유전자 속에서 운명을 찾으려던 노력은 부수적으로 엄청난 과학적 성과를 이루어냈지만 결국은 유전자가 우리의 운명일 수 없음을 증명하고 말았다. 이제 우리는 스스로 만들어 낸 엄청난 양의 정보 속에서 길을 잃은 꼴이 되었다. 여기서 새로운 길을 찾는 데 있어 유전자 결정론과 중심가설이라는 지침은 더 이상 도움이 되지 않는다. 아인슈타인의 말처럼 "우리의 사고방식이 야기한 문제는 그것을 초래한 사고방식으로는 결코 해결할 수 없다."

유전자에 관한 엄청난 양의 정보를 해석하고 거기에 질서를 부여하기 위해서는 형질의 결정과정을 유전자만으로 설명하는 유전자 중심주의를 벗어나야만 했다. 어떤 유전자가 특정 형질을 발현하기 위해서는 생물학적 맥락에 따라 그 스위치를 켜거나 끄는 역할을 하는 체계가 있어야 한다. 피부를 구성하는 세포와 심장을 구성하는 세포가 똑같은 유전정보를 가지고 있으면서도 전혀 다른 모양과 기능을 하는 것은 두 장소가 필요로 하는 특성이 다르고 따라서 발현시켜야 할 유전자가 다르기 때문이다. 그렇다면 유전체에는 어떤 유전자를 발현시킬지에 대한 정보마저도 갖추어져 있을까? 그럴 것 같지는 않다. 특정 세포가 수행해야 할 기능에 따라 발현시키는 유전자가 다르다면 그 수행해야 할 기능에 관한 정보는 그 세포가 위치한 주변 환경과 맥락에서 주어져

야만 할 것이기 때문이다. 흔히들 유전자는 기계의 설계도가 아니라 어떤 음식의 조리법과 같은 것이라고 한다. 같은 조리법에 따라 만들어 진 요리라도 요리사에 따라 또는 사용된 재료에 따라 다양한 맛과 흥취를 연출하듯이, 물려받은 몸은 그 몸을 살아가는 방식에 따라 유전자의 계획과 다른 몸이 될 수도 있다는 것이다.

후성유전(epigenesis)은 이렇게 유전자가 아닌 환경적 요소에 의해 유도되었거나 배아발생과정에서 조정된 또는 그때 발생한 변이가 다음 세대의 세포나 유기체로 전달되는 것을 말한다.[23] 유전자에 고정 되었던 시선을 유전자를 둘러싼 세포의 환경, 그 세포가 처해 있는 유기체 내의 지위와 맥락, 그리고 유기체가 살아가는 외부 환경으로 돌리면서 새로운 연구주제가 떠오르게 되었고, 이제는 후성유전에 관한 증거가 점차 많아지고 있다. 아직은 비주류에 속하는 연구프로그 램이지만 더 많은 증거가 쌓이게 되면 물려받는 몸에 대한 주류 생물학 의 흐름을 크게 바꿀 수 있을지도 모른다.

(2) 만들어 가는 몸

나의 몸은 부모로부터 물려받은 것이지만 동시에 처해 있는 환경과 맥락으로부터 순간순간 의미를 부여받으며 끊임없이 새로 만들어 가는 것이기도 하다. 나는 정해진 운명에 따라 만들어지고 죽어가는 몸을 '가지고' 있는 것이 아니라 매 순간 새로움을 더해 가는 몸을 '살아가는' 것이다. 나는 몸을 떠나서는 존재하지 않는다. 나는 몸이고 몸이 바로 나다. 몸인 나는 끊임없이 세상을 내 속에 써 넣으며 새로워진 다. 나인 몸은 달라진 나 속의 여러 관계가 만들어 내는 패턴과 세상의

패턴을 차례로 조회하면서 순간순간 새로운 나가 된다. 몸인 나는
변해 가는 세상의 한 국면이다.

　유전과 후성유전이 생명의 발생과 형질의 유전에서 유전자와 세포
환경이 주고받는 정보에 주목한다면, 면역학과 신경과학은 유기체와
외부환경이 주고받는 정보가 주요 관심사다. 유전학이 주로 물려받은
몸에 관한 연구라면 면역학과 신경과학은 주로 만들어 가는 몸에
관한 담론이다. 물려받은 몸은 유전자에 의해 큰 그림이 그려지고
후성유전과 그밖에 행동과 상징 등 사회문화적 차원이 중첩되는 모양
새[24]지만, 만들어 가는 몸은 그렇게 물려받은 몸이 살아가면서 경험한
세상을 내 몸에 써 넣으면서 변해 가는 과정이다.

가) 면역: 내 속에 담긴 세상

몸이 있는 곳에는 질병도 있기 마련이다. 질병은 자연이 환경에 적응하
지 못한 개체를 제거하는 주요 방편이다. 어떤 질병에 걸린 개체가
죽거나 회복되고 나면 그 질병에 저항력이 있는 개체의 비율이 높아지
는데 이때 그들은 그 병에 면역되었다고 한다. 과학 이전에도 우리
조상들은 두창(천연두) 환자의 상처에 생긴 딱지를 갈아서 건강한
사람의 코에 불어넣는 등 인위적으로 면역을 부여하는 방법을 알고
있었다. 하지만 어떻게 그런 일이 생기는지에 대해서는 알지 못했다.
전해져 내려온 경험에 입힐 만한 이론의 옷이 마땅치 않았던 것이다.
18세기 말 콘스탄티노플 주재 영국 대사의 부인이었던 몬태규 부인이
현지인의 경험에서 배워 유럽에 도입한 종두법이 격렬한 논쟁을 불러
온 것도 그 효과에 대한 이론적 설명이 궁색했기 때문이다.

면역 현상을 설명하는 이론은 그 이론이 탄생한 시대적 배경이나 당시의 주도적 세계관과 떼어서 생각할 수는 없다. 마치 내 몸의 면역을 그 몸이 살아가는 외부 세계의 환경과 분리할 수 없는 것과도 같다. 면역에 대한 초기 논쟁은 자기정체성을 확립해 가는 세포의 역할을 강조하는 세포설과 항원과 항체의 기계적 결합을 전제로 하는 체액설로 대별되는데, 19세기 말 당시로서는 생기론의 혐의를 받고 있는 세포면역설이 받아들여지기는 어려운 상황이었다. 그렇게 면역을 체액 속에서 일어나는 화학반응으로 환원하는 체액면역설이 대세가 되어 갔다.

체액면역설의 대표자가 바로 1910년, 살바르산 606이란 매독치료제로 화학요법(chemotherapy)의 새 장을 열어젖힌 파울 에를리히(Paul Ehrlich, 1854~1915)였다. 면역반응을 유기체와 외래 생명체 사이의 역동적 관계로 파악한 메치니코프와는 달리, 그는 면역이 물질들의 삼차원적 구조와 구성 원소들의 친화성에 따라 자연적으로 일어나는 수동적 화학반응의 일종이라고 생각했다.
......
반면 메치니코프의 세포면역설에서는 일정 정도의 자유가 허용된 대식세포와 외래 세균 또는 그 세균에 의해 파괴된 숙주 자신의 세포가 주인공이다. 자연법칙은 큰 테두리에서만 주인공들의 행동을 지시하고 각 세포들은 각자의 역할을 소화하며 필요할 경우 서슴없이 애드리브를 활용한다. 메치니코프의 대식세포는 숙주의 의지와 관계없이 침입자에 접근하고 반응하며 임기응변에 능한

반半주체적 존재이지만, 에를리히의 항원과 항체는 마치 자물통과 열쇠처럼 기계적 또는 화학적 친화성에만 의존하여 행동한다.[25]

메치니코프는 이러한 기계적 환원론을 배격하고 대식세포의 능동적 활동성을 진화론에 따르는 생존의 적합성으로 설명한다.[26] 유기체가 환경에 적응하면서 진화해 가듯이, 면역계를 구성하는 세포들도 주어진 환경에 적응한 것들이 선택되고 증식한다는 것이다. 면역세포는 몸속의 작은 몸들이다. 메치니코프에 따르면 질적으로나 양적으로 이상화된 생리적 상태는 없다. 우리의 몸들은 영원히 더 이상적인 상태를 갈망하는 과정일 뿐이다. 병리적 상태는 잠재적 치유인데 '생리적 염증'이 바로 그 치유의 과정이다. 정상적인 것은 병리적인 것을 포함한다.[27]

1950년경에 이르면 면역의 역할은 동질적인 것과 이질적인 것을 구분하는 것이라는 이론이 인기를 얻는다. 호주의 버넷이 제기한 '자기지표(self marker)'이론에서 면역은 이 지표가 있는 것은 보호하고 그렇지 않은 것은 공격한다. 하지만 여기서 나(self)와 나 아닌 것(non self)의 구분은 그렇게 명확하지 않다. 나는 면역세포가 학습과 소통을 통해 나와 나 아닌 것을 구분하는 과정에서 끊임없이 새로워진다. 면역계는 배아발생 과정에서 자기지표를 가진 세포를 공격하는 림프구를 선별해 선택적으로 파괴함으로써 자기관용을 발달시키고 자기지표가 없는 외부 세포를 공격하는 세포는 선택적으로 증식하여 나와 나 아닌 것의 경계를 만들어 간다. 이것이 버넷의 클론선택이론이다. 다양한 가능성을 가진 림프세포들의 선택적 증식을 통해 몸의 정체성이 형성되는 구조다. 나와 나 아닌 몸의 구분이 면역의 핵심이다.

반면 덴마크의 예르네는 면역의 핵심을 나 아닌 것을 배제하는 기능보다는 나 자신을 인식하는 것에 둔다. '면역체계는 몇 개의 요소들로 단순 환원되지 않는 하나의 평형상태를 유지하려는 기능적 그물망으로서 자기 이미지 혹은 자기를 비추어 볼 수 있는 '자아 거울'에 의하여 스스로를 반영한다. 그리고 이 반영에 대한 반영이 계속 생성됨으로써 면역과정이 성립한다."[28] 버넷에게 자기가 아닌 것으로 인식된 것도 여기서는 자아 거울에 비추어지고 다시 그 거울에 반영되는 자아의 한 형식으로 인식된다. 몸속에 존재하는 항체는 면역의 인식 주체인 동시에 대상이다. 그것들의 그물망이 바로 나의 기능적 정체성인데, 이 그물망은 '나 아닌 것'이 아닌 '나'를 인식한다. 면역반응을 일으키는 항원은 나이거나 나 아닌 것이 아니라 이 그물망에 주어진 어떤 '의미'이다.[29]

이스라엘의 면역학자 코헨은 나 자신의 이미지를 내포한 이 기능적 그물망을 면역 속의 작은 나(immune homunculus)라 부른다.[30] 외부에서 침입한 항원은 그것이 나와 같지 않아서가 아니라 그것이 나와 공유한 고유성을 변화시키는 맥락에서 제시될 뿐 나 자신 속에 이미 포함되어 있다. 그는 그 증거로 자기 자신에 대한 자가 면역(physiological autoimmunity)이 정상적으로 존재한다는 사실을 들고 있다. 버넷에서처럼 자기 자신을 공격하는 림프구가 모두 제거되지는 않는다는 것이다. 자가 면역은 끊임없이 나 자신의 구성요소를 찾아내고 감시하는 면역계의 정상적 기능이다. 이 자가 항원(self antigen)이 처한 맥락이 달라지면 그것의 "의미"가 달라져 면역 반응이 시작된다.

이 면역 인지 패러다임(Cognitive Paradigm)에 따르면 항원과 항체의 상호작용은 그 항원이 어디에서 어떻게 인지되었는지의 맥락에 따라 달리 해석되는데, 면역계는 이러한 해석과 인식에 따라 적절한 반응을 선택한다. 이러한 분자적 반응이 축적되면 면역계가 어떤 지향성 (intentionality)을 가지는 것처럼 보인다. '면역 속의 작은 나'라는 내 몸의 내적 이미지가 클론의 활성화를 안내하고 제한하는 것이다.[31] 여기서 나와 나의 몸은 더 이상 실체가 아니다. 그것은 자기를 찾는 과정에서 끊임없이 변화하고 생애를 통해 적응해 가면서 역동적으로 창출되는 무엇이다.

이렇게 면역의 이론이 시기에 따라 크게 변해 가는 것 역시 세계에 대한 우리들 속의 내적 이미지가 변해 왔기 때문일 것이다. 이런 점에서 과학, 특히 면역이론의 역사는 시대정신의 역사이기도 하다. 자물통과 열쇠의 관계라는 기계적 이미지에서 시작한 면역이론은 나에 속한 것과 그렇지 않은 것을 구별하는 배타적 선별 장치가 되었다가, 지금은 세계와의 관계 속에서 끊임없이 나 자신을 새롭게 규정하는 '내 속에 반영된 세계'라는 포스트 모던한 개념으로 바뀌고 있는 것이다.

여기서 핵심은 맥락과 의미이다. 면역학을 전공한 의사이며 철학자 인 토버는 이것을 맥락주의(contextualism)에서 나오는 '의미의 이론'이 라 한다.[32] 이런 점에서 면역학은 이미 자연적 사실과 인간적 가치를 구분하는 서양의 전통적 이분법을 넘어서고 있다. 여기서 의미는 사실들의 나열이 아닌, 그 사실이 위치한 맥락과 다른 사실들과의 관계 속에서 창발創發하는 지향성(emergent intentionality)[33]이다. 면역 에서 말하는 '나'는 면역학의 언어로 스스로의 이야기를 써 나가는 이야기꾼이다. 우리가 하는 이야기 속에 인생의 의미가 녹아 있듯이 우리들의 몸속에는 면역학적 언어로 기록된 몸의 이야기[34]가 담겨 있는 셈이다. 나는 변해 가는 몸이고 이야기이며 그 속에서 솟아오르는 의미이다.

나) 뇌: 나를 새로 쓰는 이야기꾼

근대 과학이 자기 정체성의 자리로 지목했던 유전자는 점차 그 지위가 약해지고 있고, 면역학의 성과를 조금 확대 해석하면 나와 나 아닌 것의 경계마저도 무척 모호한 것이 된다. 그렇다면 뇌를 포함한 신경계 야말로 나를 나이게 하는 최후의 장소라고 생각할 수 있다. 하지만 유전학과 면역학의 빛나는 성과가 바로 그 성과를 있게 한 기계적 환원론의 전제를 의심케 하고 생명의 구성요소들 사이의 관계와 상호 작용, 그리고 그것들이 놓여 있는 맥락에 주목하게 만들었듯이, 뇌 과학의 연구 성과는 오히려 뇌마저도 나를 나이게 하는 자기정체성의 근거지가 아닐지 모른다는 생각을 하게 한다.

  뇌 과학의 출발은 뇌의 특정 부위를 몸과 마음의 특정 기능과 대응시 키는 것이었다. 그런 지식들은 대개 뇌의 특정 부위를 다쳤거나 뇌 병변이나 수술을 통해 어떤 부위가 손상된 환자에게서 왔다. 예컨대 사고나 뇌졸중 등의 질병으로 어떤 부위에 손상을 입은 환자가 보이는 증상으로부터 뇌의 특정부위가 특정기능을 담당한다는 사실을 알 수 있었다. 사고로 전두엽을 크게 다친 환자가 자기 통제력을 잃고 난폭한 사람이 되었다든지 브로카 영역이라는 부위를 다친 사람이 말을 할 수 없게 되었다는 사실로부터 그 각각의 부위가 자기 통제와 언어를 담당한다는 사실을 알게 되었다.

또 뇌수술 과정에서 어떤 부위를 자극하면 몸의 특정 부위에 감각을 느끼거나 움직임을 일으킨다는 사실을 발견한 펜필드는 뇌에 감각과 운동의 지도가 그려져 있다고 생각했고 1950년 마침내 그 지도를 완성했다. 이러한 성과는 자연스럽게 감각과 운동뿐 아니라 언어, 인지, 사유와 같은 고급 기능도 어떤 형태로든 뇌에 기록되어 있을 것이라는 생각으로 이어진다. 이제 나의 뇌는 수많은 '작은 나(homunculus)'들이 담겨 있는 가기 정체성의 보물창고다. 뇌 속에는 감각하는 나, 운동하는 나, 감정을 느끼는 나, 사태를 판단하는 나 등 다양한 '나'들이 들어 있다고 생각하게 된 것이다.

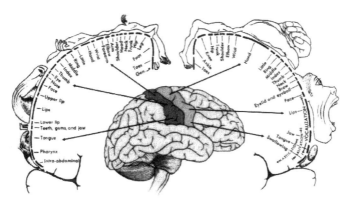

1950년 펜필드가 펴낸 『사람의 대뇌피질』에 실린 뇌 속의 작은 사람. 왼쪽은 감각을 담당하는 뇌 속의 작은 사람(somatosensory homunculus)이고 오른쪽은 운동을 담당하는 뇌 속의 작은 사람 (motor homunculus)이다. 대뇌피질의 위치와 넓이를 실제 신체 부위의 크기로 표현했다.

영국 런던의 과학박물관에 전시되어 있는 감각과 운동을 담당하는 '뇌 속의 작은 사람'의 모형이다. 손과 혀가 무척 크게 표현된 것은 그 부위의 감각과 운동을 담당하는 뇌 부위가 그만큼 넓기 때문이다.

이후 뇌 과학은 다양한 기능을 발현하는 신경 전달 경로를 발견하는 일에 매진했는데, 그 연구 프로그램의 기본 방향은 지각, 인지, 사유, 운동 등 몸과 마음을 연결시키는 모든 기능을 특정 신경회로로 설명하는 것이었다. 17세기에는 당시의 최첨단 기계였던 시계에 인체를 비유했지만 이제는 고성능 컴퓨터나 로봇이 그것을 대체하게 되었다. 엄청나게 복잡해졌고 몸과 마음을 전혀 다른 영역에 두었던 심신이원론이 많이 완화되기는 했지만 신체를 인간이 만든 인공구조물에 비유하는 사유양식에는 별로 변화가 없다.

17세기에는 남자의 정자 속에 아주 작은 사람(homunculus)이 들어 있다고 생각했을 만큼 생명을 바라보는 방식이 무척 기계적이었다.

20세기에는 유전학이 발달하면서 그 작은 사람이 정자가 아닌 모든 세포 속에 있는 유전체에 암호화된 정보의 형태로 저장되어 있고, 그 정보에 의해 만들어진 뇌가 나의 정체성을 규정한다고 생각하게 되었지만, 생명은 여전히 기계적 메커니즘으로 설명할 수 있어야 했다. 손상된 말초신경은 재생이 되지만 중추신경의 축색(axon)은 재생되지 않는다는 사실은 뇌신경이 유전정보에 의해 배선된 (hard-wired) 변하지 않는 나의 정체성일 것이라는 생각을 더 강화시켜 주었다. 이 모델에 따르면 마음은 뇌 속에 배선된 신경회로에서 일어나는 복잡한 계산의 결과다.

사람의 몸을 기계로 생각했던 17세기 유럽인들은 신생아의 탄생이라는 현상을 설명할 수 없었다. 남자의 정자 속에 아주 작은 사람이 들어 있다는 생각은 기계적 사유에 현상을 꿰어 맞춘 궁여지책이었다.

20세기 말에 이르러 기능성 자기공명영상(fMRI)과 양전자방출단층촬영(PET) 등 뇌 영상기술이 발달하고, 자기자극으로 수술 없이 대뇌 피질의 특정 부위를 마비시킬 수 있는 기술(Transcranial Magnetic Stimulation, TMS)이 개발되면서 새로운 가능성이 열리기 시작한다. 특히 뇌 영상기술은 실시간으로 뇌의 활동을 보여줌으로써 마음을 기록하는 장치로까지 여겨지면서 많은 신경과학자와 철학자들을 흥분시켰다. 이제 마음은 뇌 속 신경세포의 활동으로 환원될 수 있을 것 같았다.

그러나 이런 첨단 기술은 오히려 환원의 한계를 드러내는 계기가 되었는데, 그 철학적 함의는 우리가 면역에서 발견한 것과 유사하다. 면역에서 나와 나 아닌 것의 경계가 모호해졌듯이 신경과학에서도 나와 환경, 나와 너, 몸과 마음의 경계가 모호해진 것이다. 신경과학의 세 가지 중요한 발견을 통해 이런 사실들을 설명해보자.

첫째, 나의 뇌에는 나의 피부 안쪽의 몸뿐 아니라 그 몸이 미치는 범위의 개인 주위 공간(peri-personal space)[35]까지도 부호화되어 기록된다는 사실이 발견되었다. 한반도만 그려진 지도만으로는 그 땅이 어디에 있는지 알 수 없지만 주위의 땅과 바다가 함께 그려진 지도를 보면 그 지리적 맥락을 파악할 수 있듯이, 나의 뇌는 내 몸 자체만이 아니라 그 몸이 살아가는 근접 환경의 정보를 함께 담고 있어야 했던 것이다.

뇌는 내 몸속에 외부 세계의 지도를 만들어 낸다. 그 결과 일군의 뇌 신경세포가 내가 보고 듣고 느끼고 아는 모든 것의 정신적 모델을 담고 있게 된다.[36] 테니스 선수의 뇌에는 그가 사용하는 라켓이 미치는 범위의 공간에서 일어나는 일을 처리할 수 있는 정보가 기록되지만, 뇌졸중으로 반신을 쓰지 못하게 된 환자의 뇌에서는 마비된 쪽의 주위 공간도 함께 사라진다. 내 몸속의 뇌는 그 몸이 사는 세상을 한 움큼 담고 있으며 그렇게 함으로써 비로소 나는 나일 수 있다. 나는 내가 살아가는 세상을 그 속에 담고 있는 만큼만 진정한 나일 수 있다. 예르네의 '자아 거울'이나 코헨의 '면역 속의 작은 나'처럼 나는 세상의 반영이며, 그렇게 함으로써 항상 새로워지는 나이다. 내가 느끼는 감각도 그렇게 체화된 나(embodied self)의 관점에서만 의미가 있다.[37]

내가 나이기 위해서는 끊임없이 세상과 교제해야만 하는데, 그 과정에서 나와 개인 주위 공간을 공유하는 사람 또는 동물과의 만남은 피할 수 없는 일이다. 현대 신경과학은 사람들 사이의 관계에 대해서도 무척 흥미로운 연구결과를 보여 주는데, 이 역시 전통적인 주체-객체 또는 몸-마음의 이분법으로는 도저히 이해할 수 없는 것이었다. 전통적 뇌 과학은 지각(perception)과 행위(action)도 전혀 다른 영역의 사건으로 이해한다. 세상을 느끼는 것과 그 세상에 어떤 행위를 하는 것을 별개의 영역에 둠으로써 그 둘을 연결시킬 다른 기능이 필요했고, 그것을 인지(cognition)라 불렀지만 그것이 어떻게 작동하는지에 대해서는 거의 한마디도 할 수 없었다. 펜필드가 말한 '느끼는 뇌 속의 작은 나(somatosensory homunculus)'와 '움직이는 뇌 속의 작은 나(motor homunculus)'를 이어줄 고리가 없었고, 다만 고등 지능을 담당하는 전두엽이 그 역할을 할 것으로 추측할 뿐이었다.

리촐라티를 비롯한 이탈리아 연구팀이 발견한 거울신경세포(mirror neuron)[38]가 그 문제를 해결할 단서를 제공했지만 발견 당시에는 별로 주목을 받지 못했다. 거울신경세포가 분포한 부위에서는 지각과 운동을 담당하는 신경세포가 뚜렷이 분리되지 않을 뿐더러 자신이 아닌 '다른' 개체가 하는 행동을 '보는 것'만으로도 반응을 보였는데 이는 당시의 상식에 부합하지 않는 것이었기 때문이다. 그 발견의 과정에 대해서는 다음과 같은 이야기가 전해온다.

지금으로부터 약 20년 전 이탈리아 파르마의 한 연구실에서는 원숭이의 뇌를 노출시키고 전두엽의 여러 부위에 미세전극을 연결한 상태에서 신경반응을 기록하고 있었다. 실험을 중단하고 휴식을 취하던 실험자 한 사람이 테이블에 있던 땅콩을 집어 드는 순간 F5라고 부르는 부위에 연결된 전극에서 전류가 발생하는 소리가 들렸다. 원숭이에게 아무런 자극을 주지 않은 상태였으므로 좀 이상하다고 생각했지만 그대로 넘길 수밖에 없었다. 이 반응이 원숭이 자신이 아닌 실험자의 행동에 의해 유발된 것이며 이 반응을 유발한 신경세포는 지각과 운동에 관련된 정보를 한꺼번에 처리하는 이른바 거울신경세포였다는 사실을 알게 된 것은 이후 이와 유사한 관찰이 반복해서 있은 뒤의 일이었다.[39]

나의 뇌는 다른 사람이 어떤 '의도'를 가지고 하는 행동을 관찰만 하고 있을 때에도 행위자와 똑같은 부위의 신경세포를 활성화한다. 이 사실은 "우리는 다른 사람들의 생각이나 마음을 우리 뇌 안에서 모방함으로써 이해하며, 거울 뉴런(신경세포)을 통해 이 목적을 달성한다는 가설을 강력하게 뒷받침한다."[40] 나의 몸은 나 자신만이 아닌 내 곁에 있는 다른 사람의 마음까지도 나의 뇌 속에 부호화함으로써 다른 사람의 몸과 연결된다. 여기서는 타인과 고립되어 존재하는 몸도 마음도 개인도 없다.

몸과 마음에 관한 기존의 통념을 바꾼 뇌 과학의 세 번째 중요 발견은 뇌 조직이 선천적으로 배선되어 있지 않다는 것이다. 문헌에 따르면 뇌 조직이 고정되어 있지 않다는 과학적 증거는 오래 전부터

축적되어 왔다고 한다. 그런데도 거의 100년간이나 중추신경계는 재생
되지 않는다는 도그마로 인해 제대로 연구되고 이론화되지 못했던
것이다. 하지만 중추신경계의 손상된 신경세포가 스스로 재생되지는
않더라도 손상되지 않은 나머지 신경세포들은 새로운 시냅스를 형성하
는 방식으로 손상된 부위의 기능을 대체할 수 있다. 실제로 뇌 속의
몸 지도는 몸의 상태와 활동에 따라 수시로 그 영역을 재설정한다.

　뇌 가소성(brain plasticity)의 전도사를 자처하는 정신과 의사 노먼
도이지에 따르면 뇌 조직의 90퍼센트 이상이 손상되었더라도 정상적
기능을 다 할 수 있다고 한다.[41] 나머지 부위가 환경과 몸의 활동에
적극적으로 적응한 결과다. 그의 책은 이렇게 기적과 같은 사례를
잔뜩 담고 있다. 문제는 우리의 전통적 사유의 틀이 이런 사례들을
담아낼 만큼 유연하지 않다는 것이다.

　뇌 과학의 역사는 우리가 세상을 바라보는 방식이 변화해 온 역사이
기도 하다. 뇌가 선천적으로 물려받은 나의 정체성을 담고 있는 변경할
수 없는 전기배선과 같은 것이라는 생각은 몸을 기계로 간주하던
오래된 생각의 틀이 반영된 결과다. 그러나 그러한 생각의 틀에 따라
진행된 연구의 결과 생산된 데이터들은 그 틀이 잘못된 것일 수 있다는
자각을 불러왔다. 생각의 틀을 바꾸자 보이지 않던 현상이 보이기
시작했다. 뇌는 몸의 존재와 상태를 기록하는 지도일 뿐 아니라 몸
밖의 상황까지도 개인주변 공간 지도(peri-personal space map)의 형태
로 담고 있는 몸 안과 밖의 소통매체라는 생각을 하게 되었다. 거울신경
세포가 발견됨으로써 나와 너의 경계도 무너졌다.

　이제 뇌는 몸 안팎의 환경과 몸의 의지에 따라 스스로 변화하는

몸의 운영체계다. 비유하자면 개발자가 아니면 수정할 수 없는 마이크로소프트의 윈도보다는 사용 목적과 환경에 따라 사용자 스스로 수정할 수 있는 리눅스와 같은 것이라고 할 수 있다. 면역세포와 마찬가지로 나의 뇌는 내가 살아온 세상과 그렇게 경험된 것들을 신경세포 연결망의 형태로 내 몸속에 담고 있는 역사책이다. 유전자가 몸의 모든 형질을 결정하는 지배자가 아니듯이 뇌는 내 몸과 마음을 지배하는 사령탑이 아니다. 뇌는 나의 이야기를 기록하고 그 이야기를 풀어가면서 끊임없이 나를 새로 쓰는 이야기꾼이다.

2) 내러티브: 몸 이야기 또는 몸 공부

위에서 살펴본 몸에 대한 과학적 사실들을 조금 적극적으로 해석해보면, 나의 몸은 나의 운명도 아니고 설계된 대로 작동하는 기계도 아니다. 몸 밖 어딘가에 있는 마음의 일방적 통제를 받지도 않는다. 유전자는 나의 운명이 아니고 면역은 최고사령관인 유전자의 지휘를 받아 외부의 침입자로부터 내 몸을 지키는 상비군이 아니라 차라리 내 몸과 환경을 중재하는 거간꾼이다. 면역과 뇌는 나를 담는 그릇이지만 그 그릇에는 다른 사람과 세상도 함께 담긴다. 나는 나의 몸이고 나의 마음도 몸이다. 나의 몸은 나와 너와 세상을 담는 그릇이다.

지금의 주류과학은 기존의 기계적 환원론을 뛰어넘어 새롭게 해석될 또는 새로운 생각의 틀에 담을 만한 엄청난 양의 사실을 생산해내고 있으면서도 그런 해석과 변화를 두려워하고 있는 것 같다. 역사적으로 보더라도 세상과 몸을 바라보는 관점을 바꾸기까지는 무척 오랜 시간과 노력이 필요했다. 지금은 아무 효과도 없고 위험한 치료법으로 판명된 사혈瀉血[42]은 1,500년 이상 유럽의학의 주요 치료법이었고, 산후감염을 예방하기 위해 산모를 진찰하기 전에 반드시 손을 씻어야 한다는 지금으로서는 너무나도 상식적인 주장을 한 산부인과 의사 제멜바이스는 병원에서 쫓겨나 비참한 말년을 보내야 했다.

상식은 변한다. 새로운 과학과 철학이 그 상식을 바꾼다. 과학적 사실은 반성된 가치와 의미 안에서만 그 진정한 빛을 발한다. 철학은 가치와 의미에 관한 공허한 추상적 논증이 아니라 구체적이고 과학적인 사실에 뿌리박아야 한다. 면역학자이고 임상의사이며 철학자인 알프레드 토버의 아주 적절한 지적처럼, 과학은 사실과 가치의 관계가 진화하는 양상이다.[43] 20세기의 과학과 의학은 가치가 배제된 사실들의 잔치였다. 하지만 이제 그 사실들이 순수하게 가치중립적일 수 없음이 분명해지고 있다. 앞서 논의한 플라시보의 딜레마는 바로 가치와 사실의 분리에 그 뿌리가 있다. 우리는 플라시보를 의미반응이라 했는데, 과학적 의학의 틀에서 '의미'와 '반응'은 서로 소통이 불가능하다고 상정된 '가치'와 '사실'의 영역에 각각 할당된다. 하지만 실제로는 그 둘이 아주 깊은 수준에서 서로 소통하고 있고 그것이 바로 플라시보의 진실일지도 모른다. 몸은 가치와 사실이 만나서 하나가 되는, 그래서 어떤 이야기를 만들어 가는 삶의 시공간이다.

앞서 논의한 과학적 사실들을 이러한 생각의 틀 속에 담아낸다면 지금까지 경험했던 것과는 전혀 다른 몸과 세상을 살게 될 수도 있을 것이다. 삶에 그리고 몸에 의미를 담아서 나 자신과 이웃과 그리고 세상과의 관계를 내 몸의 이야기로 빚어내는 것이다. 이것을 몸 내러티브(bodily narrative) 또는 그냥 몸 이야기라 부르자. 플라시보가 삶의 의미가 몸에 드러나는 의미반응이라면 몸 내러티브는 몸이 주체가 되어 삶의 의미를 몸에 새겨 넣는 의미의 창조행위다. 몸이 태어나고 성장하고 후손을 남기고 늙고 죽어가는 과정 전체가 몸 내러티브인데, 그 속에는 수많은 작은 이야기들이 녹아 있고, 그 이야기들이 만들어내는 의미의 관계망이 바로 나이고 나의 몸이다.

지금까지의 의학은 몸의 구성성분들이 빚어내는 덤덤한 사실로만 구성된 이야기를 해 왔다. 세포 핵 속 염색체에 겹겹이 꼬여 있는 DNA의 이중나선에서 염기의 서열에 따라 RNA가 만들어지고, 이 RNA가 세포의 리보솜에서 단백질을 만들어 방출하며, 이 단백질이 형질을 결정한다는 이야기도 그중 하나다. 여기서 그 세포가 몸의 어느 부위에서 어떤 기능을 담당하고 있고, 그 세포 속 환경이 어떠하며, 그 세포 주인이 살아온 인생 역정이 어떠했는지에 대해서는 아무 말도 하지 않는다. 앞서 논의한 후성유전(epigenesis)은 이 같은 주류 유전 담론(이야기)에 대한 대항 담론(counter-narrative) 또는 동일한 사건에 대한 다른 이야기 중 하나다. 면역과 뇌에 대해서도 20세기 과학이 늘 해 왔던 이야기와는 전혀 다른 새로운 이야기들이 유통되고 있다. 말하자면 표준어가 아닌 사투리 과학인 셈이다.

사정이 이렇다 보니 유전·면역·신경 등 기초과학에 뿌리를 두고 있으면서도 살아 있는 사람의 몸을 다루어야 하는 의학도 할 이야기가 많아졌다. 그동안 수많은 부품으로 이루어진 기계로서의 몸 이야기만 해 온 생물의학(biomedicine)에 대해, 살아 왔고 살아 있으며 살아가다 죽어 갈, 그러나 어떤 형태로든 흔적을 남길 몸의 이야기를 중심으로 하는 의학이 필요하다는 주장이 의료계 안팎에서 제기된다.

예전에도 이런 주장은 많았지만 막강한 생물의학의 권위에 가려 빛을
보지 못했었다. 그런데 역설적이게도 과학적 의학이 최고의 정점에
이른 시점에 인본주의 전통의 부활이라는 의제가 많은 사람의 공감을
얻고 있다. 생물의학에 대한 대항담론이고 몸에 대한 다른 이야기이며
사투리 의학인 셈인데, 이것들은 대개 건강과 질병, 정상과 비정상의
이분법을 거부하고 몸속에 담겨 있는 다양한 삶의 맥락과 의미를
엮어내려 한다. 인간은 정신과 물질로 이루어진 이원적 존재가 아니라
본질적으로 의미를 만드는 존재이고, 바로 그 의미들의 관계망인
이야기가 내 몸의 중심이 되어야 한다는 것이다.

　이야기는 나를 발견하기도 하고 나를 창조하기도 한다. 나는 내가
또는 남이 하는 이야기 속 존재이며 이야기에 의해 규정되고 이야기
속에서 진화한다. "우리는 우리가 만나는 상황의 요구에 따라 끊임없이
우리 자신을 구성하고 재구성한다. 과거에 대한 기억과 미래에 대한
희망 또는 공포가 구성과 재구성의 지침이다."44 우리는 인간 조건의
놀라움과 기이함 그리고 그것들에 대한 무지를 극복하기 위해 이야기
를 만들어 내고, 그 속에서 삶의 의미를 찾아내며, 그 의미와 가치를
몸속에 체화한다. 이것이 바로 플라시보가 작동할 수 있는 근거가
된다. 플라시보는 몸에 의미를 부여하고 의미를 부여받은 몸이 새로운
이야기를 하게 함으로써 그 효과를 발휘하는 것일 수 있기 때문이다.
질병은 우리가 세상의 기이함과 놀라움을 접하는 가장 흔한 경험이다.
나는 질병을 통해 세상을 알고 나를 알며 가족과 친지의 소중함을
안다. 질병 경험은 새로운 나를 만든다. 나는 질병을 앓는 행위를
통해 새로운 나가 된다. 면역과 신경계가 나와 너와 세상을 경험하는

것과 같은 구조다.

환자와 몸이 써 나가는 이야기를 중심에 두고 몸에 대한 과학적 사실과 그것이 환자의 몸에 드러내는 현상과 의미의 상호작용인 질병 경험을 다루는 의학체계를 내러티브 의학(narrative medicine)이라 한다.[45] 여기서 의학의 대상은 질병이 아니라 그 질병을 경험하는 몸이다. "내러티브는 명제가 아닌 경험을 다룬다. … 생물의학의 논리적이고 과학적인 지식은 특정 개인을 초월하여 보편적으로 적용될 수 있는 진리를 추구하지만 내러티브 의학의 지식은 특정 사례의 현상을 바탕으로 보편적 진리를 조망하려 한다. … 내러티브 의학의 지식은 환자의 몸이 만들어 내는 이야기의 의미와 중요성을 이해하기 위해 필요한데 주로 인지적·상징적·정서적 지식을 말한다."[46]

내러티브 의학은 몸이 스스로 이야기를 하게 하고 그 이야기에 귀를 기울인다. 그 과정에서 환자와 치유자가 공유할 수 있는 새로운 이야기를 만들어 내도록 한다. 몸에 '대한' 이야기에 익숙한 치유자와 몸을 '통해' 변화를 느끼는 환자의 이야기가 만나 그 몸을 '위한' 이야기를 만들어 내는 것이다. 환자의 몸이 해 왔던 질병의 이야기를 치유의 이야기로 변화시키는 것이다. 몸은 치유의 이야기를 통해 새로운 의미를 획득한다. 치유는 몸 공부다. 치유의 몸 공부는 그동안 과학적 의학이 해 왔던 몸에 '대한' 공부를 뛰어넘는 몸을 '통한', 몸을 '위한' 공부다. 내러티브 의학은 몸에 의미를 부여함으로써 치유를 도모하는 새로운 형태의 인본주의 의학이다. 여기서 과학적 사실과 인간적 가치는 구분되지 않는다. 몸의 구성 성분을 중심으로 객관적 사실만을 추구하는 과학주의 의학과는 전혀 다른 접근이다.

그렇다면 내러티브를 바탕으로 하는 인본주의 의학과 생물의학을 바탕으로 하는 과학주의 의학이 소통할 수는 없을까? 아마도 그 가능성은 플라시보의 딜레마에서 찾을 수 있을 것이다. 내러티브 의학은 플라시보의 의미반응을 설명할 수 있는 유일한 개념적 도구이자 실천 방식일 수 있다. 과학주의 의학에서는 플라시보가 딜레마이지만 인본주의 의학에서는 사실의 영역과 가치의 영역이 깊은 수준에서 서로 중첩되어 있다는 증거이기 때문이다.

플라시보의 딜레마에서 시작한 우리의 몸 이야기는 유전학, 면역학, 신경학 등 과학의 몸 이야기를 거쳐 이제 사람이 하는 '이야기의 몸 이야기'로 돌아왔다. 우리는 플라시보가 딜레마인 것은 사실의 영역을 가치의 영역에서 분리했기 때문이라고 말할 수 있다. 유전, 면역, 신경 등 몸에 대한 연구는 내 몸에 부여되었던 절대적 정체성이 환상일 수 있음을 일깨워 주고 있다. 사실과 가치(플라시보), 본성과 양육(유전), 나와 너(면역), 몸과 마음(신경)의 경계가 모호해지고 있는 것이다.

여기서 핵심은 우리의 몸이 그저 존재하는 것이 아니라 열심히 살아가고 있다는 사실이다. 살아감(living)은 되어감(becoming)이다. 누가 무엇이 어떻게 되어갈 것인지는 어떤 누구의 권한에 맡겨지는 것이 아니라 내 몸과 그 속에 있는 수많은 작은 몸들(세포들), 그리고 내 몸 밖에 있다고 여겨지는 나 아닌 다른 몸들이 경쟁과 협력을 통해 마련한 타협의 소산이다. 가치와 의미는 그 과정에서 생성되는 그리고 지속적으로 진화하는 규범이다. 몸도 규범도 진화한다. 20세기 의학에서 몸의 규범은 몸에 관한 다양한 사실(측정치)들의 통계적 평균에 맞추어졌지만, 21세기 의학의 몸은 가치와 사실이 상호 침투하여 새로움을 만들어내는 살아있는 시공간이 될 가능성이 크다. 그런 가능성을 염두에 두면서 새로운 몸의 존재론을 구상해 보는 것도 의미있는 일이 될 것이다.

4. 몸 일원론 또는 비물질적 유신론唯身論

몸과 마음이 둘이지만 최종적으로는 창백한 합리적 마음이 생생한 현상적 몸을 지배하는 심신이원론과는 달리 몸 일원론 또는 비물질적 유신론唯身論의 입장에서는 몸이 마음까지 포섭한다. 마음은 몸에 담겨 있고 몸은 마음의 표현이다. 마음을 담은 몸은 그로부터 삶의 의미가 생성되는 시공간이지만 또한 안팎에서 일어나는 다양한 사태 들에 관여하거나 영향을 받아 스스로의 존재뿐 아니라 그 존재의 조건까지 변화시킨다. 여기서 몸에 대한 지식, 몸을 통한 실천, 몸이 경험하는 현상은 분리할 수 없을 만큼 긴밀하게 연결되어 있다. 그러나 생각의 편이를 위해 임시적으로 그 셋을 분리해 그들 사이의 복잡한 관계를 이해하고 적절한 대안을 제시할 수는 있을 것이다. 이것을 동아시아의 전통적 몸 담론인 의醫와 연결시켜 보면, 과학주의 의학과 인본주의 의학의 긴장을 해소할 새로운 의학적 존재론의 가능성을 찾을 수도 있을 것이다.

의醫라는 한자어는 몸속에 박힌 화살[医]과 창[殳]에 찔린 상처 그리고 그 상처를 치료하는 약(酉)의 세 가지 요소로 이루어져 있다. 이 세 번째 요소[酉]는 무당을 상징하는 글자[巫]로 대체되기도 한다. 그래서 醫와 毉는 같은 글자이고, 의(醫 또는 毉)는 인간의 고통과 치유행위를 상징한다. 고대인에게 의는 지식이기보다 실존이었던 것이다. 치유의 방식에서도 자연적 방법[酉]과 초자연적 방법[巫]이 구분 없이 동원된다.

그러나 문명이 발달하면서 보다 효과적으로 몸을 보살피기위해 몸에 일어나는 현상들을 설명할 보편적 체계가 필요했고 그것이 몸에 대한 지식[醫學]의 형태로 정리된다. 그 지식은 실제로 몸에 행해지는 것을 전제로 한 것이었으므로 실천의 방식 또한 필요했고, 그 대상이 도덕적 동물인 인간의 몸이므로 지식과 실천의 규범도 있어야 했다. 이렇게 해서 의醫의 세 가지 요소인 지식, 실천, 규범의 체계가 만들어지고 그것을 각각 의학醫學, 의술醫術, 의덕醫德이라 부르게 된다.

개념적으로 그렇게 나누기는 했어도 고대 세계에서 이런 구분은 그렇게 뚜렷하지 않았는데, 근대 이후 서양학문이 들어오고 산업사회가 시작되면서 그 경계가 점차 명확해진다. 의학 교육은 해부학과 생리학 등 생물학적 지식을 다루는 기초의학과 이것을 현장에 적용하는 임상의학으로 나누어지고, 의덕에 해당하는 의료윤리 교육은 20세기 중반에야 시작된다.

20세기 후반이 되면 배워야 할 지식의 양이 폭발적으로 증가하고 지식과 실천의 괴리가 문제로 지적되면서 이 세 가지를 통합하려는 운동이 일어난다. 지금 거의 모든 의과대학이 채택하고 있는 문제중심학습(Problem based learning)이 그 구체적 형태다. 임상현장에서 발생하는 문제들을 교육과 실천의 출발점으로 삼아 기초지식과 실천지식, 그리고 치유행위의 기본인 도덕적 규범을 함께 다루는 것이다. 무척 의미 있는 진전이다.

하지만 진정한 통합은 지식과 실천, 몸과 마음, 본성과 양육, 사실과 가치, 나와 너를 별개의 영역에 가두는 전통적 생각의 틀을 바꿔야만 가능할 것이다. 지금까지 논의한 생물학의 연구 성과들은 그 변화의 가능성을 보여준다. 이제 그것들을 종합해 새로운 몸의 존재론을 써야 할 때다.

1) 의학醫學: 몸에 '대한' 지식

의학은 몸에 대한 지식이지만 그 지식이 책이나 강의록에만 담겨 있어서는 아무 의미가 없다. 의학지식의 대상은 당연히 사람의 몸이지만 그 지식을 습득하는 주체 역시 몸이고, 그 지식이 실현되는 대상도 역시 몸이다. 지식은 내 몸에 앎의 형태로 체화되었을 때 진정한 가치와 의미를 가진다. 내 몸에 체화된 지식은 다른 사람의 몸에 어떤 변화를 일으키는 방식으로 실현되는데 그 과정에 치유가 일어난다. 치유자와 환자의 몸이 교류하는 것인데 이 관계가 일방적이어서는 치유를 얻기 어렵다. 플라시보의 비밀은 아마도 마음이 담긴 몸의 교류 속에 그 해법이 있을 것이다. 치유관계는 치유자의 몸에도 변화를 일으킨다. 지식의 질과 양이 변하고 치유 과정에 있었던 정서적 사건은 체험의 형태로 몸속에 기록된다.[47] 이렇게 의학은 몸에 대한 지식을 넘어 '몸에 배인 몸에 대한 몸의 지혜'로 승화된다.

몸에 대한 앎의 체계인 의학은 삶의 과정, 그 속에서 얻어진 경험, 그리고 사회적으로 합의된 삶의 규범과도 영향을 주고받는다. 탄생, 성장, 임신, 출산, 육아, 노화, 죽음 등 삶의 과정에 대해 조언하고 그 과정을 겪는데 필요한 규범을 제공하는 것도 의학이고, 운동,

다이어트, 금연 등 의사가 권하는 생활처방도 몸에 대한 앎의 체계에서 비롯된 것이다.

한편 의학의 모습은 시대와 장소에 따라 크게 다른데 이는 몸에 대한 앎의 체계가 그 시대와 장소의 세계관과 삶의 방식에 영향을 받기 때문이다. 한국, 중국, 일본의 전통의학이 모두 고대 중국의학에 뿌리를 두고 있으면서도 무척 다양한 모습을 보이는 것이나, 가장 보편적이고 객관적이라고 자부하는 현대 생물의학의 모습이 국가의 정책과 문화에 따라 크게 다른 점,[48] 그리고 인도의 아유르베다 의학이나 이슬람의 우나니 의학처럼 지역과 문화에 따라 독특한 의학체계가 존재한다는 사실은 몸에 대한 앎의 체계가 삶의 방식에 따라 크게 다를 수 있음을 보여 준다. 최근에는 문화와 의료의 상관관계를 연구하는 의료인류학이 새로운 학문분야로 떠올라 인기를 얻을 만큼 몸에 대한 앎과 삶의 상호관계에 대한 관심이 높아지고 있다. 우리는 몸을 통해 몸에 대해 공부하며 몸으로 이 세상을 살아간다.

2) 의덕醫德: 몸'의' 규범

의학에 대한 철학적 연구의 선구인 프랑스 철학자 깡길렘은 그의 의학박사 학위논문인 『정상적인 것과 병리적인 것』[49]에서 우리의 몸이 생명인 것은 기계에서처럼 정상적인 상태와 그렇지 않은 상태를 뚜렷이 구분할 수 없기 때문이라고 했다. 생명의 몸에는 단일한 규범이 있을 수 없다. 몸은 시시각각 대사작용을 통해 물질과 에너지를 교환함으로써 외부환경과 소통하고 있으며 항상 발육·성장·노화의 과정 중에 있는, 있음이 아닌 되어감의 존재이다. 따라서 몸의 규범은 고정되어 있는 것이 아니라 끊임없이 생성되어야 한다. 갓난아이의 몸에 적용되는 규범을 노인에게 적용할 수 없고, 수영선수와 축구선수의 몸에 적용되는 규범이 다를 수밖에 없듯이 우리 몸들은 나름의 규범을 생성한다.

　몸의 규범은 그 몸의 생물학적 역사 속에서 생성되고 변화한다. 앞에서 논의한 유전, 면역, 신경이 그 역사의 주인공들이다. 하지만 몸의 역사가 생물학의 용어로만 쓰이는 것은 아니다. 몸이 지켜야 할 도덕적 규범도 있고 문화적 규범도 있다. 나이, 성별, 신분, 문화에 따라 가져야 할 몸가짐과 마음가짐이 다른 것은 몸의 규범이 몸의 도덕적·문화적 역사 속에서 생물학적 규범과 함께 생성되어 온 것이기 때문이다. 몸의 생물학적 역사와 문화적 역사는 긴밀히 연결되어 분리되지 않는다. 아무런 생물학적 활성이 없는 플라시보가 때로는 극적인 효과를 보이는 것도 두 역사가 몸속에 녹아 있기 때문이라는 것인데, 의료인류학에서는 이런 관점을 생물-문화 모델(bio-cultural model)이라 부른다.[50] 몸의 규범은 생물-문화적 몸-됨이고 몸의 덕德이다. 되어가는 몸, 그리하여 항상 새로워지는 몸의 규범을 만들어내는 것이 몸 공부이고 마음 공부다.

3) 의술醫術: 몸을 '통한' 실천

의술은 몸을 위한 실천적 행위의 체계다. 몸에 대한 보편적 앎의 체계인 의학뿐 아니라 그 몸을 살아가는 방식이나 시대와 문화에 의해 규정된 몸의 규범에 따라서 그 실천의 방식은 크게 달라진다. 몸을 수많은 부분들의 합으로 바라보는 서양의학에서는 수술과 약물

투여가 주요 치료법이지만 몸 안팎을 오가는 기氣의 순환을 강조하는 한의학에서는 그 순환을 조절하는 침과 뜸을 많이 사용한다.

의술에서 환자와 치유자의 몸과 마음의 공명은 매우 중요하다. 쌍방의 몸과 마음이 공명을 일으킬 때 새로운 의미가 창발하고 몸은 그 의미에 반응하여 치유에 이른다. 플라시보를 의미반응이라고 하는 것도 이 때문이다. 몸의 의미에는 생물학적인 것과 인간적·문화적·도덕적인 것이 모두 포함된다. 살아야 할 이유가 있을 때 혹독한 조건에서 살아날 가능성이 훨씬 높아진다는 것은 이미 여러 사례들로 증명된 바 있다. 의미치료(logotherapy)의 창시자 빅터 프랑클은 자신이 나치의 강제수용소에서 살아날 수 있었던 것은 참혹한 상황 속에서도 구상하고 있던 책을 완성하겠다는 의지를 잃지 않고 가족을 만날 희망을 버리지 않았기 때문이라고 말한다.[51] 삶의 의미가 몸의 규범을 만들고 몸이 그 규범에 충실함으로써 생물학적 악조건을 극복할 수 있었다는 것이다. 몸은 생물학적 정보의 보물창고이고 그 정보에 따른 생물학적 계획이 실현되는 공간이기도 하지만 인간적·문화적·도덕적 가치와 의미가 생성되고 관철되는 시공간이기도 하다. 몸은 생물학적으로 구현된 시공간 속에 펼쳐지는 삶의 내러티브가 시간의 질적 변화를 초래하고 그것이 몸 공간에 자리를 잡아 형성되고 변화하는 시공간이다.

5. 치유: 몸을 통한 마음 공부

지금까지의 논의는 모두 삶의 상처를 치유하는 몸의 이야기였다.

나는 이 이야기를 19세기 병원의 임상현장과 19-20세기의 생물학연구실, 그리고 20-21세기의 임상시험과 의학교육현장을 거쳐 환자와 치유자가 마주앉은 작은 진료실에서 마무리하려고 한다. 바로 그곳이 과학주의 의학과 인본주의 의학, 환자와 의사, 몸과 마음이 만날 수 있는 최적의 장소라고 여겨지기 때문이다.

1장에서는 몸과 마음에 대해 무의식적으로 전제된 철학적 명제들이 어떻게 우리의 삶을 규정하는지, 그런 전제에서 벗어난다면 나의 몸은 어떤 이야기를 하게 될지, 그리고 그 이야기를 바탕으로 새로운 몸과 마음의 존재론을 구성할 수 있을지 생각해 보았다.

2장에서는 현대의학의 골칫거리인 플라시보 현상을 통해 현대문명이 해결하지 못하고 있는 몸과 마음의 딜레마를 의료현장에서 전개되는 이야기를 중심으로 알아보았다. 플라시보가 문제가 된 것은, 과학이 의학에 도입되고 그것을 몸에서 벌어지는 여러 사건들을 객관적이고 보편적으로 설명할 유일한 방법으로 받아들이고 난 다음의 일이다. 플라시보는 현대의학의 눈부신 성과를 비웃는 과학적 방법에 대한 철학적 농담인 셈이다.

플라시보의 역사를 통해 우리는 몸과 마음의 관계에 대한 현대의학의 태도 변화를 읽을 수 있다. 역사에 기록된 플라시보의 최초 사례는 아마도 샤르코가 기술한 히스테리일 것이다. 그는 스스로 정의한 질병의 범주에 환자의 증상과 이야기를 꿰어 맞추는 방식으로 플라시보 효과를 '창조'했다. 그리고 환자들의 몸은 권위자의 의도대로 움직였다. 최면에 의해서도 똑같은 현상이 벌어질 수 있다는 사실이 알려지자 샤르코와 그의 환자들이 보여준 행동은 속임수였다는 혐의를 받게 된다. 샤르코는 플라시보 효과를 창조하고 그것을 실재적 질병의 범주에 포함시켰지만 이후 20세기 의학에서 플라시보는 의도하지 않은 비실재적 효과이므로 제거되어야 할 잡음으로 여겨지게 된다. 21세기 들어서면서는 플라시보를 실재로 인정하지 않을 수 없게 되는데, 거기에는 포스트모던의 사회적 조류뿐 아니라 과학연구의 현장에서 드러난 새로운 사실들의 영향이 컸다. 플라시보는 '속임수'였다가 '잡음'으로 여겨지더니 이제는 '실재'하는 생물-문화적 현상으로 받아들여지게 된 것이다.

3장에서는 첨단 과학지식들이 오히려 20세기 과학과 의학을 짓눌러 왔던 심신이원론과 기계적 환원론의 철학적 전제들을 전복할 수 있을지 생각해 보았다. 유전학, 면역학, 신경학의 연구 성과들이 그 생각의 재료였는데 여기서 몸은 선천적으로 주어진 계획대로 자신을 펼쳐나가는 자동기계가 아니라 몸 안팎의 상황에 따라 주어진 정보를 달리 해석하는 방식으로 환경에 적응하면서 살아가는 '의미의 생성체'로 보았다. 3장 후반부에서는 최근에 관심을 끌고 있는 내러티브 의학을 통해 몸의 부분들이 만들어 내는 생물학적 이야기와 몸 전체가 펼쳐내는 인간적·문화적 이야기 또는 몸을 새롭게 알아가는 공부가 바로 치유일 수 있다는 주장을 살펴 보았다.

4장에서는 이렇게 다양한 이야기들을 묶어낼 수 있는 큰 이야기(grand-narrative)를 해 보려고 했다. 몸을 보살피고 치유에 이르게 하는 것이 목적인 의醫의 모습을 몸 일원론 또는 비물질적 유신론唯身論에 담아보려고 했다. '의'는 몸에 대한 몸을 통한 몸의 공부다. '의'는 한마디로 몸 공부다. 그런데 앞서 논의한 것처럼 몸은 마음을 포함하므로 몸 공부는 마음 공부이기도 하다. 그 공부의 목적은 삶의 상처를 또는 삶 자체를 치유하는 것이다. 몸 내러티브는 치유에 이르는 몸 공부의 주요 수단이다. 우리는 몸 이야기를 통한 몸 공부로 삶을 치유한다.

몸 공부의 진수는 분별의 사라짐이다. 몸 공부를 통해 나와 너, 몸과 마음, 몸과 몸, 마음과 마음, 앎과 삶, 사실과 가치의 경계가 점차 모호해진다. 그렇게 나는, 나의 몸과 마음은 세상과 하나가 되어간다.

〔몸, 생물학의 이해〕

창발현상으로서 깨어있음의 몸

- 진화발생생물학과 정신신경면역학의 입장에서 -

우희종(서울대 수의대 교수)

생명과학의 시각으로 몸이 마음공부의 기반인가, 장애인가를 알아보려 한다 해도 이에 대한 대답은 이미 어느 정도 경전에서 언급되어 있다. 인간의 몸을 받는다는 것은 눈먼 거북이가 백년에 한 번씩 바다에 떠오를 때에 구멍 난 나무판의 구멍으로 머리를 내미는 것보다도 더 어려운 일로 비유하면서[1] 인간 몸 받기의 어려움과 소중함을 말하고 있기 때문이다. 더욱이 대승불교에서는 유정, 무정 모두 불성이 있다는 입장이니 일단 몸의 소중함은 인정해도 좋을 것이다. 그리고 몸이 그렇게 소중하다는 것은, 흔히 쉽게 생각해서 몸은 마음공부에 장애라고 단순하게 말하는 것이 잘못된 생각일 수도 있음을 의미한다.

　그럼에도 불구하고 왜 몸은 마음공부의 기반인가 아니면 장애인가 라는 식의 질문이 우리에게 낯설지 않고 자연스럽게 느껴질까 생각해 보면, 의외로 이와 비슷한 유형의 질문이 불교를 공부하는 우리들 안에 여럿 있음을 알 수 있다. 부처님 가르침 중에서 나라는 존재의 구체적 실체 없음을 강조하는 무아無我의 가르침이 기본이라는 것은 누구나 공감하지만, 재미있게도 사후에 소나 개와 같은 동물로 다시 태어난다고 생각하여 그런 동물이나 인간이 아닌 것으로 태어나지 않고 보다 더 좋은 조건으로 태어나기 위해서 선행을 해야 한다는 식의 가르침도 있다. 또 내가 없다고 하면서 내가 다시 그 무엇으로 태어나는 과정 중에 중음신이 되어 한을 품고 남아 있으니 천도재도 해 주어야 한다고도 하니, 간단히 생각해 보아도 그리 일관성이 없이 보인다.

어디 그뿐인가. 불제자로서 살생하면 큰일 날 듯이 가르치고 있지만 태어남과 죽음을 같이 보라는 생사일여의 가르침이 엄연히 있다. 생과 사가 둘이 아니라면서 살생을 그토록 금기시하는 것은 분명 모순처럼 보인다. 이렇게 대부분의 사람들은 표면상으로는 모순으로 생각되는 그런 식의 서로 다른 가르침에 대하여 굳이 생각도 해 보지 않고 불편함도 없이 그럭저럭 신앙생활을 하는 것이 현실이다. 그런 의미에서 '몸, 마음공부의 기반인가 장애인가'라는 질문에 대하여 대답하기란 의외로 간단할지는 몰라도, 이 질문은 새삼 우리를 되돌아 보게 하는 질문이기도 하다.

따라서 본 글에서는 과학의 입장에서 몸의 문제를 살핀 후 이어서 불교적인 관점과의 연계하여 이야기를 전개하고자 한다. 몸을 과학적 입장에서 다룬다 해도 몸을 유지하고 있는 면역 기능을 중심으로 볼 것인지 아니면 해부 생리 구조나 관련 유전자로부터 접근해서 설명해야 하는 것인지 등 다양한 관점이 있을 수 있다. 또한 몸을 육체만으로 다룰 것인지, 정신 작용과 함께 작동하는 체계로 접근할 것인지에 따라 얻어지는 결론은 다를 수 있다. 이러한 혼란을 줄이기 위해 우선 몸, 육체, 마음, 정신 등의 용어에서의 간단한 정리가 필요하다.

인간은 크게 몸과 마음으로 이루어졌다고 말하지만, 이 표현은 육체와 정신이라는 표현으로도 대체되기도 하기에 이 경우에는 마음과 정신은 유사한 의미이다. 몸이란 '신체적 자기'이며, 다행히 육체와 같은 의미로 사용되고 있어서 그다지 혼란이 없지만, 일반적으로 정신은 주로 이성적인 심리 활동을 지칭하는 경우가 많고 마음은 감정적 내지 정서적 심리 작용을 표현할 때 사용된다. 또 경우에 따라서는 마음이란 말이 우리의 근본 자성을 표현할 때도 있다. 따라서 마음이라는 말은 맥락에 따라 이성 작용, 정서 작용, 더 나아가 근본 자성이란 의미도 담고 있어서, 이 글에서는 모든 생명체의 근원으로서의 마음은 '본래면목'이거나 '한마음' 또는 '근본 자성'이라는 표현으로 구분하여 사용하고자 한다. 또 엄격히 구분되지 않지만 대략적으로 이성적 사유 쪽에 치우쳤을 때는 정신, 그리고 감정과 정서적 작용의 측면의 경우에는 마음이라고 표현해 사용하기로 한다.

또한 몸과 마음의 관계를 이야기하기 위해서는 몸과 마음 작용이 나타나게 되는 생명체를 먼저 이야기해야 한다. 우선 생명체를 이루는 몸과 마음의 구조를 일반적인 관점과 더불어 최신 과학에서의 시각에서 살피고, 이를 바탕으로 마음공부와 연계하여 이야기를 진행하기로 한다.

1. 몸을 지닌 생명체

1) 물질로서의 몸

(1) 몸에 대한 보편적 시각

사람의 몸은 해부구조와 기능적인 생리기능으로 이루어져 있다. 해부 구조에 있어서 사람은 기본적으로 눈 둘, 귀 둘, 코 하나, 입 하나 등 누구나 공통된 모습이며, 또한 누구나 목마를 때 물을 마시고 배고프면 음식을 먹어 영양을 섭취하여 몸을 유지한다. 육체와 정신으로 이루어져 있다는 인간의 생명 유지에는 이렇듯 몸의 구조를 유지하는 항상성이 만족되어야 한다. 다행히 사람이 사람을 잡아먹지 않고 외부로부터 섭취하는 음식을 통해 내 몸을 유지할 수 있는 것은 사람이나 식물食物이나 공통된 물질로 이루어져 있다는 것을 말해 준다. 더욱 간단히 말하면 우리의 몸뿐만 아니라 이 세상의 모든 물질은 150여 개의 화학원소로 이루어진 집합에 불과하다.

이에 따라 근대생물학에서는 무생물이나 생명체나 모두 150여 개의 원소로 이루어졌지만 생명체를 단순 물질과는 구분하기 위하여, 형태를 지니고 있되 항상성 유지를 위한 대사 작용을 하면서 번식과 진화를 하는 존재라고 정의한다. 진화에 대해서는 보다 자세히 언급하겠지만 최소한 생명체에 대한 정의로부터 말할 수 있는 것은 모든 존재는 나름대로 육체라는 물질적 형태가 선행되어야 한다는 점을 지적하고 있으며, 따라서 무엇보다도 몸이야말로 마음공부의 출발점임을 말해 주고 있다. 항상성을 통해 몸이 유지되지 않고서는 그 존재 자체가 사라진다는 것이기에 인간이라는 존재의 출발은 몸이라는 전제조건을 충족시켜야 한다.

그런데 이러한 서양의 근대과학에 바탕을 둔 인간에 대한 시각이 틀린 것은 아니지만, 잘 생각해 보면 매우 중요한 면이 빠져 있음을 알 수 있다. 근대 생물학의 몸에 대한 정의나 설명은 사람 누구에게나 적용되는 개념이기에 마음공부라는 자기만의 치열한 경험이나 체험과 연관된 몸을 설명하는 것에는 전혀 도움이 되지 않고 관련 없이 동떨어진 개념임을 쉽게 알아차릴 수 있다. 마음공부는 보조국사와 그 누이의 일화에서 강조되듯이[2] 그 누구도 아닌 나 자신이 지어가는 것이고 또 그 공부의 열매도 나만이 경험하는 지극히 주관적 체험이기 때문에, 위와 같이 누구에게나 적용되는 몸의 공통된 속성으로 몸과 마음공부와의 관계성을 이야기한다는 것은 불가능에 가깝다.

따라서 모든 몸을 지닌 생명체가 겨우 150여 개의 원소로 이루어져 있음에도 불구하고 최소한 인간만 해도 서로 다른 66억의 인구가 존재하며, 더 나아가 자신만의 생멸을 지니고 존재하는 셀 수도 없이 많은 생명체가 개체로서 지닌 각각의 고유성은 어디서 오는가 하는 질문을 보다 면밀하게 살펴보기로 한다. 그러한 몸이 지닌 개체고유성 (개체, 개성, 이상)을[3] 이해하지 못하면서 지극히 개인적 체험의 바탕이 되는 마음공부와의 관계를 이야기하는 것은 결코 쉽지 않다.

(2) 거대담론과 미시적 접근

우리 모두가 지니고 있기는 해도 평생 나만이 느끼는 내 몸을 누구나 공통된 속성으로 환원시켜서 설명하고 있는 입장과 지금의 상황은 근대과학의 토대가 된 서양 계몽주의가 본래적으로 지니고 있는 합리

적 이성과 연결되어 있다. 다시 말하면 서양의 합리적 이성은 세상을
이해하기 위하여 진리가 지니는 보편성을 추구해 왔고, 이를 위해서
근대과학은 귀납적 방식을 통해 보편적 사실을 추구해 왔다.[4] 이러한
관점에 바탕을 두고서 생명과 인간을 이해하기 위해 '생명이란 무엇인
가?' 혹은 '나는 누구인가?' 식의 질문을 통해 보편적 관점을 찾으려고
서양 사회는 끊임없이 노력해 왔다. 심지어 '나는 누구인가?'라는
질문에 있어서도 서양문화에서는 무언가 보편적으로 적용될 수 있는
답을 구해 왔다.

그러나 현재까지도 위와 같은 질문에 속 시원한 대답은 없다. 생명에
대한 논의도 과거와[5] 현재의[6] 철학자뿐만 아니라 50년 전 슈뢰딩거라는
유명한 물리학자까지 등장해서 그 답을 찾고자 노력했고,[7] 그러한
논의는 여전히 활발해도 아직도 우리에게 그다지 와 닿는 답이 없는
상황이다. 그 이유로 생각할 수 있는 것으로서는 그러한 질문의 대상을
바라보는 우리의 시각이 보편성을 전제로 한 전형적인 거대담론
(meta-discourse)의 방식을 벗어나지 못했기 때문으로 보인다.

다시 말하면 관계성에 의존해서 구체적 실체가 없이 다양한 형태의
존재 및 삶의 형태로 나타나는 뭇 생명체는 그러한 질문에 의해 적절한
답이 도출될 수 없는 것이기 때문이다. 그런 식의 관념적이자 추상적인
질문은 답변을 통해 전체적인 윤곽은 그릴 수는 있으나 정작 중요한
생명현상의 특징인 개체고유성은 커녕 단지 생명체의 한 면만을 설명
할 수는 있을 뿐이다. 더욱이 이러한 한계는 생명체·인간·나 등이
지니고 있는 각 개체의 의미와 더불어 생명의 존엄성을 생각해 볼
때 더욱 그렇다. 보편적인 개념으로 생명체를 설명하는 관점에서의

생명의 존엄성이란 그저 나와 같은 인간이기 때문에, 내지 나와 같은 생명체이기 때문에 존중해야 한다는 식의 결론밖에 나올 수 없다. 그렇기 때문에 그런 거대담론 식의 질문들이란 생명현상의 특징이나 이로부터 도출되는 생명의 소중함과 존중에 있어서 별로 도움되는 접근이 되지 못한다. 그런 식의 접근이란 어찌 보면 따지기 좋아하고 사물이나 개념을 나름대로 정리 정돈해야 마음이 편한 학자들의 몫으로서 충분하다.

따라서 앞으로는 생명이나 나라고 하는 개념은 권력이나 성과 같이 거대담론으로써 부풀어져 우리의 삶으로부터 분리되었던 개념을 보다 미시적으로 접근하여 그 구조와 일상성을 명확히 보여준 푸코의 접근 방식처럼 보다 미시적으로 접근되어야 한다. 뭇 생명체나 각 개인 한 사람 한 사람이 그 누구도 대신할 수 없는 자기만의 고유성인 개체고유성을 지니고 있기 때문에 그 점을 간과해서는 그 어떤 보편적 접근도 성공할 수 없다. 몸과 마음공부와의 관계라는 이 글이 주제를 전제한다면, 더욱 더 육체에 대한 보편적 탐구보다는 다양한 생명체가 생태계를 구성하고 있으면서도 각각의 뭇 생명체가 지니게 되는 개체 고유성의 특징을 검토할 때 이를 바탕으로 마음공부와의 관계성이 보다 명확해지게 된다.

(3) 개체고유성

현대 생명과학에서 몸의 고유성을 다루는 분야는 면역학이지만, 2년마다 개정되어 나오는 면역학 교과서에도 각 개인의 신체적 고유성을 설명하는 부분은 전체 분량의 10퍼센트 정도밖에 되지 않으며, 그 또한 유전자나 세포 수준에서의 보편적 설명뿐이다.[8] 그 이유는, 뒤에서 다루겠지만, 현대 서양과학이 지닌 분석적 환원론이라는 방법론에 기인하고 있다.

군중 속의 고독이라는 말이 있듯이 사람들은 인간으로서 공유되는 부분과는 별도로 각자는 모두 자신만의 세계를 지니고 있다. 비록 불교에서 아상我相이라고 부르면서 무엇보다도 먼저 타파해야 할 대상으로 이야기하지만 그러한 아상에 바탕을 두어 존재하는 것이 모든 생명체의 실상實相이다. 나라는 존재가 이 세상에서 태어나 지니게 된 '나라는 한 생각'이 내 마음의 고유성을 나타낸다면, 그러한 마음의 고유성은 내 몸을 바탕으로 내가 주위와의 관계 속에서 만들어 온 것이다. 그렇다면 나라고 하는 생각은 내 몸에 의존해서 형성된 것이고 더 나아가 몸에 종속되어 형성된 것임을 부정할 수 없다. 데카르트적 형이상학이 전통적으로 형이하학에 비해 우월한 위치를 점해 온 서양의 전통적 관점에서는[9] 인정하고 싶지 않겠지만, 내 마음이나 정신 작용은 결코 내 몸과 분리해서 이해할 수도 없으며 이해되어서도 안 된다.

그런 면에서 오히려 불교의 십이인연설에 의해서 살펴볼 때 우리의 정신 작용이라는 것은 몸이라는 바탕 속에서 주위와의 상호작용에 의해 생겨난다는 것과 그 과정을 잘 설명해 주고 있다. 그렇다면 그러한 과정을 통해서만 나타나게 되는 정신 작용에 나만의 고유성이 담겨져 있다는 것이고, 이것은 결코 타인과 공유할 수 없는 부분이 있다는 것을 의미한다. 심지어 같은 배에서 태어난 일란성 쌍생아도 아무리 유전자가 같더라도 생각하는 것이 항상 동일하지 않다.

따라서 몸도 그렇지만 마음은 결코 유전자만으로 환원되지 못한다. 이미 생물학적 기반을 뛰어넘는 그 무엇이 내 마음이며 이것이 마음공부와 직결된다. 그러면서도 너와 내가 공유하며 함께 나아갈 수 있는 것이 또한 마음이기에 이 마음에 대한 이해와 더불어 나는 어떻게 나만의 고유성을 지니게 되는지 과학적인 시각도 필요하다. 비록 과학이 보편성을 추구하지만 그러한 보편성은 생명체로서의 우리 각자가 생명현상의 표현형인 개체고유성에 대한 이해를 고려하지 않고서는 관념적이거나 추상적으로 전개된다는 점은 이미 언급한 바와 같다. 결국 개체성이라는 생명현상이 망각되고 보편성으로 포장된 과학의 횡포는 몰개성적이자 폭력적으로 변질됨은 많은 사례를 통해 알려진 바와 같다.[10]

우리 모두 각자의 마음은 각 개인이 살아 온 삶의 몫이며, 그러한 개체고유성은 결코 환원적 정량화에 근거한 학문적 접근으로 이해되기 어렵다. 내 마음의 고유성, 그것이 마음공부의 시작이며, 이러한 나만의 마음은 내 몸에 의거해서 형성되었다. 따라서 생명체는 육체라는 물질적 형태를 전제하고 있으며, 이러한 육체적 고유성의 특징은 언제인가는 과학적 이해가 가능할 수도 있지만, 우리 각자의 마음이라고 하는 주관적 정신 기능은 비록 신경과학에서 공통적인 뇌작용을 밝혀낸다 해도 각 개인만의 고유한 마음상태를 밝히는 것은 결코 쉽지 않을 것으로 예상된다.

다행히 21세기에 들어와 비록 기존의 과학적 접근으로 각 개인의 몸과 마음의 고유성을 설명하기는 어려워도, 왜 그렇게 어려운지에 대한 이해가 복잡계 과학의 등장으로 어느 정도 설명이 가능해졌다.[11]

또한 복잡계 과학과 생태학적 시각으로 말미암아 명확해진 것은 각 개체의 고유성은 곧 집단 내의 다양성을 의미하는 것이고, 다양성의 방식은 곧 고유성의 기반이 된다는 점이다. 생명체의 고유성과 다양성은 동전의 양면이다.

2) 진화론적 몸

몸과 마음을 우리 모두 다 같이 가지고 있다고 해서 몸과 마음을 보편적인 현상으로만 설명해서는 생명의 존엄성과 더불어 마음공부를 염두에 둘 때 적절한 접근이 되지 못함을 이야기하였다. 생명의 존엄성이나 수행이라는 마음공부를 이야기하기 위해서는 생명체의 특징인 개체고유성이 지닌 의미를 명확히 알아야 한다. 개체고유성이 어디서 기인하는지 살펴본다면 한 개체가 탄생으로부터 죽음을 맞이하기까지의 과정, 즉 삶에 대한 성찰로 접근할 수도 있으나, 최소한 몸에 있어서 그 논의를 풀어가려면 내 몸이 지금 이 자리에 있기까지의 경과를 되짚어봐야 한다. 어떻게 지금 이 자리에 지금과 같은 모습으로 발현되고 있는지 설명할 수 있는 과학적인 시각으로서 진화가 있다.

(1) 진화 현상

다윈에 의해 제시된 진화는[12] 생물학뿐만 아니라 다양한 분야에 영향을 미치게 되는데, 그 이유는 그때까지 서양사회에 일반적 개념이었던 생태계 내에서의 인간이라는 종의 우월성에 상처를 입힌 것 외에도 인문, 사회 및 종교적으로도 다양한 함의를 지니고 있었기 때문이다. 다윈의 진화론이 갖는 대표적 의미는 당시 서구가 지니고 있던 아리스토텔레스적인 목적론적 시각에 최종적인 타격을 입혔고, 이와 더불어 당시 프랜시스 베이컨 등에 의하여 어느 정도 확립되어 있던 서구 과학의 귀납적 시각에 대한 재고였다.

당시 다윈의 진화론은 제한된 관찰 속에 제시되었기 때문에 전형적인 귀납적 지식체계에 맞지 않아 과학이 아니라고까지 비판을 받았다. 또한 그 시절의 진화(evolution)라는 개념은 결정된 프로그램에 의해 순서에 따라 전개되는 의미를 지니고 있었기에 다윈 자신은 그러한 개념을 받아들일 수 없었으며 따라서 스스로는 진화를 후대에 전달되는 변형(descent with modifications)라는 식의 표현을 선호했다. 하지만 현대 유전학적 지식이 없던 시절이었기 때문에 다윈이 말하고자 했던 진화의 개념은 일종의 용불용설의 형태로 제시될 수밖에 없었다.

그런 흐름에서 당시 헤겔식의 관점으로 다윈의 진화는 일종의 보다 바람직한 것으로 나아가는 발전의 의미를 지니게 되었지만, 최소한 다윈의 진화론에서의 중심 개념은 적자생존 내지 자연선택이었다.[13] 이제 현대생물학에서 더 이상 진화의 개념이 발전적인 상태로 변해 가는 것을 의미하지는 않지만, 생명체가 진화의 압력 속에서 환경과 맺어가는 적응의 개념인 적자생존은 진화발생생물학(evo-devo; Evolutionary Developmetal Biology),[14] 사회생물학,[15] 진화심리학[16] 등 다양한 형태로 전개된 현대진화론에서도 변함없이 유지되고 있는 중심 개념이기도 하다. 진화론이 지닌 관계론적이며 적응주의적 시각은 당시의 철학계, 과학계, 그리고 종교계에 영향을 미쳤고 결국 현대의 생태학적 시각에 깊은 영향을 주었다. 또한 출현 당시 충분한 귀납적 증거가 없다는 점에서 비과학적이라고 비난받았던 다윈에 의한 자연 현상에 대한 시각은, 최근 주목을 받고 있는 복잡계 과학에 의해 보다 구체적인 방식으로 설명이 이루어지고 있다.[17]

한편, 현대생물학자 사이에서도 진화의 기작(mechanism)에 대한 논의는 여전히 활발한 상황이다. 대표적인 입장으로서 사회생물학과 달리 단속평형설을 주장한 스티븐 굴드와 같은 학자가 있다.[18] 하지만 그 어느 쪽도 진화론의 주요 개념이자 동전의 양면이라고 볼 수 있는 적자생존과 자연선택이라는 진화적 시각의 요체는 생물체와 주위 환경과의 끊임없는 상호작용이고, 동시에 이러한 상호작용은 역사 속에서 누적되어 진화의 압력으로 작용한다는 것을 의미한다. 이것은 시간에 따른 돌연변이, 선택, 존속이라는 일련의 과정을 말하기 때문에 다윈이 밝힌 생명체의 진화는 관계이자 또한 과거로부터의 긴 시간의 누적이며, 시간의 전개에 따른 창발적(emergence) 적응을 말한다. 또한 여기서 진화에서 중요한 개념인 자연선택은 일종의 적응 (adaptation)이지만, 이 적응은 생명체의 목적이나 목표가 아니라 상호 작용에 의한 상태, 그 자체이며 동시에 구성적(construction)인[19] 측면이 있다는 점도 중요하다.

(2) 진화와 연기

불교에서의 가르침은 기본적으로 연기법緣起法이며, 부처의 깨달음이 란 것도 연기적 실상實相에 대한 철저한 통찰이다. 연기법이란 "이것이 있으므로 저것이 있고, 이것이 생기므로 저것이 생긴다. 이것이 없으므 로 저것이 없고, 이것이 사라짐으로 저것이 사라진다"는 것으로 설명된 다. 따라서 연기법은 모든 존재가 지닌 관계성을 말하고 있다. 모든 것은 상호 관계를 통해서 존재하게 되며, 그 관계가 사라질 때 존재도 사라지게 된다. 그렇기 때문에 모든 존재는 영원히 존재하는 구체적 실체가 아니라 너(환경)와 나의 관계 속에서 끊임없이 변화해 가는 현상이다. 이처럼 연기는 존재와 존재가 지닌 관계성에 대한 시각을 말하며, 이러한 관점에서 보면 우리가 느끼는 과거, 현재, 미래의 직선상의 시간에서 과거는 현재에 반영되고 현재는 미래에 나타나게 된다. 모든 존재는 이러한 과정을 통해 필연적으로 시간의 누적을 담게 되고, 이를 불교적 용어로 업(業, Karma)이라고 부르며, 인과관계로 나타나게 된다.

그렇기에 관계성이라는 점에서 본다면 진화론적 시각과 불교의 연기적 관점은 매우 유사하고 두 시각 간의 본질적 차이는 없어 보인다. 진화의 과정이 우연(contingency)과 무작위(random)라는 점에서 불교적 인과와 다를 수 있지만, 그러나 우연과 무작위라는 특징도 그러한 현상이 나타나기 위한 바탕이 필요하다고 볼 때, 진화론에서의 우연과 무작위성은 뒤에 소개할 복잡계 과학에서 언급하는 초기 조건에 의한 예측불가능이라는 특징을 말하는 것이지 불교적 인과성으로부터 벗어나는 것은 아니다. 다시 말하면 진화에서의 우연과 무작위라는 것 역시 결코 근거 없이 무(nihil, emptiness)에서 인과의 흐름 없이 새로이 생겨나는 것이 아니며, 이를 위한 조건이 전제되어야 하기에 이 역시 조건과 결과라는 인과율의 연장선상에 있다.

하지만 두 관점에 있어서 본질적 차이는 없을지 몰라도 구체적인 관점으로 제시될 때는 고려해 보아야 할 점이 있다. 우리에게 제시된 모든 과학적, 종교적 개념이 그렇듯이 동일한 개념이라도 해석에 따라 매우 미묘한 입장 차이가 생겨나며, 이에 따라 같은 개념이라도 다양한 가치와 의미를 지니게 된다. 예를 들어 진화론의 중심으로서 적자생존과 자연선택이라는 개념은 다윈이 속한 영국보다는 독일에서 환영되었고, 결국 우생학의 근거를 활용되었음은 잘 알려져 있다. 나치에 의한 수많은 인명 살상에 기여한 독일의 우생학이 적자생존과 자연선택으로 무장하고서 당시의 많은 과학자와 철학자의 지지를 얻은 것도 잘 알려진 사실이다.[20]

따라서 불살생으로도 표현되듯이 생명 존중을 내세우는 불교가 전형적인 비폭력적 입장임을 고려할 때 동일한 관계론에 의거한 두 시각이 서로 전혀 다른 모습으로 나타난 것은 흥미로운 일이다. 이와 같은 차이는, 뒤에 언급할 동일한 과학적 관찰을 기반으로 하여 전 지구적 생명론을 주장한 린 마굴리스와 이기적 유전자의 투쟁으로 본 사회생물학자 간의 차이와 유사한 양상을 보인다. 그런 면에서 불교가 종교적 입장에서 열려 있는 욕망과 지혜로 삶의 의미와 행복을 추구하였다면, 진화론은 과학이론의 한 분야로서 제시되어 결과적으로 인간의 가치 체계에 귀속되면서 다양한 해석이 가능했기 때문으로 보인다. 분명한 것은 다윈의 진화론적 생물관이 의도를 했건 하지 않았건 근대과학에 의한 인간 중심의 종차별주의에 기여하게 된 바는 크다는 점이다.[21]

이처럼 진화론적 시각과 불교의 연기는 결국 우리에게 언제나 남겨져 있는 과제를 다시 한 번 환기시킨다. 그것은 과학이건 종교이건 인간의, 인간에 의한, 인간을 위한 일상적 삶을 전제하지 않고 논의되고 해석될 때에는 원래의 모습과는 전혀 다른 형태로 우리 모두에게

폭력적으로 다가올 수 있다는 점이다. 최소한 두 관점이 제시하고 있는 관계성에 대한 바른 이해는 과학을 폭력적으로 사용하고 있는 현대 사회의 모습을[22] 극복하는 데에 기여할 것으로 생각된다. 진화론적 시각과 불교적 관점은 너와 내가 서로 의존하면서 살아가고 있으며, 이렇게 존재의 열린 관계성이야말로 모든 존재의 본질임을 보여 주고 있기 때문이다.

(3) 몸의 진화

최근 신다윈주의를 넘어서서 몸의 진화를 다루는 대표적 과학 분야로서 간단히 '이보디보'라 불리는 진화발생생물학이 있다. 분명히 인간 역시 진화의 과정 속에서 나타났음은 과학적으로 부정할 수 없지만 진화생물학자들 사이에서도 어떻게 진화가 이루어졌는가에 대한 시각은 다양하며 진화에 대한 해석 역시 다양하다. 하지만 대부분 그렇듯이 그렇게 다양한 해석이 있는 것은 동일한 현상에 대하여 어느 측면을 주로 강조하는가에 의해 생겨나는 경우가 많다. 분명한 것은 진화는 일종의 질서 잡힌 상태로 전해오는 것이고 따라서 이것은 일종의 정보(information)이다. 시간의 축적에 따라 더 많은 정보를 축적하게 되므로 진화는 더욱 더 복잡해지는 양상을 띠게 된다.

그러나 이러한 정보는 진화하는 개체만으로 이루어지는 것이 아니라 주위 환경과 같이 더불어 유지되고 나타나는 정보이다. 따라서 환경과 몸은 같이 진화하며, 그렇기 때문에 몸은 특정 목적이나 목표를 향해 진화하는 것이 아니라 진화의 압력에 의해 밀려간다. 우리가 마치 업에 의해 자신이 규정되는 것과 유사하다. 이렇게 생명체가 업과 같은 진화의 압력에 따라 밀려간다는 것은 진화의 산물이라고 할 수 있는 인간이 이 세상의 모양을 결정할 수 있다고 주장하면서 인간의 우수성이나 우월성을 말하는 것과는 거리가 있다. 다윈도 자신의 글에는 생명체의 구성을 묘사하는 데서 더 우월하거나 열등한 이라는 표현을 사용하지 않았음은 중요하다.

진화는 유전자 수준에서도 확인되기 때문에 단순한 유전자의 돌연변이로 인해 진화가 이루어진다고 생각하는 과거의 입장과는 달리 진화발생생물학이라는 현대생물학의 한 분야에서 분명히 말하고 밝힌 것은, 진화는 일종의 변주곡의 형태로써 생명체의 유전자가 전체가 아닌 부분적 기능 단위(module)로 변환 내지 치환되면서 놀라운 다양성을 가져 왔음을 보여 주고 있다.[23]

그런데 다윈 당시 논의되었던 것처럼 진화라는 과정은 일반적으로 생각되듯 최선의 상태로 발전하는 과정이 아니었으나, 다윈의 사촌 격인 프랜시스 갤톤에 의해 최선과 진보라는 개념이 추가되어 강조되어 후에 우생학적 기반을 만들었다.[24] 하지만 현대생물학적 관점에서 보면 진화 과정에는 목적성이나 의도성이 개입되지 못하며, 단지 그것은 결과적으로 그렇게 보일 뿐이다. 진화를 통한 변화는 주위 환경에 대하여 스스로를 존속 가능하게 하기 때문에 안정적이지만, 동시에 주위에 적응하여 변화하기 때문에 진보한다. 발생한 변화를 통해 한 때는 불안정한 종과 개체이지만, 시간의 경과에 따라서 안정화되어 일반적이 되고 이와 같은 방식을 통해 생명체는 시간이라는 역사성 속에서 선택되어 변형되고 진화한다. 따라서 진화는 '주어진 조건 속에서 가장 안정된 형태로 진행되는 것뿐'이며, 이것은 가장 좋은 결과를 향해 변화하는 것을 의미하지는 않는다.(그림 1) 그것은 최선의 상태가 아닌 보다 복잡한 상태로의 변화로서, 특정 집단이나 개체의 진화가 다른 경로의 진화를 걷고 있는 집단이나 개체에 대한 우열을 말하는 것이 아니다.[25]

한편, 20세기 분자생물학의 발전에 힘입어 사회생물학자들은 진화에 있어서 계통점진적인 유형을 선호하며, 인간 몸, 더 나아가 정신마저 유전자인 DNA에 모두 프로그램되어 있다고 생각하게 되었다. 그 대표적인 선두주자로 리차드 도킨스와 윌슨 등의 사회생물학자들이 있다. 진화는 유전자의 진화에 불과하다는 그런 입장은 최근 들어 진화에서 중요한 개념 중의 하나인 적응이라는 면을 바탕으로 다양한 복잡계적 입장과[26] 더불어 학문적으로도[27] 그 한계가 지적되고 있다. 최소한 그 흔한 세균만 보더라도 주위 환경에 대한 적응력은 물론 그 숫자에 있어서도 인류를 훨씬 능가하는 것을 볼 때, 인간 유전자 수를 고려한다 해도 생명체의 진화를 단순한 유전자만의 진화로 보는 사회생물학자들의 견해는 강한 도전을 받고 있다.

이미 개체에 있어서 '정신적 나'와 '신체적 나'를 설명하는 과정에서 몸이 지닌 역사성이나 진화발생생물학에서의 견해는 어느 정도 언급하였기에[28] 구체적인 반복은 피하지만, 중요한 것은 몸이라고 하는 것 자체가 고정되어 있는 실체가 아니라는 점이다. 이보디보에서도 잘 나타나 있는 것처럼, 단속평형설이 보여 주는 것으로서 진화는 여러 가능성 중에 당시 주위 환경에 적응한 것이 살아남아 이어져 온 것이다. 다시 말하면 과거에도 지금보다 더 다양한 생명체의 모습과 구조가 있었고, 이들 중의 최선이나 최고의 종이 계속 남아 연속적으로

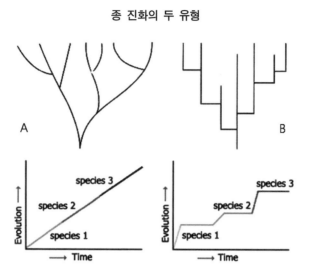

그림 1 종 진화의 두 유형으로서 A는 전형적인 계통점진 이론을
보여 주며, B는 굴드가 주장한 단속평형설을 보여 준다. 대표적
현대생물학인 이보디보의 연구는 B유형을 지지하고 있다.

단선상의 진화를 해 온 것이 아니라는 점이며, 이는 스티븐 굴드의
버제스 혈암의 화석 연구로 제시되었다.

2. 몸에 대한 과학적 시각

헬레니즘의 영향 속에서 서양문화에서는 몸에 대한 정신의 우월성이
유지되어 왔다. 하지만 데카르트의 '나는 생각한다. 고로 존재한다'로
상징되는 서양 근대의 합리적 이성에 의한 계몽주의는 보편적 이성의
개념과 더불어 과학문명의 기초를 이루게 되었고, 이에 따라 그동안
철학이 다루어 오던 정신적 자아와는 별도로 몸이라고 하는 신체적

자기에 대해서는 점차 그동안 외부 병원체에 대한 방어 기제를 연구하던 의학의 한 분야인 면역학이 다루게 되었다.[29]

그러나 이러한 전개 과정에서 인간에 대한 정신 위주의 시각으로부터 몸의 중요성에 대하여 자각하게 되었다. 예를 들어 니체는 '권력에의 의지'의 구체적 표현으로서 육체를 언급하였고, 현상학자인 메를로퐁티Merleau-Ponty는 '나는 존재한다. 고로 사고한다'는 명제를 통해 육체성(corporeality)을 강조하게 되며, 객관적 신체와 구별되는 체험된 고유한 신체를 명확히 하였다.[30] 육체에 대한 시각의 변화는 자연과학적 지식의 증가에 따른 필연적인 결과일 수도 있다. 육체에 각인된 삶은 결코 육체성을 떠나 존재할 수 없다는 점은 각 생명체의 고유성을 다루는 현대면역학과 자의식의 바탕이 되는 뇌를 연구하는 뇌신경과학의 발전을 통해서도 뒷받침되고 있다. 생명체의 면역계과 신경계는 별도의 체계가 아니라 실제적으로 하나의 통합된 체계이며, 상호작용을 통해 그 기능을 발현하고 있다.

하지만 근대과학에서의 몸은 철저하게 환원론적 관점으로 다루어지고 있다. 근대과학은 몸을 관계의 총체적 집합체로 보기보다는 몸을 구성하고 있는 부분의 단순 합습이라는 방법론에 근거하여 출발한다. 따라서 대상을 이해하기 위해서는 대상을 이루고 있는 관계를 끊고 해체하여 부분으로 들어간다. 나무는 보지만 숲을 잃어버리는 이러한 접근 방식의 한계가 극명하게 나타나는 의학 분야가 몸의 유지와 보존을 다루는 면역학이다. 몸의 고유성을 다루어야 할 면역학이지만 현대면역학이라는 학문의 대부분의 내용은 모든 개체에서 공통된 내용으로 가득하다. 즉, 각각의 몸이 지니고 있는 고유성에 대한 면역학적 설명은 줄기세포 등 생명과학의 다른 분야가 눈부시게 발달한 지난 10여 년 동안에도 그다지 진전을 보지 못하고 있다. 이것은 같은 주위 환경이나 같은 종 안에서도 어떻게 개별적 고유성을 발현하며 유지시키는가를 다루어야 한다는 점에서 여러 구성요소로부터의 관계성을 탐구해야 하는 면역학과는[31] 달리, 근대과학은 보편성의 추구라는 방향을 지향해 왔다는 차이점과 더불어 근대과학의 태생적 한계점인 분석적 환원론에 기인하는 것이라고 볼 수 있다.[32]

한편, 몸을 바라보는 근대 과학의 대표적인 시각으로서 면역학과 더불어 단순히 몸뿐만 아니라 정신작용마저 유전자에 의한 것이라는 입장의 유전자결정론이 있다. 분자생물학의 발전에 힘입어 더욱 강화되어 온 유전자결정론은 2000년대 초 인간의 모든 유전자 구성을 밝힌 인간유전자 프로젝트(human genome project)가 상징적이다. 이렇게 유전자결정론에 바탕을 둔 입장은 사회생물학의 발전과 더불어 더욱 대중에게 알려지게 되었고, 이에 대하여 일부에서는 사회생물학이 과거의 우생학적 관점을 정당화하는 면이 있고 또 장차 이에 활용될 것을 우려하는 목소리를 내기도 하였다. 최근 들어 후성학(epigenetic)적 연구와 복잡계적 관점이 진행됨에 따라 생명현상은 유전자로의 단순한 환원으로는 이해하기 어렵다는 입장이 보다 지지를 얻고 있기는 하지만, 아직 생명과학의 대부분의 연구가 분자생물학과 같은 환원론적 입장에 의거하여 진행되고 있기 때문에 유전자결정론은 『이기적 유전자』와 같은 대중서의 힘을 빌어 현대 생물학의 주류를 이루고 있다.

따라서 생명현상의 연구에 있어서 현재는 유전자결정론이 주류라면, 서양 근대과학의 한계를 조금이나마 보완할 수 있는 새로운 학문으로서 통계물리학에서 시작된 '복잡계 과학'이 금세기에 들어와 본격적으로 체계를 잡아가고 있는 상황이다. 복잡계 과학에서는 몸과 정신을 새로운 창발현상으로서 파악하고 있으며, 이는 근대과학이 지니고 있던 한계를 보완해 줄 수 있는 가능성을 제시하고 있고, 몸에 대한 시각을 새롭게 정립할 수 있는 과학적 터전을 마련하고 있다.

1) 유전자결정론

생명에 대한 유전자결정론은 생명체가 보이는 생명현상은 유전자들의 발현 결과이기 때문에 모든 생명현상이란 유전자로 설명될 수 있다고 보는 입장이다. 따라서 유전자결정론은 생명체의 가장 근본적인 본질이 유전자에 있으며 인간이 만들어 내는 문명이나 문화 역시 유전자의 작용에 불과하다고 간주한다. 이러한 관점은 왓슨과 크리크에 의해 1950년대 유전자를 구성하는 DNA의 이중나선구조가 밝혀지고,[33] 이를 바탕으로 급격히 발전한 분자생물학적 시각에 의한다. 이러한 생명에 대한 기계론적 이해는 1991년 사람 유전자 연구과제(HGP: Human Genome Project)로 정점에 이르게 된다. 2003년 초 이렇게 밝혀진 인간 유전자의 구성이 예상치의 30퍼센트 정도밖에 안 되는 숫자로, 유인원과의 차이가 1퍼센트에 불과하며, 곤충이 지닌 유전자의 두 배도 안 된다는 점은 유전자결정론자들의 예상치에 비해 너무 낮아서, 동물 등 다른 생명체와의 차이를 나타내는 인간답다는 것이 무엇이며, 이는 무엇으로부터 기인하는 것인지 보다 새로운 성찰이 필요함이 시사되었다.[34]

일반인에게 유전자결정론을 인식시킨 대중 저서인 『이기적 유전자』로 널리 알려진 리처드 도킨스 박사와 개미에 대한 연구를 통해 사회생물학의 기초를 만든 에드워드 윌슨 등이 대표적 사회생물학자에 속한다. 이들은 사회생물학이 담고 있는 유전자결정론에 반대 입장을 가진 진화생물학자 스티븐 굴드 박사나 르원틴과 같은 학자들과 긴 논쟁을 벌여 왔다. 뿐만 아니라 또한 유전자결정론의 대표적 국제 연구과제였던 HGP도 미국 지식인 사회로부터의 비판과 우려에 직면함으로써 미국 정부는 HGP에 소요된 총 연구비의 3~5퍼센트에 해당되는 연구비를 인간 유전자 정보에 대한 윤리적, 법적, 사회적 관심에 대한 연구로 돌려야 했다.[35] 유전자 연구에 대한 서구 사회의 문제의식은 생명을 단순히 유전자라는 유물적 시각으로 보는 것에 대한 막연한 두려움일 수도 있으나 기본적으로는 유전자 정보에 의한 인간성 말살에 대한 우려로 받아들여지고 있다.

유전자결정론이라는 기계론적 관점의 한계는 과학계 내에서도 지적이 되고 있으며, 특히 최근의 이보디보의 발전과 복잡계 과학(science of complexity) 및 후성학(epigenetics)에 의해 보완이 이루어지고 있다. 이는 자기조직적 현상을 다루는 과정에서 구성물질만으로 설명될 수 없는 예측불가능한 새로운 작용과 기능이 나타난다는 것이고, 따라서 유전자는 행동의 원인이지만 또한 동시에 행동의 결과이기도 하다는 것이다.

후성학은 생명체에 있어서 유전자형(genotype)과는 다른 표현형(phenotype)이 세대를 거듭하는 과정 중에도 유지되는 현상을 연구하는 것으로 시작되었다. 다시 말하면 유전자의 돌연변이가 없음에도 불구하고, 세대에 걸쳐 유지되며 나타나는 유전성 표현형을 다룬다. 특히 대부분의 이러한 현상은 그 발현이 점차적으로 유지된다기보다는, 발현이 되거나 혹은 안 되는 양자 간의 선택적 유형으로 나타나게 되고, 결국 유전자 수준에서의 발현이 아닌 염색체의 발현 양상이 바뀌게 되어 구체적인 모습으로 나타나게 된다.[36] 따라서 몸을 구성하는 유전자만으로 한 개체의 육체를 예견하거나 질병 발생을 단정 짓는 것은 매우 위험한 발상이다. 유전자는 기본 틀을 지정할지는 모르지만, 우리의 몸과 정신에 있어서 풍요로움과 다양함을 발현하는 데에는 해당 유전자 외의 여러 요인들과 관계를 고려할 수밖에 없는 것이다.

유전자결정론에 반대되는 요인을 분자 수준에서 규명하고 있는 것이 후성학이라면, 이런 관점에서 볼 때 유전자와 관련된 모든 관계의 총체적 집합으로서의 몸은, 비록 같은 종種에 있어서는 각 개체에 상관없이 누구에게나 공통적인 해부구조 및 생리작용을 갖고 있지만, 정작 각자의 신체적 고유성을 결정하는 것은 그러한 구조를 만들어 내는 유전자가 아니라, 외부로부터 받는 자극과 반응, 그리고 반응을 기억함으로써 종합적으로 형성되고 평생 끊임없이 변화해 가는 관계들이라고 할 수 있다. 그런 관계를 담당하는 면역계는 해부나 생리 체계처럼 스스로 자족적으로 발생하여 완성되는 구조가 아니라, 언제나 외부와의 관계를 통해 규정되면서 스스로를 만들어 가는 창발적 체계이다.

따라서 나라는 존재가 몸이라는 물질적 터전을 바탕으로 해서 시작된다는 것은 우선 나라는 개인은 몸으로부터 시작되는 것이며 그 몸은 면역현상으로 이루어지고 또한 유지된다는 것을 뜻한다. 신체뿐만 아니라 정신 작용 역시 두뇌라는 몸을 통하여 나타난다는 점을 고려하면 인식하고 고뇌하는 존재 자체는 본질적으로 육적(肉的)인 것이며,[37] 이는 정신 작용으로서의 수행 과정에서도 몸이야말로 그 바탕이 됨을 의미한다.

그런 점에서 몸에서 감정이나 이성의 형태로 마음을 만드는 신경계는 대표적으로 가소성(plasticity)을 지닌 생체 조직이다. 기억 저장 과정에 있어서 신경세포가 만들어 내는 가소성은 이미 오래 전부터 관심을 받아 분자 수준에서 연구가 진행되어 왔으나,[38] 그 과정에 대한 전체적이고 구체적인 기전은 요소환원주의적 접근방식에 바탕을 둔 근대과학의 방법론으로 인하여 파악되지 못하고 있었다. 이에 대한 본격적 접근은 신경세포의 상호 연결망에 대한 연구를 하는 신경연결체학(Connectomics)으로 시도되고 있다.

한편, 신체의 고유성을 결정하여 자기(self)를 이루는 면역반상 역시 유사한 과정을 거친다. 각 개체의 신체적 고유성은 신체를 구성하고 있는 생리활성 물질이나 세포로 구성된 상태에서 고정되어 결정되는 것이 아니기 때문에 외부와의 상호작용을 통해서 개체가 지니고 있는 면역체계와 주위 환경은 서로 영향을 주고 그 결과 기존의 면역체계 자체의 속성이 변화하게 된다. 또한 이러한 적응성(adaptability)과 구성(construction) 속에서 변화하는 면역현상은 시간의 누적 속에서 현재의 모습을 만들어 가지만, 이 과정에 대한 전체적인 기전은 앞으로의 비환원론적 접근을 통해서 이루어질 것으로 예상하고 있다. 비록 몸은 유전자라는 물질적 기반에 의하고 더 나아가 신경계와 면역계로 이루어지지만, 이러한 몸의 구성이 창발적이듯이 살아 움직이고 욕망하는 생명현상도 이들 구성요소의 복잡계적 창발현상으로 말미암아 나타난다고 할 수 있다.

2) 면역 – 신경학적 몸

몸은 물질로 이루어져 있지만 몸이라는 체계는 결코 고정되어 있는 것은 아니고 매우 역동적인 물질간의 관계로 이루어져 있으며, 또한 동시에 신경계와 밀접한 관계를 지니고 있어서 현대 의학의 관점에서는 정신신경면역학(psychoneuroimmunology)라는 학문으로 접근되고 있다.

면역기능은 과거에 경험한 항원에 대하여 기억하고 있다가 다양한 항원에 대해서 신속하면서도 특이하고 정확한 반응을 보인다. 이처럼 면역반응작용의 주요 특징은 특이성, 다양성, 기억 등을 들 수 있다. 면역체계는 구성요소인 면역세포와 생리활성물질, 이들이 상호작용하는 해부학적 공간, 그리고 이들이 시간 속에서 맺는 관계성이라는 세 가지로 이루어진다. 여기서 시간속의 관계성이란 말은 면역 기능이 역사성을 지님을 의미한다. 따라서 면역에서의 인식 작용은 유전자 수준에서의 역사성뿐만 아니라 각 생명체가 몸으로 겪는 경험의 역사성으로 나누어 생각해 볼 수 있다. 따라서 이런 면역체계를 전통적인 환원론으로 보면, 면역학적 몸의 바탕을 이루는 유전적 배경으로서 주요 조직적 합성(MHC; major histocompatibility complex) 유전자로 이루어지지만,[39] 여기서는 보다 관계론적으로 살펴본 입장에서 논의를 진행하고자 한다.

면역체제의 구성요소는 세포와 생리활성물질이다. 면역세포는 림프구, 대식구, 과립구 등으로 나누고 있고, 림프구는 다시 항체 생성을 맡고 있는 B세포, 면역 조절 기능 및 세포성 면역을 담당하는 T세포 등으로 나뉜다. 이러한 면역세포는 대상을 인식한 후 면역반응을 일으킬 수 있다. 이렇게 면역반응을 일으키는 상태의 세포를 활성화되었다고 말하며, 특정 유전자가 발현됨으로써 면역반응에 필요한 생리활성물질을 세포 표면에 발현하거나 분비하기도 한다. 생리활성물질의 발현은 신체 상태나 주위 환경을 조절하게 되며, 면역세포의 상태나 종류에 따라 면역인식을 통한 세포의 활동이나 상호작용을 조절하게 된다.

한편, 신체 내의 해부학적인 공간은 장기와 조직 및 이들의 연결망으로 구성되어 있고, 다양한 면역요소들은 이 공간 내에서 인식하고 변화하여 유효한 반응을 나타나게 된다. 각 조직은 다양한 면역반응을 하기 위해 각자 특이한 조건을 만족시키고 있으며, 면역세포는 각 장기가 어떤 방어기전을 필요로 하느냐에 따라 분포되어 있다. 면역세포의 양과 상태는 해당 기관을 유지, 복구하며 감염에 저항하기 위한 조건을 만족시킨다. 이러한 면역체계의 구성은 항상 역동적으로 이루어지게 되며 또한 동시에 신경계의 조절을 동시에 받게 된다.

인간이 생명 유지에 필수적인 면역계와 신경계는 체내 전반에 걸쳐 작용하지만 각각 다른 국소해부학적인 전략을 사용한다. 신경계는 거의 예외 없이 공간적으로 고정되어 있고 장기에 신호를 전달할 때 신경세포를 새롭게 만들지는 않지만 다양한 전달 방식과 빠른 전기적 신호전달 방식을 이용한다. 이와는 반대로 면역 구성요소는 끊임없이 새로 만들어져 소비되고 물리적인 흐름에 따라 혈관이나 림프관을 통해 온몸을 순환하면서 각 말초 지역에 있는 림프절을 따라 전 체내를 감시한다. 면역세포와 생리활성물질과 같은 면역구성요소들은 활성화를 통해 선택적으로 생체 내의 목표 지역으로 이동한다.

신경계와 작용시간을 비교해 보면, 혈류와 림프계의 순환은 느리고, 또한 세포 이동과 생리활성물질의 확산 과정이 필요하므로 면역계는 신경계에 비하여 상대적으로 느리게 작용한다. 이렇게 완급을 겸비하여 신체를 유지, 방어하는 그물망이 형성되어 있다. 결국 일반적으로 알려져 있듯이 면역체계는 외부로부터의 침입자를 방어하는 것이지만, 이런 기능은 보다 넓은 관점에서 보면 몸의 유지 기능인 것이다. 따라서 면역에 의한 신체 유지는 수정란으로부터 개체로 성장하여 나아가듯이 세포성장, 분화, 이동 및 세포죽음과 관련되며, 이를 위한 면역조직을 유지, 조절하여 전반적인 면역체계가 다시금 유지되게 한다.

몸은 태어나서 죽을 때까지 끊임없는 수리와 보수가 이루어지며, 따라서 이를 위한 세포의 성장, 이동, 유지, 유전자활성, 죽음이라는 과정은 태아나 성숙한 개체에서 모두 일어난다. 그리고 이러한 과정은 태아기에서는 유전자에 프로그램된 신호에 의해서 만들어지지만 성숙한 개체에서는 개체가 태어나 경험한 모든 외부 물질과의 상호작용에 의한 기억을 담고 있는 역동적인 면역작용에 의해 유지된다. 다시 말해 태아의 발생이 완성되면, 면역계가 이 반응을 이어 받는다.

결국 몸이란 면역작용이 끊임없이 작용하여 유지, 보존되는 그 무엇이다. 여기서 그 무엇이라고 표현한 것은 이 몸을 유지하는 과정과 그 결과가 고정되어 있지 않고 일련의 과정으로 이루어지고 표현되기 때문이다. 몸의 유지와 보존을 위해서 면역계는 마치 신경계가 하듯이 특정 상황 속에서 특정 대상을 인식하고, 무엇을 해야 할지 인지해야 하며, 실제로 구체적인 특정 행동을 취하게 된다. 면역계의 인식은 참여하는 세포와 구성 물질의 차이는 있을지언정 신경계의 작용과 마찬가지로 상호작용을 통해 이루어지며, 동시에 상호작용을 유도한다. 일종의 되먹임(feedback) 구조를 지닌다. 신호를 통한 특정 대상의 인식은 면역기능이 지닌 신체 유지와 보존과 더불어 신체의 개체고유성을 결정하는 또 하나의 요소이다.

하지만 이렇게 진행되는 면역계의 인식과 반응은 외부로부터의 많은 이물질과의 반응도 의미하기에, 특이적인 반응이라는 말이 지닌 일대일의 고유한 상호작용으로는 그토록 다양한 외부 물질을 모두 감당하지 못한다. 그렇기 때문에 면역반응은 특이적 반응이라는 목적과 더불어 다양성이라는 속성을 동시에 지니기 위하여 매우 폭이 있는 유연성을 지니고 있고, 이에 따른 패턴 인식을 하게 된다. 면역학적 유연성은 면역 인식에 있어서 대상의 다양성과 더불어 동일한 대상이라도 그 친화력이 다양하게 나타날 수 있다는 것을 의미한다.

이것을 알기 쉽게 비유하자면 일부일처의 기본 틀을 지니고 있지만 바람둥이의 기질을 지니고 있어서 다양한 만남을 통해 결과적으로 다양한 형태의 자손을 만들게 되어서 어떤 상황이 되어도 그 상황에 대응할 적절한 인물이 있도록 준비한다는 말이다. 이렇게 말하면 일반적 도덕 기준으로 보면 이상하게 들릴지도 모르지만 중요한 것은 면역계의 이러한 유연성이야말로 면역학적인 몸의 특성을 가장 잘 나타낸다는 점이며, 다양한 환경과 상황 속에서 특이적 면역반응만 있고 유연성이 없다면 몸은 결코 존재하지 못한다는 점이다. 그래서 어찌 보면 면역계 역시 수많은 신화와 문학에서 다루는 인간사회의 속성과 매우 유사한 면이 있다.[40]

면역현상이 유연성을 가지기 위해 취하는 방식은 간단히 말하면 크게 세 가지로, 우선 변형적 특성이 있다.[41] 면역세포가 지닌 세포표면의 수용체나 생리활성물질이 대상과 결합할 때 자신을 약간 변형시킴으로써 주요 결합 대상 외에도 다양한 대상이 와서 결합이 가능하게 한다. 면역반응은 다양한 상황에 따라 가역적으로 일어나야 함에도 불구하고 매우 특이적이고 높은 친화력을 가지는 대상과의 결합은 때때로 몸에 있어서 위험할 수도 있기 때문에 면역반응에 있어서 이런 유동성은 매우 중요한 측면이다.

다음은 다면성으로서, 이것은 하나의 세포나 물질이 여러 종류의 기능을 동시에 수행하는 것이다. T림프구는 대상을 죽이기도 하지만 동시에 다른 대상을 성장시키기도 하며, 인터페론 감마는 면역을 활성화시켜 바이러스 등의 방어에는 매우 유용하지만 자가면역질환이나 지연성 과민증에서는 치명적으로 작용하며, 유전자 차원에서도 다양한 유전자를 활성화시키는 것으로 알려져 있다. 이러한 면역기능의 다면성은 진화의 과정 속에서 시간이 누적이 나타내는 결과로 해석되고 있다. 과거에 유용했던 기능이 새로운 상황에서 새로운 상호작용이 필요하게 됨에 따라 등장하게 된 복잡성으로 이해될 수 있다.

면역반응에 있어서 상기한 변형성과 다면성이 부분적으로 나타날 때는 면역기능의 중복 내지 잉여성으로 나타난다. 잉여성이란 동일한 요소에 의해 다양한 면역기능이 나타나기도 하고, 같은 면역기능이 다양한 구성요소에 의해서도 나타나는 것이기 때문에 이는 면역계의 자기조직화 과정에서 중요한 역할을 담당하게 되지만, 거꾸로 말하면 특정 면역현상을 관찰할 때 그것이 어떤 면역 요소에 의해 발생한 것인지 확신할 수 없는 복잡성을 지니게 된다.

다양성을 지니게 되는 마지막 방식은 무작위성이다. 항원이라고 불리는 외부 이물질에 대하여 생체 내에 10^{12}이라는 놀라운 다양성으로 항원을 인식하는 항체는 몇 백 개 안 되는 한정된 숫자의 유전자로부터 만들어지는데, 이들 유전자는 무작위적으로 조합되어 결합하고 또한 그 과정에서 유전자로부터 전혀 예측할 수없는 별개의 항체를 만들어낸다. 이것은 유전자결정론이 말해 주는 단순한 유전자 상의 다양성과 더불어 개체가 보여 주는 후성적(epigenetic) 유전자 차원의 다양성이기도 하다.

다양한 면역체계의 반응으로 유지, 보존되는 몸은 결국 유연한 상호작용으로 이루어져 있음을 의미하며, 이러한 면역 상호작용은 면역그물망(immune network)에 의존한다. 그물망이란 각각의 구성요소들이 서로 연결되어 있어서 하나의 구성요소가 만들어내는 상태 변화가 다른 구성요소들의 연결이나 상태에 영향을 미치는 체제이다. 상호작용의 수와 복잡성의 측면에서 분자적인, 세포적인 그물망의 확장으로 볼 수 있다. 이러한 그물망 구조가 가능한 것은 면역 세포 표면에 있는 수용체의 변형성을 통한 다양성의 발현 때문이다.

　　다양성에 의해 나타난 새로운 형태는 다른 면역세포에 의해 인식되어 서로 상호작용을 하게 만드는 동력이 된다. 다시 말하면 림프구는 다른 림프구들을 인식함으로써 내부적인 그물망을 만들게 된다. 마치 인간 사회처럼 서로가 서로를 인식함으로서 나타나게 되는 그물망 구조이다. 이러한 내부적 그물망은 림프절과 같은 공간의 해부학적인 장소와 이들을 연결하는 혈관이나 림프관이라는 물리적 그물망과 연계되어 구체화된다. 면역계는 기본적으로 전체 몸에 퍼져 있는 복잡한 그물망이며, 이 자체로 다양한 상호작용이 적절하게 일어날 수 있게 하는 지형과 공간을 형성하는 것이다. 그물망 구조는 전형적인 복잡계적 특징을 발휘하게 되며, 복잡계 현상으로서의 자기조직화 현상을 관찰할 수 있다. 자기조직화는 새로운 정보의 진보적인 창출이다.

　　면역체계는 분자나 세포, 장기 등 다양한 층위에서 자기조직화를 이룬다. 무작위성에 근거하고 중복성에 바탕을 둠으로써 대략적인 자기조직화 시스템을 만들어내며, 이렇게 다양한 층위에서 형성된 유연한 면역학적 구조는 개별그물망(idiotypic network)을 이루게 됨으로써 큰 척도의 전체적 면역력은 작은 척도(scale)에서의 다양한 하부 면역물질의 그물망을 통해서 만들어진다.

　　재미있는 것은 면역현상의 다양성과 고유성을 나타내는 데에 중요한 변성, 중복, 상호작용, 패턴인식, 그물망 등의 개념은 신경생물학에서도 자주 나타나는 개념이라는 점이다. 노벨상을 수상한 면역학자로서 후에 신경과학을 연구한 에델만(G. M. Eldelman)은 포유동물의 뇌가 인식기능을 수행하는 방법에 대해서 고찰한 저서에서 신경집단선택(Neuronal Group Selection)이라는 이론을 제안했다.[42] 지각된 세계의 여러 양상을 다양한 신경중추에서 변성과 중복의 분산을 통해 뇌가 환경을 능동적으로 그려낸다고 주장했다. 신경중추들은 재진입 이라고 부르는 되먹임 작용과 유사한 과정을 통해 서로 영향을 주어 새롭게 변화하게 된다. 이렇게 뇌는 선택의 연속으로서 자기조직화를 통해 그물망 구조가 된다.

면역과 신경계는 고정된 체계가 아니기에 이들 체계에 의해 유지되는 몸도 역사를 담고 있는 역동적인 모습을 지닌다. 진화라는 시간의 누적 속에 나타난 생물학적 개체란 기계적인 물체와는 다르며 이러한 생명현상 속에 담긴 자기와 타자로서의 외부물질 간의 구별이 필요하다. 이를 위한 관계성은 언제나 가변적이기에 면역학적 몸이나 신경계에 의한 마음은 고정된 실체로서가 아니라 언제나 변화하며 항상그 모습을 달리 한다. 따라서 이러한 존재론적 정체성의 근거로서 면역학적 몸은 자연과학적 기술을 넘어 철학적 용어를 빌려 올 수밖에 없음은 이미 지적한 바 있다. 면역계는 비록 몸이 물질로 이루어졌지만 기계론적 결정론과는 거리가 있음을 보여 주는 것이다. 그런 맥락에서 면역학적 몸은 유전자결정론자들의 입장과는 달리 이미 은유적인 측면을 지닌다.[43] 즉, 몸은 물질이지만 결코 고정되어 있지도 않고 또 고정되어 유지되는 것도 아니며 태어나서 죽음을 맞이할 때까지 다양한 모습으로 자신의 과거의 시간을 담고 변화해 가는 복잡계적 현상이라는 점이다.

3) 복잡계적 몸

인간의 유전자 연구(HGP)를 통해서 밝혀진 바와 같이, 인간의 몸과 동물이나 심지어 곤충과의 차이도 매우 근소한 유전적 차이에 의한 것임을 보여 주었다. 이보디보는 동물을 구성하는 유전자들이 동일한 기원을 가지고 있음에도 불구하고 이처럼 다양한 생태계를 구성할 수 있는 것은 유전자 풀pool의 조절 과정 중에 나타나는 각 구성 유전자의 기능단위의 변화와 수 백만 년의 시간 속에 생겨나는 미세 변화의 누적 때문임을 밝혔다.

지구상의 수많은 생명체들로 구성되는 생명계(biosphere)가 약 150여 개의 원소와 혹은 단백질과 지방 및 탄수화물로 이루어진 얼마 안 되는 공통된 자원으로부터 이루어지고 있다는 점을 고려해 보면, 결국 몸을 규정하는 것은 나를 구성하고 있는 단순한 물질들이 아니라 그렇게 섭취된 물질의 관계를 통해 자신의 정체성을 발현하게 하는 각 개체의 면역학적 인식 체계이자 면역요소 간의 관계성이라는 것을 알 수 있다. 따라서 몸을 유지, 보존하는 면역현상은 고정되어 있는 것이 아니라 시간의 축을 따라 실체도 없이 변화를 계속하는 가변적 모습을 보여 준다. 내 몸이 '나'인 것은 바로 지금 이 순간 이 자리에서만 가능하다.[44] 몸은 매 순간에서의 현존現存만이 있으며 그 외의 몸은 모두 관념적인 허상이 된다. 물론 이러한 매 순간적 현존으로서의 나 역시 관계일 뿐이다. 신경계의 신경 시냅스처럼 면역계 내에서의 면역 시냅스도 정보전달을 담당하면서 면역요소 간의 관계성을 유지하면서 소통한다는 점은 중요하다. 면역계나 신경계 모두 상부구조의 시스템은 하부구조의 시스템으로 구성되어 서로 네트워크를 이루며 되먹임(feedback) 구조를 지니는 전형적인 복잡계 구조를 보여 준다.[45]

따라서 기존의 현대과학이 몸을 단순한 유전자의 발현으로 파악해 왔지만 통합된 생명체를 설명하기에는 부족하며, 이렇게 몸을 지닌 생명체가 관계성에 의존해 존재한다는 것은 그 생명체를 유지, 보호하는 기능 역시 관계로부터 유래할 수밖에 없는 것을 의미한다. 몸의 고유성을 만드는 면역계는 해부, 생리구조와는 달리 신경계와 마찬가지로 관계에 의거해서 유지, 변화되는 창발적인 생체 내 체계이다. 따라서 생명현상에 대해서는 관계론적이자 복잡계 구조인 면역계에 대한 통합적 시각을 제시할 수 있는 복잡계 과학으로 접근할 수 있다.[46]

복잡계 과학은 많은 요소들의 상호작용을 연구하며, 이들의 상호작용에 의해 자기조직화를 거쳐[47] 창발적 체계를 구성하고 진화해 가는 비선형 구조를 다룬다.[48] 나비효과로 널리 알려진 에드워드 로렌츠 박사의 무질서 속의 질서라는 개념으로 시작된 복잡계 현상에 대한 연구는 1980년대 만델브롯Mandelbrot에 의한 프랙탈 개념을 바탕으로 더욱 발전해 왔으며, 무질서 속에서 패턴 발생이 나타남을 보여 준다. 이러한 현상을 다루는 복잡계 과학을 이루는 이론적 구성으로는 프랙탈 및 카오스 이론과 네트워크 이론이 있다.[49] 이러한 복잡계 과학이 다루는 것은 무질서와 질서 잡힌 두 체계의 극심한 변화의 가장자리이며,[50] 복잡계 현상의 특징은 상전이(phase transition), 임계상태, 척도불변(scale free), 초기조건의 민감도, 되먹임(feedback), 그물망(network), 자기조직화 및 창발현상으로 크게 정리할 수 있다.[51]

복잡계 과학의 생물학적 적용인 시스템생물학은[52] 오믹스 생물학(Omics biology)으로써 표현되는 유전체학(genomics), 단백체학(priteomics) 등 다양한 학문 영역을 바탕으로 하여 발전되고 있다. 이것은 특정 체계를 구성하고 있는 여러 구성 물질들이 단순한 선형적

반응 경로를 취하는 것이 아니라 서로 소통하며(cross-talk) 그물망 구조를 지니고 있는 생물체계를 이해하는 데에 적합하기 때문이다. 현재 시스템생물학이 주목을 받는 이유는 복잡계적 형태인 생명현상과 더불어 각각의 생명체가 주위 환경 속에서 밀접한 관계를 맺어가며 살아가는 생태계가 지닌 관계성이야말로 생명의 모습임에도 불구하고 환원론적 시각은 삶에 대한 총체적 관계나 이에 근거한 복잡계적 접근의 필요성을 인식하지 않은 데 있다. 현재 학문으로서의 초기 단계에 있는 시스템생물학이 다루고 있는 층위는 유전자와 세포 수준이다. 하지만 비환원론적 입장의 시스템생물학은 조만간 환원론적 방법으로 접근하지 못했던 면역현상을 다루게 될 것으로 전망하고 있다.

면역현상으로 대표되는 몸은 시간의 역사성을 담고 있으며 일차적으로 유전자의 지배를 받는다. 유전자의 진화는 곧 몸의 진화를 가져오지만, 유전자결정론의 관점처럼 이는 유전자만의 일방적인 지배가 아니라 유전자 발현도 주위 환경 조건에 따라 선택되어진다. 따라서 몸은 개체의 생과 사가 긴 진화의 시간 속에서 반복되면서 유전자의 변이와 더불어 환경의 상호작용에 의한 후성적 변화를 수용하면서 미세한 차이를 누적해 왔다.

이러한 '지속된 시간의 누적 속에 생겨나는 반복과 차이'야말로 뭇 생명체의 종가 다양성을 만드는 바탕이라면,[53] 개인의 몸은 태어난 순간부터 지금까지의 변화를 반영하고 있으며, 그것은 면역 기능에 누적되어 반영된다. 누적된 관계의 집합으로서의 내 몸이라면, 내 몸이 내 몸인 것은 바로 지금 이 순간에서만 가능하다. 그러나 지금의 이 몸도 긴 진화의 관점에서 보면 내 몸은 유아기 때의 몸, 더 진행하면 내 몸의 전신前身으로서의 부모의 몸도 담고 있고, 더욱 거슬러 올라가 모든 것이 시작된 우주의 기원까지 내 몸은 담고 있다. 인간의 몸은 시간의 누적을 담고 주위와의 관계성을 담아 변화해 왔고, 이를 진화라 부를 때 수억 년에 걸친 진화의 메타적인 개념은 오늘 지금 이 자리에서의 진화를 전제하고 있으며, 이러한 미시적인 진화에 대한 고찰이 동시에 이루어지는 것이 필요하다.

3. 마음과 몸

서양의 근대과학은 이러한 환원적 물질주의에 기초되어 있고 생명과학 역시 기계론에 입각하여 발전해 왔다. 그러나 21세기에 들어오면서 환원론적 과학의 한계는 고도의 복잡성을 지니고 조직되어 있는 개체로서의 생명현상을 다루는 생명과학 분야에서 현저히 나타났다. 생명을 정신 내지 물질, 혹은 정신과 물질이라고 보는 이분법적 관점은 더 이상 여러 구성요소 간의 자기조직적 관계의 총체적 집합으로서의 생명을 이해하는 방식이 되지 못함이 드러났다. 각 부분들 간의 무수한 상호작용의 네트워크가 혼돈 속에서도 일정한 질서를 형성해 내듯이, 창발적 총체성으로서 생명체가 몸과 마음이라는 형태로 나타난다는 것은 몸과 마음 역시 구성요소들의 단순한 집합물이 아니라 상호의존적인 복잡계를 바탕으로 하는 또 하나의 통합된 전체임을 말해 주고 있다.[54] 생명의 이런 상호의존적 본질이야말로 불교의 연기적 생명관과 가장 잘 부합하는 것이라고 할 수 있다.[55]

1) 생명의 탄생

서양의 기계론적 입장을 담고 있는 현대생물학에서는 'DNA로 이루어진 유전자에 프로그램된 유전 정보에 따라 만들어진 몸'을 생명체라고 기계론적으로 정의하는 반면, 불교에서는 그런 몸에 간달바라는 식識이 결합되어야 불교적 생명체인 중생이 시작된다고 본다. 십이연기에 의하면 무명無明, 행行, 식識, 명색名色, 육처六處, 촉觸, 수受, 애愛, 취取, 유有, 생生, 노사老死의 열두 단계로 설명하고 있고, 아비달마의 『대비바사론』에 의하면[56] 육처에서 육근인 안이비설신의와 육식이 마무리되어 육근의 대상처인 육경(색성향미촉법)을 지각함으로써 몸과 인식작용이 생긴다고 하니 여기가 논의하는 일반적인 몸은 유의 단계일 것이다.

그런데 정자와 난자가 만나 수정란이 되면서 업業에 따라 간달바가 깃들고 정신인 명名과 육체인 색色이 결합된 명색이 나타남으로써 생명체가 시작이 된다고 보기 때문에, 불교의 생명 개념은 물질적인 면과 정신적인 면의 복합체로 생명을 바라본다. 불이不二적 관점을 고려할 때에도 명과 색은 별도의 실체가 아니며 또한 명과 색은 둘이 아니다. 따라서 마치 생기론처럼 식識으로서의 간달바가 어딘가에 실체로 존재하다가 정자와 난자의 만남에 따라 결합하는 것이 아니라, 정자와 난자의 만남으로 인해 이루어진 관계를 통해 간달바가 창발되어 나타나는 것으로 보아야 한다. 정자와 난자의 만남인 수정과 식의 임함은 서로 의존해 나타나는 현상으로서, 물질과 식이라는 두 개의 실체로 분리하여 받아들여서는 안 된다.

여기서 분명한 것은 몸과 마음의 발생이 동시에 진행되고 있는 점이다. 몸이 먼저냐, 정신이 먼저냐 하는 서양식의 이분법적 사고는 이미 출발부터 배제되어 있다. 이것은 현대 생명과학의 입장과도 유사한 것으로서, 비록 근대과학이 기계론적인 입장에서 몸과 정신이 분리된 생명현상을 다루어 왔지만, 복잡계 과학과 시스템생물학으로 이야기되는 현대과학에서는 몸과 마음을 분리할 수 없는 것으로 보는 것과도 같다. 단지 근대과학의 입장에서 마음 작용은 두뇌의 작용이며 유전자의 또 다른 모습에 불과하다는 대표적인 유물론적 입장을 취하는 것이 사회생물학일 따름이다.

(1) 기계론적 몸

서양 환원론의 대표적 시각인 사회생물학에서는 생명의 주체에 대하여 '당신 행위는 단지 유전자의 명령이다'라는 입장을 취하고 있으며, 에드워드 윌슨은 서슴지 않고 생명의 주체는 유전자라 말하면서 '닭은 달걀(유전자)이 더 많은 달걀을 만들기 위해 한시적으로 만들어낸 매체에 불과하다'고 설명한다. 태초부터 지금까지 지구의 역사를 돌이켜 볼 때, 개체란 잠시 태어났다 사라지는 덧없는 존재이고 자손 대대로 영원히 살아남을 수 있는 것은 오직 유전자뿐이라는 시각이다. 유전자로 하여금 더 많은 복사체를 만들 수 있도록 도와준 형질, 즉 생명체의 특성은 성공적으로 살아남아 지금 우리와 함께 있는 것이고 그렇지 못했던 것들은 모두 사라지고 없다. 이 지극히 간단한 논리가 윌슨으로 하여금 생명의 다양성은 물론 인간의 특성 모두가 필연적으로 유전자라는 물질의 진화적 산물일 수밖에 없다고 결론짓게 만든다.

윌슨의 이 같은 사고는 다윈의 자연선택설에 기초를 두고 있다. 지금으로부터 꼭 140년 전 『종의 기원』(1859)에서 처음으로 소개된 다윈의 이론은 그때까지 서양의 사상체계를 지배해 온 플라톤의 '본질주의'의 경직성으로부터 우리를 해방시켜 주었고, 기독교적인 이원론과 인본주의의 허구로부터 우리를 구원해 준 혁명적인 사상으로 받아들여진다. 사회생물학은 이러한 다윈의 이론에 입각하여 인간을 포함한 모든 동물의 사회적 행동을 연구한다. 이미 1970년대에 윌슨은 인간의 본성을 이해하는 데 사회생물학적 방법론이 가장 중요한 역할을 할 것이라고 주장했다. 그는 모든 인문사회과학은 생물학으로 설명될 것으로 바라보는 입장을 취하고 있으며,[57] 따라서 인간의 몸과 마음은 유전자의 자기 증식을 위한 담지체로 작용할 뿐이고 인간 사회의 문화나 사회생활 역시 유전자에 의해 발현된 일종의 또 다른 표현형으로 주장한다.

사회생물학은 환원주의적 전통에서 보면 서양 근대과학의 정점에 있다. 사회생물학자들에게 삶이나 문화는 물리적 현상에 지나지 않는다. 인문학과 사회과학의 모든 주제들은 인지과학 내지는 신경과학으로 설명이 될 것이며, 두뇌 작용은 유전자의 발현 원리로 풀이될 수있다. 최종적으로는 생명현상이나 사회현상, 더 나아가 모든 인간의 문화는 물리학적 원리에 의해 설명될 것이라고 주장한다. 이러한 관점에 의거하여 진화심리학에서는 두뇌는 이미 많은 기능적 원리를 포함하고 있으며, 이러한 원리들은 자연선택에 의해 진화된 심리학적 적응 혹은 진화된 심리학적 기작(Evolved Psychological Mechanisms, EPMs)이라고 불린다.

한편, 인간의 몸이 단순한 유전자의 전달자라는 사회생물학적 관점은 일반인들에게 매우 신선했을지 모르나[58] 생물학자에게는 그리 새로운 개념은 아니다. 이미 1960년대 말에 린 마굴리스Lynn Margulis는 원핵세포(prokaryotic cells)의 연구를 통해 기나긴 진화의 모습을 포착하였다. 발표 초기에는 많은 비판에 부딪혔던 그녀의 연구는 진핵세포 (eukryotic cell) 안의 에너지 생산 기지인 미토콘드리아(mitochondria)의 기원이 외부로부터 진핵세포 내로 들어간 생명체의 공생적 관계로부터 유래했음을 밝혔다(그림 2). 이를 세포내 공생관계(endosymbiosis)라 부른다.[59]

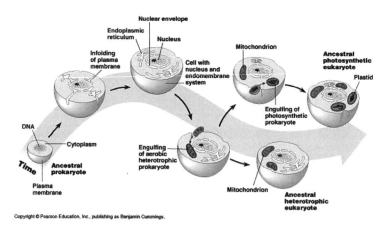

그림 2 포유동물과 같은 진핵세포가 세균과 같은 원핵세포로부터 진화해 오는 과정으로서 세포내 공생관계를 거친다.

당시 이 개념을 보다 복잡한 생명체로 확대해 보면, 진핵세포로 이루어진 포유동물인 인간도 세포 수준에서 벌어진 상호작용의 결과물에 불과하다. 따라서 당시에도 수많은 장내 미생물과 피부 표면의

미생물들로 덮여 있는 포유동물은 실체가 없이 단지 장내 미생물 등의 생명을 유지, 보전하기 위해 열심히 먹고 마시는 담지체에 불과하다는 이야기가 종종 회자되었다는 점을 생각해 본다면, 마굴리스 교수가 현재의 사회생물학자가 주장하듯 이기적 유전자와 밈에 의한 자기확산의 개념을 유전자가 아닌 세포나 세균을 통해 충분히 전개할 수 있었음을 알 수 있다. 비록 마굴리스 교수가 인간의 문화나 사회활동이란 이기적 미생물이 그들을 확대 재생산하기 위해 만들어 낸 결과물이라고 주장하는 과감성은 없었지만, 세포내 공생과 이를 통한 생존, 증식의 개념은 유전자를 바탕으로 하는 사회생물학자들의 주장을 충분히 내포하고 있었다.

그러나 흥미롭게도 마굴리스 교수는 사회생물학자들과 유사한 결론에 도달할 수 있었음에도 불구하고 장구한 시간 속에서 정교한 공생 체계로 이루어진 세포를 통해 서로의 생존을 위한 투쟁의 역사가 아닌 서로 의지하며 진화하는 존재로써 생명체를 파악했다. 생명이란 서로 영향을 주고받으며 함께 진화한 공동체라고 바라본 그녀는 이를 더 확대하여 다양한 뭇 생명체의 상의상존을 통해 펼쳐지고 발현되는 전 지구적 생명에 공감하게 된다.[60] 다시 말하면 세포들은 수십억 년 생명 진화의 과정을 고스란히 담고 있으며, 이들을 더 높은 층위의 생명활동으로 이끈 진화의 힘은 이기적 약육강식이나 적자생존이 아니고, 세포내 기관들이 각자의 기능을 지니고 더욱 복잡한 환경에 참여할 수 있도록 서로 공생하는 형태로 진화되어 왔다는 것이다.

비록 층위는 다르지만 인간 개체의 실체 없음을 지적할 수 있는 유사한 관찰로부터 이토록 상반된 결론을 내릴 수 있었다는 것은 결국 사회생물학자인 도킨스 교수가 스스로 주장하듯 모든 것을 설명할 수 있는 원리라고 하면서 주장했던 유전자의 역할이나 밈이라는 개념은 단지 그들만의 해석과 시각을 우리에게 제시한 것으로 볼 수 있다.

(2) 창발현상으로서의 마음

정자와 난자가 만나 수정란이 되면서 간달바라는 식識이 결합되어, 생명체로서 아직 완전한 인간은 아니지만 사람과 유사하다는 뜻의 사인似人으로써 장차 완전한 사람이 된다. 또한 이 과정에서 태내오위설의 4주째인 가나ghana 단계에 이르러 비로소 업보체로서의 업력이 발휘된다고 본다. 이 말은 단순히 정자와 난자의 만남만으로는 결코 생명의 탄생은 이루어지지 않는다는 것을 뜻한다.

하지만 이러한 표현을 문자 그대로 받아들이면 개체의 탄생이라는 생명체의 발현에 간달바라는 식識이 깃들어야 하기 때문에, 마치 서양식의 생기론적인 해석이 될 수 있는 위험은 이미 언급한 바 있다. 정자와 난자가 만나 이러한 물질적 몸의 터전이 만들어지는 순간 정신적 터전인 마음의 씨앗은 그러한 물질적 요소와의 결합을 통해 창발적으로 새롭게 만들어진다. 이러한 창발적 상전이 현상은 구성요소의 질적인 변화를 가져오지만, 단순한 화학반응이 아니라 구성요소로의 환원이 불가능한 현상이다. 그런 의미에서는 이미 그 구성요소를 떠나 스스로의 작용과 기능을 지니게 되는 것이다. 이것은 마치 피어난 불[火]이 어떻게 생겨났는지 원래의 구성요소로 환원시킬 수 없음과 비슷하다. 한 떨기의 불이 나무와 나무가 부딪쳐 생겨났는지, 번개가 떨어져 생겨났는지, 기름에 의해 생겨났는지, 불 자체만으로는 그 유래를 알 수 없음과 같다. 따라서 개체적 마음의 터전으로서의 간달바라고 하는 식은 서양의 생기론적 실체가 아니라 수정란과 분리될 수 없는, 그러나 수정란으로 환원될 수 없는 창발적 현상으로서의 작용으로 보아야 한다.[61]

물론 이때의 마음이라고 하는 현상과 작용은 신경계라고 하는 물질적 형태로 나타나기 때문에 수행하는 주체로서의 나를 이루는 몸과 마음은 '나'라는 개체 속에서 분리되어 있는 체계가 아니라 통합된 체계로 존재한다.[62] 그런 면에서 면역계는 면역 시냅스, 신경계는 신경 시냅스라고 하는 정보 전달을 위한 구조를 바탕으로 서로 상의상존하면서 외부 자극에 대한 반응과 이를 기억함으로써 업이라고 하는 역사성 속에서 몸과 마음은 서로 영향을 미치며 변화해 간다.

기존의 현대과학이 몸과 정신의 통합체인 인간을 유전자나 뇌 기능의 발현에 불과하다는 유물적 관점만으로도 인간으로서의 '나'에 대하여 많은 부분을 설명할 수 있지만 통합된 생명체로 설명하기에는 여전히 한계가 있다. 그것은 현대 서양과학이 대상을 다룰 때 그 대상을 이루고 있는 관계를 해체하고 그 구성 성분만을 분석하기 때문이다. 연구 대상으로서의 생명체가 관계로 인해'존재한다는 것은 그 생명체를 유지, 보호하는 기능 역시 관계로부터 유래할 수밖에 없는 것이기 때문이다. 따라서 앞으로 몸과 마음이라는 생명현상에 대해서는 기존 과학으로서 신경과학 및 면역학, 그리고 분석적 환원론의 접근을 보완해 줄 수 있는 복잡계 과학으로 학제간의 통합적 접근이 요구된다.[63]

2) 이데올로기로서의 마음

종종 마음에 대한 강조는 근대 서양문화에서 보듯이 자칫 몸에 대한 정신의 우위를 의미하게 되며, 몸에 대한 문화의 영향도 강조하게 된다. 인류학에서의 인간에 대한 문화구성주의적 입장이 대표적인 사례이지만, 이는 마치 사회생물학이 우생학을 뒷받침할 가능성이 있듯이 문화구성주의는 인간이 다른 생물종에 비하여 다양한 문화를 만들어 오고 또 그것으로부터 영향을 받아 더욱 더 발전해 간다는 논리에 바탕을 두기 때문에 인간의 종우월주의를 정당화시킬 우려가 있다. 그런 면에서 마음 수행을 생각하는 사람들이 종종 마음의 육체에 대한 우위를 말하면서 일종의 종우월주의를 지니고 있음을 볼 수 있다.

이러한 경향은 종교나 문화를 떠나 전 세계적으로 나타나고 있어 우려되는 상황이 아닐 수 없다. 몸과 마음이 분리되어 결코 따로 인식되어서는 안 된다는 것이 분명함에도 불구하고 특히 불교인들은 일체유심조라는 주체적 삶의 표현을 문자적으로 해석함으로서 더욱 그럴 가능성이 있다. 하지만 위에서 본 것처럼 마음은 몸을 떠나 어디 따로 있거나 존재하지 않는다. 분명한 것은 몸은 마음의 터전이고, 몸과 마음은 고정되어 머무르지 않고 서로 관계하며 계속 변하고 있다는 점이다. 몸과 마음, 양쪽 모두 오직 지금 이 순간의 현존만이 있을 뿐이다.

그럼에도 불구하고 마음 수양을 강조하며 일체유심조의 왜곡된 이해는 몸에 대한 잘못된 인식과 더불어 불교인들에게 자신도 모르게 '마음주의'에 빠지게 한다. '마음주의'라는 것은 지금과 같은 과학 시대

에 있어서 서양과학이 이 세상의 모든 것을 해결해 줄 것으로 착각하면
서 과학을 일종의 종교로써 받아들이고 있는 '과학주의'처럼, 마음이
또 하나의 고정된 이데올로기가 됨으로써 관념적으로 마음에 집착하
는 경우를 말한다. 마음주의에 빠진 이들은 마음에 머무르며, 무조건
마음만을 강조하면서 몸에 대한 무관심과 더불어 마음만으로 다 되는
것처럼 생각한다.

우리가 일반적으로 말하는 죽여야 할 개체화된 마음〔我相〕이란 육근
에 의해 물든 마음이며, 진화 과정에서 나타나게 된 대뇌피질이 담당하
고 있는 표면 의식이다. 대뇌의 신경망 조직으로부터의 창발적인
작용에 의해 발현되지만 이 층위에서의 마음은 몸과 대등한 것이다.
몸이 긴 시간의 누적 속에서 업業이라고 표현되는 진화의 압력에
의해 영향 받고 있듯이 이러한 육근에 의한 표면 의식인 마음도 의지하
고 있는 두뇌와 마찬가지로 업, 그 자체일 뿐이다.

따라서 많은 불자들이 착각하듯이 몸을 떠나 마음만으로 무엇이든
지 할 수 있으며, 또 무엇을 하겠다는 식의 이데올로기화 된 생각을
버려야 한다. '응무소주 이생기심'이라는 표현으로 잘 나타나 있듯이
그 무엇에도 머물지 말라는 『금강경』 말씀처럼, 부처와 조사를 죽이듯
최종적으로는 개체화된 마음마저 죽이고 너와 나의 근원으로서의
한마음을[64] 체득하지 않으면 안 된다. 수행하는 이들에게 인간으로서
개체화된 마음은 단지 자신을 되돌아보아 몸과 마음의 통합적인 수행
으로 나아가는 좋은 수단일 뿐이다.

4. 실천으로서의 몸

1) 욕구와 욕망

진화론적 관점에서 긴 역사성을 지닌 몸이란 결코 가볍게 볼 대상이 아니다. 우리 각자의 몸은 우주의 기원으로부터 생명의 시원始原을 거쳐 인류의 탄생과 지금 이 자리로의 기나긴 여정을 거쳐 나타난 결과이다. 이는 생명의 진화라는 관점에서 보아도 주위 환경과의 끊임없는 상호작용을 통해 얻어진, 현대 천체물리학에서 본다 해도 약 140억 년이라는 시간을 담고 있는 몸이다. 생명체의 진화란 욕망의 진화이기도 하며 동시에 의식의 진화이기에, 이를 다시 말하면 끊임없는 업業의 소산이다. 업이라고 하는 기나긴 시간의 누적에서 보면 지금 이 자리에 존재하는 모든 생명체는 그 자체로 무엇보다 소중하며 동시에 한 점 더하거나 뺄 것 없이 이대로 온전한 존재이다.[65]

이미 불경에도 인간의 몸을 받는 소중함에 대한 이야기는 많다. 무릇 평등한 다른 모든 생명체에 비하여 굳이 인간 몸의 소중함은 연기적 실상을 설한 부처님 가르침에도 분명하게 나타난다. 그것은 우리의 욕망을 만족시키는 자본주의적 문화나 문명으로부터 오는 것이 아니라 오직 뭇 중생의 실상을 아는 지혜를 통해 본래면목으로 회광반조할 수 있는 존재이기 때문이다. 동물과 달리 자신을 되돌아보는 성찰을 통해 자신의 기원으로의 회귀가 가능하다는 점에서 인간의 몸을 받는다는 것은 지극히 어려우며 더욱 소중하다. 이러한 자기 성찰을 통한 자각 행위는 인간의 몸을 받음으로써 가능하기에 마음이라는 이데올로기화 된 고정관념을 가지고 몸을 떠나 그 무엇을 하려

하는 어리석음은 이제 극복되어야 한다.

한편, 현대 면역학과 최신 신경과학으로부터 기술되는 몸은 오직 창발적으로 구성되어지며 구체적 실체로서 존재하지 않는다는 것을 밝히고 있다. 일반적으로 사람들은 지혜를 가리는 탐진치라는 삼독심이 몸에 의한 욕망으로부터 기인한다고 생각하며 이에 대하여 조금도 의심하지 않는다. 하지만 자율적인 상호작용에 의해 창발적으로 변화하는 몸과, 과거의 기억이 매우 강력히 작용하며 개인의 의식적인 억압 기제가 작용하는 마음과 어느 쪽이 더욱 삼독심을 강화하는 것인지 깨어 성찰할 필요가 있다.

몸은 욕구하지만 마음은 욕망한다.[66] 라캉이 지적했듯이 욕망은 욕망함으로써 더욱 욕망하게 된다. 이 점을 쉽게 이해하기 위해서는 몸의 욕구를 생각해 보자. 몸의 욕구는 채워지면 만족을 안다. 그 어떠한 욕구라도 몸은 자신의 자율적인 범위 내에서 작동한다. 몸은 결코 고정되어 있지 않기 때문에 그러한 욕구가 다시 반복해서 나타날지는 몰라도 그런 면에서 몸의 욕구는 지극히 소박하다.

반면, 같은 업의 영향 속에 있지만 마음은 몸과 같이 비교적 자율적이라기보다는 인위적 의식의 영향이나 억압의 영향을 더욱 받는다. 육근의 인위적 작용은 되먹임(feedback) 구조로 재생산되어 마음에 작용하기 때문에 마음의 욕망은 결코 멈추지 않는다. 갈애渴愛의 만족을 모르고 치닫는 욕망은 몸이 아닌 마음에 의해 나타나는 것이다.

따라서 초기불교『대념처경』의 신身, 수受, 심心, 법法이라는 사념처 중 신념처身念處에 있는 부정관不淨觀을[67] 일반적으로는 몸의 더러운 것을 관하여 몸에 대한 애착을 끊는 것으로 받아들이지만, 이 가르침의 요지는 매 순간만이 현존이며, 그러한 순간을 있는 그대로 바라보는 알아차림을 통해 몸이라는 대상의 무상無常함을 통찰하는 데에 있다. 다시 말하면 최소한 나라고 애지중지하며 갈고 닦는 이 몸도 인연이라는 관계가 다할 때 버려지고 사라져 흙으로 돌아감을 알아차려 집착으로부터 벗어나는 길을 가르치는 것이지, 결코 단순히 몸을 부정하면서 더러운 것으로 말함으로써 집착을 버리라는 식의 가르침이 아니다. 부정관을 통해 바라봐야 하는 몸은 많은 구성요소에 의한 창발적인 것이어서 그 관계의 과정 중에 발현되고 사라지는 실체 없는 존재임을 다시 한번 알아차리는 것이다.

그런데 일반인들이 마음공부에 있어서 장애가 되는 여러 욕망을 마치 몸으로부터의 장애로 착각하는 것은 몸과 마음이 통합된 구조이고, 더욱이 마음의 욕망이 구체적인 형태로 나타날 때는 대부분 몸을 통해 발현되기 때문이다. 따라서 복잡계적인 관점에서 볼 때 몸과 마음은 서로 상의상존하고 있지만, 두 속성의 특성상 몸이 아니라 마음이야말로 채워질 줄 모르는 욕망이 근원이며 수행의 근본적 장애는 마음으로부터 옴을 알 수 있다. 그런 의미에서 몸만 다스리는 고행이나 마음의 욕망에만 중심을 두는 엄격한 금욕으로는 진정한 깨어있음〔覺〕을 얻지 못한다.

회광반조와 대오각성이라는 수행은 몸 없이 생각할 수 없으며, 이렇게 소중한 몸을 유지하기 위한 몸의 욕구는 언제나 만족을 아는 소박함으로 이루어져 있다. 그렇기 때문에 마음공부를 통해 한소식한 뭇 선사들은 공통적으로 '소욕지족'의 삶을 말한다. 몸은 소욕지족으로 다스려 나아가는 것이며, 몸과 마음이 둘이 아니기에 이는 곧 마음의 다스림으로 이어져야 한다. 수행방법이 간화선이건, 기도이건, 염불이건, 위빠사나건, 그 형태가 어떠하건 계정혜의 삼학三學으로 나타나는 삶 그 자체는 소욕지족의 모습으로 마음과 몸을 수행하는 것이 가장 바람직하다고 말할 수 있다.

2) 깨달음에서의 몸

한편, 수행을 하는 주체로서의 나는 몸과 마음의 통합적 개체이며, 몸과 마음 모두 복잡계적 창발현상에 의해 존재하기 때문에 몸과 마음은 수레의 양 바퀴와 같아 결코 어느 한 쪽만으로 수행을 하는 것은 아니다. 하지만 수행에 있어서 몸 자체보다는 마음이야말로 번뇌 망상의 기원이기 때문에 이에 대한 깨어있음이야말로 수행의 시작이자 도달해야 하는 상태이다. 따라서 우리들이 종종 착각하는 것으로서, 두뇌의 발달에 따른 정신작용을 마음이라 부르면서 마치 그러한 표면 의식에 불과한 마음이 모든 것의 출발이라고 생각해서는 안 된다. 일종의 이데올로기화 된 마음은 수행에 장애일 뿐이다. 이런 면에서 분석적 환원론에 근거한 근대과학의 한계를 넘어서 새롭게 제시되고 있는 통합적 관계 지향의 과학이 말해 주고 있는 것은, 모든 것은 관계에 의존해 성주괴공을 하는 것으로써 마음 역시 그러하다는 것이다.

그러면 마음을 어떻게 볼 것인가. 개인의 마음은 몸에 의존해 있어서 몸과 상대적이기에 언젠가는 사라질 일종의 정신적 몸이다. 즉, 둘 다 창발적 존재로서 이름하여 나를 이루는 육체적 몸이고, 정신적 몸이다. 이들이 인연 따라 흩어질 개체로서의 나를 잠시 만들고 있음에 불과하다. 생명체가 죽음을 맞이하여 나라는 한 개체가 흩어질 때 몸도 마음도 흩어지고 없어지는 실체 없음이다. 그런 면에서 수행을 함에 있어서 몸과 마음은 필요하지만 실체 없는 몸과 마음으로 한 수행 역시 실체 없음을 알아야 한다. 따라서 개체의 몸과 마음을 통한 수행이라는 것은 몸과 마음이 통합을 통해 얻고 또한 몸과 마음을 통해 얻는 바가 없다. 일반적으로 오해하고 있는 것으로서 깨달음이란 몸과 마음을 떠나는 것이 아니라, 몸과 마음이 하나되고 그 하나됨을 통해 그 하나에서 나타날 수 있는 것이 돈오이다.

그러나 돈오의 바탕이 된 그 하나됨이 실체 없는 창발적 현상인 것처럼 이때의 돈오 역시 완전한 질적 변화를 일으키는 창발적 현상에 불과하다. 따라서 개체로서의 몸과 마음이라는 구성요소가 하나되어 야만 이루어지는 현상이지만 결코 과거의 개체로서의 몸과 마음으로 환원되지 않는 새로운 태어남[換骨奪胎]이 된다. 따라서 몸과 마음에 미치던 삼세의 업이 더 이상 업으로 작용하지 않는 상태이다. 그 업은 개체화된 몸과 마음에 영향을 미치는 것이지 이미 그러한 구성요 소와는 질적 변화가 생겨난 돈오라는 깨어있음[覺]에는 영향을 미치지 않기 때문이다. 그러나 그러한 깨어있음도 직접적인 업은 끊어졌다고 하지만 역시 돈오를 가능하게 한 몸과 마음이 전제되어야 한다는 점에서 시절 인연의 연장선상에서 있을 수밖에 없다[不昧因果].

이렇게 본다면 마음공부란 인간의 몸을 받고 있을 때, 더 나아가 몸이 건강할 때 해야 한다. 불교인일수록 몸을 경시하는 경향이 있지만 이는 크게 잘못된 것이며, 더욱이 진정으로 수행을 방해하는 것은 몸을 통해 발현되는 마음의 욕망이지 몸의 욕구가 아님을 잘 살펴야 한다. 일반적으로 채워지지 않고 갈망하는 마음의 속성 때문에 수행에 있어서 마음의 다스림이 강조되는 것이지, 몸이 중요하지 않거나 몸의 욕구 때문에 수행이 더 방해를 받는다고 오해를 해서는 안 된다. 깨어서 바라본다면 몸의 욕구라는 탈을 쓴 마음의 욕망을 들여다 볼 수 있으며, 그런 면에서 몸에 대한 제대로 된 통찰이야말로 참된 수행의 시작점이라고 할 수 있다.

몸과 마음은 깨달음(悟)이라는 상전이를 통해 깨어있음(覺)으로 가야 하지만 서로 둘이 아닌 통합된 몸과 마음이 있어야 그러한 깨달음이 가능한 임계 상태로 준비되어 간다. 이때 통합된 몸과 마음이라는 것도 관계와 관계의 만남을 통한 또 다른 관계에 불과하기에 이때 나타나는 창발현상으로서의 깨어있음도 또 다른 관계성이며, 몸과 마음으로부터 나타나되 결코 몸과 마음으로 다시 환원되지 않는다. 다시 말해서 깨어있는 자는 비록 개체로서의 몸과 마음의 형태로 존재하지만 개인의 몸과 마음에 머무르지 않는 또 다른 상태이며, 자연스럽게 너와 나라는 개인으로 한계 지워진 틀을 넘어 자타불이와 동체대비의 모습으로 이어진다. 또한 이러한 '나를 넘어선 나'로서의 깨어있음은 자신의 삶에서 지금 이 자리라는 매 순간순간에 충실한 알아차림으로 나타나게 될 뿐이다.

참고문헌

경전

Aṅguttaranikāya. 5 vols. ed. R. Morris and E. Hardy. London : Pali Text Society (PTS), 1985-1990

Abhidhammattha-saṅgaha ed. Hammalawa Saddhātissa Oxford. PTS, 1989

Dīghanikāya. 3 vols. T.W. Rhys Davids and J.E. Carpenter. London : PTS, 1890-1911

Dhammapada. ed. S. Sumangala Thera. London : PTS, 1914

Dhammapadaaṭṭhakathā. 5 vols. ed. H. C. Norman. London : PTS, 1970

Dhammasaṅgani ed. Edward. Muller. London : PTS, 1978

Itivuttaka. ed. Ernst. Windisch, London : PTS, 1889₩1975

Majjhimanikāya. 3 vols. ed. V. Trenkner and R. Chalmers. London : PTS, 1948-1951

Manorathapūraṇī 5. vols. ed. Max Walleser and Hermann Kopp. London : PTS, 1967

Mahāniddesa ed. L.DE LA Vallee Poussin & E.J Thomas. London : PTS, 1978

Papañcasūdanī 5 vols. ed. J. H. Woods and D. Kosambi. London : PTS, 1977

Saṃyuttanikāya. 6 vols. ed. M. Leon Feer. London : PTS, 1884-1904

Sumaṅgalavilāsinī 3. vols. ed. T.W. Rhys Davids and J. Estlin Carpenter. London : PTS, 1968

Sutta Nipāta. ed. D. Anderson and H. Smith. London : PTS, 1948₩1965

Udāna. ed. Paul. Steinthal. London : Oxford University press. 1948.

Vinaya Piṭaka 5. vols. ed. Hermann Oldenberg. London : PTS. 1969.

Therī-gāthā ed. Hermann Oldenberg. London : PTS, 1990

Vinaya Piṭaka 5. vols. ed. Hermann Oldenberg. London : PTS, 1969

Visuddhimagga ed. C.A.F. Rhys Davids and D. Litt. London : PTS, 1975

Bhikkhu Bodhi *A Comprehensive Manual of Abhidhamma* Buddhist Publication
   Society(BPS), 1993

_____, *The Connected Discourses of the Buddha. A New Translation of the*
   Saṃyutta Nikāya. 2 vols. Boston : Wisdom Publications, 2000.

Bodhi, Bhikkhu. and Ñāṇamoli, Bhikkhu. trans. *The Middle Length Discourses*
   of the Buddha. A New Translation of the Majjhima Nikāya. Kandy : BPS, 1995

Ñāṇamoli, Bhikkhu. trans. *The Path of Purification.* (Visuddhimagga). London
   : Shambhala Publications, 1976

N.A. Jayawickrama. *Suttanipāta Text and Translation.* PGIPBS, 2001

Nārada, Mahā Thera. *The Dhammapada.* Taiwan : The Corporate Body of the
   Buddha Educational Foundation, 4th edition 1993

_____, *A Manual of Abhidhamma.* Singapore : Singapore Buddhist Meditation
   Centre. 1989 (5th edition).

Norman. K. R. *The Word of the Doctrine.* PTS, 1997

Peter Masefield trans. *The Itivuttaka* PTS, 2000.

Walshe, Maurice. trans. *The Long Discourse of the Buddha. A Translation of the*
   Dīgha Nikāya. Kandy : BPS, 1996

각묵, 『디가니까야 1』, 초기불전연구원, 2006

대림, 『청정도론』, 초기불전연구원, 2004

____, 『들숨날숨에 마음챙기는 공부』, 초기불전연구원, 2003

대림·각묵, 『아비담마 길라잡이』, 초기불전연구원, 2004

_____, 『앙굿따라니까야』, 초기불전연구원, 2007

전재성, 『맛지마니까야』, 한국빠알리성전협회, 2002

_____, 『숫타니파타』, 한국빠알리성전협회, 2004

_____, 『쌍윳따니까야』(개정판), 한국빠알리성전협회, 2006

_____, 『앙굿따라니까야』, 한국빠알리성전협회, 2007

_____, 『법구경-담마빠다』, 한국빠알리성전협회, 2008

출판 및 연구물

Buddhadāsa Bhikkhu. *Mindfulness with Breathing.* Bangkok : Dhamma Study-Practice Group Publication. 1988.

Conze, Edward. *Buddhist Meditation.* New Delhi : Munshiram Manoharlal Publisher 1997.

Endo, Toshiichi. *Buddha in Theravada Buddhism - A study on the Concept of Buddha in the Pāli Commentaries,* The Buddhist Cultural Centre, Dehiwala, 2002.

Goldstein, Joseph. *The Experience of Insight : A natural Unfolding.* Kandy Sri Lanka : BPS. 1985 (2nd printing).

Gunaratana Henepola. *The Path of Serenity and Insight.* Colombia. South Asia Books. 1985.

Jayatilleke K.N. *Early Buddhist Theory of Knowledge* Delhi Motilal Banarsidass, 1980

Jeong Jun Young. 'A Textual Study of material relating to Vipassana meditation as found in Pali Buddhist Scriptures.' University of Kelaniya. 2002.

Johansson Rune E. A. *The Dynamic Psychology of Early Buddhism.* London Curzon Press, 1985

Johansson, Rune E. A. *The Psychology of Nirvana.* London : George Allen and Unwin Ltd. 1969.

Kalupahana, D. J. *Buddhist Philosophy. A Historical Analysis.* Honolulu : The University Press of Hawaii. 1977. 2nd printing.

Mahasi Sayadaw, ven. *Satipatthāna Vipassanā Insight through Mindfulness.* Kandy, Sri Lanka : BPS. 1990.

_____, *Practical Insight Meditation.* Kandy, Sri Lanka : BPS. 1984. (4th printing).

Mathieu Boisvert. *The Five Aggregates Understanding Theravāda Psychology and Soteriology.* Delhi. Sri Satgaru Pub. 1997.

Nanaponika Thera. *The Heart of Buddhist Meditation.* Kandy. Sri Lanka : BPS, Reprinted 1996

Oliver Abeynayake. 'The Element Theory of Nibbāna'. Exchange of Buddhist Thought and Culture Between Sri Lanka & Korea. University of Kelaniya and Dongguk

382

Univ. 2003.

Pa-Auk Sayadaw, *Mindfulness of Breathing and Four Elements Meditation*. WAVE, 1998

Pandita Sayadaw, U. *In this Very Life*. Kandy, Sri Lanka : BPS. 2nd edition 1993.

Paravahera, Vajirañāṇa Mahathera. *Buddhist Meditation in Theory and Practice*. Kuala Lumpur. Malaysia : Buddhist Missionary Society. 1975. 2nd edition.

Piyadassi, Thera. *Buddhist Meditation*. Colombo : H. M. Gunasekera Trust Published. 1983.

_____, *The Buddha's Ancient Path*. Taiwan : The Corporate Body of the Buddha Educational Foundation. 3rd impression. 1987.

Rahula, Walpola. *History of Buddhism in Ceylon*. Colombo : M. D. Gunasena Pub, 3rd edition 1993.

_____, *What the Buddha Taught*. Dehiwala : Buddhist Cultural Centre, 1996.

Silananda, Venerable. U. *The Four Foundations of Mindfulness*. Boston : Wisdom Publications. 1990. (1st)

Sole-Leris, Amadeo. *Tranquillity & Insight*. Kandy, Sri Lanka : BPS. 1992.

Sumanapala, G. *An Introduction to Theravāda Abhidhamma*, Singapore: Buddhist Research Society, 1998

붓다다사 지음, 김열권·이승훈 옮김, 『붓다의 호흡법 아나빠나삿띠』, 불광출판사, 2007

미산 외, 『마음, 어떻게 움직이는가』, 운주사, 밝은사람들 총서 03, 2009

미산, 「근본불교수행의 요체와 지성의 발현」, 『가산학보』 10호, 2002

루네 E.A. 요한슨 지음, 박태섭 옮김, 『불교심리학』, 시공사, 1989

냐냐포니까테라 지음, 송위지 옮김, 『불교 선수행의 핵심』, 시공사, 1999

우실라난다 사야도 지음, 심준보 옮김, 『네 가지 알아차림의 확립』, 보리수선원, 2004

위제세케라 지음, 이지수 옮김, 「존재의 세 가지 속성」, 법륜 넷, 고요한 소리, 2005

사사키 시즈카 지음, 원영 옮김, 『출가, 세속의 번뇌를 놓다』, 민족사, 2007

정준영, 「대념처경에서 보이는 수념처(受念處)의 실천과 이해」, 『불교학연구』 제7

호, 2003

_____, 「상수멸정의 성취에 관한 일고찰」, 『불교학연구』 제9호, 2004

_____, 「욕망의 다양한 의미」, 『욕망, 삶의 동력인가 괴로움의 뿌리인가』, 운주사, 2008

_____, 『나, 버릴 것인가 찾을 것인가』, 「나라고 할 만한 것이 있는가」, 운주사, 2008

월폴라 라훌라 지음, 진철승 옮김, 『붓다의 가르침』, 대원정사, 1988

橋本哲夫, '最初期ガータにおける身体について(2)' 印度學佛敎學研究 第40卷 第1號 平成3年 12月, 1991

_____, 'コンピュータ利用による最初期ガータにおける身体について' 印度學佛敎學研究 第38卷 第1號 平成元年 12月, 1989

웹사이트

미디어붓다 http://www.mediabuddha.net/detail.php?number=957&thread=32r18 (2009년 10월 17일 검색)

참고사전

Andersen, Dines and Helmer, Smith. ed. *A Critical Pali Dictionary*. Copenhagen : The Royal Danish Academy Pub, 1924-1948

Buddhadatta. A. P. Mahathera. *Concise Pali-English Dictionary*. Delhi, Motilal Banarsidass Pub, 1989

Caesar Chilbers, Robert. *A Dictionary of the Pali Language*. Kyoto Rinsen Book Company, 1987

Cone, Margaret. *A Dictionary of Pāli*. Oxford : PTS, 2001

Hare. E. M. *Pali Tipiṭakaṃ Concordance*. London : PTS, 1953

Malalasekera. G. P. ed. *Encyclopedia of Buddhism*. Vols. Colombo, Government of Sri Lanka.

Ñāṇamoli, Bhikkhu. *A Pali-English Glossary of Buddhist Technical Terms*. Kandy. BPS, 1994

Nyanatiloka Thera. *Buddhist Dictionary*. The Corporate Body of the Buddha Educational Foundation, 1987

Rhys Davids, T. W. and Stede, William. *Pali-English Dictionary*. Delhi : Motilal Banarsidass Pub, 1993

Vaman Shivaram Apte. *The Practical Sankrit-English Dictionary*. Kyoto Rinsen Book Company, 1986

Williams Monier. *Sanskrit-English Dictionary* Oxford, 1899. Reprint 1951

이기문 감수, 『동아 새국어사전』, 두산동아, 2004

전재성, 『빠알리 한글사전』, 한국빠알리성전협회, 2005

몸, 선불교의 이해 | 선, 몸으로 하라

『大慧語錄』, T.47.(大正藏. 卷47)

『圜悟語錄』, T.47.

『六祖壇經』敦煌本, T.48.

『六祖壇經』宗寶本, T.48.

『宛陵錄』, T.48.

『碧巖錄』, T.48.

『無門關』, T.48.

『信心銘』, T.48.

『證道歌』, T.48.

『禪源諸詮集都序』, T.48.

『景德傳燈錄』, T.51.

『禪要』, HTC.122.(卍續藏經. 卷122)

『中華傳心地禪門師資承襲圖』, 中國佛敎思想資料編 第二卷, 台北: 弘文館出版社, 1986.

『參禪警語』, 백련선서간행회 역, 장경각, 1991.

『金剛經五家解』, 불광출판부, 1992.

『蒙山法語』, 법공양, 2008.

李能和, 『朝鮮佛敎通史』 下, 新文館, 1918.

性徹, 『本地風光』, 장경각, 1993.

性徹, 『百日法門』 上·下, 장경각, 2004.

몸, 동양철학의 이해 | 수신修身과 양생養生:몸 닦음과 마음 닦음의 조화

『논어』, 『맹자』, 『대학』, 『중용』, 『노자』, 『장자』, 『순자』, 『예기』

성태용, 「다산학에 있어서 몸 기름과 마음 기름」(『다산학』 제2호, 다산학술문화재단, 2001)

성태용, 「맹자의 호연지기 양성론」(『태동고전연구』 제11집, 태동고전연구소, 1995)

이승환, 「유가적 몸과 소속된 삶」(『전통과 현대』 1999년 여름호, 전통과현대사)

박원재, 「몸에 대한 장자의 비판적 기호학」(위와 같음)

馮友蘭, 『中國哲學史』, 박성규 역, 까치글방, 1999.

勞思光, 『中國哲學史』, 정인재 역. 탐구당, 1987.

楊儒賓, 『儒家身體觀』, 中央硏究所中國文哲硏究院, 民國85.

『與猶堂全書』, 경인문화사 影印本

김형효, 『사유하는 도덕경』, 소나무, 2004,

길희성 외, 『오늘에 풀어보는 동양사상』, 철학과 현실사, 1999.

민족과 사상 연구회, 『사단칠정론』, 서광사, 1992.

금장태, 『한국유학의 심설』, 서울대학교출판부, 2002

정대현 외, 『감성의 철학』, 민음사, 1996

몸, 서양철학의 이해 | 몸과 살, 그 신비하고 불투명한 토대

플라톤

Plato, ed. by Hamilton & Huntington, Princeton University Press, 1961.

- 『파이돈』

- 『파이드로스』

- 『향연』

386

  - 『필레보스』
『티마이오스』, 박종현 · 김영균 공동 역주, 서광사, 2000.
『국가』, 박종현 역주. 서광사.

아리스토텔레스

The Basic Works of Aristotle, ed. by Richard McKeon, Random House, 1970.
  - 『영혼론』
  - 『형이상학』 / 국역본. 김진성 역주, 이제이북스, 2007.

성서

『마가복음서』, 『누가복음서』, 『요한복음서』, 『로마서』, 『고린도전서』, 『고린도후서』, 『갈라디아서』, 『골로새서』, 『창세기』, 『시편』, 『이사야서』

데카르트, 『방법서설 · 성찰, 데까르뜨 연구』, 최명관 역저, 서광사, 1989.
니체, 『짜라투스라는 이렇게 말했다』, 최승자 옮김, 청하, 1997.
니체, 『즐거운 지식』, 권영숙 옮김, 청하, 1998.
M. Merleau-Ponty, *Phenomenologie de la Perception*, Librairie Gallimard, 1945./ 국역본. 『지각의 현상학』, 류의근 옮김, 문학과지성사, 2002.
_____, *La structure du comportement*, Presses Universitaires de France, 1942. / 국역본. 『행동의 구조』, 김웅권 옮김, 동문선, 2008.
_____, *Le visible et l'invisible*, Gallimard, 1964. / 국역본. 『보이는 것과 보이지 않는 것』, 남수인 · 최의영 옮김, 동문선, 2004.
조광제, 『주름진 작은 몸들로 된 몸』, 철학과현실사, 2003.
_____, 『몸의 세계, 세계의 몸』, 이학사, 2004.
성광수 · 조광제 · 류분순 외, 『몸과 몸짓문화의 리얼리티』, 소명출판사, 2003.
피종호 엮음, 『몸의 위기』, 까치, 2004.
이거룡 외, 『몸 또는 욕망의 사다리』, 한길사, 1999.
미셀 푸코 저, 오생근 역, 『감시와 처벌』, 나남출판, 2002.
클리스 쉴링 저, 임인숙 역, 『몸의 사회학』, 나남출판, 1999.
브라이언 터너 저, 임인숙 옮김, 『몸과 사회』, 몸과마음, 2002.
다비드 드 브르통, 『근대성과 육체의 정치학』, 동문선, 2003.

피터 콜릿, 『몸은 나보다 먼저 말한다』, 청림출판, 2003.

발트라우트 포슈 저, 조원규 옮김, 『몸, 숭배와 광기』, 여성신문사, 2001.

피터 브룩스 저, 이봉지·한애경 옮김, 『육체와 예술』, 문학과지성사, 2000.

셔윈 널랜드 저, 김학현 옮김, 『몸의 지혜』, 사이언스북스, 2002.

몸, 의학의 이해 | 의학醫學, 의술醫術, 의덕醫德

Atlan, H. and I. R. Cohen, Immune information, self-organization and meaning, *International Immunology*, Vol. 10, (1998), 711-717

Blakeslee, S., "When the Brain Says, 'Don't Get Too Close'", *The New York Times*, July 13, 2004.

Blakeslee, S., and M. Blakeslee, *The Body Has a Mind of Its Own*, (New york, Random House Paperbacks, 2008)

_____, *The Body has a Mind of its Own*, (New York: Random House Trade Paperbacks, 2007).

Brownlee, J. "Cognition, Immunology, and the Cognitive Paradigm," *CIS Technical Report*, May, 2007

Cattaneo, L. and G. Rizzolatti, "The Mirror System", *Arch Neurol*, Vol. 66, (2009), pp.557-560.

Charon, R., "Narrative Medicine: A Model for Empathy, Reflection, Profession, and Trust", *JAMA,* Vol. 286 (2001), pp.1897-1902.

_____, "Narrative Medicine: Form, Function, and Ethics", *Annals of Internal Medicine*, Vol. 134 (2001) pp.82-87.

_____, *Narrative Medicine: Honoring the Stories of Illness*, (Oxford, Oxford University Press, 2006).

Cohen, I. R., *Tending Adam's Garden: Evolving The Cognitive Immune Self*, (Amsterdam, Elsevier, 2005.

Cooke, P., "They cried until they could not see," *New York Times Magazine*, June 23, 1991

Frank, A. W., *The Wounded Storyteller: Body, Illness, and Ethics*, (Chicago, The

University of Chicago Press, 1997).

Gigerenzer, G., Gut Feelings: The Intelligence of the Unconsciousness, (Viking, 2007).

Guess, H. A., A. Kleinmann & JW Kusek Eds. *The Science of the Placebo: Toward an interdisciplinary research agenda,* (London: BMJ Publishing, 2002).

Harrington, A. "Seeing the placebo effect: historical legacies and present opportunities" in HA Guess, A. Kleinmann & JW Kusek Eds. *The Science of the Placebo: Toward an interdisciplinary research agenda,* (London: BMJ Publishing, 2002) Kindle edition.

Harrington, A. ed. *The Placebo Effect: An Interdisciplinary Exploration,* (Cambridge, Harvard University Press, 1997).

Harter, L. M., P. M. Japp, and C. S. Beck, "Vital Problematics of Narrative Theorizing About Health and Healing," in L. M. Harter, P. M. Japp, and C. S. Beck (eds.) *Narratives, Health, and Healing: Communication Theory, Research, and Practice,* (Mahwah, LEA's Commucation Series, 2005).

Holmes, N. P., and C. Spence, "The body schema and multisensory representation(s) of peripersonal space", *Cognitive Processing,* Vol. 5, (2004), pp.94-105.

Holstein, J. A., and J. F. Gubrium, *Constructing the Life Course,* (New York, General Hall, Inc, 2000).

Hróbjartsson A. & G ø tzsche PC., "Is the placebo powerless? An analysis of clinical trials comparing placebo with no treatment", *N Engl J Med.* Vol. 344 (2001) pp.1594-1602.

Jablonka, E. and M. J. Lamb, *Evolution in Four Dimensions: Genetic, Epigenetic, Behavioral, and Symbolic Variation in the History of Life,* (Cambridge, MIT Press, 2006)

————, "Soft Inheritance: Challenging the Modern Synthesis", *Genetics and Molecular Biology,* Vol. 31, (2008).

Loustaunau, M. O., and E. J. Sobo, *The Cultural Context of Health, Illness and Medicine,* (Westport: Bergin & Garvey, 1997).

Morris, D. B., *Illness and Culture in the Postmodern Age,* (Berkeley, University of California Press, 1998).

Seale, C., S. Pattison & B. Davey,(eds.) *Medical Knowledge: Doubt and Certainty*, (Buchingham : Open University Press, 2001).

Tauber, A., *Science and the Quest for Meaning*, (Waco, Baylor Iniversity Press, 2009).

_____, "Conceptual Shifts in Immunology: Comments on the 'Two-Way Paradigm'", *Theoretical Medicine and Bioethics*, Vol. 19, (1998), pp.457-473.

_____, Historical and Philosophical Perspectives Concerning Immune Cognition, *Journal of History of Biology*, Vol. 30(1997), pp.419-440.

_____, *The Immune Self: Theory of metaphor?*, (Cambridge, Cambridge University Press, 1997).

Ulvestad, E., *Defending Life: The Nature of Host-Parasite Relations*, (Springer, 2007).

Vaishnavi, S., J. Calhoun, and A. Chatterjee, "Binding Personal and Peripersonal Space: Evidence from Tactile Extinction", *Journal of Cognitive Neuroscience*, Vol. 13, (2001) pp.181-189.

Wolf, S., "Effects of suggestion and conditioning on the action of chemical agents in the human: the pharmacology of placebos." *J. Clin Invest*, Vol 29, (1950), pp.703-709.

강신익 『몸의 역사: 의학은 몸을 어떻게 바라보았나』, 살림, 2007.

_____, 『몸의 역사 몸의 문화: 몸! 과학적 사실과 인문적 가치가 만나는 공간』, 휴머니스트, 2007.

강신익, 신동원, 여인석, 황상익 지음, 『의학 오디세이』, 역사비평사, 2007.

노먼 도이지 지음, 김미선 옮김, 『기적을 부르는 뇌』, 지호, 2007.

린 페이어 지음, 이미애 옮김, 『의학, 과학인가 문화인가』, 몸과 마음, 2004.

마르코 야코보니 지음, 김미선 옮김, 『미러링 피플』, 갤리온, 2008.

안나 S. 레드샌드 지음, 황의방 옮김, 『빅터 프랑클-죽음의 수용소에서 삶의 의미를 찾다』, 두레, 2008.

안토니오 다마지오 지음, 임지원 옮김, 『스피노자의 뇌: 기쁨, 슬픔, 느낌의 뇌과학』, 사이언스북스, 2003.

앤 해링턴 지음, 조윤경 옮김, 『마음은 몸으로 말을 한다』, 살림, 2009.

요하임 바우어 지음, 이미옥 옮김, 『공감의 심리학』, 에코리브르, 2006.

요하임 바우어 지음, 이승은 옮김, 『몸의 기억』, 이지북, 2006.

조르쥬 깡길렘 지음, 여인석 옮김, 『정상적인 것과 병리적인 것』, 인간사랑, 1996.

조지프 르두 지음, 강봉균 옮김, 『시냅스와 자아: 신경세포의 연결방식이 어떻게 자아를 결정하는가』, 소스, 2002.

존 메디나 지음, 서영조 옮김, 『브레인 룰스』, 프런티어, 2008.

줄리아 보로사 지음, 홍수현 옮김, 『히스테리』, 이제이북스, 2002.

최종덕, 「면역학적 자아」, 『과학철학』(한국과학철학회) 4권, 2000, pp.133-149.

몸, 생물학의 이해 │ 창발현상으로서 깨어있음의 몸

조애너 메이시 저, 이중표 역, 『불교와 시스템 이론』, 불교시대사, 2004

션 캐럴 저, 김명남 역, 『이보디보, 생명의 블랙박스를 열다』, 지호, 2007

김환석, 『과학사회학의 쟁점들』, 문학과 지성사, 2006

매트 리들리 저, 신좌섭 역, 『이타적 유전자』, 사이언스북스, 2001

스티븐 굴드 저, 김동광 역, 『생명, 그 경이로움에 대하여』, 경문사, 2004

존 그리빈 저, 김연태 역, 『딥 심플리시티』, 한승, 2006

스티븐 핑커 저, 김한영 역, 『빈서판』, 사이언스북스, 2004

질 들뢰즈 저, 김상환 역, 『차이와 반복』, 민음사, 2004

키슬러 저, 전대호 역, 『복제인간, 망상기계들의 유토피아』, 뿌리와 이파리, 2009

불교생명윤리연구위원회, 『현대사회와 불교생명윤리』, 조계종출판사, 2004

베르그손 저, 황수영 역, 『창조적 진화』, 대우학술총서 011, 아카넷, 2005

슈뢰딩거 저, 전대호 역, 『생명이란 무엇인가』, 궁리, 2007

존 벡위드 저, 이영희 역, 『과학과 사회운동 사이에서』, 사이언스북스, 2009

에드워드 윌슨 저, 이병훈 역, 『사회생물학 1, 2』, 민음사, 1992

스티븐 핑커 저, 『마음은 어떻게 작동하는가』, 김한영 역, 소소, 2007

데니스 노블 저, 이정모, 염재범 역, 『생명의 음악 - 생명이란 무엇인가』, 열린과학, 2009

김종욱 편, 『욕망, 삶의 동력인가 괴로움의 뿌리인가』, 운주사, 2008

김종욱 편, 『나, 버릴 것인가 찾을 것인가』, 운주사, 2008

S. Mitchell, *Biological Complexity and Integrative Pluralism,* Cambridge : Cambridge

University Press, 2003

C. Darwin, *The Origin of Species,* New York : Gramercy Books, 1859/1979

T. Berra, Charles Darwin: *The Concise Story of an Extraordinary Man,* Baltimore
: The Johns Hopkins University Press, 2008

S. Camazine, et al., *Self-Organization in Biological Systems*, Princeton : Princeton
University Press, 2001

R. Levins and R. Lewontin, *The Dialectical Biologist,* Cambridge : Harvard University
Press, 1885

M. Bulmer, Francis Galton, *Pioneer of Heredity and Biometry,* Baltimore : The
Johns Hopkins University Press, 2003

Allis, Jenuwein, Reinberg (ed.), *Epigenetics,* Cold Spring Harbor : Cold Spring
Harbor Laboratory Press, 2007

A. Tauber, *The Immune Self, Theory or Metaphor?*, (Cambridge : Cambridge
University Pres

A. Silverstein, *A History of Immunology,* 2nd ed. London : Academic Press, 2009

V. Regenmortel and D. Hull (ed.), *Promises and Limits of Reductionism in the
Biological Sciences,* Chichester : John Wiley & Sons, 2002

H. Gee, Jacob's Ladder; *The History of the Human Genome,* New York : Norton
2004

I. Cohen, *Tending Adam's Garden; Evolving the Cognitive Immune Self,* New
York : Academic Press, 2000

G. Edelman, *Remembered Present: A Biological Theory Of Consciousness,* New
York : Basic Books, 1990

R. C. Looijen, *Holism and Reductionism in Biology and Ecology - The Mutual
Dependence of Higher and Lower Level Research*, Boston : Kluwer Academic
Publishers, 2000

R. V. Sole & J. Bascompte, *Self Organization in Complex Ecosystems,* Princeton
: Princeton University Press, 2006

주

1 참고) 이기문 감수, 2004『동아 새국어사전』, 두산동아, p.832 : 사람이나 동물의 머리에서 발까지 또는 거기에 딸린 것을 통틀어 이르는 말.

2 T. W. Rhys Davids and William, Stede. *Pali-English Dictionary* [PED]. Delhi : Motilal Banarsidass Pub, 1986, p.207. 참고) *Encyclopedia of Buddhism*. vol. III. Colombo, Government of Sri Lanka. p.255

3 PED. p.331

4 PED. p.22

5 PED. p.200

6 PED. p.243

7 PED. p.296

8 PED. p.698

9 橋本哲夫(1991), '最初期ガータにおける身体について(2)' 印度學佛教學研究 第40 卷 第1號 平成3年 12月

10 우실라난다 사야도 저, 심준보 옮김(2004), 『네 가지 알아차림의 확립』, 보리수선 원. 붓다다사 저, 김열권·이승훈 옮김(2007), 『붓다의 호흡법 아나빠나삿띠』, 불광출판사

11 D. II. 293, D. III. 104, A. III. 323, S. IV. 111

12 S. II. 231, Sn 1144, Sn 548, D. III. 84

13 S. IV. 211, S. V. 370, S. I. 131, Vism. 240. 몸의 소멸과 윤회에 대해서는 D. I. 82, 107, 143, M. I. 22, S. I. 94, Dh. 140

14 S. IV. 83, S. IV. 194, M. I. 144, Dh. 40

15 D. I. 245, M. I. 33, S. IV. 104

16 D. I. 73, M. I. 277, D. III. 241, S. IV. 351, A. III. 21

17 S. I. 93, S. I. 102, A. I. 63, Sn. 232

18 橋本哲夫(1989), 'コンピュー タ利用による最初期ガータにおける身体について' 印度學佛教學研究 第38卷 第1號 平成元年 12月.

19 橋本哲夫(1991), '最初期ガータにおける身体について(2)' 印度學佛教學研究 第 40卷 第1號 平成3年 12月.

20 Sn.193-206, 전재성(2004), 『숫타니파타』, 한국빠알리성전협회, pp.156-159.

21 전재성(2008), 『법구경-담마빠다』, p.463쪽.

22 DhpA. III. 109

23 A. III. 323, D. II. 293 : nānappakārassa asucino paccavekkhati. 참고) 전재성(2007), 『앙굿따라니까야』 6권, p.108.

24 D. II. 293

25 Vism. 195, 대림 옮김(2004), 『청정도론』 1권, 초기불전연구원, p.470.

26 참고) S. II. 94: 만약 자아가 있다면 몸과 마음 중에 몸이 자아에 가깝다고 말할 수 있을 것이다. 왜냐하면, 몸은 백년 정도는 유지되지만 마음은 무단히 흘러 계속 변화하기 때문이다.

27 『삼마디띠숫따(Sammā-diṭṭhi Sutta)』의 설명에 따르면 몸은 지수화풍(地水火風) 이라고 하는 사대(四大)로 구성되어 있고, 마음은 느낌(vedanā), 지각(saññā), 의도(cetanā), 접촉(phassa), 주의 기울임(manasikāra)으로 구성되어 있다.(M. I. 53) 물론 세상을 구성하고 있는 요소와 인간을 복잡하게 구성하고 있는 요소들의 차이는 경전을 통하여 설명된다. 비고) M. III. 239, A. I. 176, D. II. 63

28 정준영(2008), 『나, 버릴 것인가 찾을 것인가』, 「나라고 할 만한 것이 있는가」, 운주사(재인용: pp.72~73)

29 M. III. 17

30 S. III. 86

31 Niddesa에서는 √rup의 동사인 'ruppati'를 '변화'로 해석하고 있다. 따라서 물질은 내외의 영향에 의해 변화되는 성질을 지닌 것을 말한다. 비고) S. III. 86, 참고)

Sarachchandra 'Buddhist Psychology of Perception', 1994, p.103. 단순히 물질이라고 보기보다는 유기적 감각을 말한다고 보는 학자도 있다 참고) S. III. 24 : 물질은 자아가 아니다. 물질이 일어나게 하는 원인과 조건도 자아가 아니다.

32 Vism. 443, 'ruppana'는 '√rup(to break, to violate)'에서 파생된 중성명사이다.

33 M. I. 184

34 M. I. 422

35 Mahahatthipadopama sutta(M. I. 185), Maharahulovada sutta(M. I. 421), Dhatuvibhanga sutta(M. III. 237). 비고) Vajiranana 1975. p.318ff.

36 M. I. 188

37 참고) Vin. I. 215

38 고대 인도에서는 유행하는 의사들이 다양한 약초를 이용하여 환자의 몸을 치료했다고 설명한다. 또한 그들은 소나 돼지 등, 동물의 해부를 통하여 인간의 뼈와 신체기관에 대한 중요한 정보를 얻기도 했다. 이와 같은 인도의 의학기술은 아유르베딕(Āyurvedic) 의약 전통으로 발전되었다. 중국의 의료기술이 침, 뜸, 탕약, 그리고 마사지로 발전하는 것에 비하여 인도의 의학은 이미 오래 전부터 직접 수술을 하는 단계로 발전하였다. 인도의 불교가 중국에 소개되면서 몸을 다루는 인도의 의학과 중국의 의학 역시 함께 혼합되었다. 그리고 이렇게 혼합된 불교의학은 밀교에까지 영향을 미친다.

39 전재성(2007), 『앙굿따라니까야』 5권, p.263쪽. 참고) A. III. 142

40 전재성(2007), 『앙굿따라니까야』 5권, p.265쪽. 참고) A. III. 144

41 정준영(2003), 「대념처경에서 보이는 수념처의 실천과 이해」, 『불교학연구』 제7호 재인용(느낌과 몸에 관련된 부분을 주석을 포함하여 전체적으로 재인용함). 참고) Rune E. A. Johansson. 1985. 87f. *The Dynamic Psychology of Early Buddhism*. London. Curzon Press. 비고) Mathieu Boisvert. 1997. p.53. '*The Five Aggregates Understanding Theravāda Psychology and Soteriology*' Delhi. Sri Satgaru Pub.

42 S. IV. 204f.

43 느낌을 육체적인 느낌과 정신적인 느낌으로 구분하는 것에 대해 몇몇의 수행자들은 빠알리 용어 'vedanā(느낌)'를 오직 정신적인 면으로 이해해야 한다고 설명하기

도 한다. 이는 아마도 'vedanā(느낌)'가 오온(pañcaskhandha)이나 이에 관련한 아비담마(Abhidhamma)의 구분 속에서 육체나 물질(rūpa)의 범위 안에 해당하지 않고 마음(nāma)이나 정신 기능(cetasika) 영역 안에 해당하기 때문일 것이다. 비고) Ven. U. Silananda, 1990. The Four Foundations of Mindfulness. Wisdom Pub. p.87, p.113.

44 S. IV. 231, D. II. 306 : '비구들이여, 그러면 무엇이 괴로움인가? 비구들이여, 몸의 괴로움을, 몸의 불편함을, 몸에 접촉하여 생긴 괴롭고 불편한 느낌, 이것을 비구들이여, 괴로움이라 한다.' '비구들이여, 그러면 무엇이 정신적 괴로움인가? 비구들이여, 정신적인 괴로움을, 정신적인 불편함을, 마음에 접촉하여 생긴 괴롭고 불편한 느낌, 이것을 비구들이여, 괴로움이라 한다.'

45 M. I. 398.

46 upekkhā는 넓은 의미로써 '중립적인 느낌'으로 사용된다. S. IV. 232. 비고) Patisambhidāmagga. I. 38, Nyanatiloka. 1972. Buddhist Dictionary. p.189. 비고) S. V. 212, '괴롭지도 즐겁지도 않은 느낌', 또는 '중립의 느낌'을 '정신적, 육체적 느낌' 모두를 포함하느냐 아니면 '정신적인 느낌'만으로 보느냐에 대해서는 의견이 다양하다. Maurice Walshe. 1996. The Long Discourses of the Buddha. A new translation of the Dīgha Nikāya. B.P.S. Notes to Sutta No.657 says, p.591; 'neither-painful-nor-pleasant feeling (Adukkhamasukhaṃ vedanaṃ) is mental only. Harcharan singh sobti 1992. p.79. says 'The indifferent feeling is only mental but the Suttantika tradition maintains indifferent feeling also as physical and mental.' Vipassanā, The Buddhist Way. Eastern Book Linkers Pub.

47 또한 이러한 느낌들은 시간의 흐름이나 상황의 변화에 따라 서로 융합되는 것이 아니라 언제나 독립적으로 인지되는 특징을 가지고 있다. 참고) M. I. 500

48 D. II. 58

49 S. II. 53. 비고) Piyadassi Thera. 1987. 3rd. impression. *The Buddha's Ancient Path.* p.76, A. IV. 414, S. II. 53

50 D. II. 58. D. II. 61

51 D. I. 39

52 미산 외(2009), 『마음, 어떻게 움직이는가』, 운주사, 밝은사람들 총서 03.

53 위제세케라 지음, 이지수 옮김(2005), 『존재의 세 가지 속성』, 고요한 소리, 법륜넷, p.35.

54 아비담마에서 인지되는 진리에는 크게 두 가지가 있다. 하나는 관습적인 진리 (sammuti sacca, conventional truth, usage truth)이고 다른 하나는 궁극적인 진리 (paramattha sacca, ultimate truth)이다. 언어로 표현되는 개념은 관습적인 진리에 가깝고 언어로 표현하기 어려운 실제는 궁극적인 진리에 가깝다. sammuti sacca가 paramattha sacca와 매우 다르다고 할지라도, 둘 다 중요한 공통점을 가지고 있다. 이는 sammuti sacca 뿐만 아니라 paramattha sacca도 pannatti에 의해서 표현된다는 사실이다.

55 ADS(Abhidhammatthasaṅgaha). p.1 : thattha vuttābhidhammatthā catudhā paramattho cittaṃ cetasikaṃ rūpaṃ nibbānaṃ iti sabbathā. 비교) 대림·각묵 스님(2002), 『아비담마길라잡이』, 초기불전연구원, p.94.

56 ADS. p.1: Tattha cittaṃ tāva catubbidhaṃ hoti kāmāvacaraṃ rūpāvacaraṃ arūpāvacaraṃ lokuttarañ cā ti, 대림·각묵 스님(2002), p.98, CMA: Of them, consciousness, firstly, is fourfold: sense-sphere consciousness; fine-material -sphere consciousness; immaterial-sphere consciousness; supramundane con-sciousness.

57 '색계(色界, rūpāvacara)'는 'rūpa'+'avacara'의 합성어이다. 'rūpa'는 물질을 나타내며 'avacara'는 ava+√car(to move)에서 파생된 단어로 형용사로는 '다니는, 익숙한'의 의미로, 중성명사인 경우는 '다니는 곳', '사는 곳'이란 의미에서 영역이나 범주를 나타낸다. 따라서 'rūpāvacara'는 '물질의 영역', 즉 '색계色界'를 나타낸다. 그리고 '색계의 유익한 마음들'은 오직 수행을 통하여 선정을 얻은 수행자들에 한하여 나타난다.

58 ADS: "마음과 함께 일어나고 함께 멸하며 동일한 대상을 가지고 동일한 기반을 가지는 마음과 결합된 52가지 법들을 마음부수라고 한다." Cetasika는 'cetasa(마음)'와 'ika(일어나는, 속하는)'의 합성어로 '마음에 속하는,' '마음의,' '마음에 의해 일어나는' 등의 의미이며 '마음부수' 또는 '심소心所'라고 부른다. 그리고 아비담마에서 정의하는 이들 마음부수는 52가지로 구성되어 있다. 마음에 있으면서 그것에 의지해 존재하기 때문에 마음부수라고 한다. 마음부수(cetasika, 心所, cetas+ika)는 '마음의 기능' 혹은 '마음과 함께 동반(수반)하는 것'을 말한다.

59 참고) 대림·각묵 스님(2002), p.527.

60 위의 책, p.638.

61 D. II. 290ff. 본고에서 'Mahāsatipaṭṭhāna sutta'는 기존의 사용·용례에 따라 '대념처
경大念處經'이라고 칭하였다. 그리고 나머지 경전들은 Pāli경의 이름을 그대로
사용하였다.

62 M. I. 55ff.

63 D. II. 291. 참고) 각묵 옮김(2006), 『디가니까야』 2권, 초기불전연구원, p.499.
전재성 역주(2002), 『맛지마니까야』 제1권, 빠알리성전협회, p.241.

64 M. I. 301

65 M. III. 83. 참고) 대림 옮김(2003), 『들숨날숨에 마음챙기는 공부』, 초기불전연구원,
p.33.

66 M. III. 79

67 M. I. 421

68 M. I. 246: '나의 아버지 사끼야 족의 왕이 농경제 행사를 하는 중에 나는 장미사과
나무의 서늘한 그늘에 앉아 감각적 쾌락의 욕망을 버리고 악하고 불건전한 상태를
떠나서, 사유를 갖추고, 숙고를 갖추고, 멀리 떠남에서 생겨난 희열과 행복을
갖춘 첫 번째 선정을 성취했는데, 이것이 깨달음의 길일까?' Papañcasūdanī,
II. 291: '들숨, 날숨에 대한 마음챙김(入出息念, ānāpānasati)을 통해서 증득한
초선이 깨달음을 얻는 길… '

69 Vism. 271, Vism. 279, Bhikkhu Ñyāṇmoli. 1976. The Path of Purification. p.301f
: 숨이 닿는 부분에 마음챙김을 두고서 닦을 때 그의 수행은 성취된다. … 배꼽은
나가는 바람의 시작이고 심장은 중간이고 코끝은 마지막이다. 코끝은 들어오는
바람의 시작이고 심장은 중간이고 배꼽은 마지막이다. … 그가 이들을 따라갈
때 그의 마음은 흩어지고 불편하고 동요한다. … 그러므로 연결로 주의 기울일
때 닿음과 안주함으로 주의 기울여야 한다. 참고) Henepola Gunaratana(1991)
Mindfulness in Plain English. p.72, Nārada Mahā Thera(1956) *A Manual of
Abhidhamma*. p.402, Bhikkhu Bodhi(1995) BPS. Note no. 1122. p.1,325, Bhikkhu
Ñyāṇmoli(1976) *The Path of Purification*. p.291, Thanissaro Bhikkhu(1996) *The
Wings to Awakening*. p.84, Buddhadāsa Bhikkhu(1987) *Mindfulness with
Breathing*. p.25, Edward Conze(1997) *Buddhist Meditation*. p.67, Amadeo

Sole-Leris(1992) *Tranquillity & Insight.* p.46, Piyadassi Thera. (1983) *Buddhist Meditation.* p.37, Nyanaponika Thera(1996) *The Heart of Buddhist Meditation.* p.108

70 U Pandita Sayadaw(1991) *In This Very Life.* p.14, Ven. Mahasi Sayadaw(1990) *Satipatthāna Vipassanā.* p.21, Ven. Mahasi Sayadaw(1971) *Practical Insight Meditation.* p.3, Nyanaponika Thera(1996) *The Heart of Buddhist Meditation.* p.106f, Joseph Goldstein(1985) *The Experience of Insight : A natural Unfolding.* p.3

71 D. II. 292

72 M. I. 21

73 M. III. 112

74 A. II. 13, It 116

75 A. II. 14, It 118. 초기경전의 다섯 가지 장애는 다음과 같다. ① 감각적 욕망 (kāmacchanda), ② 악의, 성냄(byāpāda), ③ 혼침과 졸음(thīna-middha), ④ 들뜸 과 회한(후회)(uddhacca-kukkucca), ⑤ 회의적 의심(vicikicchā)

76 A. IV. 87

77 D. I. 89, M. I. 229, M. I. 332, M. II. 119, M. II. 158

78 S. I. 179, S. I. 212

79 S. I. 107

80 D. I. 105, D. III. 39, S. I. 107, S. I. 212, Th480

81 S. II. 155

82 A. III. 29

83 Papañcasūdanī. I. 257f

84 Vin. I. 295, A. III. 251

85 D. III. 208, M. I. 273

86 Vism. 102ff

87 '삼빠잔냐(Sampajañña, 분명한 앎, 알아차림, 正知)'는 'Sam'+'pajāna'가 합성된 명사로 '알아차림', '분명한 앎(正知)' 등으로 번역되고, 'awareness', 'clear comprehension', 'consideration', 'attention' 등으로 영역된다. 팔리어 'Sam'은 ① 바

르게, 정확히, 분명히, ② 전체로써(정신과 물질), 혹은 ③ 평등하게, 고르게[五力의 균형, 정진과 마음집중의 균형]의 의미를 지니고 있으며, 'pajāna'는 'pajānāti'를 기본형으로 '분명히 알다', '알다', '이해하다'의 의미를 지닌다. 또한 'pajānāti'는 그냥 아는 것이 아니라 ① 강조와 ② 지혜(paññā)의 의미를 지니는 'pa'와 함께 'jānāti'와 합성되어 보다 분명한 알아차림을 나타낸다. 따라서 '삼빠잔냐'는 '바르게 분명히 아는 것'을 나타낸다. 우리말 번역에 있어 '삼빠잔냐'는 '분명한 앎' 혹은 '알아차림'으로 번역되는 경우가 많다. 여기서 '알아차림'이라는 번역어는 '사띠(sati)'의 우리말 번역[알아차림, 마음챙김, 주시]과도 혼용되는데, '사띠(sati)' 라는 말에는 어원적으로 '안다(jānāti〈jñā〉'는 의미가 들어 있지 않다. 하지만 '삼빠잔냐'에는 '안다(to know)'는 의미가 포함된다. 따라서 '앎'의 의미를 지닌 '알아차림(awareness)'은 '사띠(sati)'보다 '삼빠잔냐(sampajañña)'에 가까운 우리 말 번역이라고 볼 수 있다. 하지만 이들은 매우 밀접한 관계를 가지고 있으며, 경전에서 '사띠'와 '삼빠잔냐'는 서로 함께 쌍을 이루어 자주 등장한다.

88 D. II. 292

89 D. II. 94, A. V. 116, A. V. 119

90 Ps. I. 253-61

91 A. IV. 167

92 D. II. 293

93 Sumaṅgalavilāsinī (SV 혹은 DA). III. 769: dvattingsākārā. Vism. 242. PED. p.518.

94 뇌가 처음 몸의 구성 요소로 언급된 곳은 『빠띠삼비다 막가』이다. 참고) Patis. I. 7

95 '여러 가지 부정한 것으로 가득 차 있음을 관찰(paṭkūlamanasikāra)'을 잘 살펴보면 경전 상에는 분명히 31가지 대상으로 제시되어 있다. 후대에 붓다고사는 이에 '뇌(mattha-lunga, 腦)'를 인용하여 32가지로 만들었다. 하지만 대부분의 설명들은 이러한 첨가에 대한 설명 없이 이를 그대로 '몸의 32가지 부위'로만 설명하고 있다. 후대에 몸을 32요소로 이해하는 것은 대부분의 문헌연구자들이 초기경전 자체를 보기 이전에 전통적 해석에 의지한 예증으로 볼 수 있다.

96 ① 머리카락, [몸의] 털, 손발톱, 치아, 피부, ② 살, 근육, 뼈, 골수, 신장, ③ 심장, 간, 늑막, 비장, 허파, ④ 대장, 소장, 위, 대변, 〈뇌〉, ⑤ 쓸개즙, 가래, 고름, 피, 땀, 비계, ⑥ 눈물, 지방, 침, 콧물, 관절활액, 소변.

97 M .I .421, M. III. 240, D. I. 106, Sn. 1022, Sn. 193-201, A. IV. 386

98 참고) 대림 옮김(2004), 『청정도론』 2권, 초기불전연구원, pp.54-83.

99 D. II. 294

100 파옥사야도의 사대관찰 수행에 대해서는 미디어붓다 「정준영 교수의 '남방의 선불장」 코너에서 보다 구체적으로 설명하고 있다.

http://www.mediabuddha.net/detail.php?number=957&thread=32r18 (2009년 10월 17일 검색) 참고) Pa-Auk Sayadaw(1998), *Mindfulness of Breathing and Four Elements Meditation.* WAVE

101 D. II. 295-298

102 Vism. 178ff. 참고) 대림 옮김(2004), 『청정도론』 1권, 초기불전연구원, p.441ff.

103 Ps I 254

104 M. III. 97-99, 비고) D. I. 82

105 abhiññā: '높은 지혜', '신통神通', '[6가지]초월의 힘' 또는 '비범한 지혜'의 의미이다. 정신집중의(samādhi) 완성을 통하여 얻어지는 세간적인(lokiya) 힘 5가지와 내적통찰(vipassanā)을 통하여 얻어지는 초세간적인(lokuttara) 힘 1가지, 즉 '번뇌의 소멸(āsavakkhaya)', 다른 말로 아라한의 깨달음을 말한다. 이들은 ①여러 종류의 신통(iddhi-vidhā, 마법의 힘), ②신의 귀(dibba-sota, 天耳), ③다른 사람의 마음을 꿰뚫는 지혜(ceto-pariya-ñāṇ, 他心通), ④신의 눈(dibba-cakkhu, 天眼), ⑤전생에 대한 기억(pubbe-nivāsānussati, 宿住智), ⑥모든 번뇌의 소멸(āsavakkhaya, 漏盡)이다. 특히 ④~⑥번째의 지혜들은 '세 가지 높은 지혜(te-vijja, 三明)'라는 이름으로 널리 알려져 있다

106 사사키 시즈카 지음, 원영 옮김(2007), 『출가, 세속의 번뇌를 놓다』, 민족사

107 Samantaapaasaadikaa. V. p.995 참고) 사사키 시즈카 지음, 원영 옮김(2007), pp.127-153

108 Vin. I. 93. 참고) 출가의 최하 연령은 20세로 정해져 있으며 최고 연령은 제한이 없다. 다만, 마하승기율은 상한을 생년 70세로 규정하고 있다.

109 Vin. I. 87

110 비구니의 차법은 성기의 기형이나 생리적인 문제들을 거론하고 있다. 이러한 차법의 설정은 여성을 폄하하는 인상을 벗어나기 어렵다. 비구니의 차법 중

몸과 관련된 부분은 다음과 같다. ①여근이 없는 자, ②여근이 불완전한 자, ③월경이 없는 자, ④경혈이 멈추지 않는 자, ⑤언제나 생리대를 하지 않으면 안 되는 자, ⑥항상 소변이 흘러 늘 젖어 있는 자, ⑦외음부가 돌출해 있는 자, ⑧여성동성애자, ⑨수염이 나서 남자 같은 모습을 한 자, ⑩성기와 직장 부분이 딱 들러붙어 있는 자, ⑪남근과 여근을 모두 가지고 있는 자. Vin. II. 271 참고) 사사키 시즈카 지음, 원영 옮김(2007), p.152, 각주 27.

111 Sn. 1041

112 S. V. 158

113 D. II. 17

114 Buddhavaṃsa XXI v27, Apadāna I. 156, Vism. 234

115 D. III. 149, Buddhavaṃsa. I v9, Vimānavatthu[Mahāratha-vimāna v 27], Endo(1997), p.156

116 Buddhavaṃsa I v45, Vimānavatthu 213.

117 Endo(1997), p.163

118 Vism. 211

119 D. III. 84: "와셋타여 이것은 여래의 동의어이며, 법신(*dhammakāyo*)이며… (*tathāgatassa h'etaṃ Vasseṭṭha adhivacanaṃ dhammakāyo iti*)"

120 S. III. 120: "왁칼리여, 법을 보는 자, 그는 나를 본다(yo kho Vakkhali dhammam passati so mam passati)."

121 시간의 흐름에 따라 상좌부 불교에서는 사신四身을 대승불교에서는 삼신三身을 말한다. 사신: ①색신(rūpakāya, 色身), ②법신(dharmakāya, 法身), ③상신(相身, nimittakāya), ④공신(空身, suñyakāya) [Saddharmaakānākaakya]. 삼신: ① 법신法身; 불법의 이치와 일치하는 부처의 몸, ②보신報身; 선행 공덕을 쌓은 결과로 부처의 공덕이 갖추어진 몸, ③응신應身; 중생을 제도하기 위하여 중생의 기근機根에 맞는 모습으로 나타난 부처.

122 정준영(2003), 「대념처경에서 보이는 수념처의 실천과 이해」, 『불교학연구』 제7호 재인용(느낌과 몸에 관련된 부분을 주석을 포함하여 전체적으로 재인용 함). Itivuttaka. p.38f, S. IV. 104: 나는 이전의 느낌을 없앨 것이며 새로운 느낌을 일으키지 않을 것이다. S. IV. 207: 비구들이여, 잘 배운 고귀한 제자도 즐거운

느낌, 괴로운 느낌, 괴롭지도 즐겁지도 않은 느낌을 느낀다. 비고) 미산 스님. 2002. p.173f.「근본불교수행의 요체와 지성의 발현」,『가산학보』, 10호.

123 A. V. 30. 이 경전의 설명을 통해 아라한에게는 *sumano*와 *dumano*, 즉 *somanassa*와 *domanassa*가 나타나지 않으며 *upekha, sati, sampajāna*가 나타난다는 사실을 알 수 있다.

124 Theragāthā 90: 오온五蘊은 완전히 이해되었고 (고통의) 근원들은 소멸되었다. 생의 윤회는 완전히 소멸되었고 더 이상의 생은 없다. —Udāna 93(우다나) 역시 다빠 말라뿟따 테라 (ven. Dabba Mallaputta)의 반열반(*parinibbāna*)을 통하여 오온이 소멸하는 것을 설명하고 있다: '몸(色)은 분해되었고, 지각(인식, 想)은 소멸되었고, 모든 느낌(受)들은 식었다. 정신적인 활동(行)들은 가라앉았고 모든 의식(識)들은 끝나버렸다.' 이러한 설명은 아라한이 죽기 이전까지는 오온을 가지고 있다는 것을 보여준다. 비고) S. IV. 164f, Suttanipāta. 739, M. I. 303, A. IV. 414.

125 S. IV. 209: 이는 (괴로움의) 정신적인 느낌이 없다는 설명이다.

비고) M. I. 140: 오 비구들이여, 거기서(사성제를 설명할 때) 만약 다른 이들이(진리를 모르는 자들) 여래를 비방하고 비난하고 괴롭힌다면, 비구들이여, 거기서 여래에게는 성냄이 없고, 화가 나서 토라지지 않으며, 마음의 불쾌함이 없다. 비구들이여, 거기서 만약 다른 이들이 여래를 존경하고, 공경하고, 예의를 표하며, 떠받든다면, 비구들이여 거기서 여래에게는 마음의 기쁨이나, 정신적인 즐거움이나 우쭐함이 없다. 비구들이여, 거기서 만약 다른 이들이 여래를 존경하고, 공경하고, 예의를 표하며, 떠받든다면, 비구들이여, 거기서 여래에게 다음과 같은 (생각)것이 있다: 이것은 전에 이해되어졌고, 그 점에 대해 이와 같은 예경들이 나에게 행해진다(라고).…' 이러한 경우, 붓다는 자신(아라한)에게 '정신적인 즐거움(*somanassa*)'이 없으며 비구들 역시 그와 같아야 한다고 설명하고 계신다. 그리고 부처님께서는 비구들에게 오온(*khandhapañcakaṃ*, 존재의 다발)을 나의 것이 아니라고 알고 버려야 오랜 이익과 행복(즐거움)이 된다고 설명하고 계시다. 비고) D. II. 196f: 아라한은 *pāmujja, pīti, passaddhi, sati, sampajañña, sukha*를 가지고 있으며 *somanassa*를 가지고 있다는 설명은 보이지 않는다.

126 여기서 흥미로운 것은 과연 경전의 설명대로 아라한뿐만 아닌 모든 성인들이

정신적인 느낌을 가지고 있지 않느냐 하는 것이다. 이 경전에서 '잘 배운 고귀한 제자(sutavā ariyasāvaka)'라는 용어는 사쌍팔배四雙八輩의 성인(聖人, 고귀한 제자)들을 의미한다. 즉, 아라한뿐만 아니라 이전의 다른 성인들을 포함한다는 것이다. 하지만 아라한을 제외한 성인들은 아직 속박(samyojana) 내에서 번뇌와 욕망을 가지고 있다. 그러므로 번뇌와 욕망을 가진 상태에서 정신적인 느낌을 느끼지 않는다는 것은 조금 이해하기 어렵다. 그렇다면 이 경전은 모순되는 설명을 하고 있는 것인가? 여기에서 또 한 가지 중요한 점은 우리가 경전을 접할 때 인용된 단어의 의미에 의존하기보다 내용상의 의미를 더욱 고려해야 한다는 것이다. 이 경은 비록 사쌍팔배四雙八輩의 성인聖人을 포함할 수 있는 성인(ariyasāvaka)이란 용어를 사용하였지만 문맥상은 아라한을 의미한다고 봐야 할 것이다. 왜냐하면 언급된 '잘 배운 고귀한 제자(sutavā ariyasāvaka)'에게 괴로운 느낌에 대한 분노의 잠재성향(paṭighanusayo)이 자리잡지 않고 있으며, 즐거운 느낌에 대한 탐심의 잠재성향(rāgānusayo)이 자리잡지 않고 있으며, 괴롭지도 즐겁지도 않은 느낌에 대한 무지의 잠재성향(avijjānusayo)이 자리잡지 않고 있다고 설명하고 있기 때문이다.

127 정준영(2004), 「상수멸정의 성취에 관한 일고찰」, 『불교학연구』 제9호, pp.251-255 재인용(주석 포함).

128 비고) Kalupahana, David, J. 1977, p.70.

129 Itivuttaka. p.38~. 참고) Peter Masefield. 1979. '*Religion*' vol.9. p.219, p.222. Peter Masefield trans, 2000, '*The Itivuttaka*' p.35~. PTS, 졸고, 2002, p.308~, University of Kelaniya., Oliver Abeynayake. 2003, '*The Element Theory of Nibbāna*'. p.46~. Exchange of Buddhist Thought and Culture Between Sri Lanka & Korea, University of Kelaniya and Dongguk Univ.

130 초기경전에서 죽은 후의 열반은 대부분 무기(avyākata, 無記)로 설명되었다. 따라서 『이띠웃따까』를 통한 무여열반의 설명은 매우 특징적이다.(D. I. 27, D. III. 135)

131 유여(열반)에 대한 다양한 해석들 역시 보여진다. 유여열반은 'sa-upādi-sesa -nibbāna'로 '우빠디(upādi)'가 남아 있는 열반을 나타낸다. 여기서 '우빠디'에 대한 해석은 경전 내에서 다양하게 나타난다. 먼저 '우빠디'는 '우빠다나'(upādāna)와 유사한 의미로 '집착', '잡음', '연료', '생명' 등의 뜻을 지니고

있다. 따라서 '유여'는 '오온五蘊이 남아있는(sesa)', '존재의 모임들이 남아 있는', '생명의 연료가 남은', '받은 것이 남아 있는' 등으로 번역되고 있다. 그리고 주석서들도 이 '우빠디'가 생명을 지속시켜 주는 것이라고 설명하여 오온과 같다고 보고 있다. 하지만 빠알리경전에서 '우빠디(upādi)'의 사용용례는 보다 다양하게 나타난다. 경전의 내용을 살펴보면, 도의 계발에서부터 두 가지 결과들 중에 한 가지가 기대되는데, 한 가지는 아라한이고 만약에 '우빠디세사'가 있다면 이생에서 불환과를 얻는다고 한다.(M. I. 481, S. V. 181, A. III. 82) 이러한 문맥을 보면 '우빠디세사'는 불환과가 제거해야 할 것으로 무언가 남아 있는 번뇌를 나타낸다. 마할리경에 따르면 불환과에 의해 제거되어야 하는 번뇌는 다섯 가지 높은 속박들(uddhambhāgiya-samyojana)이다.(D. I. 156f, A. IV. 67.) 따라서 '수행중인 성인(sekha)'인 예류과, 일래과, 그리고 불환과들은 모두 번뇌 (오염)들을 남기고 있기 때문에 'saupādisesa(有餘)'안에 포함되고(A. IV. 377f) 누군가 아라한에 도달한 자는 'anupādisesa(無餘)' 안에 포함되는 것이다. 숫타니 빠타 역시 'saupādisesa(有餘)'를 가진 자는 아직 열반(제거, 소멸)을 얻지 못한 것과 같이 설명한다.(Suttanipāta, stanza 354, Theragāthā, stanza 1274.) 이러한 내용은 주석을 통해 더욱 선명해지는데 빠라맛따조띠까(paramattajotikā. II. vol. I. 350)를 살펴보면 무여는 아라한(無學)의 것으로 유여는 수행중인 성인(有學) 의 것으로 설명된다. 따라서 '열반'과 'saupādisesa(有餘)'의 관계에 대해서는 몇 가지 모순된 설명이 나타난다.(참고 upādi: PED. 1986, p.149, CPD. 1960, p.494~, p.497, p.200, A Dictionary of Pāli, 2001, p.482, パーリ語佛教辭典. 1997. p.210~)

132 Vism. 372, Bhikkhu Ñāṇamoli. 1976. p.407

133 Vism. 705, Bhikkhu Ñāṇamoli. 1976. p.828

134 Paramattha-mañjusa (Visuddhimagga-Mahatika) 2, Myanmar. II. 526: *Nibbānaṃ patvā ti anupādisesanibbānaṃ patvā viya.* 참고) 상수멸정 = 열반 = 무여열반.

몸, 선불교의 이해 | 선, 몸으로 하라

---

1 『參禪警語』(백련선서간행회 역, 장경각, 1991), 「序」, p.21. 이하 『參禪警語』 인용 내용의 번역은 필자가 각색·윤문했다.

2 『無門關』 제21칙 「雲門屎橛」, T.48.295c.

3 『碧巖錄』 제63칙 「南泉斬貓」, T.48.194c.; 제64칙 「趙州載鞋」, T.48.195a.

4 『無門關』 제5칙 「香嚴上樹」, T.48.293c.

5 『景德傳燈錄』, T.51.217a-219a.

6 『參禪警語』, pp.94-95.

7 李能和, 『朝鮮佛敎通史』 下(新文館, 1918), p.73.

8 이상, 『景德傳燈錄』, T.51.240c.

9 『景德傳燈錄』, T.51.440a.

10 이상 『六祖壇經』 敦煌本, T.48.337a-338a.

11 『六祖壇經』 敦煌本, T.48.343a.

12 『六祖壇經』 敦煌本, T.48.339a.

13 『蒙山法語』, 「休休庵主坐禪文」(법공양, 2008), pp.114-120.

14 『六祖壇經』 敦煌本, T.48.338b.

15 『景德傳燈錄』, T.51.219b.

16 『大慧語錄』, T.47.865bc.

17 『參禪警語』, p.95.

18 『參禪警語』, pp.28-29.

19 『參禪警語』, p.67.

20 『信心銘』, T.48.376c,

21 『證道歌』, T.48.395c.

22 『景德傳燈錄』, 「江西大寂道一禪師語」, T.51.440a.

23 『參禪警語』, pp.93-94.

24 『參禪警語』, p.75.

25 『禪源諸詮集都序』, T.48.402c.;『中華傳心地禪門師資承襲圖』(中國佛敎思想資
   料編 第二卷, 台北: 弘文館出版社, 1986), p.465.

26 性徹, 『百日法門』下(장경각, 2004), p.205.

27 『證道歌』, T.48.395c.

28 『六祖壇經』 宗寶本, T.48.349a.

29 『六祖壇經』宗寶本, T.48.357b.

30 『六祖壇經』宗寶本, T.48.349c.

31 『金剛經五家解』「序說」(불광출판부, 1992), pp.19-25.

32 『金剛經五家解』「序說說誼」, pp.19-25.

33 돈황본에서는 3품장군, 종보본에서는 4품장군이라 하며, 이름도 돈황본에서는 혜순(惠順)으로 기록했다.

34 『六祖壇經』宗寶本, T.48.349b.

35 『無門關』제27칙, T.48.296b.

36 『六祖壇經』宗寶本, T.48.357c.; 『景德傳燈錄』,T.51.241ab.

37 『證道歌』, T.48.395c.

38 『無門關』제30칙, T48.296c.

39 『無門關』제33칙, T48.297b.

40 『圓悟語錄』, T.47.765b.

41 『金剛經五家解』, p.81.

42 『金剛經五家解』, p.81.

43 『宛陵錄』, T.48.384b.

44 性徹, 『本地風光』(장경각, 1993), p.192.

45 『禪要』, HTC.122.720b-721a.

46 『參禪警語』, p.67.

47 『六祖壇經』敦煌本, T.48.340b.

48 『禪要』, HTC.122.712b.

49 『參禪警語』, p.101.

50 『參禪警語』, p.106.

51 『參禪警語』, p.110.

52 『大慧語錄』, T.47.924a.

53 『禪要』, HTC.122.

54 『無門關』, T.48.292c-293a.

55 『大慧語錄』, T.47.889a.; T.47.927c.

56 『大慧語錄』 T.47.848a.

57 『參禪警語』, p.78.

58 『本地風光』, p.417.

59 『禪要』, HTC.122.720b-721a.

60 『大慧語錄』 T.47.912c-913a.

61 『無門關』 제1칙, 「趙州狗子」, T.48.292c-293a. 인용 내용은 필자가 조금 각색하여 해석했다.

몸, 동양철학의 이해 | 수신修身과 양생養生:몸 닦음과 마음 닦음의 조화

1 『論語』, 「憲問」. 子路問君子 子曰 修己以敬 曰如斯而已乎 曰修己以安人 曰 如斯而已乎 曰修己以安百姓 修己以安百姓 堯舜 其猶病諸

2 『論語』, 顔淵.

3 『論語』, 衛靈公.

4 『論語』. 公冶長.

5 『論語』. 「雍也」.

6 『大學』.

7 『論語』, 「里仁」.

8 『孟子』, 「梁惠王」.

9 위와 같음.

10 『孟子』, 「離婁」.

11 丁若鏞, 『大學公義』, 與猶堂全書,2. p.15 상, 경인문화사 영인본

12 『孟子』, 公孫丑.

13 『論語』, 「雍也」.

14 『論語』, 「述而」.

15 『論語』, 「顔淵」.

16 『孟子』, 「離婁」.

17 『禮記』, 玉藻.

18 『論語』, 鄕堂.

19 『論語』, 學而.

20 『孟子』, 「告子」.

21 위와 같음.

22 위와 같음.

23 위와 같음.

24 『孟子』, 「公孫丑」.

25 『孟子』, 「盡心」.

26 『孟子』, 「告子」.

27 위와 같음.

28 『孟子』, 「梁惠王」.

29 『荀子』, 「天論」.

30 『荀子』, 「賦」.

31 『荀子』, 「正名」.

32 『荀子』, 「正名」.

33 『孟子』, 「盡心」.

34 『荀子』, 「正名」. 性者, 天之就也, 情者, 性之質也, 欲者, 情之應也.

35 위와 같음.

36 『荀子』, 「性惡」.

37 『荀子』, 「正名」. 以所欲爲可得而求之, 情之所必不免也, 以爲可而道之, 知所必出也.

38 『荀子』, 「不苟」.

39 『荀子』, 「勸學」.

40 『荀子』, 「禮論」.

41 『荀子』, 「不苟」.

42 『荀子』, 「正名」.

43 『孟子』, 「公孫丑」.

44 『孟子』, 「盡心」.

45 朱熹, 『孟子集註』, 위 장의 주석.

46 『孟子』, 「盡心」.

47 위와 같음.

48 『孟子』, 「告子」.

49 『孟子』, 「盡心」,

50 위와 같음.

51 『大學』.

52 『荀子』, 「修身」.

53 위와 같음.

54 『荀子』, 「勸學」.

55 『老子』 13장.

56 『莊子』, 「大宗師」.

57 『老子』 16장과 52장에 나온다. 그리고 "위태롭지 않다"[不殆]는 말은 매우 여러 번 나온다.

58 『莊子』, 「養生主」.

59 『孟子』, 「盡心」에 나오는 말이다. 원래는 "궁하면 자기 한 몸 닦고 잘 되어 천하를 모두 이롭게 한다."[窮則獨善其身 達則兼善天下]는 좋은 뜻으로 쓰인 말인데, 뒤에 자기 몸의 안일만을 꾀한다는 뜻으로 쓰게 되었다.

60 『孟子』, 「盡心」.

61 『老子』 76장.

62 『老子』 50장.

63 『莊子』, 「齊物論」.

64 『莊子』, 「至樂」.

65 『莊子』, 「養生主」.

66 『莊子』, 「天道」.

67 『老子』 3장.

68 『老子』 12장.

69 『老子』 38장.

70 『莊子』, 「養生主」.

71 『莊子』, 「馬蹄」.

72 『莊子』, 「德充符」.

73 『莊子』, 「大宗師」.

74 『莊子』, 「養生主」.

75 『莊子』, 「大宗師」.

76 위와 같음.

몸, 서양철학의 이해 | 몸과 살, 그 신비하고 불투명한 토대

---

1 M. Foucault, 오생근 역, 『감시와 처벌』, 나남출판, 2002, p.60.

2 『파이돈』 82e. *Plato*, ed. by Hamilton & Huntington, Princeton University Press, 1961.(이하, 플라톤의 저작들은 『국가』와 『티마이오스』를 제외하고는 이 *Plato*를 근거로 한 것임)

3 『파이드로스』 250c.

4 플라톤, 박종현·김영균 공동 역주, 서광사, 2000.

5 『티마이오스』 30b. 이에 관한 역주에서 박종현 선생은 "우주 혼은 그에게 있어서 기본적으로 '소우주와 대우주 사상'에 의거한 유비 추리에 의해 상정된다."라고 말하고 있다.

6 『티마이오스』 33a-b.

7 『티마이오스』 30b.

8 『티마이오스』 34b.

9 『티마이오스』 34c.

10 『티마이오스』 37a.

11 『티마이오스』 42a-b.

12 『티마이오스』 42a 참조.

13 『파이돈』 65c.

14 『티마이오스』 44d, 44e, 46b-c 등 참조.

15 『향연』 211c.

16 『파이돈』 81d-e.

17 『티마이오스』 77b 참조.

18 『국가』 439a-c, 『티마이오스』 73c-d 참조.

19 『국가』 403d.

20 『티마이오스』 88d 참조.

21 『티마이오스』 88a-c 참조.

22 『필레보스』 21a-b.

23 『영혼론』 I. 3. 406a. *The Basic Works of Aristotle*, ed. by Richard McKeon, Random House, 1970.

24 『영혼론』 II. 412a. 15-25.

25 『영혼론』 II. 412b. 15-20.

26 『영혼론』 II. 413a, 1-5.

27 『영혼론』 I. 408b. 10, 25.

28 『영혼론』 II. 412b. 5.

29 마가복음서 14:23-4.

30 요한복음서 6:54.

31 요한복음서 20:19, 21:12. 참고.

32 고린도전서 15:35-44.

33 고린도전서 15:52-54.

34 창세기 1:26.

35 창세기 2:7.

36 시편 56:13

37 이사야서 53장 참조.

38 전도서 12:7

39 갈라디아서 5:19-21.

40 고린도후서 5:16.

41 베드로후서 2:18.

42 로마서 12:5.

43 고린도전서 12:27.

44 고린도전서 6:19-20.

45 갈라디아서 5:16-17.

46 고린도전서 2:11.

47 누가복음서 12:20.

48 로마서 3:25.

49 골로새서 2:23.

50 데카르트, 최명관 역저, 『방법서설·성찰, 데까르뜨 연구』, 서광사, 1989, p.84.

51 위와 같은 면.

52 위의 책, p.86.

53 위의 책, p.87.

54 위의 책, p.89.

55 위의 책, p.90

56 위의 책, p.128.

57 위의 책, p.126.

58 위의 책, p.128.

59 위의 책, p.129.

60 위의 책, p.131.

61 위의 책, p.133.

62 위의 책, p.135쪽.

63 니체 저, 최승자 옮김, 『짜라투스라는 이렇게 말했다』, 청하, 1997, pp.65-67.

64 같은 책, p.73.

65 같은 책, p.71.

66 같은 책, pp.72-73.

67 같은 책, pp.73-74.

68 니체 저, 권영숙 옮김, 『즐거운 지식』, 청하, 1998, p.36.

69 같은 책, pp.310-311.

70 『짜라투스트라는 이렇게 말했다』, p.115.

71 『즐거운 지식』, p.311 참조.

72 『짜라투스트라는 이렇게 말했다』, p.117.

73 같은 책, p.232.

74 같은 책, p.237.

75 M. Merleau-Ponty, *Phenomenologie de la Perception*, Librairie Gallimard, 1945, pp. 230-231.(이하. 『지각』으로 약칭)

76 『지각』, p.239, p.316.

77 M. Merleau-Ponty, *La structure du comportement*, Presses Universitaires de France, 1942. p.12.(이하, 『행동』으로 약칭)

78 『행동』, p.36.

79 『행동』, p.186 참조.

80 『지각』, p.402.

81 『지각』, p.248.

82 『지각』, p.235.

83 『지각』, p.94.

84 『지각』, p.276.

85 『지각』, p.98.

86 『지각』, p.99.

87 『지각』, pp.399-400.

88 『지각』, p.402.

89 『지각』, pp.405-406.

90 『지각』, p.247.

91 『지각』, p.250.

92 M. Merleau Ponty, *Le visible et l'invisible*, Gallimard, 1964 (이하. 『가시/비가시』로 약칭)

93 『지각』, p.296.

94 이 '물체'는 기실 몸이지만 여기서는 문맥상 '물체'로 번역하는 것이 좋다.

95 『가시/비가시』, pp.177-178.

96 『가시/비가시』, p.183.

97 『가시/비가시』, p.184.

98 『가시/비가시』, p.193 참조.

99 『가시/비가시』, pp.191-192 참조.

100 『가시/비가시』, p.190 참조.

101 『지각』, p.xii.

몸, 의학의 이해 | 의학醫學, 의술醫術, 의덕醫德

1 체중증가에 대한 지나친 두려움이나 마른 몸매에 대한 강한 욕구, 다이어트에 대한 과도한 집착, 계속 굶거나 약을 먹는 부적절한 체중조절 행위 등의 극단적 다이어트에 비정상적 집착을 보이는 질환이다. 또한 불규칙한 식사 습관, 폭식, 음식에 대한 조절감의 상실, 음식에 대한 과도한 집착, 영양결핍 상태에도 불구하고 음식 섭취를 거부하는 등 주로 무리한 다이어트에 의하여 촉발되는 식사 행동상의 장애를 그 특징으로 한다.(네이버 백과사전 http://100.naver.com/100.nhn?docid =755418)

2 강신익, 『몸의 역사 몸의 문화: 몸! 과학적 사실과 인문적 가치가 만나는 공간』, 휴머니스트, 2007. 강신익, 『몸의 역사: 의학은 몸을 어떻게 바라보았나』, 살림, 2007.

3 여기서 몸공부란 '몸에 대한' 공부다. 주로 몸의 작동원리에 대한 유전학, 면역학, 신경과학, 임상의학 등의 연구들을 다룬다.

4 S. Blakeslle and M. Blakeslee, *The Body has a Mind of its Own*, (New York: Random House Trade Paperbacks, 2007), 앤 해링턴 지음, 조윤경 옮김, 『마음은 몸으로 말을 한다』, 살림, 2009

5 아직도 플라시보를 생리적 현상으로 인정하지 않는 학자들의 주장에 대해서는 A. Hróbjartsson & PC Gøtzsche, "Is the placebo powerless? An analysis of clinical trials comparing placebo with no treatment", *N Engl J Med.* Vol. 344 (2001) pp.1594-1602를 보라. 그러나 이제 플라시보 효과의 존재 자체를 거부하는 학자는

극소수에 불과하다.

6 A. Harrington, "Seeing the placebo effect: historical legacies and present opportunities" in HA Guess, A. Kleinmann & JW Kusek Eds. *The Science of the Placebo: Toward an interdisciplinary research agenda,* (London: BMJ Publishing, 2002) Kindle edition.

7 줄리아 보로사 지음, 홍수현 옮김, 『히스테리』, 이제이북스, 2002, p.15.

8 C. Seale, S. Pattison & B. Davey,(eds.) *Medical Knowledge: Doubt and Certainty,* (Buchingham : Open University Press, 2001) p.116.

9 C. Seals et al. 같은 책, p.120.

10 실제 환자와 환자인 척 하는 실험자로 나누어 근육의 수축강도, 호흡과 맥박을 조사하여 비교하는 것이었는데 오늘날의 관점에서 그 객관성을 담보하기는 쉽지 않아 보인다. 어쨌든 그는 이런 자료를 통해 자신의 주장이 과학적임을 보이려 애썼다.

11 의료인류학에서는 생리적 변화와 사회문화적 변화를 분리하지 않고 하나의 현상으로 파악하는 생물문화주의(bioculturalism)를 채택하기도 한다. M. O. Loustaunau and E. J. Sobo, *The Cultural Context of Health, Illness and Medicine,* (Westport: Bergin & Garvey, 1997) p.12. 이 이론에 따른다면 샤르코의 환자들은 자신의 몸을 사회문화적 환경과 일체화시켰거나 거기에 적응해 환경이 요구하는 반응을 그대로 보이는 것이라고 할 수 있다.

12 A. Harrington 앞의 논문 location 625

13 S. Wolf. Effects of suggestion and conditioning on the action of chemical agents in the human: the pharmacology of placebos. *J. Clin Invest,* Vol 29, (1950), pp.703-709.

14 A. Harrington 앞의 논문 location 695

15 A. Harrington, ed. *The Placebo Effect: An Interdisciplinary Exploration,* (Cambridge, Harvard University Press, 1997) p.10.

16 HA Guess, A. Kleinmann & JW Kusek Eds. *The Science of the Placebo: Toward an interdisciplinary research agenda,* (London: BMJ Publishing, 2002) Kindle edition location 102-6.

17 P. Cooke, They cried until they could not see, *New York Times Magazine*, June 23, 1991. A Harrington. 위의 논문에서 재인용.

18 그 중첩되는 부분을 설명해 줄 수 있는 담론이 뒤에서 논의할 면역, 신경, 생태 등이다.

19 특정한 기간에 태어나거나 결혼을 한 사람들의 집단과 같이 통계상의 인자因子를 공유하는 집단을 대상으로 하는 추적 관찰 연구, 예컨대 특정 시기에 태어난 아이들을 시간 간격을 두고 지속적으로 추적 관찰하고 기록하여 교육, 직업, 주거, 영양, 경제사회적 지위 등 자연과 사회 환경이 몸과 마음의 상태와 어떤 관계를 가지는지를 구체적 개인을 대상으로 파악하는 연구를 말한다. 코호트 연구 또는 전향적 연구라고도 한다.

20 A. W. Frank, *The Wounded Storyteller: Body, Illness, and Ethics*, (Chicago, The University of Chicago Press, 1997) p.10.

21 J. A. Holstein and J. F. Gubrium, *Constructing the Life Course*, (New York, General Hall, Inc, 2000), p.24.

22 생물학자가 주축인 140여 명의 과학자들은 1975년 아실로마에 모여 재조합 DNA기술의 남용에 대해 우려를 표명하고 그 기술을 이용한 연구에 대한 자율적인 가이드라인을 정했다.

23 E. Jablonka and M. Lamb, "Soft Inheritance: Challenging the Modern Synthesis", *Genetics and Molecular Biology*, Vol. 31, (2008).

24 E. Jablonka and M. J. Lamb, *Evolution in Four Dimensions: Genetic, Epigenetic, Behavioral, and Symbolic Variation in the History of Life*, (Cambridge, MIT Press, 2006).

25 강신익, 신동원, 여인석, 황상익 지음, 『의학 오디세이』, 역사비평사, 2007, pp.240-242.

26 최종덕, 「면역학적 자아」, 『과학철학』(한국과학철학회) 4권, 2000, pp.133-149.

27 A. Tauber, The Immune Self: Theory of metaphor?, (Cambridge, Cambridge University Press, 1997) p.23

28 최종덕, 앞의 논문, p.143.

29 A. Tauber, "Conceptual Shifts in Immunology: Comments on the 'Two-Way

Paradigm'", *Theoretical Medicine and Bioethics*, Vol. 19, (1998), pp.457-473.

30 I. R. Cohen, *Tending Adam's Garden: Evolving The Cognitive Immune Self*, (Amsterdam, Elsevier, 2005.

31 J. Brownlee, Cognition, Immunology, and the Cognitive Paradigm, *CIS Technical Report*, May, 2007

32 A. Tauber, Conceptual Shifts in Immunology: Comments on the "Two-Way" Paradigm, *Theoretical Medicine and Bioethics,* Vol. 19(1998) 457-473., A. Tauber, Historical and Philosophical Perspectives Concerning Immune Cognition, *Journal of History of Biology*, Vol. 30(1997), pp.419-440.

33 J. Brownlee, 앞의 논문.

34 H. Atlan and I. R. Cohen, Immune information, self-organization and meaning, *International Immunology*, Vol. 10, (1998), pp.711-717

35 개인공간(personal space)은 몸이 차지하고 있는 공간이며 개인주위공간은 팔과 다리가 도달할 수 있는 곳까지의 공간이다. 어떻게 이 두 공간이 뇌 속에 부호되어 통일된 공간지각을 일으키는지는 명확하지 않다. 아마도 시각과 촉각, 감각과 운동이 통합된 어떤 부호가 이 두 공간을 통합할 것이다. S. Vaishnavi, J. Calhoun, and A. Chatterjee, "Binding Personal and Peripersonal Space: Evidence from Tactile Extinction", *Journal of Cognitive Neuroscience*, Vol. 13, (2001) pp.181-189. 공간에서의 몸의 움직임을 조정하기 위해 뇌는 주위 공간의 물체를 참조한 몸의 위치와 운동을 지속적으로 모니터해야 한다. 방해가 되는 물체를 피해 몸을 효과적으로 움직여 목적을 달성하기 위해서는 몸 자신의 공간과 몸 주위 공간의 신경학적 부호들을 통합해야만 한다. 지금은 영장류와 사람에서 시각, 체성감각, 청각을 담당하는 개인주위공간의 부호가 통합되어 있다는 증거가 많아지고 있다. 이렇게 뇌에 부호화되는 개인주위공간은 도구를 사용하거나 거울을 바라볼 때 그리고 비디오 영상을 볼 때 크게 달라진다. N. P. Holmes and C. Spence, "The body schema and multisensory representation(s) of peripersonal space", *Cognitive Processing*, Vol. 5, (2004), pp.94-105.

36 S. Blakeslee, "When the Brain Says, 'Don't Get Too Close'", *The New York Times*, July 13, 2004.

37 S. Blakeslee and M. Blakeslee, *The Body Has a Mind of Its Own*, (New york,

Random House Paperbacks, 2008) p.14.

38 원숭이의 전운동피질(premotor cortex)에서 최초로 발견된 일단의 신경세포로 개체가 특정 운동을 하거나 다른 개체가 같은 운동을 하는 것을 관찰할 때 발화하는 특징을 가진다. 사람에게도 거울신경세포가 대뇌피질의 연결망 형태로 존재한다는 많은 증거가 있다. 사람의 거울신경세포는 다른 사람의 행위와 그 행위 이면의 의도를 이해하는 데 관여하는 것으로 보인다. 관찰을 통한 학습에도 필수적인 메커니즘일 것으로 추정된다. L. Cattaneo and G. Rizzolatti, "The Mirror System", *Arch Neurol*, Vol. 66, (2009), pp.557-560.

39 마르코 야코보니 지음, 김미선 옮김, 『미러링 피플』, 갤리온, 2008, pp.22-23.

40 마르코 야코보니, 같은 책, p.43.

41 노먼 도이지 지음, 김미선 옮김, 『기적을 부르는 뇌』, 지호, 2007.

42 정맥을 절단해 많은 양의 피를 뽑아내는 치료법.

43 A. I. Tauber, *Science and the Quest for Meaning,* (Waco, Baylor Iniversity Press, 2009).

44 L. M. Harter, P. M. Japp, and C. S. Beck, "Vital Problematics of Narrative Theorizing About Health and Healing," in L. M. Harter, P. M. Japp, and C. S. Beck (eds.) *Narratives, Health, and Healing: Communication Theory, Research, and Practice*, (Mahwah, LEA's Commucation Series, 2005).

45 R. Charon, *Narrative Medicine: Honoring the Stories of Illness*, (Oxford, Oxford University Press, 2006). R. Charon, "Narrative Medicine: Form, Function, and Ethics", *Annals of Internal Medicine*, Vol. 134 (2001) pp.82-87.

46 R. Charon, "Narrative Medicine: A Model for Empathy, Reflection, Profession, and Trust", JAMA, Vol. 286 (2001), pp.1897-1902.

47 요하임 바우어 지음, 이승은 옮김, 『몸의 기억』, 이지북, 2006.

48 린 페이어 지음, 이미애 옮김, 『의학, 과학인가 문화인가』, 몸과 마음, 2004.

49 조르쥬 깡길렘 지음, 여인석 옮김, 『정상적인 것과 병리적인 것』, 인간사랑, 1996.

50 D. B. Morris, *Illness and Culture in the Postmodern Age*, (Berkeley, University of California Press, 1998).

51 안나 S. 레드샌드 지음, 황의방 옮김, 『빅터 프랑클-죽음의 수용소에서 삶의 의미를 찾다』, 두레, 2008.

몸, 생물학의 이해 | 창발현상으로서 깨어있음의 몸

---

1 맹구우목盲龜遇木, 『잡아함』 15권, 『맹구경盲龜經』

2 수행을 하지 않는 누이를 염려한 보조 지눌스님이 누이에게 열심히 수행할 것을 권하자, 누이는 동생이 국사로서 수행을 잘 하니 내가 군이 공부할 필요가 있겠는가 라고 답하였다. 며칠 후, 국사는 누이에게 권하는 한마디 말도 없이 혼자 아주 훌륭한 공양상을 차려 먹었다. 이에 누이가 불만을 말하자 국사는 '수행도 이와 같아 동생이 국사라 해도 수행은 자신이 해야 한다'고 말함으로써 누이는 그 후 열심히 수행했다고 한다.

3 타파해야 할 이상이란 형태로 존재하기는 해도 오직 나만이 지니고 있는 마음이기에 천상천하 유아독존의 근거가 된다.

4 F. Suppe, *The Structure of Scientific Theories, 2nd Ed.* (Illinois : The University of Illinois, 1977), pp.624-632.

5 베르그손 저, 황수영 역, 『창조적 진화』, 대우학술총서 011(아카넷, 2005)

6 들뢰즈 저, 김상환 역, 『차이와 반복』(민음사, 2004), pp.614-633.

7 슈뢰딩거 저, 전대호 역, 『생명이란 무엇인가』(궁리, 2007)

8 Kint, et al *Kuby Immunology, 6nd Ed.* (New York : W.H. Freeman & Company, 2007)

9 스티븐 핑커 저, 김한영 역, 『빈서판』(사이언스북스, 2004), pp.34-35.

10 존 벡위드 저, 이영희 역, 『과학과 사회운동 사이에서』(사이언스북스, 2009)

11 S. Mitchell, *Biological Complexity and Integrative Pluralism*, (Cambridge : Cambridge University Press, 2003), pp.13-37.

12 C. Darwin *The Origin of Species* (New York : Gramercy Books, 1859/1979)

13 T. Berra, *Charles Darwin: The Concise Story of an Extraordinary Man* (Baltimore : The Johns Hopkins University Press, 2008)

14 션 캐럴 저, 김명남 역, 『이보디보-생명의 블랙박스를 열다』(지호, 2007)

15 에드워드 윌슨 저, 이병훈 역, 『사회생물학 1, 2』(민음사, 1992)

16 스티븐 핑커 저, 김한영 역, 『마음은 어떻게 작동하는가』(소소, 2007)

17 S. Camazine, et al., *Self-Organization in Biological Systems* (Princeton : Princeton University Press, 2001)

18 스티븐 굴드 저, 김동광 역, 『생명, 그 경이로움에 대하여』(경문사, 2004)

19 리처드 르원틴 저, 김동광 역, 『DNA 독트린』(궁리, 2001), pp.197-217.

20 루스 베네딕트 저, 이종인 역, 『문화의 패턴』(연암서가, 2008)

21 R. Levins and R. Lewontin, *The Dialectical Biologist* (Cambridge : Harvard University Press, 1885), pp.9-64.

22 장 지글러 저, 양양란 역, 『탐욕의 시대』(갈라파고스, 2005)

23 션 캐럴 저, 김명남 역, 『이보디보—생명의 블랙박스를 열다』(지호, 2007), pp.34-42.

24 M. Bulmer, *Francis Galton: Pioneer of Heredity and Biometry* (Baltimore : The Johns Hopkins University Press, 2003)

25 스티븐 굴드 저, 김동광 역, 『생명, 그 경이로움에 대하여』(경문사, 2004), pp.56-69.

26 데니스 노블 저, 이정모, 염재범 역, 『생명의 음악—생명이란 무엇인가』(열린과학, 2009)

27 Allis, Jenuwein, Reinberg (ed.), *Epigenetics* (Cold Spring Harbor : Cold Spring Harbor Laboratory Press, 2007)

28 김종욱 편, 『욕망, 삶의 동력인가 괴로움의 뿌리인가』(운주사, 2008), pp.297-308.

29 A. Tauber, *The Immune Self, Theory or Metaphor?* (Cambridge : Cambridge University Press, 1994)

30 메를로 퐁티, 『지각의 현상학』(문학과 지성사, 2002), pp.123-308.

31 A. Silverstein, *A History of Immunology,* 2nd ed. (London : Academic Press, 2009), pp.431-453.

32 V. Regenmortel and D. Hull (ed.), *Promises and Limits of Reductionism in the Biological Sciences* (Chichester : John Wiley & Sons, 2002), pp.47-66.

33 J. D. Watson & F. H. C. Crick, "A structure for deoxyribose nucleic acids", *Nature*, Vol. 171, (1953), pp.737-738.

34 H. Gee, *Jacob's Ladder; The History of the Human Genome* (New York : Norton 2004), pp.173-226.

35 The ethical, legal, and social issues (ELSI) by NIH, http://www.ornl.gov/sci/techresources/Human_Genome/elsi/elsi.shtml

36 Allis, Jenuwein, Reinberg (ed.), *Epigenetics* (Cold Spring Harbor : Cold Spring Harbor Laboratory Press, 2007), pp.23-61.

37 I. Cohen, *Tending Adam's Garden; Evolving the Cognitive Immune Self,* (New York : Academic Press, 2000), p.66.

38 MF Bear, BW Connors, MA Paradiso, *Neuroscience,* 3rd ed. (New York : Lippincott. 2007), pp.772-791.

39 Kint, et al *Kuby Immunology, 6nd Ed.* (New York : W.H. Freeman & Company, 2007), pp.189-219.

40 생명체의 신체적 자기를 규정하는 면역현상으로부터 볼 때 원리원칙과 교과서적으로만 이루어진 세상보다는 신화와 문학에서의 등장하는 풍요로운 이야기가 있는 인간적 폭이 허용되는 유연한 세상이 더욱 건강하고 살기 좋음을 말해주고 있다. 생산성과 효율을 위해 기계적으로 움직이는 세상이 아니라 축제화된 널널하고 유연한 삶이 필요하다.

41 I. Cohen, *Tending Adam's Garden; Evolving the Cognitive Immune Self* (New York : Academic Press 2000)

42 G. Edelman, *Remembered Present: A Biological Theory Of Consciousness* (New York : Basic Books, 1990)

43 A. Tauber, *The Immune Self, Theory or Metaphor?* (Cambridge : Cambridge University Press, 1994), p.295.

44 D. Wood, *The Deconstruction of Time* (New York : Humanities Press, 1989), pp.319-334.

45 김종우 편, 『욕망, 삶의 동력인가 괴로움의 뿌리인가』(운주사, 2008), pp.308-319.

46 R. C. Looijen, *Holism and Reductionism in Biology and Ecology - The Mutual Dependence of Higher and Lower Level Research,* (Boston : Kluwer Academic Publishers, 2000), pp.269-299.

47 D. Sornette, *Critical Phenomena in Natural Sciences: Chaos, Fractals, Self-organization and Disorder: Concepts and Tools* (Heidelberg : Springer, 2003), pp.395-439.

48 R. V. Sole & J. Bascompte, *Self-Organization in Complex Ecosystems* (Princeton : Princeton University Press 2006), pp.17-64.

49 D. J. Watts, M. Newman, A.-L. Barabasi, *The Structure and Dynamics of Networks* (Princeton : Princeton University Press, 2006), pp.1-19.

50 'Revisiting the Edge of Chaos: Evolving Cellular Automata to Perform Computations' M. Mitchell, P. Hraber and J. Crutchfield, Complex Systems 7: p.89-130, 1993.

51 'Biological Complexity and Integrative Pluralism' S. D. Mitchell, pp.167-178, Cambridge University Press 2003.

52 U. Alon, *An Introduction to Systems Biology: Design Principles of Biological Circuits* (Boca Raton : Chapman & Hall/CRC, 2007)

53 질 들뢰즈, 『차이와 반복』(민음사, 2004), pp.614-633.

54 조애너 메이시 저, 이중표 역, 『불교와 일반 시스템이론』(불교시대사, 2004), pp.155-175.

55 불교생명윤리정립연구위원회, 『현대사회와 불교생명윤리』(조계종출판사, 2004), pp.31-37.

56 한글대장경, 『대비바사론』 p.585-阿毘達磨大毘婆沙論 卷第二十三(T.27, No.1545, p.119)

57 에드워드 윌슨, 『통섭-지식의 대통합』(사이언스북스, 2005), pp.459-508.

58 전 세계적으로 윌슨의 『사회생물학』은 80만 부 가까이, 도킨스의 『이기적 유전자』 는 백만 부 이상 팔렸다.

59 L Margulis & D. Sagan, *Origins of Sex-Three Billion Years of Genetic Recombination* (New Haven : Yale University Press, 1986) pp.86-99.

60 영국의 제임스 러브록이 주장한 가이아 이론을 말한다. 참고로 제임스 러브록의 『가이아의 복수』(세종서적 2008) 참조.

61 조애너 메이시 저, 이중표 역, 『불교와 일반 시스템이론』(불교시대사, 2004), pp.84-121.

62 A. Tauber, *The Immune Self, Theory or Metaphor?* (Cambridge : Cambridge University Press, 1994) pp. 269-296.

63 R. C. Looijen, *Holism and Reductionism in Biology and Ecology - The Mutual Dependence of Higher and Lower Level Research*, (Boston : Kluwer Academic Publishers, 2000) pp. 269-299.

64 한마음이라는 표현에 있어서도 그 한마음을 실체가 있는 것으로 받아들여서는 안 된다. 오직 연기로 표현되는 관계성이니 단지 지칭하기 위하여 사용되는 이름하여 한마음이다. 한편, 몸과 마음의 통합적 체험을 통해 깨어있다면 삶에서의 진정한 주인됨이고, 이때의 개체화된 몸과 마음은 부분과 전체를 떠나 진속의 분별이 불필요하듯 그 자체로 한마음이라 할 수 있다.

65 김종욱 편, 『나, 버릴 것인가 찾을 것인가』(운주사, 2008), pp. 392-398.

66 김종욱 편, 『욕망, 삶의 동력인가 괴로움의 뿌리인가』(운주사, 2008), pp. 324-329.

67 此身隨住隨其好惡 從頭至足 觀見種種不淨充滿(이 몸이 어디 있거나 좋고 나쁨에 따르고, 머리에서 발까지 온갖 더러운 것이 가득하다고 관한다), 比丘者 觀身諸界 我比身中有地界水界火界風界空識界(비구는 몸의 모든 경계를 관찰하여 이 몸이 흙, 물, 불, 바람, 공한 의식계로 이루어졌음을 관한다), 比丘者 觀彼死屍或一二至六七日. 鳥鵶所 啄狼所食. 火燒埋地悉腐爛壞. 見已自比. 今我此身亦復如是. 俱有此法終不得離(비구는 저 시체가 육, 칠일이 되어 까마귀나 솔개에 쪼이고 멧돼지와 늑대에게 먹히며, 불에 타 묻혀 썩어 문드러짐을 관찰한다. 또 이를 자기에게 견주어, 이제 내 몸도 이와 같아서 이 이치를 떠날 수 없음을 관한다), 比丘者 如本見息道 骸骨靑色爛腐食半骨瑣在地 見已自比 今我此身亦復如是. 俱有此法終不得離(비구는 묘지에 버려진 해골은 푸른빛으로 썩어 들어가고 반만 남은 뼈는 땅에 부셔져 버리는 것을 보고 이제 내 몸도 이와 같아서 이 이치를 떠날 수 없음을 본다) 比丘者 如本見息道 離皮肉血唯筋相連 見已自比(비구는 버려진 몸이 가죽과 살과 피가 흩어지고 오직 힘줄만이 서로 이어져 있는 것을 보고 자신도 이러함을 본다), 比丘者 如本見息道 骨節解散在諸方 足骨髆骨背骨肩骨頸骨 各在異處(비구는 버려진 몸의 관절이 풀려 여러 곳에 흩어져 각각의 여러 뼈들이 제각기 다른 곳에 있는 것을 본다), 骨白如靑獨合色 赤若塗腐壞碎末 見已自比.(몸의 뼈가 희고 푸르고 붉기도 하여 썩어 부셔지고 가루가 되는 것을 관하고 또 자신도 그러함을 본다.)

■ 책을 만든 사람들

박찬욱 (밝은사람들연구소장)

김종욱 (동국대학교 불교학과)

강신익 (인제대학교 의과대)

변희욱 (서울대학교 철학과)

성태용 (건국대학교 철학과)

우희종 (서울대학교 수의대)

정준영 (서울불교대학원대학교)

조광제 (철학아카데미 대표)

'밝은사람들연구소'에서 진행하는 학술연찬회에 관심이 있으신 분은
전화(02-720-3629)나 메일(happybosal@paran.com)로 연락하시면
관련 소식을 받아보실 수 있습니다.

몸, 마음공부의 기반인가 장애인가

초판 1쇄 발행 2009년 12월 10일 | 초판 2쇄 발행 2012년 3월 5일
집필 우희종 외 | 펴낸이 김시열
펴낸곳 운주사 (136-034) 서울 성북구 동소문동4가 270번지 성심빌딩 3층
전화 (02) 926-8361 | 팩스 0505-115-8361
ISBN 978-89-5746-237-0 94100 값 20,000원
http://www.buddhabook.co.kr